Filzen

Alte Tradition · modernes Handwerk

Gunilla Paetau Sjöberg

Verlag Paul Haupt Bern · Stuttgart · Wien

Für
Lennart, Fredrik und Albert

*«Das einzige in unsrem Leben, aus dem etwas wird,
ist das, was wir im Übermass machen.»*

Titel der schwedischen Originalausgabe:
Tova, gammal teknik på nytt sätt von Gunilla Paetau Sjöberg

Umschlaggestaltung: Gunilla Paetau Sjöberg und Mona Rönningen
Umschlagfotos: Andreas Davidsson (Vorderseite) und Gunnar Henriksson (Rückseite)
Zeichnungen: Gunilla Paetau Sjöberg

Redaktion der deutschen Ausgabe: Jürgen und Monika Fergg, D-Augsburg
Satz der deutschen Ausgabe: Tipress Dienstleistungen für das Verlagswesen GmbH, D-Neunkirchen

Die Deutsche Bibliothek - CIP-Einheitsaufnahme

Filzen: alte Tradition – modernes Handwerk / Gunilla Paetau Sjöberg. –
Bern ; Stuttgart ; Wien : Haupt, 1995
Einheitssacht.: Tova <dt.>
ISBN 3-258-05167-4
NE: Paetau Sjöberg, Gunilla

Printed in Sweden

Inhaltsverzeichnis

Vorwort 7

Wortbedeutungen 9

Die ältesten Filzfunde in Asien 11

Die Funde in Pazyryk 11
Die Noin Ula-Funde 14
Der Schatz von Shōsō-in 16
Weitere Quellen 17

Filztraditionen in Europa und Vorderasien 19

Mützen und Hüte 19
Ein ungarischer Hutmacher 22
Der Mantel – ein uraltes Kleidungsstück 24

Filzfunde im Norden 26

Die Hedeby-Maske aus der Wikingerzeit 26

Filz in neuerer Zeit 27

Schweden 27
Norwegen 31
Finnland 33

Filztechniken in anderen Kulturen 35

Die Filzherstellung in der Mongolei 35
Jurten – die Zelte der Mongolen 38
Gesteppte Filzteppiche in der Mongolei 44
Tamburstickereien in Kaschmir 51
Eingefilzte Wollmuster in turkmenischen Teppichen 52
Geschnittene Filzmuster in der Türkei 53

Wolle auswählen, waschen, färben und kardieren 57

Die Auswahl der Wolle – Das A und O des Filzens 57

Wolle von schweren Fleischschafen 59
Wolle von Landschafrassen 60
Wolle einkaufen 63
Wolle lagern 64

Wolle und Filz waschen 65

Waschmethode für alle Arten von Wolle 66

Das Färben 67

Der Arbeitsplatz 67
Die Ausrüstung 69
Die Chemikalien 69
Was kann gefärbt werden? 70
Seide 70
Färben von ganzen Filzstücken, kleinen und grossen Gegenständen 70
Der Umgang mit dem Material 71
Färben mit Säure- und Metallkomplexfarben 72
Das Nachbad 74
Variationen 74
Einfaches Färben mit Säure- und Metallkomplexfarben 74
Drucken mit Säure- und Metallkomplexfarben 76
Färben mit Jeaba-Kaltwasserfarben 77
Drucken und Malen 78

Kardieren 80

Vorbereiten der Wolle 80
Überhaupt nicht kardieren 80
Das Zupfen der Wolle 81
Das Peitschen der Wolle 81
Der Fachbogen 82
Das Kardieren mit Handkarden 82
Die Kratzbank 84
Mit der Maschine kardieren 85

Motten und Pelzkäfer 86

Das Imprägnieren mit Mottenmitteln 86
Vorbeugende Massnahmen 86

Allergien und andere Probleme 89

Reine Wolle bedeutet keine Gefahr 89
Staube die Filzgegenstände ab 89
Ekzem auf den Händen 89
Juckreiz durch Wolle 89

Filzen auf unterschiedliche Weise 91

Wann wird Wolle zu Filz? 91

Um wieviel schrumpft die Wolle durch das Filzen? 93

Der Arbeitsplatz 95

Der wassersichere Arbeitsplatz 96

Grosse und kleine Hilfsmittel 96

Die Schutzausrüstung 96
Die Schmierseife 97
Wie wird hartes Wasser weich? 97
Filzbretter und andere Walkhilfsmittel 97
Hutköpfe 98
Schuhleisten 98
Hilfsmittel für die Rolltechnik 98
Weitere Ausrüstung 99

Filzen mit der Reibetechnik 100

Flicken und Reparieren 103

- Löcher 103
- Lose Zungen 103
- Dicke Partien 103
- Verfilzter Filz 103
- Muster, die nicht haften bleiben 103
- Ungleichmässige Ränder 103
- Schwache Ränder 104
- Dünne Stellen 104

Dünn filzen mit der Rolltechnik 104

Muster filzen 109

- Die Farben verändern sich 109
- Technische Tips 110
- Mögliche Probleme 110
- Muster aus unkardierter Wolle 110
- Muster aus geschnittenem Vorfilz 111
- Muster unter der Filzoberfläche 112
- Muster aus kardierter Wolle 112
- Bewegliche Formen aus Wollvlies 113
- Gefärbtes Vlies als Musterung des gesamten Stoffes 113
- Muster mit Garnen, Fäden, Leinen, Seide und anderem 114
- Einfilzen von ganzen Tüchern, «Wollsmok und Wollcloqué» 114
- Echter Wollplüsch 116

Filzen mit Maschinen 116

- Die Waschmaschine 117
- Die Schleifmaschine 120
- Die Filzmaschine 120

Die Walkmethoden und ihre unterschiedlichen Ergebnisse 123

Nachbehandlungen 123

- Bügeln 123
- Mangeln 123
- Bürsten 123
- Appretieren, Stärken, Steifen 124

Skulptur und Relief 127

- Kompaktes Formfilzen 127
- Formen aus Schaumstoff 127
- Hohlkörper filzen 130
- Relief auf Schaumstoff filzen 132
- Relief mit aufgesetzten Rändern 133
- Relief durch Applikation 134

Bilder montieren 135

Masken 136

Beginne wahrzunehmen und werde schöpferisch! 138

Filz als Kunst 141

Nützliche Dinge aus Filz 147

Kleider 147

- Wolltypen 147
- Kardieren und Qualitäten mischen 147
- Kardiertes Vlies kaufen oder selbst kardieren? 148
- Formgebung und Muster 148
- Vergiss die Filzprobe nicht 148
- Filzen 150
- Schnittmuster auslegen 150
- Nähen 151
- Nähte in Filz 153

Hüte und Mützen 156

- Grober Hut in Reibetechnik – ein Fischerhut 157
- Hut mit Mustern in Rolltechnik 160

Socken und Stiefel 163

Genähte Pantoffeln und Fäustlinge 166

Taschen 168

- Dosentaschen 168

Schmuck und andere Kleinigkeiten 171

Kinder und Filz 173

- Liegeunterlage 174
- Schlafsack fürs Baby 174
- Windelhosen aus Dänemark 175
- Gefilzter Bär 179

Filz im Zimmer 182

- Sitzkissen 182
- Teppiche 184

Filzen unterrichten 189

Filzen in der Schule 189

- Allergie und Asthma 190
- Ausrüstung und Material 190
- Unkardierte Wolle oder Wollvlies? 191
- Färben 191

Filzen im Kindergarten und in der Grundschule 192

- Wolle zupfen 192
- Figuren aus gezupfter Wolle 192
- «Finnische Stäbchen» 193
- Teile zusammenfügen 193
- Filzen von Flicken mit der Rolltechnik und freies Sticken 196
- Lerne die Wolle kennen 197
- Materiallehre 198

Gruppenarbeiten mit Kindern 200

- Das Projekt «Heimat» in Hökhuvud 200
- Das Projekt «Das Schaf» in Lima 204
- Die «Sagenjurte» 205
- Mit Gruppen schöpferisch arbeiten oder die Erzählung von einem Blumenfilz 208

Quellen 212

Literatur über Filz 212
Filzvereinigungen 213
Schäfervereinigungen 213
Bezugsquellen 213
Informationen und Kurse 214

Sachregister 215

Vorwort

Dieses Buch ist in erster Linie deshalb geschrieben worden, um anzuregen, mit einer ungewöhnlich vielseitigen Technik zu arbeiten: dem Filzen. Während der vergangenen fünfzehn Jahre wurden Wissen, Methoden, Formgebung und Verwendungszweck auf eine äusserst spannende Weise weiterentwickelt. Alles kann mit Wolle geformt werden – Kleider, Schmuck und sogar Kunst! Die Wolle ist ausserdem ein Material, das menschen- und umweltfreundlich sowie ein sich ständig erneuerndes Naturmaterial ist. Gerade jetzt, wo ökologisches Verhalten immer wichtiger wird, ist dies ein entscheidendes Kriterium für die Materialwahl.

Der handgefertigte Filz hat seit ewigen Zeiten für das Überleben und Schaffen des Menschen eine wichtige Rolle gespielt. Das Buch behandelt unter anderem die zentralasiatische Nomadenkultur, wo Filz als unersetzliches Material für Zelte, Teppiche und Kleider noch heute verwendet wird. Die archäologischen Funde aus diesem Gebiet zeigen, dass die Traditionen von einer uralten, künstlerisch hochentwickelten Filzkultur herrühren.

Auch andere Filztraditionen werden beschrieben, wie diejenige aus Nordeuropa oder die Techniken aus der Gegend von Kaschmir, aus Turkmenien und der Türkei.

Zeitlich gesehen reichen die Wurzeln der Filztechnik weit zurück, doch in Schweden war sie für viele so gut wie unbekannt, als Katarina Ågrens Buch *Tovning* (Filzen) 1976 erschien.

Als ich dieses Buch zum ersten Mal aufschlug, erinnerte ich mich an die finnischen Filzstiefel meiner Kindheit, zwar in einer Fabrik hergestellt, aber sie waren aus Wolle gefilzt und glichen in vielem den Socken, die man in der schwedischen Gegend Västerbotten mit den Händen formte.

Was für eine Technik! Aus einem nassen, formlosen Wollhaufen konnte in einer halben Stunde ein formfester Socken werden, ohne dass irgendwelche Werkzeuge benutzt werden mussten. Meistens wurde die Wolle zuerst vorsichtig gerieben, dann immer energischer geknetet, und zwar auf etwas, das wie ein altmodisches Waschbrett aussah. Meine Neugierde wurde geweckt, spätestens dann, als ich die darin enthaltenen Möglichkeiten des künstlerischen Arbeitens erkannte. Plötzlich entstand die Vision, mit textilen Skulpturen zu arbeiten, die der Eigenart des Materials entsprechen sollten.

In den vergangenen Jahren ist auf dem Gebiet des Filzens vieles geschehen. Kurse wurden gegeben, Filzen wurde in verschiedene Textilausbildungen miteinbezogen, und mehrere Kunsthandwerkerinnen und Kunsthandwerker haben die Technik weiterentwickelt. Das Interesse hat sich in andere Länder ausgebreitet, unter anderem nach Ungarn, wo man die skandinavische Filzmethode an Filzmacher aus Nordamerika und anderen Ländern in West und Ost weitervermittelt hat. Parallel zu dieser Entwicklung hat man das Filzen in Europa und den USA entdeckt. Mary E. Burkett organisierte 1979 die erste grosse Filzausstellung in England. Der reichhaltige Ausstellungskatalog zeigte, wozu Filz weltweit verwendet wird und wo das Filzen immer noch ein gängiges Handwerk ist.

Es entstanden Kontakte zwischen Filzmachern aus verschiedenen Ländern. Dafür können wir vor allem Mari Nagy und István Vidák danken, die über einige Jahre hinweg Filzinteressierte zu internationalen Work-Shops auf die ungarische Puszta eingeladen haben und die auch ihre jungen, ungarischen Schülerinnen und Schüler dazu inspirierten, Studienreisen in die wichtigsten Filzländer Zentralasiens zu unternehmen. Ottó Farkas gehört zu ihnen, und ihm will ich dafür danken, dass er es mir ermöglichte, die eigentlichen Filzkünstler zu treffen, nämlich die Nomaden in der Mongolei.

In der schwedischen Provinz Småland wurde seitens des Arbeiterausbildungs-Verbandes gemeinsam mit Marianne Ekert im Jahr 1991 ein internationales Festival veranstaltet. Im Sommer des gleichen Jahres fand ein grösseres Symposium in Dänemark statt, das von Annette Damgaard und Lene Nielsen organisiert wurde. Beide Veranstaltungen wurden zum Forum für einen intensiven Wissens- und Ideenaustausch zwischen Filzbegeisterten aus verschiedenen Ländern. In England, Dänemark und den USA gründete man Filzvereine. Zeitschriften entstanden, Kurse und Ausstellungen wurden organisiert.

Auch auf künstlerischer Seite begann sich diese Technik auszubreiten. Die nordische Textiltriennale 1992/93 enthielt fünf gefilzte Werke aus drei nordischen Ländern.

Die Technik ist weiterentwickelt und verfeinert worden. Das Wissen um die zentralasiatische Methode, bei der man Wolle zu grossen Filzstücken rollt, hat dazu beigetragen, dass Filze zu Kleidung, Möbeln und grossen Teppichen verarbeitet werden können – ohne krumme Rücken und schmerzende Handgelenke.

Über die Geschichte des Filzens und die Filzherstellung in anderen Ländern könnte man viel schreiben, doch leider muss ich mich einschränken. Dieses Buch behandelt vor allem verschiedene Techniken sowie Verwendungsmöglichkeiten für Filz.

Die alten, ehrwürdigen Filzsocken, über Jahrhunderte in vielen Kulturen in Gebrauch – auf Pferderücken, bei der Waldarbeit und heutzutage genauso tragbar vor dem Fernseher – sollen auch in diesem Buch Platz finden. Vielleicht werden sie zum Symbol für alle Filzhersteller, die vor uns gelebt und mit ihrem Handwerk den Völkern das Überleben in kalten Regionen erleichtert haben. Uns haben sie damit die Basis für die Herstellung guter Alltagsgegenstände und künstlerisches Arbeiten geschaffen.

Ich bin stolz darauf, auf vielen Bildern meine Filzfreunde und deren Arbeiten präsentieren zu können, Kursteilnehmerinnen und Schüler. Euch allen danke ich für die grossartigen Beiträge! Ebenso möchte ich Katarina Ågren, Alan Waller, Ingvar Svanberg und vielen anderen für das Durchlesen von Texten danken. Ich danke auch Mia Fallmann, meiner Praktikantin, die ein geduldiges Fotomodell gewesen ist! Schliesslich einen grossen Dank an meine verständnisvolle Familie, die im Laufe der Jahre mit so viel Wolle zurechtkommen musste!

Gunilla Paetau Sjöberg

Wortbedeutungen

Der Mann stürzte mit dem Kopf voran und fiel so hart zwischen die Wurzeln des Baumes, dass der Filzhut, den er auf dem Kopfe trug, zerrissen wurde.

Übersetzung einer Handschrift aus dem 14. Jahrhundert.

Filzen ist eine Bezeichnung für den Vorgang, bei dem man warmes Seifenwasser auf kardierte Wolle giesst und diese zu einem Stoff oder Kleidungsstück verarbeitet.
Das Wort Filz, mittelhochdeutsch «vilz», englisch «felt», ist westgermanischen Ursprungs und bedeutet «gestampfte Masse». Filzen habe ich in diesem Buch als übergreifenden Begriff für alle Methoden, die für die Filzherstellung möglich sind, benutzt. Wenn wir heutzutage von Filzen sprechen, meinen wir den gesamten Prozess von der Wolle bis zum Filz.

Der Filzprozess kann jedoch in zwei Phasen eingeteilt werden: Filzen und Walken. «Wohl gefilzt, ist halb gewalkt» lautet eine alte Redensart.

Filz ist die Bezeichnung für das gefilzte Produkt. Filz kommt in allen germanischen Sprachen sowie bereits im Altschwedischen vor.

Walken ist im Zusammenhang mit Filzen die Bezeichnung für die letzte Stufe des Filzprozesses. Dabei wird die Wolle sehr kräftig bearbeitet, damit ein haltbarer Filz entsteht. Walkbrett oder Filzbrett heisst das gerillte Holzbrett, das man zum Walken verwendet. Walken wird auch parallel mit Stampfen verwendet, wenn gewebte Wolltücher zu Loden verarbeitet werden. Beide Ausdrücke sind vermutlich im Mittelalter durch deutsche Handwerker nach Schweden gekommen, oder schwedische Gesellen brachten sie nach ihrer Praktikantenzeit aus Deutschland mit.

Reibetechnik ist ein ganz neuer Ausdruck, den ich als Bezeichnung für unsere traditionelle Methode, bei der man die Wolle mit den Händen zu Filz reibt, gewählt habe. Eine Bezeichnung war für diese Technik notwendig, um sie von den asiatischen Techniken, bei denen der Filz gerollt wird, unterscheiden zu können.

Rolltechnik nennt man die asiatische Methode, bei der die Wolle nicht mit Händen bearbeitet wird, sondern immer in einem stützenden Material gerollt wird, bis die Wolle zu Filz geworden ist.

Im Deutschen hat das Wort *Vlies* zwei Bedeutungen.
– Es meint einerseits den noch zusammenhängenden Pelz des geschorenen Schafes. In dieser Form ist das Vlies ein Handelstyp der Rohwolle. Im Text wird dieses Vlies als *Schafvlies* bezeichnet.
– Als Vlies wird andererseits die schon bearbeitete – zum Beispiel kardierte – Wolle bezeichnet, wenn sie ein Flächengebilde aus Fasern ist. Diese Art von Vlies wird *Wollvlies* gennannt.

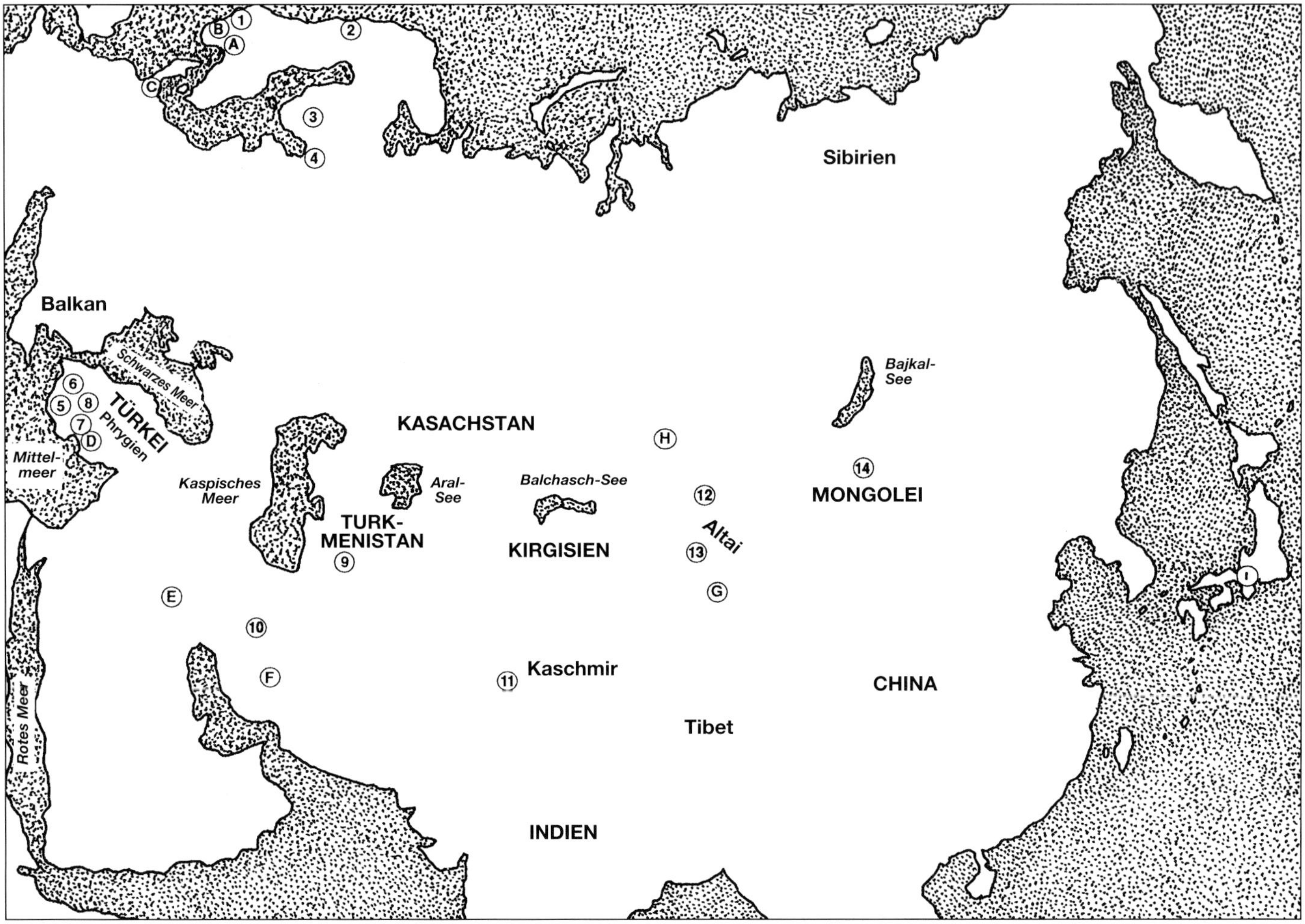

Ältere und neuzeitliche Filzfunde.

Filz wurde – soweit bekannt – ursprünglich nur in Asien und Europa hergestellt. Es gibt keine älteren Funde oder andere Quellen, die darauf hinweisen, dass Filz in Nord- und Südamerika, Afrika oder Australien verbreitet war. Der Filz kam mit den Europäern und deren Hutmachern nach Amerika. Heute noch trägt die Urbevölkerung mehrerer südamerikanischer Länder Filzhüte, ein Brauch, den sie von den spanischen Eroberern übernommen haben. Filz wurde vermutlich im 7. Jahrhundert vom Osten her nach Nordafrika eingeführt. In Äthiopien wurden Sattelfilz und gewobene Mäntel, die mit Wolle verfilzt wurden, verwendet.

Ältere Funde und antike Orte:

A. Oseberg
B. Hordaland
C. Hedeby
D. Çatal Hüyük
E. Babylon
F. Persepolis
G. Noin Ula
H. Pazyryk
I. Nara

Neuzeitliche Orte:

1. Haus
2. Nesna
3. Jämsä
4. St. Petersburg
5. Tire
6. Kula
7. Konya
8. Afyon
9. Ashabad
10. Isfahan
11. Srinagar
12. Manhan
13. Bulgan
14. Ulan Bator

Die ältesten Filzfunde in Asien

Viele Geschichten erzählen, wie entdeckt wurde, dass sich Wolle verfilzt. Eine davon geht auf die Arche Noah zurück. Sie berichtet, dass die armen Schafe in der Arche nicht so viel zu fressen bekamen. Da sie ausserdem auf engem Raum standen und sich wärmten, begannen sie, ihre Wolle zu verlieren, die schliesslich unter ihnen auf dem Boden lag. Sie urinierten auf diese Wolle, trampelten darauf herum und was geschah? Als die Schafe die Arche verlassen hatten, hinterliessen sie einen gefilzten Teppich! Das Interessanteste an dieser Geschichte ist, dass sie beschreibt, wie Wolle zu Filz wird. In dieser Erzählung kommen alle wichtigen Elemente der Filzherstellung vor: Wolle, die alkalische Walkflüssigkeit (hier der Urin) und die mechanische Bearbeitung (das Trampeln), die bewirkt, dass sich die Wolle verfilzt.

Forscher glauben, dass Filz eine der frühesten Textilformen ist, doch ist das nicht einfach durch erhaltene Gegenstände zu beweisen, da Filz relativ schnell verrottet und Funde aus der Frühzeit deshalb kaum existieren.

Es ist anzunehmen, dass das Filzen bei den asiatischen Völkern entstand. Dort kann man die Technik weit in die Vergangenheit zurückverfolgen und weiss von einer grossen Verbreitung und vielseitigen Verwendung. In diesen Kulturen wurde die Filztechnik künstlerisch stark weiterentwickelt und war ein wichtiger Teil der Volkstradition.
Für Filzmacherinnen und Filzmacher gibt es heute viele Gründe, sowohl alte als auch Filze jüngeren Datums aus dieser Gegend zu studieren, die sowohl in künstlerischer als auch technischer Hinsicht inspirieren.

Mosaikstickerei auf Filz aus dem 4. Jahrhundert vor Christus. Detail aus einem groben Wandteppich, 450 x 650 cm, gefunden in Kurgan 5, Pazyryk im Altaigebirge. Das gleiche Motiv, eine Göttin von einem Reiter verehrt, wiederholt sich über die gesamte Fläche in doppelten Reihen, von Borten eingefasst. Eremitage in St. Petersburg.

Die Funde in Pazyryk

In Asien sind die interessantesten Filzgegenstände aus vorgeschichtlicher Zeit gefunden worden. 1929 fanden zwei russische Wissenschaftler im Hochland von Altai in Sibirien Gegenstände, die auf unglaubliche Weise die Zeit überstanden haben: Sie stammen aus der Zeit von 600–200 v. Chr. Sie wurden bei Ausgrabungen einer Grabstätte in den Grabfeldern von Pazyryk gefunden, die auf einer Höhe von 1600 m über dem Meer liegen. Weitere vier Gräber wurden 1947-49 unter der Leitung des russischen Archäologen Sergei I. Rudenko ausgegraben. Rudenko fasste die Resultate seiner Forschungen im Buch *Frozen Tombs of Siberia* zusammen.

In den Gräbern von Pazyryk hat man die verblüffendsten Dinge gefunden. Dank der Tatsache, dass diese Grabkammern, *Kurgan* genannt, in einem Gebiet mit ganzjährig gefrorenem Boden angelegt worden sind, blieben die ansonsten leicht zerstörbaren Gegenstände konserviert. Wasser sickerte in die Kammern, wurde mit der Zeit zu Eis gefroren, und auf diese Weise war der Inhalt der Gräber durch Tiefgefrieren geschützt. Nachdem das Eis aufgetaut war, ermöglichten die vielen Gegenstände einen Einblick in das Leben einer alten Nomadenkultur.

Das Altai-Volk pflegte prachtvolle Begräbnisse auszurichten, die grosse Ähnlichkeit mit denen der nahe verwandten Skythen hatten. Auf dem

Grund eines grossen und tiefen Loches zimmerten diese Nomaden eine Grabkammer mit doppelten Wänden und einem Dach. Auf den Boden stellten sie die Särge mit den einbalsamierten Leichen. Filzbehänge schmückten die Wände, und die Kammer wurde mit dem Eigentum des Verstorbenen und einer Menge von Gebrauchsgegenständen ausgestattet. Ausserhalb der Grabkammer plazierte man reich geschmückte Pferde, zweirädrige Wagen und Arbeitsgeräte. Die Gräber wurden sorgfältig mit verschiedenen Lagen von Blättern, Rinde und einer Decke von Holzspänen bis zur obersten Kante der Grube bedeckt.

Das Ganze wurden mit Erde und zum Schluss mit einem grossen Steinhaufen bedeckt. Obwohl die Altaier fern von den Hauptstrassen lebten, zeigen die Funde, dass sie mit anderen Völkern in Verbindung standen. Von diesen erhielten sie edle Reitpferde aus Zentralasien, bestickte Seide aus China, Kleider und Wolle in typisch iranischem Stil, schöne gewobene Teppiche und Schmuck im Austausch gegen Haustiere, kräftige Pferde aus eigener Zucht, Pelzhäute, Leder, Gold und Silber. Forscher stellten bei den Altaiern Mischehen mit anderen Völkern fest. Die Altaier selbst hatten einen europäischen Körperbau, doch in den Gräbern gibt es auch Menschen mit mongolischen und indoeuropäischen Zügen.

Satteldecke, 400 v. Chr., Kurgan 1 in Pazyryk im Altai. 119 x 60 cm. Ein hervorragendes Beispiel für Stil, Techniken und Materialmischungen. Stilisierte, kämpfende Tierkörper werden mit Überfangstichen appliziert, während gewisse Details aus Leder mit Goldfolie umwickelt sind. Für die Verzierungen an den Rändern wurden blauer Pelz und Fransen aus Rosshaar verwendet. Die Reiter der Eisenzeit statteten ihre Pferde kostbar aus. Unter dem Sattel lag eine Filzdecke und oben auf dem Sattel eine weitere Prachtdecke wie die hier abgebildete.

Rohstoffe

Das Kunsthandwerk der Altai-Völker erstaunt einerseits durch seinen Reichtum und die Vielfalt, andererseits durch Technik und Material. Alle Funde zeugen von einer hochentwickelten Kultur, von einzigartigem Handwerksgeschick und grosser Formsicherheit. Diese Nomadenstämme legten grossen Wert darauf, sich mit schön geformten und verzierten Gebrauchsgegenständen zu umgeben. Die Naturschätze standen ihnen reichlich zur Verfügung. Haustiere und Tiere des Waldes boten Material für Filz, Leder- und Pelzwaren von hoher Qualität. Lärchen- und Zedernholz wurde für Holzschnitzereien verwendet. Farben wie Henna, Indigo und Krapp kamen aus der Pflanzenwelt, während man Mineralfarbstoffe wie Ocker und Zinnober aus der Erde gewann. Den leichten Zugang zu Edelmetallen beweist die üppige Verwendung von Gold und Silber als dekorierende Elemente auf verschiedenen Gebrauchsgegenständen.

Ausgestopfter Schwan, aus Stücken genäht, 400–300 Jahre v. Chr., Kurgan 5 in Pazyryk in den Altaibergen. Länge 35 cm. Vier etwas unterschiedliche Schwäne verzierten die Ecken eines Holzwagens mit Baldachin. Die Beine der Schwäne waren mit Holzleisten abgestützt, so dass sie aufrecht stehen konnten.

Gegenstände aus Filz

Neben Gegenständen aus Keramik, Holz, Lehm, Gold, Fellen und Textilien fand man auch viele Filzgegenstände. Rudenko zählt folgende Gegenstände aus Filz auf: Wandbehänge, Decken für die Toten und Auskleidungen von Särgen, Socken für Männer und Frauen, Strümpfe, mit Hirschhaar gestopfte Kissen, kleine filzverkleidete Ringe, welche runde Gefässe aufrecht halten sollten, Mäntel für Männer, Hilfsmittel für Frisuren (Filzstücke, um welche die Frauen ihr Haar wickelten). Filz verwendete man auch zum Dekorieren von Sätteln, Bogen, Zaumzeug, Satteldecken, Masken, Mähnen der Pferde und ebenso für die Innen- und Aussenseite der Zelte.

Die Altai-Nomaden waren mit Hemden aus Hanffasern, Kaftanen aus Fellen oder Filz und Kniehosen aus weichem Leder bekleidet. An den Füssen hatten sie Filzstrümpfe und hohe Lederstiefel mit weichen Sohlen. Auf dem Kopf trugen sie eine hohe Mütze mit Ohrlappen.

Die Frauen trugen Mäntel mit einem Futter aus Eichhörnchenfell und kurze, an den Rändern mit Fell verzierte Stiefel mit weichen Sohlen. Die Kleider waren mit Stickereien und Applikationen aus gefärbtem Filz, Fell und Leder dekoriert und konnten Ziernähte haben, bei denen Woll- und Sehnenfäden mit Metallfolie umwickelt wurden.

Je nach Verwendung waren die Filze unterschiedlich dick. Viele Techniken, welche die Altaier für ihre Filzarbeit einsetzten, werden heute noch angewendet, 2500 Jahre später, bei Filzmachern in Zentralasien!

Filzschabracke, 400 Jahre v. Chr., Kurgan 5 in Pazyryk, Altai. Fransen aus geflochtenen Wollschnüren mit aus Holz geschnitzten Blumenknospen.

Formgebung und Technik

Die Formgebung der Altai-Völker erinnert stark an den sogenannten «Tierstil» der Skythen. Manchmal spricht man von einem «Skythisch-sibirischen Tierstil». Die Motive bestanden meist aus wilden oder zahmen Säugetieren und Vögeln, deren Formen stilisiert und entsprechend den zu verzierenden Gegenständen gestaltet wurden. Die Kompositionen sind durchwegs sehr elegant. Mit grosser Leichtigkeit und Formgefühl wurde ein Tierkörper verlängert oder verkürzt, der Kopf und Hinterkörper in Kurven gebogen und damit gleichzeitig der Ausdruck und der Charakter des Tieres, das man abbildete, verstärkt. Die Formen drücken Kraft, Bewegung und Dynamik aus.

Die Forscher sind sich darin uneinig, ob der Stil der Altai-Völker von den Skythen beeinflusst wurde oder ob er sich parallel entwickelt hatte.

Filzapplikation auf einem Wandbehang. Kurgan 1, Pazyryk, Altai. Der Löwenkopf wird in Rot und Blau abwechselnd wiederholt, während die Borten mit roten, blauen, gelben und weissen Dreiecken geformt werden.

Für uns, die heutigen Vertreter des Filzhandwerks, ist jedenfalls die altaische Filzkunst eine unendliche Inspirationsquelle. Nicht zuletzt was die Formgebung angeht, die Nähtechniken und der äusserst freie Umgang mit Materialmischungen. Da wurde der Filz mit Stoffen, Fellen, Leder, Pferdehaaren und Metallen geschmückt. Leder wurde mit Filz zu einem Mosaik genäht, feine Sehnenfäden wurden in Metallfolie gewickelt und in die Verbindungsstellen zwischen den Flächen als Überfangnaht genäht, Rosshaar-Büschel wurden zwischen Filzlagen eingenäht und bilden spannende Abschlüsse. Ränder von Filzstiefeln wurden mit Fell verziert und mit Leinenstickereien geschmückt. Manchmal war die ganze Oberfläche eines Frauenstiefels mit Perlen bestickt. Holz, Baumrinde, Knochen, Federn und Schneckenhäuser kombinierte man mit Filz, der auch Menschenhaar enthalten konnte. Figuren, Platten und Ornamente in Silber und Gold wurden auf die Filze genäht. Auch mit den Techniken wurde gespielt. Geschnittene Löcher verwendete man beispielsweise, um die Filzfarben der unteren Lagen oder das Leder hinter dem Filz sichtbar zu machen.

Rudenkos Buch *Frozen Tombs of Siberia*, das viele Illustrationen enthält, bietet noch weitere Informationen und Inspirationen. Ein Teil dieser Filzfunde ist in der Eremitage in St. Petersburg zu bewundern. Um sicher zu gehen, dass der Zutritt in das Pazyryk-Zimmer, in dem die Gegenstände ausgestellt sind, möglich ist, sollte man vor dem Besuch mit dem Reisebüro oder dem Reiseführer sprechen. In St. Petersburg gibt es auch ein ethnographisches Museum, das eine interessante Sammlung von Filzgegenständen aus späterer Zeit enthält.

Detail einer Filzschabracke mit geschnittenen Rändern. 400 v. Chr., Kurgan 5, Pazyryk, Altai.

Die Noin Ula-Funde

In den Noin Ula-Bergen, 1500 m über dem Meeresspiegel, in der Mongolei, hat man in Grabkammern mit 10 m tiefen Schächten Filzgegenstände gefunden. Diese wurden auf das erste Jahrhundert n. Chr. datiert. Zutage kamen zwei Wandteppiche mit Filzapplikationen und Dekorationen aus anderem Material. Der grössere Teppich misst 260 x 196 cm und ist im Mittelfeld mit vierundzwanzig Spiralen dekoriert. Im Zwischenraum zwischen den Spiralen finden sich zungenähnliche Kringel. Das Muster in diesem einfarbigen Mittelfeld erscheint nur durch die Stickereien. Interessant ist, dass man mit der gleichen Technik und mit den gleichen Musterformen heute noch die meisten Filzteppiche in der Mongolei verziert. Rund um das Mittelfeld des Teppichs läuft eine einfache Borte und rund um diese ein Fries, auf dem sich abwechselnd Baumsymbole und Szenen mit kämpfenden Tieren finden. Ein Teil der übrigen Funde hat Ähnlichkeiten mit den Funden von Altai. Rudenko nennt eine spitze Mütze, die mit Pazyryk-Funden vergleichbar ist. Auch Einlegesohlen von Schuhen wurden auf gleiche Weise wie die Frauenschuhe aus Pazyryk verziert.

Detail eines Teppichs von Noin Ula. ▷

Matte mit Filzapplikationen und gestickten Mustern, 1. Jahrhundert, Noin Ula, Mongolei. 260 x 196 cm, Nationalmuseum Ulan Bator. ▷

Der Schatz von Shōsō-in

In einer kaiserlichen Schatzkammer in Nara, Japan, gibt es neben vielen anderen Schätzen eine Sammlung interessanter Filzteppiche. Es wird angenommen, dass die Teppiche aus China oder Korea stammen.

Einer der Teppiche hat eine Inschrift, die auf die Periode zwischen 668 und 918 n. Chr. in Korea hinweist. Das Bemerkenswerte an diesen Teppichen ist, dass sie nicht ausgegraben oder auf andere Weise entdeckt wurden, sondern dass sie während zwölf Jahrhunderten aufbewahrt wurden. Zu allen kaiserlichen Palästen gehörte früher eine Schatzkammer, die in einem eigenen Haus untergebracht war. Shōsō war die letzte dieser Schatzkammern und wurde auf das Jahr 736 n. Chr. datiert. Dort gibt es über 9000 wertvolle Gegenstände, die meisten aus der Tang-Periode. Die Schatzkammer, in der die Gegenstände im Dunkeln und unter anderen günstigen Bedingungen aufbewahrt sind, wird einmal im Jahr geöffnet. Bei dieser Gelegenheit werden die Gegenstände durchgesehen und bewertet, und es wird eine Sonderausstellung im Nationalmuseum in Nara zusammengestellt.

Es existieren 31 gemusterte Teppiche, *kasen* genannt, in verschiedenen Grössen. Die Teppiche haben eingefilzte Muster aus Filz und geflochtener Wolle. Die Muster variieren stark zwischen den einzelnen Teppichen. Der eine Teppich hat ein Blumenmuster in Form von Palmetten westlichen Stils, ein anderer ist mit Landschaftselementen und einem Kreis aus zwei Papageien mit Blumengirlanden in ihren Schnäbeln dekoriert.

Filzteppich, Shōsō-in-Sammlung, Nara, Japan. 240 x 130 cm. Grundfarbe blassgelb, Muster in Blaugrau.

Laut Lennart Larsson jr. (1985) hat ein Teil der Teppiche eine Ornamentik im klassischen Tang-Stil mit Blumen, graziösem Blattwerk und Wolkenemblemen in verschiedenen Formen. Die Muster sind blau, grün, gelb und rot auf einem naturweissen Grund.

Weitere Quellen

In unterschiedlichsten historischen Texten und bildlichen Darstellungen ist noch mehr Wissenswertes über Filz nachzulesen, etwa was Alter und Art der Techniken, Ausbreitung und die Verwendungsgeschichte betrifft. Katarina Ågren (*Tovning*, 1976) und Mary E. Burkett (*The Art of the Felt Maker*, 1979) weisen auf viele interessante Tatsachen und Theorien hin. Es gibt auch zahlreiche Angaben, dass Filz für militärische Zwecke verwendet wurde. Vermutlich entdeckte man frühzeitig, dass dicker Filz einen ausgezeichneten Schutz gegen Waffen, Wärme, Kälte und Niederschlag bietet. Schon 2300 Jahre v. Chr. waren chinesische Krieger mit Schilden, Kopfbedeckungen, Kleidung und Schuhen aus Filz ausgerüstet. Immer noch wird Filz in China verwendet. Filzteppiche waren allgemein im Norden des Landes verbreitet. Man nimmt an, dass sich die Chinesen die Filzherstellung von Nomadenvölkern in Zentralasien angeeignet haben. Handelskarawanen haben die Mongolei passiert, die politische Führung der Länder wechselte, und viele Geschichten erzählen von chinesischen hochadeligen Frauen, die mit Mongolenführern verheiratet wurden, um die Bande zwischen den Ländern stärker zu knüpfen. Aus der Zeit unter mongolischer Herrschaft gibt es viele Dokumente über die Filzproduktion in China. In Ninghsia wurden etwa im Jahr 1299 für den Palast mit den vielen Kammern (dem kaiserlichen Harem) 331 m^2 an Filzteppichen hergestellt!

Ich wurde in ein fremdes Land verkauft, ein Zelt ist mein Haus, mit Wänden von Filz, rohes Fleisch und Pferdemilch mein Essen. Ununterbrochen denke ich an meine Heimat, und mein Herz trauert.

Chinesische Prinzessin,
verheiratet in der Mongolei,
in einem Brief an ihren Vater.

Filzteppich, Shōsō-in-Sammlung, Nara, Japan, 244 x 130 cm. Grundfarbe blassgelb, Muster in Blaugrau mit einzelnen hellgrünen Stellen in den Blättern.

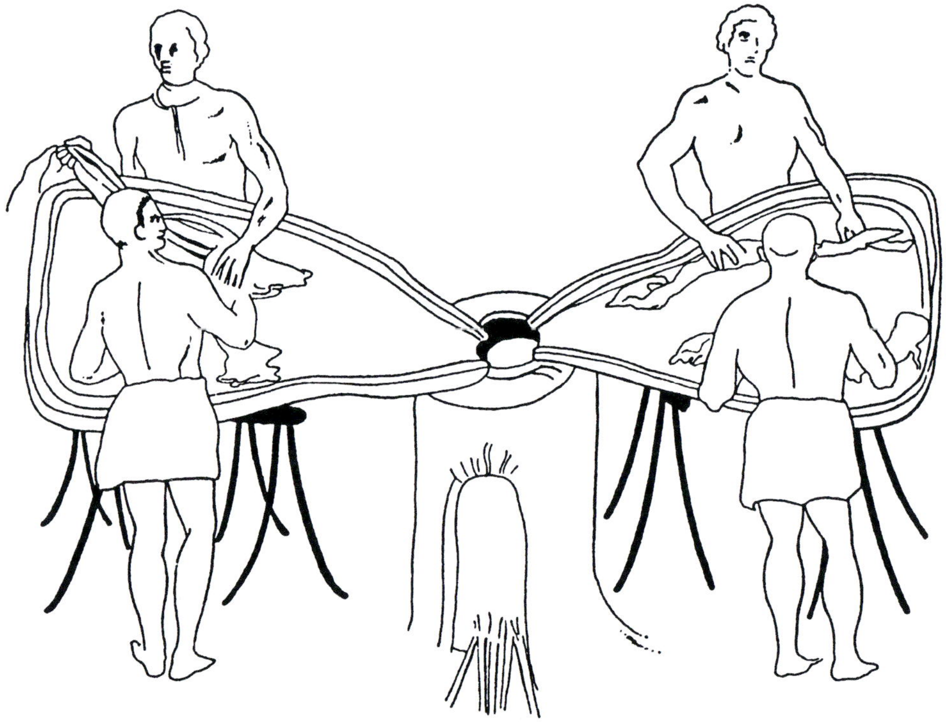

Filzherstellung: Wandmalerei ausserhalb der Werkstatt von Verecundus in Pompeji. Die Technik, die Arbeitstische schief zu stellen, so dass das Wasser in den holzgefeuerten Behälter rinnt, wird in Ungarn immer noch verwendet (siehe Seite 23), nach J.P. Wild.

Filztraditionen in Europa und Vorderasien

Es gibt Beweise dafür, dass Filz in der Frühzeit auch bei uns schon etwa 600 v. Chr. verwendet wurde. In Çatal Hüyük, in der heutigen Türkei, hat man sowohl Filzfragmente als auch Gegenstände gefunden, die von Spinnen und Weben zeugen. Mary E. Burkett geht davon aus, dass die Wandmalereien einer Grabkammer von Çatal Hüyük Abbildungen von Filz-Wandteppichen darstellen. Die Form der Muster hat grosse Ähnlichkeit mit Mustern, die sowohl in der Filztradition als auch in gewobenen Textilien vorkommen. Diese Theorie wird auch durch Filzfunde gestützt.

Um einen Begriff von der frühen Verwendung von Filz zu bekommen, muss man auf literarische Quellen zurückgreifen. In einigen Fällen wird die Information auch durch Bildbeispiele bekräftigt. Viele Geschichtsschreiber und Autoren haben Filz in ihren Aufzeichnungen beschrieben.

Über die mit Filz gedeckten Zelte der Skythen schreibt der Geschichtsschreiber Herodot schon im vierten Jahrhundert, und der Geograph Strabon erwähnt deren filzgedeckte Wagen einige Jahrhunderte später. Laut Herodot soll ein skythischer Stamm auch dicken Filz verwendet haben, um seine Obstbäume zu schützen! Die Skythen waren das erste Nomadenvolk auf den russischen Steppen nördlich des Schwarzen Meeres. Sie bevölkerten diese Gegend seit 700 v. Chr. und sind nicht zuletzt wegen ihrer Kriegskunst legendär. Sie wurden mit der Zeit immer sesshafter, hatten aber regen Kontakt mit anderen Völkern.

Mützen und Hüte

Kopfbedeckungen kommen in vielen Beschreibungen vor. Zu allen Zeiten und in allen Kulturen, in denen es Filz gab, war er ein geschätztes Material für Kopfbedeckungen. Keine andere Technik bietet gleiche Formbarkeit, Dichte und Formfestigkeit. Schon die alten Babylonier hatten Filzmützen. Strabon erzählt von den hohen Mützen der Soldaten, die wie Türme aussahen. Diese sind auch auf Reliefs in Persepolis abgebildet.

Homer erzählt in der *Ilias* von Filzmützen und in der *Odyssee* vom Helm des Odysseus, der mit Filz gefüttert war. Im 5. Jahrhundert v. Chr. wird Filz als Neuheit in Griechenland beschrieben. Man hatte die Technik von asiatischen Völkern gelernt, mit welchen man in Handelsverbindungen stand. Es wurden Wämser für Soldaten, Regenröcke und besondere Kopfbedeckungen hergestellt. Eine enganliegende Mütze setzte sich unter Fischern und Handwerkern durch. Das griechische Wort für Filz ist *pilos*.

Auch römische Soldaten kleideten sich mit festsitzenden Filzmützen, die sie sogar im Theater und beim Essen anbehielten! In Rom wurde für Soldaten eine Ausrüstung aus Filz hergestellt, eine Art Panzer, der in Essig getränkt wurde, um Feuer und Wasser abzuhalten. Die Römer hatten sich ihrerseits die Filztechnik von den Griechen angeeignet, und ausser Stiefeln und Socken produzierten sie vor allem Kopfbedeckungen.

In Rom und in der Antike wurde die Filzmütze als Symbol der Freiheit angesehen. Sklaven, die man freiliess, wurde der Kopf rasiert, worauf sie eine Filzmütze, *pileus*, tragen durften. *Ad pileum vocare* bedeutete, die Sklaven zur Freiheit aufzurufen. Es waren vor allem Fischer, Arbeiter und unterschiedlichste Handwerker, die täglich Filzmützen trugen, und die Mütze wurde deshalb auch mit dem Volk verbunden. Der Historiker Sueton nannte denn auch die fröhlichen Menschen, die nach dem Tod Neros in grossen Scharen auf den Strassen herumzogen, den «Filzmob».

Die Mütze wurde wieder zum Freiheitssymbol während der Französischen Revolution 1792, wo sie als Symbol der Jakobiner getragen wurde. Es war die phrygische Mütze mit der nach vorne gebogenen Spitze, die in diesem Zusammenhang verwendet wurde, und abgebildet ist sie sowohl auf dem Gemälde *Die Freiheit führt das Volk an* von Delacroix wie auch auf Siegeln und Stempeln.

Eine berufsmässige Filzherstellung kann bereits früh in verschiedenen Ländern festgestellt werden. In Deutschland erschien die erste Zunftordnung 1321. Damals fuhren die nordischen Gesellen nach Deutschland, um das Hutmacherhandwerk zu erlernen. Die deutschen Hutmachereien stellten auch Filzsocken her.

In vielen Ländern auf dem Balkan, in Klein- und Vorderasien hat die Filzmütze bis in unsere Zeit überlebt. Sie kommt in vielen verschiedenen Formen vor und wird sowohl industriell als auch handwerklich von örtlichen, kleinen Filzwerkstätten hergestellt.

Die phrygische Mütze, nach einer Skulptur im Museum von Selçuk, Türkei. Die phrygische Mütze wurde zu unterschiedlichen Zeiten und in mehreren Ländern getragen.

Jakobiner auf den Barrikaden zur Zeit der Französischen Revolution mit dem Freiheitssymbol, der phrygischen Mütze. Nach den Bildern von Fragonard und Delacroix zu beurteilen, war diese Mütze rot sowie etwas üppiger und stärker gestaucht als die ursprüngliche. Sie wurde von extremen Jakobinern als Teil einer republikanischen Tracht propagiert.

Historische Filzhutparade. Von links nach rechts: Ein medischer Höfling, ein Babylonier, ein Skythe, alle aus dem 5. Jahrhundert v. Chr. Schliesslich zwei Phönizier aus dem 8. Jahrhundert.

Federgeschmückter Filzhut mit breiter Krempe, erstmals populär in der Barockzeit, später Rubens- *oder* Rembrandthut *genannt.*

Dreispitz, Tricorne, *mit der Krempe zu einem Dreieck geformt, wurde Mode unter Ludwig XIV. und Teil der militärischen Bekleidung im 17. Jahrhundert. Den Dreispitz trugen die schwedischen Infanteristen noch während des Ersten Weltkriegs.*

Tanzender Derwisch mit sikke, *dem rituellen hohen Filzhut. Der Tanz und die Höhe des Hutes sollten dazu beitragen, Kontakt mit einer höheren Macht herzustellen. Der Derwisch-Orden existiert in der Türkei seit dem 12. Jahrhundert. Beim Gebet wurde eine kleinere Filzmütze,* arakiye, *verwendet.*

Der Fez *oder* Tarbush *wurde 1832 im osmanischen Reich für alle Teile der Bevölkerung angeordnet. Diese Kopfbedeckung wurde von allen Muselmanen beiderlei Geschlechts getragen. Das Material bestand aus geglättetem Wollfilz, und die Farbe war in der Regel rot, manchmal schwarz. Die Quaste für Männer konnte aus schwarzer oder blauer Seide sein. Der Fez der Frauen durfte Gold- oder Perlenstickereien aufweisen und wurde unter dem Schleier getragen. Der Fez wurde in der Türkei 1925 verboten, im Iran 1928 und in Ägypten 1953. Er wird in bestimmten Gegenden Nordafrikas jedoch immer noch getragen.*

Der Filzmacher **Mehmet Girgiç** *aus Konya stellt immer noch Derwisch-Mützen* (sikke) *aus weicher Mohairwolle* (tiftik) *her. Früher verwendete man Kamelhaar, das heute aber schwer erhältlich ist. Der Hut wird gefilzt wie eine geschlossene Tüte, die in der Hälfte gefaltet wird, was ihn doppelt so fest macht. Der Hut wird mit Zuckerwasser gestärkt.*

Ein ungarischer Hutmacher

Die Handwerkstradition, Hüte zu filzen, ist fast überall in Europa verschwunden. In Ungarn aber gibt es immer noch einen aktiven, gewerbetreibenden Hutmacher, Zoltán Mihalkó, der das Handwerk von seinem Vater gelernt hat.

Zoltán hat jetzt einen Lehrling, der die Tradition weiterführen kann.

1. Zoltán Mihalkó macht sechs Hüte in zwei Tagen. Am ersten Tag wird die Wolle mit dem Fachbogen gelockert und die Hutteile werden vorbereitet. Am zweiten Tag macht man die eigentliche Filzarbeit.

Das Material ist feinste Merino-Wolle, 2 cm lang und gewaschen. Der Fachbogen hängt von der Decke und die Saite aus Schafdärmen vibriert im Wollhaufen. «Das Mutterschaf wirft die Wolle seines Lammes hinaus», sagt Zoltán. 200 g Wolle wird zweimal für jede Huthälfte gefacht und nachher eine weitere kleine Menge Wolle als Verstärkung für den Kopfteil zugegeben. *Mehr zum Fachbogen auf Seite 82.*

2. Nach dem Fachen formt man die Wolle mit einem korbähnlichen Gerät zu einer weiten Glockenform und drückt sie mit einem Fachsieb platt (im Bild). Die Materialien werden nach und nach verdichtet und das Fachen geht weiter.

3. Am nächsten Tag beginnt das Filzen. Das Material für zwei Hüte legt man ausgebreitet mit den Verstärkungen zwischen Tücher. Das Ganze wird in Sackleinen eingeschlagen und mit grossen Nadeln zusammengeheftet.

4. Die Arbeit wird bei der Feuerstelle, in die ein Kessel eingebaut ist, fortgesetzt. Das Paket legt man auf die warme Herdplatte und bespritzt es mit Wasser. Den Dampf, der sich bildet, drückt man mit doppeltem Sackleinen in die Wolle, die so zusammengepresst wird.

5. Das Paket wird im Haus geöffnet, und die Wolle wird wieder mit dem Fachsieb zusammengedrückt. Nun wird eine Schablone aus Zeitungspapier ausgeschnitten. Zuerst wird die eine Hälfte des Hutes rund um die Schablone gebogen, dann die andere Hälfte auf gleiche Weise, doch von der anderen Seite. Kleine Falten zieht man heraus, und die Verbindungen werden mit Wollschichten bedeckt. Der Hut wird gegen das Licht gehalten, um die Gleichmässigkeit der Wolle kontrollieren zu können. Ein Stück Papier wird in die Öffnung der Hüte gelegt. Tücher und Sackleinen werden rund um die Hüte gelegt. Das Paket wird gedämpft, zusammengedrückt und draussen auf der Herdplatte gewendet.

6. Nach dem Dämpfen faltet man die Hüte, so dass die erst seitlichen Knicke oben in der Mitte liegen. Die Falten werden ausgedehnt und die Form des Kopfes eingeschlagen. Alles wird in Tücher und Sackgewebe gepackt und wieder auf der Herdplatte gedämpft und gepresst.

7. Jetzt ist es Zeit zum Walken und Formen. Der Filzmacher wechselt zur anderen Seite des grossen Ofens, wo er einen speziellen Filztisch aufgestellt hat. Die Kanten und die Neigung des Tisches leiten das Wasser während des Walkens zurück in den Kessel. Etwas Schwefelsäure (H_2S0_4) wird dem Wasser zugesetzt, eine Tasse auf etwa 50–70 Liter Wasser oder 2 Esslöffel auf einen Eimer Wasser.

8. Der Hut wird abwechselnd mit einem Walkholz und einem Eisenstab in verschiedenen Richtungen gerollt. Dann wird er auf eine Hutform aufgezogen und die Kopfform gut ausgearbeitet. Eine Schnur wird mit einer doppelten Schlinge rund um die Unterkante des Kopfes gelegt und hin- und hergezogen, damit der Kopfteil beim Übergang zur Krempe etwas einschrumpft. Danach wird die Krempe in die richtige Form gedehnt und gewalkt.

9. Zoltán Mihalkó mit seinem fertig gewalkten Hut. Der Hut muss noch gefärbt, gestärkt und dekoriert werden – das übernimmt Zoltáns Frau.

Hirten mit traditionellen ungarischen Hüten und Mänteln, szür, *verziert mit Stickereien und Applikationen.*

Hirten in Filzmänteln, kepenek, *bei Kula bzw. Tire, Türkei. Die Mäntel haben eingefilzte, aufklappbare Kapuzen. Das oberste Zeichen steht für die Filzwerkstatt. Manchmal wird auch der Name des Dorfes eingefilzt. Die Buchstaben in der Mitte sind die Initialen des Werkstattbesitzers (links der Vorname und rechts der Nachname). Links unten können die Initialen des Manteleigentümers eingefilzt werden sowie rechts die Grösse. Für einen Mantel benötigt man etwa 5,5 kg Lamm- und Schafwolle in verschiedenen Lagen.*

Der Mantel – ein uraltes Kleidungsstück

Filzmäntel waren in Ländern mit vielfältiger Filzherstellung bei den Hirten gebräuchlich. Diese Mäntel werden heute noch in vielen Ländern in Klein- und Vorderasien verwendet. Oft sind sie aus einem Stück und ohne Nähte gefertigt und können eine festgefilzte Kapuze haben wie der anatolische Mantel, *kepenek*. Der Mantel dient sowohl als Einmannzelt als auch als Schlafsack für den Hirten, der mit seinen Tieren im Freien lebt. Sogar kleine Lämmchen können unter dem Mantel Schutz finden.

In vielen Dokumenten ist der militärische Gebrauch von Mänteln belegt. Die Mäntel wurden während bestimmten Zeiten auch von den höheren Gesellschaftsklassen als eine Art rituelle Bekleidung und als Zeichen eines speziellen Ranges verwendet.

Mäntel konnten auch bei Staatsbesuchen an wichtige Personen vergeben werden. Die «Ehrenmäntel», welche an mittelalterlichen arabischen Höfen vergeben wurden, sind ein Beispiel dafür.

Die reich bestickten afghanischen Mäntel haben neben der rein praktischen vor allem eine soziale Funktion.

In Ungarn gibt es einen prächtigen Mantel, *szür*, der aus sehr hart gewalktem Wolltuch hergestellt wird und von dem man annimmt, dass er ursprünglich aus Filz gemacht wurde. Er ist reich geschmückt mit Applikationen und Stickereien und wurde u. a. bei Brautwerbungen verwendet. Nachdem der Freier um die Hand angehalten hatte, liess er den Mantel im Haus des Mädchens liegen. Hing der Mantel am nächsten Tag vor der Tür, kannte das ganze Dorf die Antwort der Eltern: Nein!

Die Mäntel sind oft sehr hart gewalkt. Man kann von dieser Filzmethode

bestimmte Dinge lernen, die für Mäntel von Vorteil sind: Mäntel brauchen stabile und haltbare Kanten, die man dadurch erhält, indem entweder die Öffnungen erst nach dem Walken aufgeschnitten werden oder indem man sie vor dem Walken mit groben Stichen zusammennäht. Nach dem Walken werden die Stiche wieder aufgetrennt. Mäntel werden sowohl mit als auch ohne Ärmel hergestellt. Wenn der Filz sehr dick und hart gewalkt ist, können die Arme wegen der steifen Ärmel kaum abgewinkelt werden. Deshalb sind die Ärmel manchmal nur rudimentär vorhanden, sehr schmal und hart, und es ist unmöglich, die Arme hineinzustecken. Manchmal sind sie so lang, dass man sie auf dem Rücken zusammenknüpfen kann. In Dörfern nahe Isfahan im Iran werden die Ärmel unten zusammengefilzt, was ein deutliches Zeichen dafür ist, dass sie niemals für eine normale Verwendung vorgesehen waren. In anderen iranischen Dörfern benutzt man die Ärmel erst nach einiger Zeit, wenn der Filz weicher geworden ist.

Bestickter Filzmantel, Kabul, Afghanistan. Länge 130 cm. Der Mantel hat die für Filzmäntel typischen rudimentären Ärmel, hier schön dekoriert mit Hohlsaum und einem Kantenabschluss, der stark an die Ärmelbündchen von schwedischen Volkstrachten erinnert. 1949 mitgebracht von der dritten dänischen zentralasiatischen Expedition. Dänisches Nationalmuseum, Ethnographische Sammlung.

Filzfunde im Norden

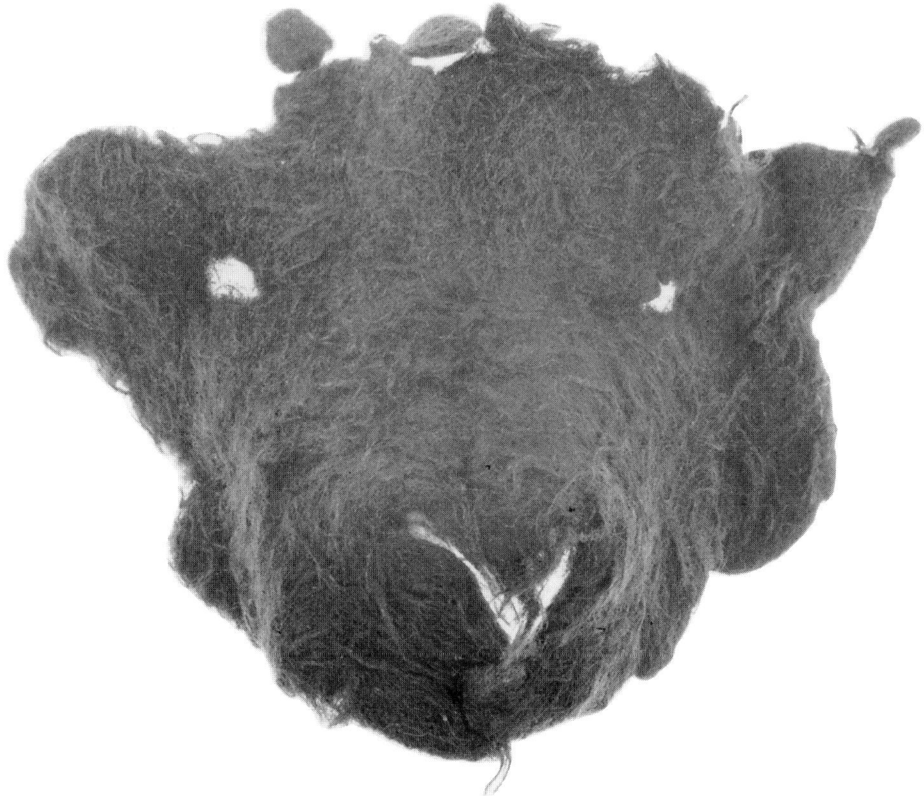

Die Maske von Hedeby. *Die Filzmaske ist 19 cm breit und 14 cm hoch. Der Filz ist 0,4 cm dick und mit Walnussschalen rotbraun gefärbt. Die Mundpartie ist an der Spitze so geschnitten, dass Nasenlöcher entstehen, wenn die Maske der Länge nach unten zusammengenäht wird. Der Filz ist aussen aufgerauht und struppig. Archäologisches Landesmuseum, Schloss Gottorf, Schleswig.*

Filzfunde aus älterer Zeit im Norden bestehen meistens nur aus Fragmenten. Aus Texten und Bildern kann man jedoch die Schlussfolgerung ziehen, dass Filz verwendet wurde.

Der älteste Fund, der etwas mehr als nur ein Rest ist, kommt aus Hordaland in Norwegen und stammt aus der Zeit der Völkerwanderung 400–500 n. Chr. Er besteht aus zwei Filzstücken, die man um das Bein eines toten Mannes gebunden hatte, den man in einem Bronzesarg eines Urnengrabes fand. Die Filzstücke sind 0,5 bis 1 cm dick, porös und haben einen Durchmesser von 35–40 cm. Es ist wahrscheinlich, dass sie in Norwegen hergestellt worden sind. Vermutlich hat das Metall die Filzstücke konserviert.

Die Hedeby-Maske aus der Wikingerzeit

Als 1979 in Norddeutschland ein ganzer Filzgegenstand aus der Wikingerzeit gefunden wurde, weckte dies grosses Interesse. Es handelte sich um eine kleine Gesichtsmaske aus Filz, die man zwischen den Fundgegenständen eines Schiffswracks im Hafen des vorgeschichtlichen Hedeby (Haithabu) an der dänischen Grenze entdeckt hatte. Hedeby, das in der Wikingerzeit zu Dänemark gehörte, war ein wichtiger Handelsplatz, der in Kontakt mit den damaligen skandinavischen Völkern stand.

Die Filzmaske war zusammen mit anderem festem Material zum Abdichten des Wikingerbootes verwendet worden und daher ganz mit Pech getränkt. Das Pech hat dazu beigetragen, dass die Wolle nicht zerstört wurde. Die Filzmaske bedeckt den Kopf nicht ganz, sondern hat mehr die Form einer Halbmaske. Sie sieht aus wie ein Schaf, ein Bär oder ein anderes Tier. Es gab unter dem Dichtungsmaterial noch eine weitere Maske, die einem Kalb ähnelt, diese war aber gewebt und gewalkt und passte der Grösse nach einer erwachsenen Person.

Ausser den Masken ist das Interessante an dem Fund, dass er auch kleine Filzfragmente enthält, von denen man glaubt, dass es sich um Zuschneidereste handelt. Die Fragmente sind von unterschiedlicher Qualität, sie sind sowohl weich als auch hart, dünn und dick, einige sogar zweifarbig, was darauf hindeutet, dass man zu dieser Zeit eine weit entwickelte Filztechnik beherrschte.

Dr. Inga Hägg, die die Verantwortung für die wissenschaftliche Untersuchung der Funde trägt, ist ausgehend von philologischen und ikonographischen Gesichtspunkten zu dem Schluss gekommen, dass die Masken vermutlich zusammen mit Kapuzen und anderen Elementen für Maskierungen verwendet wurden. Es handelte sich vielleicht um Kostüme für Zeremonien oder turnierähnliche Spiele, bei denen Tiergestalten eine wichtige magische und symbolische Bedeutung hatten. Als Beispiel für dieses Phänomen nennt sie eine Figur mit Schweinemaske, die auf einem gewebten Bild zu sehen ist, einem norwegischen Fund aus der Wikingerzeit in Oseberg.

Annette Damgaard hat die Untersuchung der kleinen Filzmaske fortgesetzt. Sie hat die Wollfasern unter dem Mikroskop analysiert und ist zu dem Resultat gekommen, dass die verwendeten Fasern von sehr unterschiedlicher Grösse sind.

Dies lässt auf eine altertümliche Schafrasse schliessen. Sie hat auch darauf hingewiesen, dass die Wolle in den Fundstücken in Büscheln lag, dass die Wolle also mit Stöcken gepeitscht wurde, wie es heute noch in der Mongolei üblich ist. Diese Theorie wird unterstützt von Dr. Gertrud Grenander Nyberg, die die Maske in Zusammenhang mit einem anderen Fund bringt, einem Gegenstand, der ein Peitschenstock für Wolle sein könnte, ein biegsamer Haselnussstock, den man in Elisenhof nahe Hedeby gefunden hat und der etwa 200 Jahre älter ist als die Hedebyfunde.

Aus der Wikingerzeit stammt auch ein Fund aus Mölnar, Gemeinde Väte in Gotland. Das Filzstück ist kaum gefärbt, misst 10 x 3 cm und war die Innenseite eines Gürtels mit herzförmigem Metallbeschlag orientalischen Typs. Laut Dr. Margareta Nockert vom Amt für Frühgeschichte, wurde das Material nicht im Detail untersucht, weshalb sein Ursprung nicht genau definiert werden kann. In Schweden kamen bei Ausgrabungen weitere Funde aus dem Mittelalter zum Vorschein. Die gefundenen Fragmente aus meist städtischen Ausgrabungen stammen oft von Schuheinlegesohlen oder Hüten.

Aus mittelalterlichen schriftlichen Quellen geht hervor, dass Filz im Norden für Hüte und andere Kopfbedeckungen verwendet wurde sowie auch für capeähnliche Umhänge aus Filz.

Filz in neuerer Zeit

Katarina Ågren hat eine Bestandsaufnahme der Filztraditionen in Norwegen, Schweden und Finnland bis zum heutigen Tag gemacht (*Tovning,* 1976). In Dänemark und auf den Färöer-Inseln gibt es keine kunstgewerbliche Tradition in diesem Bereich. Filz wurde früher auch auf Island verwendet, wenn auch das Wissen um die Filzherstellung nicht bis in unsere Zeit überlebt hat. In den isländischen Sagen wird von Filz erzählt, und es gibt auch Beschreibungen neueren Datums, wie Sattelfilz hergestellt wird. Kräftige Satteldecken sind erhalten, und man nimmt an, dass diese auch ohne einen anderen Sattel darüber verwendet wurden.

Im grossen und ganzen kann man sagen, dass sich das traditionelle Filzen im Norden um einfache Gebrauchsgegenstände drehte, die in einem kalten Klima und unter schwierigen wirtschaftlichen Umständen sehr notwendig waren. Daher kommt wohl auch, dass das Filzen vor allem im Norden Skandinaviens als Heimarbeit ausgeübt wurde. Sowohl in Finnland, Norwegen als auch Schweden war das Filzen in den 60er Jahren unseres Jahrhunderts dabei, vergessen zu werden.

Katarina Ågrens Buch hat dazu beigetragen, dass in Schweden viele Filzkurse organisiert wurden, und heute ist die Technik im ganzen Land verbreitet. In den 80er Jahren hat sich das Interesse nach Finnland ausgebreitet, und Ågrens Buch wurde 1981 in die finnische Sprache übersetzt. Bereits 1977 war es auf Holländisch erschienen und hat auch Interesse für Filz in Ungarn geweckt, von wo aus die skandinavische Filzmethode an Filzmacher aus Nordamerika und anderen Ländern im Westen und Osten weitervermittelt wurde.

Schweden

Ursprünglich ist Filzen als Kunstgewerbe nicht weiter südlich als Hälsingland vorgekommen. Am meisten hat man in Västerbotten, Jämtland und Ångermanland gefilzt.

Als sich Katarina Ågren, zu der Zeit Antiquarin am Museum von Västerbotten, zusammen mit Karin Lundholm, Beauftragter für Kunsthandwerk, zu Anfang der 60er Jahre für die alte Filztechnik zu interessieren begann, war es schon fast zu spät. Warme Wohnungen und die Möglichkeit, industriell gefertigte warme Kleidung zu kaufen, trugen dazu bei, dass das Filzen beinahe vergessen wurde. Dank der Initiative von Katarina Ågren und Karin Lundholm wurde die Technik wiederbelebt, nicht nur in Nordschweden, sondern im ganzen Land. Künstler, Kunsthandwerker und Hobbykünstler filzen heute wieder für verschiedenste Zwecke und auf vielfältige Weise. Nicht zu vernachlässigen ist der pädagogische Wert – das Filzen wurde von Lehrerinnen und Lehrern verschiedenster Klassenstufen entdeckt, viele Kinder durften es in den vergangenen Jahren ausprobieren.

Socken

Die am meisten verbreiteten Filzprodukte früherer Zeit waren Socken. Sie waren ideal für das Leben in kalten und zugigen Häusern und konnten auch für kurze Gänge ausserhalb des Hauses verwendet werden. Bei Männern waren sie besonders beliebt: sie trugen sie im Winter in Stiefeln und Skischuhen. Ausserdem ist überliefert, dass Kinder ein Paar Filzsocken über die Stiefel zogen, wenn es sehr kalt war.

Über die ideale Beschaffenheit von gefilzten Socken wird viel erzählt. Einige berichten, dass Filzsocken bis in unsere Zeit verwendet werden. Neulich traf ich in Mittelschweden einen etwa 40jährigen Mann, der erzählte, dass seine Grossmutter väterlicherseits, die in Västerbotten geboren wurde und in Västerås gelebt hatte, ihn bis zu ihrem Tod vor ein paar Jahren mit Filzsocken versorgte, die er beim Angeln in den Stiefeln trug. Als sie starb war sie 85 Jahre alt. Es gab nichts, was die Filzsocken ersetzen konnte, vor allem wenn es besonders kalt war, behauptete der Enkel.

Filzsocken verwendete man oft in ungefütterten hohen Schuhen und Stiefeln.

Auch gefilzte Schuhe wurden hergestellt. Manche Familien lebten in sehr ärmlichen Verhältnissen und hatten viele Kinder. Hartgefilzte Socken mussten da die teureren Lederschuhe ersetzen, so dass die Kinder in die Schule kommen konnten. Ebenso stellte man an einigen Orten gefilzte Schuhe für Erwachsene her. Die Schuhe waren aus dickerem und härter gewalktem Filz als die Socken. Die Farben waren in den Naturfarben der Wolle, grau und weiss, doch kam es vor, dass man Knabenschuhe blau und Mädchenschuhe rot färbte, während Schuhe für Erwachsene schwarz gefärbt wurden. Man konnte den Schaft aufschneiden und umkrempeln, wenn er zu weit wurde. Wurde er zu eng, schnitt man ihn auf und band ihn mit Schnürsenkeln zusammen. Die Schuhe wurden manchmal mit einfachen Wollstickereien dekoriert, mit einer gehäkelten Kante oder einer Verzierung aus weissem Hasenfell versehen. Oft waren sie mit einer Sohle aus Loden oder Leder verstärkt.

In der Gemeinde Ullånger in Ångermanland nannte man die gefilzten Schuhe ullskor, «Wollschuhe», in Multrå in Ångermanland sprach man von *tofskor*, «Filzschuhe», in Hälsingland von *tösser* und in Vilhelmina und in Stensele in Västerbotten von *tussar*.

Gefilzte Einlegesohlen

Einlegesohlen aus Filz für Stiefel oder hohe Schuhe waren offensichtlich nicht sehr gebräuchlich, jedenfalls ist davon nicht oft die Rede. In Hälsingland gab es jedoch Einlegesohlen aus Filz, mit dicht aneinanderliegenden Fäden aus Baumwollgarn verstärkt. Eine alte Frau in Västerbotten sprach von *bottenklutar* («Tücher für die Füsse»; Anm. d. Übers.).

Gefilzte Fäustlinge

Weniger gebräuchlich als Filzsocken waren gefilzte Fausthandschuhe. Anscheinend war es der Daumen, der schwierig zu filzen war. Kinderfäustlinge wurden gefärbt und mit gehäkelten Rändern und Quasten an den Handgelenken versehen. Die Männer nahmen Filzfäustlinge meistens als Innenfutter für kräftige Lederhandschuhe zur Waldarbeit oder zogen Filzfäustlinge mit einer Lederverstärkung zwischen Daumen und Zeigefinger an.

Hüte und Mützen

Nur wenige für den Eigenbedarf zuhause gefilzte Hüte und Mützen sind erhalten. Auf Märkten und in Städten konnte die Landbevölkerung aber Hüte bei den Hutmachern kaufen. Katarina Ågren ist jedoch der Ansicht, dass der Ausdruck *tovhatt* (Filzhut; Anm. d. Übers.), den sie auf der Liste einer Hinterlassenschaft von 1804 (in der Gemeinde Lövånger) gelesen hat als Beleg für ein weiter verbreitetes handwerkliches Erzeugnis angesehen werden kann. Das Dialektwort *tova* (filzen) wäre nämlich kaum von Hutmachern für ihre Erzeugnisse benutzt worden. Auch in Häggenås in Jämtland fand sie auf einem Schriftstück das Wort *hattov*.

Auf dem Gehöft Rusksele in Västerbotten gibt es zwei Hüte in unterschied-

Erika Ullmark aus Kålsta, Ullånger, Ångermanland, schlägt die Wollsocken, um sie widerstandsfähiger zu machen. Auf dem Arbeitstisch steht ein Schuhleisten und ein fertiggewalkter Stiefel.

lichen Stilen. Beide sind von Östen Olofsson Sundberg gemacht worden, der zwischen 1811 und 1892 lebte. Der eine Hut hat eine niedrige, runde Kopfform mit breiten Krempen und wurde zu einer festen Form gefilzt. Der andere Hut ist weicher und eingedrückt wie ein Jägerhut. Beide haben innen ein Schweissband aus Leder und ein Zierband aussen. Der weiche Hut hat ein Futter aus Baumwolle. Die Hüte wurden vermutlich aus naturschwarzer Wolle hergestellt, die mit den Jahren braun geworden ist.

In Multrå in Ångermanland soll man um 1850 sowohl Hüte als auch Schuhe gefilzt haben. Dorthin kam damals ein Mann, «Hutmann» genannt, der die Technik lehrte.

Um die Jahrhundertwende filzten Männer und Frauen Hüte in Norsjö und Skellefteå, und in Stensele gab es einen Schneider, der Hüte fabrizierte. Es handelte sich vermutlich nur um Herrenhüte, da Frauen auf dem Land bedeutend später begannen, Hüte zu tragen.

In den 20er Jahren fertigte eine Frau Damenhüte mit runden Hutformen und verschiedenen Arten von Krempen in der Gegend von Vilhelmina. Diese Hüte wurden gefärbt und mit Rosetten und Bändern versehen. Als in den 40er Jahren die Baskenmütze aufkam, filzte man solche in Burträsk.

Aufzeichnungen erzählen auch von einer kleinen weichen Knabenmütze aus weissem Filz, die mit einem Baumwollband eingefasst war. Eine Familie aus Västerbotten soll Sommermützen dieser Art getragen haben.

Wie die Hüte hergestellt wurden, weiss man nicht, aber eine erhaltene hölzerne Hutform aus Vilhelmina deutet darauf hin, dass solche verwendet wurden, um eine gute Form zu erhalten.

Die Filzmacherinnen und Filzmacher

Spinnen kann ja jede Frau, war ein altes Sprichwort. So war das nicht mit dem Filzen. Meistens waren es in einer Gegend ein paar Frauen, die diese Kunst beherrschten. Viele fanden, die Filzarbeit sei schwer und verursache Schmerzen in den Händen. Viele Stunden lang mit den Händen im Wasser zu arbeiten, war tatsächlich nicht sehr angenehm. Manchmal war es die Mutter im Haus grosser Familien, die filzte, um alle mit warmen Socken ausrüsten zu können. Man vermutet, dass die Frauen Wolle zum Filzen entgegennahmen oder auf Gutshöfen filzten, um das bescheidene Einkommen aufzubessern.

In manchen Fällen lebten ganze Familien vom Filzen. Von Svedjeholmen in der Gemeinde Själevad in Ångermanland erzählt man von einer armen Familie mit zehn Kindern, die am Anfang des 19. Jahrhunderts das Filzen von einem «Lappländer» gelernt hatte, der in das Dorf kam. Sie schlossen sich beim Filzen ein, um das Geheimnis zu bewahren und sich die Grundlage ihres Einkommens zu erhalten. Die Mutter kardierte die Wolle, der Mann filzte und die Kinder halfen mit. Trotzdem breitete sich die Technik aus und Svedjeholmen wurde zu einem Zentrum für die Herstellung von Filzsocken, die von Grosshändlern vertrieben wurden.

Ågren beschreibt, wie das Filzen mechanisiert wurde. Valter Östman und seine Frau hatten es in Svedjeholmen nach der «Lappländer»-Methode gelernt, doch bald erfand er einen Apparat nach dem Prinzip einer Schleuder. Die Familie übersiedelte 1922 nach Bjärtrå, wo sich ein Grosshändler 1939 eine Kardiermaschine für seine Sockenlieferanten anschaffte. Diese Maschine übernahm die Familie Östman, und ihr Geschäft blühte der Arbeitslosigkeit zum Trotz. Gegen Ende des Zweiten Weltkriegs war es schwierig, Schafwolle zu bekommen, und die Produktion musste für einige Zeit unterbrochen werden. Inzwischen konstruierte und baute Östman einfache Maschinen, um das Filzen zu rationalisieren, und als er 1946 den Betrieb wieder aufnahm, geschah dies mit einer kleinen Fabrik, die 1500 Paar Socken im Jahr produzierte.

Seit 1967 wurde die Filzherstellung nur noch sporadisch betrieben und dann ganz eingestellt. Die gefilzten Socken kosteten Anfang des 19. Jahrhunderts mehr als gestrickte, obwohl die gestrickten eine längere Herstellungszeit erforderten. Für ein Paar Filzsocken verbrauchte man mehr Wolle, und das Material war mehr wert als die Arbeit an sich.

Möglicherweise hängt der geringe Wert der gestrickten Socken auch damit zusammen, dass sie Hausfrauen zum Zeitvertreib strickten. Die gefilzten Socken hingegen wurden meistens gekauft und hatten schon deshalb einen höheren Wert.

Material und Technik

Sowohl in Bezug auf die Wahl der Wolle als auf die Arbeitsmethode gab es verschiedene Ansichten. Trotz widersprüch-

Um Nähte anzubringen, wurde der Filz über einen Holzleisten gezogen. Granträsk, Sorsele, um 1920.

licher Angaben scheint es, als ob die meisten der Meinung waren, dass die Wolle weich und lockig sein sollte. Viele meinten, dass die kürzere Frühjahrswolle am besten sei, während andere die lange Herbstwolle vorzogen, welche mit feinerer Wolle gemischt werden müsste. Die lange Wolle betrachtete man als stark und für Socken gut geeignet. Es kam auch vor, dass Ziegen-, Hunde- oder Pferdehaare eingemischt wurden. Schwarzer Wolle wurden allgemein schlechtere Eigenschaften als weisser nachgesagt. Sie war schwerer zu filzen und daher oft nicht gleichmässig warm. Man mischte oft weisse und schwarze Wolle zu grauer.

Zum Kardieren verwendete man meist eine Kratzbank. Im übrigen ist es interessant, wieviele verschiedene Filzmethoden existieren. Die Schablonen waren aus Stoff, Holz oder aus Papier, die man abnahm, bevor die Wolle befeuchtet wurde. Schuhleisten wurden verwendet, und es kam vor, dass man gänzlich ohne Vorlagen filzte!

Viele verwendeten warmes Seifenwasser, aber einige filzten auch ohne Seife, und andere streuten Salz ins Wasser. Das Wasser wurde mit Hilfe eines Schneebesens, eines Passiersiebes oder mit dem Mund auf die Wolle gespritzt.

Zum Walken stand nicht immer ein Werkzeug zur Verfügung. Das geriffelte Holzbrett war verbreitet, doch manchmal wurde auch ein gewöhnliches glattes Brett eingesetzt wie zum Beispiel in Själevad. Man führte das Brett auf der Wolle, die auf einem Tisch lag, vor und zurück. Um Schuhe richtig hart zu machen, wurden sie auch mit einer Holzkeule auf einem Hackstock geschlagen.

Viola Asplund – Meisterin der Filzsocken

Viola Asplund, geboren 1916, wohnt in Nyliden ausserhalb Skellefteå. Sie ist eine der Frauen, die dazu beigetragen haben, dass das Filzen bis zum heutigen Tag überlebt hat. An sie wendete sich das Museum von Västerbotten, als man 1966 eine Dokumentation über die Filztechnik erstellen wollte.

Sie lernte das Filzen von ihrer Mutter. «Wenn wir von der Schule nach Hause kamen, mussten wir uns hinsetzen und Wolle kratzen, das war Kinderarbeit», erzählt Viola. Filzen gehörte früher auf den Bauernhöfen zum notwendigen Können. Man hatte hohe Schuhe aus ziemlich dünnem und hartem Leder, und in diesen wurden Filzsocken getragen. Doch erst als Viola heiratete und Bäuerin wurde, begann sie in grösserem

Ausmass zu filzen. «Es galt ja, den Mann mit Socken und Stiefeln auszustatten, und Gefilztes war dauerhaft und warm. Und dann waren da auch die Kinder», sagt Viola. Sie erzählt, wie die vier Kinder drinnen und draussen in blossen Socken herumsprangen. Da mussten diese hart gefilzt werden, um sie widerstandsfähig zu machen.

Die Socken, die Viola für ihren Mann filzte, hielten in der Regel ein Jahr. Die beste Wolle für Socken war eine gemischte Landschafqualität aus Deckhaaren und Unterwolle. Reine Ryawolle oder reine Feinwolle sind nach Violas Meinung nicht geeignet. Früher wurden die verschiedenen Teile des Vlieses der Schafe sehr sorgfältig zu einer einheitlichen Qualität gemischt. Viola machte auch Socken auf Bestellung. In den 40er und 50er Jahren entstanden viele Kraftwerke, und für die Wasserarbeiter filzte Viola Socken für 2 Kronen pro Paar.

Sie gab Kurse und lehrte die Kunst des Filzens. Auch ihre Kinder und Enkel mussten filzen lernen. Doch war es die Grossmutter, die die Kinder mit den Socken für den Hausgebrauch ausrüstete. «Man filzt ja eine ganze Ladung auf einmal, so dass genügend Paare vorrätig sind», sagt Viola und erzählt, dass ihr Enkelkind gekaufte Baumwollstrümpfe über die Filzsocken zieht und damit draussen im Harschschnee herumspringt.

Viola ist heute beinahe 78 Jahre alt und immer noch sehr aktiv, was Handarbeit anbelangt. Am liebsten näht sie Felldecken und spinnt. «Filzen ist ja etwas harte Arbeit», sagt sie. Ihre Produkte waren in der Kunsthalle Liljevalchs in Stockholm ausgestellt und der Verband Schwedischer Kunstgewerbevereine verlieh ihr die Verdienstplakette in Gold. Wenn ich sie frage, was die textile Arbeit im Laufe der Jahre für sie bedeutet hat, lacht sie und sagt: «Ich habe es so lustig gehabt!»

Vor dem Kardieren wärmt Viola Asplund Gerät und Wolle. Das Bild stammt aus dem Jahr 1967.

Norwegen

Über die Filzerzeugung in Norwegen in früherer Zeit gibt es kaum Dokumente. Filzsocken, genannt *ladder*, *labber* oder *tövelabber*, fertigte man auf den Höfen in Nordnorwegen an. Socken mit festgenähten Ledersohlen wurden auch draussen bei kaltem und trockenem Wetter getragen. Das Filzen wurde als eine schwere Arbeit angesehen, doch gab es Gehöfte, die Wolle annahmen und auf Bestellung Filzsocken arbeiteten.

Filzsocken konnte man auf Märkten verkaufen. Auch importierte Filzprodukte wurden an einigen Orten, unter anderem in der Finnmark gehandelt. Berühmt waren die sogenannten *russekatankerna*, die russische Kaufleute verkauften. Das waren hart gewalkte, steife Filzstiefel, die für den Gebrauch ausserhalb des Hauses vorgesehen waren.

Smådahl (1989) schreibt, dass es in Anna Grostøls Aufzeichnungen über Norwegen Angaben gibt, dass man dort *dossa* herstellte. Der Ausdruck kommt vermutlich vom finnischen Wort für Filzsocken, *huopatossa*. Menschen aus dieser Gegend erzählten, dass die Verwendung von Filzsocken aus Finnland kam.

In Namdalen machte man auch eine Form von Socken mit einer Filzsohle, *Namdalslabber* genannt.

Wollschuhe aus Nesna

In Korgen, südlich von Mo i Rana, wurde, auf den Höfen ein genähter Wollschuh hergestellt. Er sah aus wie ein gewöhnlicher hoher Schuh mit Schnürung und wurde schnell populär. Seit 1950 wird dieser Filzschuh gewerblich hergestellt. In Nesna ausserhalb von Mo i Rana siedelte sich eine Fabrik an, die die Teile zuschneidet und das Material auf Bestellung den Frauen der Gegend schickt, die in Heimarbeit die Schuhe zusammennähen. Der Filz ist industriell erzeugt und kommt aus Halmstad.

Heute heisst die Wollschuhfabrik Nya Nesna Fabrikker AB. Immer mehr Frauen sitzen zu Hause und nähen Filzschuhe, die in der Fabrik mit Sohlen und genieteten Schnürlöchern ausgerüstet werden. Ausser den traditionellen Nesna-Filzschuhen entstehen auch Filzschuhe und Slipper mit modernem Schnitt. Die verschiedenen Schuhe werden in die USA, nach Kanada und Schweden exportiert.

Eine Frau näht Nesna-Wollschuhe in Heimarbeit. ▽

Klassische Nesna-Wollschuhe.

Wollschuhe aus dem Ort Haus

Das Filzen von Hüten war auf einigen Bauernhöfen in Osterøj seit langer Zeit eine Tradition, die von Frauen und Männern der Gegend gepflegt wurde.

Eine dieser Frauen, spezialisiert auf das Filzen von Hüten, begann trotz ihres Alters, mit Wollschuhen zu experimentieren. Sie hiess Maria Hermundsdal und erhielt die Bestellung eines alten Mannes für ein Paar warme Wollschuhe, ebenso warm wie die gefilzten Hüte.

Die Schuhe wurden gut. Maria lehrte eine andere Maria mit Nachnamen Vatle an, und so breitete sich das Wissen in der Gegend aus.

Langsam nahm auch hier die Produktion eine organisierte Form an. Haus Selvhjelpskontor aus Haus bei Bergen startete die Wollschuhproduktion im Jahr 1911: Er begann, die Wolle in der Fabrik zu kardieren, um danach die Filzarbeit in der Gegend zu verteilen. Als die Produktion ihren Höhepunkt erreichte, waren 40 Haushalte mit insgesamt 100 Personen damit beschäftigt, Wollschuhe herzustellen. Ganze Familien, auch die Männer, filzten. Für die meisten handelte es sich um einen Nebenverdienst, auch wenn sich einige zwischendurch mit dieser Arbeit versorgten, vor allem während und nach dem Zweiten Weltkrieg, als die Nachfrage gross war. Noch heute kann man Wollschuhe aus Haus kaufen.

Während des Zweiten Weltkrieges erlebte das Filzen auf dem Land eine allgemeine Renaissance.

Maria Hermundsdal (1815–1908), die den Haus-Schuh erfand.

Der grosse Mangel an Schuhen und anderem trug dazu bei, dass man alle Möglichkeiten, die Wolle und anderes Material zu verwerten, nutzte. Sogar alte Filzhüte wurden zu Einlegesohlen für Wollschuhe.

Wollschuhe aus Haus.

Finnland

Filzen wurde auch in Finnland als Handwerk ausgeübt, vor allem im Norden und Osten des Landes. Nach dem Zweiten Weltkrieg sah es so aus, als ob die Filztradition im Norden in Vergessenheit geraten würde, auch wenn ältere Personen den Filzprozess immer noch beschreiben konnten. Im Osten Finnlands hörte man mit dem Filzen in den 60er Jahren auf. Katarina Ågrens Buch hat jedoch auch hier in den 80er Jahren zu Kursen angeregt und ein neues Interesse für das Filzen entfacht.

Während der russischen Besatzungszeit etablierten sich in Finnland Fabriken für Filzstiefel und Filzeinlagen. Dies erklärt teilweise, weshalb Filzen als Handwerk in den südlichen Teilen des Landes nicht länger existierte. Die erste Fabrik öffnete 1897 in Kirvu, und bald darauf gab es sowohl kleine als auch grosse Fabriken. Russische Techniker halfen beim Aufbau der Filzfabriken. Die Filzstiefel wurden auch in den Fabriken teilweise von Hand hergestellt. Die ersten Schritte wie das Abwiegen der Wolle und das Festnähen der Wolle rund um die Schablonen wurden manuell gemacht. Während des Zweiten Weltkriegs musste die Produktion wegen Materialmangels und anderer Probleme stark eingeschränkt werden.

Gegenwärtig gibt es fünf Filzfabriken, von denen zwei Filzstiefel und Filzsocken herstellen (Alhon Huopatehdas und Lahtisen Huopatehdas, beide in Jämsä).

Die industrieerzeugten Filzstiefel und Filzsocken waren eine weit verbreitete Fussbekleidung in den harten Wintern Finnlands. Die Socken werden noch heute in den Stiefeln der finnischen Armee verwendet. Die Filzstiefel waren beliebt bei Waldarbeitern und Bauern, die sie sogar während der Heuernte anzogen. Kinder trugen oft Filzstiefel. Jetzt werden diese mit aufgeleimten Gummisohlen verkauft, und sie können auch bei Tauwetter und Nässe getragen werden. Filzstiefel sind wärmer als Lederstiefel und kosten etwa gleich viel. Die Socken werden als Hausschuhe getragen oder in hohen Schuhen und Stiefeln.

Stiefel und Socken werden u. a. nach Kanada, Schweden und Deutschland verkauft. Sowohl Stiefel als auch Socken hielten in abgewandelter Form in der Mode Einzug. Mehrere Modedesigner haben den alten Filzstiefel oft mit neuen Farben in ihre Kollektionen eingebaut. Der traditionelle Stiefel ist meistens grauweiss oder schwarz. Für Kinder gibt es heute auch blaue oder rote Stiefel.

Die Bezeichnung *huopatossut* heisst sowohl Stiefel als auch Socken, während *huopasylingit* oder nur *sylingit* ausschliesslich Socken bedeutet. *Huopa* bedeutet Filz und ist ein Fremdwort, das aus der altnordischen Sprache kommt. Die Finnlandschweden sprechen von *filttossor* oder *sylingar*.

Antti Parviainen aus Säyneinen, Kaavi, in Filzstiefeln mit extra Sohlen, im Jahr 1908. Museum, Finnland.

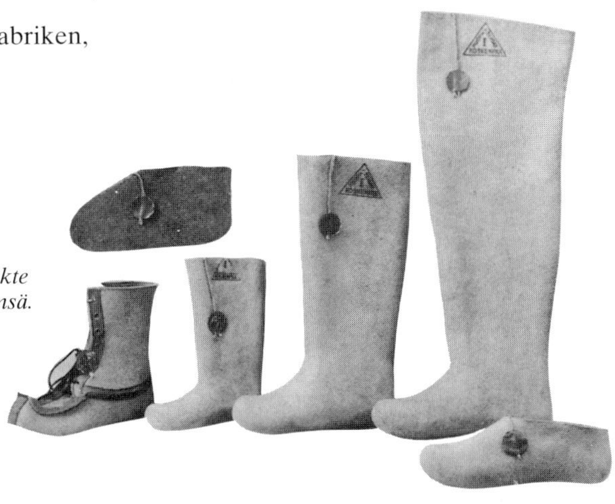

Stiefel, Socken und andere Filzprodukte aus Koskenpään Huopatehdas in Jämsä.

Du, der du mit Sorgfalt hergestellt wurdest
aus Lammwolle, mit zehn Fingern,
bespritzt mit tausend Wassertropfen,
gerollt von starken Pferden auf dem Feld,
Du, unseres lieben Landes teurer Schatz,
wirst niemals zerrissen und geschlissen.
Werde wie eine richtige Festung,
weich wie Seide, weiss wie Schnee.

Oben: *Zachačin in Manhan, nordwestliche Mongolei, erzeugen Filz mit Hilfe eines Kamels.* Links: *Bei den Chalcha-Mongolen ausserhalb von Ulan Bator ziehen zwei Pferde die Filzrolle über die Steppe.*

Filztechniken in anderen Kulturen

Die Filzherstellung in der Mongolei

Die Chinesen nannten das grosse zentralasiatische Steppengebiet im 4. Jahrhundert v. Chr. «Das Filzland». Das widerspiegelt die Bedeutung des Filzes für die Nomaden dieser Gegend. Viehzucht war und ist immer noch die wichtigste Lebensgrundlage in der Mongolei. Als viehzüchtende Nomaden wandern die Mongolen von einem Weideplatz zum nächsten. Wo Berge sind, liegt der Winterweideplatz unten in den Tälern, der Frühjahrs- und Herbstweideplatz etwas höher und der Sommerweideplatz hoch oben in den Bergen.

Wege, wie wir sie kennen, gibt es nicht, und das meiste wird auf Kamelen und Pferden transportiert. Das führt dazu, dass die Nomaden nur die notwendigste Ausrüstung mit sich führen. Die grossen Schafherden liefern einen grossen Teil des Lebensnotwendigen: Verpflegung, Material für die Zelte, Teppiche und Kleider, ja sogar Brennmaterial in Form von getrocknetem Mist und Spielsachen, aus Knochen hergestellt!

Das Filzen ist für Nomaden besonders geeignet, weil es so wenige und einfache Arbeitsgeräte voraussetzt und in einer kurzen, aber intensiven Zeit ausgeführt werden kann. Zudem befriedigt es die verschiedensten Bedürfnisse: mit Filz kann alles, vom dicken, windabweisenden Zeltfilz bis zu dünnen Filzstrümpfen für Stiefeleinlagen hergestellt werden.

Auch heute noch wird in der Mongolei Filz von Hand hergestellt, auch wenn die Industrie den Grossteil der Produktion übernommen hat. Als ich 1991 in der Mongolei war, wurde mir gesagt, dass man in den Gegenden von Ulan Bator keinen Filz mehr handwerklich produziert, weil die gesamte Wolle für die Industrie oder den Export vorgesehen ist. Nach dem Zerfall des sozialistischen Systems hat die Bevölkerung jedoch grössere Freiheit erhalten. Jetzt können die einzelnen Orte mitbestimmen, was mit ihrer Wolle gemacht werden soll. Die politischen Veränderungen haben auch grosses Interesse für die Geschichte der ehemaligen Mongolei mit sich gebracht. Djingis Khan ist wieder ein Volksheld, und die alte mongolische Schrift wird wieder als offizielle Schrift anerkannt.

Das Interesse für alte Traditionen wie die Filzerzeugung ist aufgeblüht. Vorläufig ist die für die Kultur des Landes so wichtige Filztechnik noch nicht in die Lehrpläne für den Werkunterricht aufgenommen worden, aber es ist zu hoffen, dass dies mit der Zeit geschehen wird.

Die Tradition des Filzens wurde während der sozialistischen Periode vor allem von denjenigen Volksgruppen am Leben erhalten, die immer noch als viehtreibende Nomaden in den abgelegenen Teilen der nordwestlichen Mongolei leben.

Vor den Zeiten des Kommunismus versammelten sich jeweils Verwandte und die nächsten Nachbarn zur Filzarbeit. Später jedoch war es üblich, dass Filz von der Dorfgemeinschaft hergestellt wurde. Männer und Frauen arbeiten seit jeher zusammen. Grössere Filzarbeiten werden immer von einer Gruppe ausgeführt, weil die Arbeit schnell erledigt werden soll und sie für eine einzelne Person zu schwer ist. Ein anderer wichtiger Grund für die kollektive Arbeit ist, dass sie Gelegenheit zu einem Fest bietet. Die Mongolen leben nach der Auffassung, dass das Leben nicht nur aus Arbeit besteht. Alle gemeinsamen Arbeiten werden während Stunden von Essen, Trinken und Gesang begleitet.

Filz, *esgíj*, wird in der Regel nur einmal im Jahr hergestellt, Ende August oder Anfang September, wenn die Schafe zum zweiten Mal im Jahr geschoren werden. Kleinigkeiten wie Stiefel können auch während des Jahres gefilzt werden, doch die grossen Filzarbeiten macht man im Spätsommer im Freien.

In der Mongolei gibt es Schafe mit Fettschwanz und Rassen mit kurzem Schwanz. Die Fettschwanzrasse besitzt einen Schwanz mittlerer Länge. Früher diente der Schwanz den Mongolen oft als Reiseproviant. Sie betrachteten ihn als Leckerbissen! Man kann heute noch Kleinkinder sehen, die an dem Schwanz das Fett saugen. Der Charakter der Wolle ist uneinheitlich. Schafe mit ausschliesslich feinfasriger Wolle gibt es nicht. Dagegen haben die Schafe sowohl feinfaserige Unterwolle als auch gröbere Deckhaare in den Vliesen. Fein gekrauste Wolle kommt also nicht vor, sondern die Stapel sind grob gewellt. Lammfelle können sehr weich sein. Für die feinsten Filze verwenden die Mongolen die Lammwolle.

Das gilt vor allem für Wolle, die im Herbst geschoren und zu Filz verarbeitet wird. Reisende in der Mongolei vertreten verschiedene Ansichten in Bezug auf die Qualität der Herbst- und Frühjahrswolle. Einige behaupten, die Frühjahrswolle sei länger und feiner. Rein logisch gesehen, kann das nicht stimmen, da zur Sommerzeit den Schafen reichlich Futter zur Verfügung steht. Möglicherweise findet man die Frühjahrswolle deshalb feiner, weil den Schafen im Frühjahr die weiche Unterwolle mit einem Wollkamm ausgekämmt wird. Diese Wolle ist natürlich bedeutend feiner und weicher als die Herbstwolle, die aus ganzen Vliesen besteht.

Die Filzherstellung

An einem heissen August-Tag durfte ich einer Chalcha-Mongolen-Familie in der Nähe von Ulan Bator beim Filzen zusehen. Dort hatte man seit vielen Jahren keinen Filz mehr hergestellt, doch eine alte Frau verfügte noch über das Wissen und leitete die Arbeit. Ein anderes Mal konnte ich in einer Gruppe von Začin in Manhan in der nordwestlichen Mongolei zusehen und stellte fest, dass die Art und Weise des Filzens bei verschiedenen Volksgruppen etwas variieren kann, jedoch das Grundprinzip gleich ist. In der folgenden Beschreibung werden Bilder von diesen beiden Erlebnissen gemischt, um die Unterschiede in der Filzherstellung zu zeigen.

1. Vor der Filzerzeugung wird die Wolle von zwei oder mehreren Personen mit Ruten gepeitscht. Die Peitschen, etwa 1 m lang, sind bei den Chalcha-Mongolen aus Weide, also einem biegsamen Holz, doch bei den Zachačin können sie auch aus Eisen sein. Dahinter steckt die Idee, dass das schwarze Eisen von der Sonne erwärmt wird und dazu beiträgt, das Fett der Wolle weich zu machen. Man umwickelt den Griff der Eisenpeitsche mit Wolle, damit sie sich leichter halten lässt.

Die Wolle wird auf einem alten Filzteppich ausgebreitet, dann beginnt ein rhythmisches Peitschen, bis alle Wollbüschel in den Fellen zu einer luftigen Masse gelockert sind. Man wechselt zwischen Peitschen mit beiden Stöcken auf einmal und Peitschen mit dem rechten und linken wechselweise.

2. Auf der Erde wird ein alter Filz, die «Mutter des Filzes», ausgebreitet.

3. Auf dem Mutterfilz verteilt man die gepeitschte Wolle mit einer speziellen Technik. Man nimmt ein ordentliches Büschel gepeitschter Wolle in die rechte Hand und hält es über dem Filz. Die linke Hand drückt die Wolle auf den Filz, worauf man die rechte Hand mit den Teil der Wolle, der nicht festgehalten wird, wegzieht. Übrig bleibt auf dem Filz ein Wollbüschel mit einigermassen parallel liegenden Fasern.

Diese Art des Auslegens führt zusammen mit dem Peitschen zu einem ähnlichen Ergebnis wie das Kardieren, wenn auch etwas gröber. Die Faserenden zeigen auch in die Tiefe und Höhe, wodurch die Fasern leichter in die darüberliegenden Wollagen eingreifen können.

4. Die beste und weisseste Wolle legt man zuerst aus. Sie soll die Oberseite des Filzes bilden. Weiss ist immer noch eine sehr geschätzte Farbe in der Mongolei! Ungewaschene, ganze Schafvliese bilden die mittlere Lage – je fester desto besser. Es heisst, dass das Fett beim Filzen eine gute Wirkung habe. Schlechtere, grobe und bräunliche Wolle verwendet man für die Unterseite des Filzes.

5. Sobald alle Lagen gelegt sind – die Anzahl der Lagen hängt von der gewünschten Dicke ab – beginnt das Bespritzen der Wolle. Warmes Wasser wird über die Hand gegossen, damit es sich gleichmässig über der Wolle verteilt. Ich sah keinerlei Zusätze von Seife oder Schmierseife im Wasser. Auch andere Quellen (Gösta Montell, A. Róna-Tas und andere) sagen nichts darüber aus, dass bei den Mongolen Seife oder andere Walkmittel verwendet werden. Die Verseifung der Fettsäuren der Wolle und die Kaliumsalze können offensichtlich den Zusatz von Schmierseife oder Seife ersetzen.

Ein kräftiger Pfahl mit einem Durchmesser von 10 bis 12 cm wird auf eine Seite des Filzes gelegt und beide, Mutterfilz und die ausgelegte Wolle, werden zu einer mächtigen Rolle zusammengewickelt.

6. Eingeweichte Häute werden um die Filzrolle gelegt. Das Einweichen gibt den Häuten Zähigkeit und Widerstandsfähigkeit. In trockenem Zustand würden sie beim Rollen des Filzes brechen. Kräftige Seile halten die Rolle zusammen. Lederschlingen werden über die abgeschrägten Enden des Pfahls gezogen. Die Zachačin verwenden Holzösen oder Holzstücke, in die Löcher für die Pfahlspitzen gebohrt wurden.

7. Die Schlingen werden mit etwa 40 m langen Seilen an zwei Pferde oder ein Kamel gebunden. Nun beginnt ein Ritt bzw. eine Wanderung von vielen Stunden über die Steppe. Die Pferde werden geritten, die Kamele geführt.

Nach einer Stunde rollen die Mongolen die Filzrolle auf, und die alte Frau, die die Filzarbeit in der Nähe von Ulan Bator leitet, untersucht den Filz und findet einige schwache Punkte. Rasch schneidet sie ein Stück von einem Pferdeschwanz ab und schneidet das Rosshaar in kurze Stücke über der schwachen Stelle. Etwas Wolle wird dazugegeben, mit Wasser bespritzt, ein Stück Tuch darüber gelegt und der Filz wieder zusammengerollt. Das harte, kräftige Rosshaar verfestigt den Filz an der schwachen Stelle.

Festlichkeiten im Zusammenhang mit der Filzarbeit

Die Zeremonien rund um die Filzarbeit sind wichtig. Bevor die Filzrolle hinaus auf die Steppe gerollt wird, segnet die alte Filzmacherin sie, indem sie vergorene Stutenmilch, *ajrag*, mit dem Opferstab, *tatchjal*, in die vier Himmelsrichtungen spritzt.

Auf das Gelingen des Filzes wird auf die traditionelle, feierliche Art rings um einen schön gefilzten Zeremonienteppich getrunken. Der Herr des Hauses bietet der Reihe nach allen Anwesenden einen Wohlergehenstrunk aus *ajrag* an. Zuerst wird die Schale für den am meisten geehrten Gast gefüllt. Der Gastgeber reicht die Schale mit der rechten Hand und sie wird mit der rechten Hand entgegengenommen. Wenn der Gast getrunken hat, gibt er die Schale dem Hausherrn zurück, der sie auffüllt – ob nötig oder nicht – und sie dem nächsten Gast reicht. So wird die ganze Runde bewirtet. Später liest einer der teilnehmenden Männer eine Bitte für das Gelingen des Filzes, ein *jöröök*. Das Fest, das nach der getanen Filzarbeit üblich ist, erlebten wir schon am Tag zuvor, da wir sofort nach Ende der Feier abreisen mussten. Es wurde ein Schaf geschlachtet, die Leber über offenem Feuer gegrillt, die Gedärme zu Wurst gestopft. Fleischstücke wurden mit Zwiebeln und glutheissen Steinen in grosse Aluminiumkannen geschichtet und dann von starken Mongolen kräftig geschüttelt. *Ajrag* und Vodka aus Milch, *archi*, wurde ohne Unterbrechung in einer Silberschale serviert, und die Mongolen sangen ein Lied nach dem anderen, die ganze Nacht hindurch. Ja, das war ein richtiges Filzfest!

Jurten – die Zelte der Mongolen

Überall in der Mongolei kann man heute noch Jurten sehen, die klassischen Zelte der Nomaden, bestehend aus einem Holzgerüst, bedeckt mit einer Anzahl passend zugeschnittener dicker Filze.

In Ulan Bator, der Hauptstadt mit 500 000 Einwohnern, existieren Vorstädte nur aus Jurten, die das ganze Jahr bewohnt sind. Rund um Ulan Bator und auch in der Nähe anderer Städte, stehen Sommerhäuschen aus Jurten, wohin die Städter im Sommer übersiedeln, um etwas von dem früheren freien Leben auf der Steppe zu erleben. Sogar zwischen den Hochhäusern innerhalb der Stadt kann man einzelne Jurten in den Innenhöfen sehen.

Die Mongolen tun sich sichtlich schwer damit, das wichtigste Symbol für ihr freies Nomadenleben aufzugeben. Es fragt sich, ob das Pferd oder die Jurte in dieser Hinsicht wichtiger ist.

Über den Begriff *Jurte*, auf Englisch *yurt*, diskutieren die Forscher schon lange. Ph D Peter Andrews, der jahrelang Nomadenzelte eingehend studierte, meint, dass man nur von Zelt oder möglicherweise von *Spalierzelt* sprechen sollte. Das Wort *yurt* ist türkischer Abstammung und bezeichnet den Platz, wo das Zelt steht. Heutzutage bedeutet *yurt* in der Türkei Studentenheim oder Schlafsaal!

Die Mongolen nennen ihre Filzzelte *ger* und die Kirgisen *öj*.

Das Wort *ger* der Mongolen bedeutet Wohnung und wird ebenso als Bezeichnung für andere Arten von Wohnungen verwendet. Doch weil der Begriff *Jurte* heute in der westlichen Welt so eingebürgert ist, verwende ich ihn in meinem Text, um jedes Missverständnis zu vermeiden.

Jurten und Viehherden auf dem Sommerweideplatz in den Altaibergen, Mongolei 1991. ▷

◁ *Zachačin-Jurte. Die Grösse der Jurte ist je nach Volksgruppe und Funktion unterschiedlich. Normalerweise kann eine Jurte aus 6 bis 9 Wandelementen bestehen und 5 bis 6 m breit sein. Die Höhe beträgt 2,5 m oder mehr. Fest- und Gastjurten sind etwas grösser, während die Jurten, die man auf den Wanderungen zu den Weideplätzen mit sich führt, aus naheliegenden Gründen etwas kleiner ausfallen.*

Peter Andrews glaubt, dass die Jurte ursprünglich von den Türken als Zelt ohne Holzgerüst entwickelt wurde. Seiner Auffassung nach waren es die Uiguren oder der Stamm der K'i-tan, die die Jurten bei den Mongolen im 8. Jahrhundert einführten. Die Mongolen entwickelten dann mehrere Varianten dieser perfekten Nomadenwohnung. Die Jurte gab es bei den meisten Nomadenvölkern Zentralasiens. Manchmal waren die Ausführungen unterschiedlich, doch das Grundprinzip blieb das gleiche. Die Variationen in der Formgebung beruhen wahrscheinlich auf den verschiedenen klimatischen Voraussetzungen. In Kirgisien etwa ist das Dach der Jurte höher und steiler. Man glaubt, dass dies mit dem reichlichen Niederschlag in diesem Gebiet zu tun hat. In der regenarmen, aber windigen Mongolei ist die Kuppel der Jurte flacher, damit sie den kräftigen Winden besser widerstehen kann.

Sowohl Zeltfilze als auch Zeltgestelle kann man heute fertig von *ger*-Fabriken in der Mongolei beziehen. Diese Jurten sind entsprechend staatlichen Normen hergestellt und basieren auf der alten Tradition. Unter abgelegener wohnenden Volksgruppen, die selber Schafe halten können und Zugang zu Holz haben, leben die handwerklichen Traditionen weiter. Bei den Kasachen in der nordöstlichen Mongolei hat die Jurte ein etwas anderes Aussehen als bei der grossten Volksgruppe, den Chalcha. Dieser Normabweichung wegen blieben die Kasachen dabei, das Gerüst der Jurte handwerklich herzustellen, und es wurde ihnen auch erlaubt, sich das spezielle Holz auswärts zu beschaffen.

Der kirgisische Schriftsteller Tschingis Aitmatow beschreibt in seinem Roman *Abschied von Gülsary*, wie die vom Staat geschickten Beamten in ihrem Spareifer bestimmen, dass die Wolldecken, die die Jurten bedecken, durch Synthetik-Decken ersetzt werden sollen. Das Resultat war, dass die Leute im Winter beinahe erfroren. Die Bürokraten wussten nicht, dass Wolle über ein einzigartiges Isoliervermögen verfügt und bestens sowohl vor Kälte als auch vor Wärme schützt. Diese Eigenschaft ist jedoch in den Hochplateauländern mit extremen Temperaturen überlebenswichtig. Denn innerhalb der Jurte bleibt die Temperatur gleichmässig angenehm.

Überhaupt ist die Atmosphäre in einer Jurte sehr behaglich und etwas ganz Besonderes. Die runde Form trägt zu Harmonie und Nähe bei. Der Filz an den Wänden verleiht ein Gefühl von Wohnlichkeit, gleichzeitig wirkt die Jurte dank ihrer Höhe luftig und grosszügig. In einer Jurte fühlt man sich niemals eingesperrt. Meistens hält man auch das Rauchloch, den Holzring mit seinem Kreuz in der Mitte des Daches, offen. Nur bei Regen und Kälte wird es mit Filz abgedeckt. Es ist ein ganz besonderes Gefühl in diesem weichen Raum auf einem warmen Filzteppich einzuschlafen, während man den Sternenhimmel durch das Rauchloch sehen und die Nachtgeräusche der Steppe hören kann.

Zum Kochen und um die Wärme bei Frost konstant zu halten, verwenden die Mongolen einen einfachen Eisenofen mit einem Rohr, das durch das Rauchloch der Jurte ins Freie ragt. Früher brannte ein offenes Feuer in der Mitte der Jurte, und der Rauch musste sich den Weg durch das Rauchloch im Dach suchen. Dabei wurde ein Teil des Rauches durch das Filzdach gefiltert, was als Imprägnierung gegen den Regen angesehen wurde. Doch der Rauch machte den Filz mit der Zeit brüchig. Heute verwendet man oft einen genähten Überzug aus kräftiger Baumwolle oder weissem Hanf, der die Filzdecken schützt. Das Tuch lässt zudem die Jurte weiss erscheinen, was zumindest in früherer Zeit ein Zeichen von Wohlstand war. Der Rauch vom offenen Feuer färbte die Filzdecken ziemlich schnell schwarzbraun. Die reichen Mongolen wechselten daher die Filze oft aus, um die Jurte weiss zu erhalten.

Weiss ist immer noch eine sehr geschätzte Farbe bei den Mongolen und wird seit jeher bei Zeremonien und an Feiertagen verwendet. Im Winter kommt es heute vor, dass man den Filz der Kälte wegen mit einer Lage wattierter Baumwolle zudeckt, während früher zwei Lagen Filz übereinander gelegt wurden.

Eine Torguten-Familie unterwegs. Die Kinder sitzen in einem Kasten auf Teilen der Jurte. Die Jurte ist die ideale Wohnung für Nomaden. Man kann sie je nach Grösse auf 2 bis 3 Kamelen oder 3 bis 4 Pferden unterbringen. In ungefähr zwei Stunden ist sie aufgestellt und in einer halben Stunde zusammengepackt.

Das Holzgerüst

Das Skelett der Jurte besteht aus einem sinnvoll konstruierten Holzgestell. Dieses enthält einige Wandelemente, *hana*, in Spalierform. Die Spaliere werden von gekreuzten Leisten gebildet, die für den Transport wie eine Ziehharmonika zusammengedrückt werden. Man stellt sie im Kreis zusammen mit dem Türrahmen auf. Wandelemente und Türrahmen werden mit gewebten Bändern oder Kamelhaarschnüren zusammengebunden. Zeltschnüre, um die starken und elastischen Wände zu stützen, sind überflüssig, da die runde Form die heftigen Steppenwinde teilt. Es gibt keine geraden Seiten, an denen der Wind angreifen könnte. Den Nachteil gerader Wände bekam Sven Hedin während einer seiner Reisen in Zentralasien zu spüren, als sein viereckiges britisches Militärzelt vom Wind zerfetzt wurde!

Die Dachstangen werden in die Löcher des Dachringes gesteckt und an den Leisten der Wandelemente festgebunden.

Wenn die Wände stehen, stellt man die Kuppel, *tono*, mit einer oder zwei Stützstangen auf. Sie besteht aus einem Ring aus einem Kreuz und sechs Bogen. Die Kasachen verwenden zwei, die anderen Mongolenvölker nur eine Stützstange. Die Dachstangen, *uni*, steckt man in Löcher im Ring der Kuppel und verbindet sie am anderen Ende fest mit den obersten Spalier-Leisten. Die Enden der Dachstangen sind dafür bereits mit Kamelhaarschnüren versehen, und mit einem einfachen Handgriff bindet man diese rund um das höchste Spalierkreuz.

Von einem Türpfosten ausgehend, werden danach zuerst ein breites gewebtes Band, dann zwei grosse Filzdecken rund um die Jurte gewickelt und am Holzgerüst festgebunden. Auf das Dach wird der formgeschnittene Dachfilz gelegt. Schliesslich werden Seile in verschiedenen Richtungen über allen Decken verknotet.

Die Herstellung des Holzgerüsts für die Jurte

Bei einer Torguten-Familie in Altai in der nordwestlichen Mongolei konnte ich sehen, wie man Teile des Holzgerüsts für die Jurte anfertigt. Die Torguten sind ein altes Volk, das sein Wissen bewahrt hat, weil es abseits von allen modernen Einflüssen lebt. Sie haben Zugang zu Holz und Weiden, die längs des Flusses Bulgan wachsen.

Eine Zachačin-Jurte wird in Manhan aufgestellt, nordwestliche Mongolei, 1991. Die Kuppel wird gesetzt, nachdem die Wandelemente aufgestellt sind.

Die Stricke für die Jurte sind entweder flach und aus zwei nebeneinanderliegenden, dreisträngigen Zöpfen zusammengenäht oder rund und gezwirnt.

Die Weidenstangen werden mit Hilfe eines einfachen Rindeneisens entrindet. Danach werden sie zu einer schwachen S-Form geformt, indem man sie in einem langen Ofen aus Eisenblech erwärmt und sie dann zwischen Pflöcken in einer Werkbank biegt.

Die Leisten färbte man bei den Torguten mit einer roten Erdfarbe, die in Wasser aufgelöst wurde. Heute verwendet man meist industriell erzeugte Farbe. Lederstücke, die durch Löcher in den Stangen gezogen werden, verbinden die Leisten.

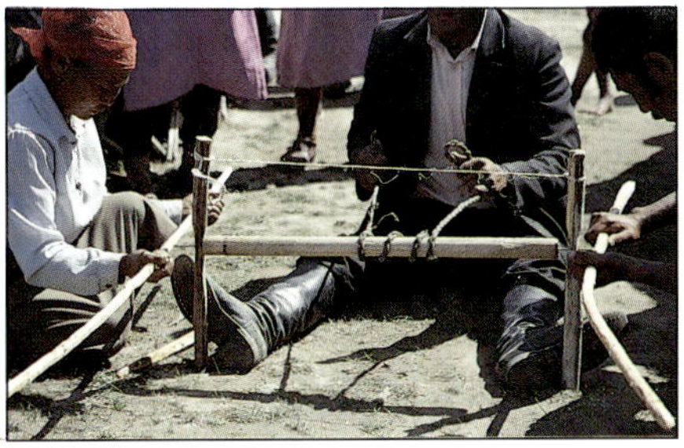

Die Löcher werden mit einem einfachen, mit einer Schnur angetriebenen Bohrer gemacht. Durch die Bohrstifte an den beiden Enden des waagerechten Bohrers können gleichzeitig Löcher in zwei Leisten gebohrt werden.

Viele Mongolenvölker haben Holztüren an ihren Jurten. Oft sind die Türen mit schönen, gemalten Mustern verziert. Die Türschwelle hängt mit dem Türpfosten zusammen und ist sehr hoch, vielleicht damit Ziegen und Schafe nicht in die Jurte hineinkommen können. Es ist ein schwerer Verstoss gegen die Etikette, auf die Schwelle zu treten.

◁ *Zachačin hängen vor die Holztüren eine schön bestickte Filzdecke, die sie hinauf- und hinunterrollen können. In der Mitte der Decke sind zwei shou-Zeichen zu sehen (S. 46).*

Das Zentrum in der Jurte ist das Feuer, heute in Form eines Ofens. Manchmal stehen Betten entlang der Wände sowie Stapel mit Reisekoffern, in denen Kleider aufbewahrt werden. Über die Betten hängen die Kasachen Wandbehänge, genannt tüs kiiz, *bestickt mit einem flächendeckenden Tamburstich auf Baumwolltuch. An den Wänden hängen Kleider, Vorratssäcke, Trockenfleisch und allerlei Gebrauchsgegenstände. Manchmal besitzt die Familie ein Buffet für Küchengeräte und Essen. Der Boden ist mit Filzteppichen bedeckt. Auf ihnen wird gesessen, gegessen und geschlafen. Im Bild ist ein Wachstuch rund um den Ofen ausgelegt.*

Das Innere einer Torguten-Jurte von Etsin-Gol, innere Mongolei, aus den 30er Jahren. Gegenüber der nach Süden ausgerichteten Türe ist der Platz des Hausherrn. An der nördlichen Wand war vor Einführung des Sozialismus ein Altar untergebracht. Gäste sitzen neben dem Hausherrn: Männer zu seiner Rechten, Frauen zur Linken. Vom Dach hängen Fellbüschel von verkauften Tieren.

Das völkerkundliche Museum Etnografiska, Stockholm, von dem das Bild stammt, besitzt zwei mongolische Jurten mit Einrichtungen, die von Sven Hedin mitgebracht wurden. Eine von ihnen ist eine einzigartige Tempeljurte.

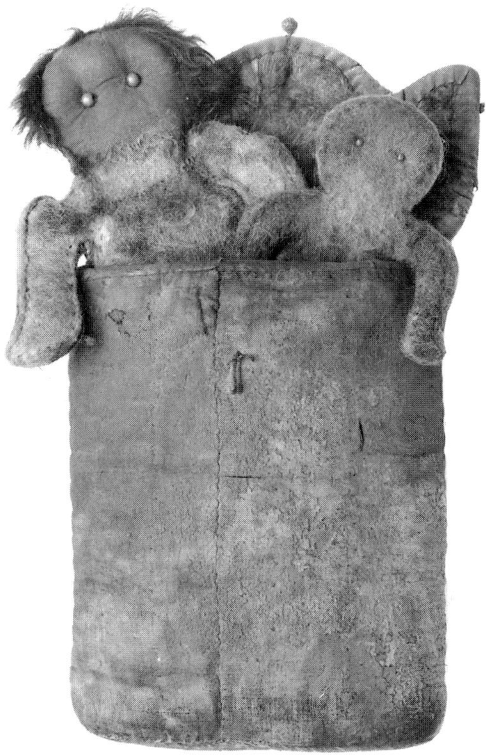

Auf den Altar in der Jurte stellten die Mongolen früher schamanische Gegenstände in Form von Filzpuppen, ongghot. *Diese Puppen, 34 und 36 cm lang – hier in einem Schlafsack –, wurden von den Chakhar-Mongolen in Urte-in-Gol in der inneren Mongolei angefertigt. Die Mongolen glaubten, dass durch die Puppen die helfenden Geister, an die man glaubte, sichtbar gemacht würden. Im Besitz des dänischen Nationalmuseums, Ethnographische Sammlung, seit 1939.*

Die Teile der Jurte. *Zeichnungen aus Gösta Montells Buch: The Torguts of Etsin-Gol, Journal of Royal Anthropological Society of Great Britain and Ireland vol 70/1940.*

A. Ein Wandfilz, in den man an der oberen Kante Keile geschnitten hatte, damit er sich der gebogenen Wand anpasst.

B. Die Kuppel mit dem Dachring, tono, *und dem Dachfilz.*

C. Der Filz, der das Rauchloch im Dach abdeckt. Mit den an den Ecken befestigten Stricken kann er über das Loch gezogen werden.

D. Die Dachstangen werden in den Dachring gesteckt.

E, F, G. Die Wandelemente werden mit Schnüren zusammengeknotet.

H. Die Dachstangen werden an den Wandelementen festgebunden.

I. Ein geöffnetes Wandelement, hana.

K. Von Lederriemen zusammengehaltene Türpfosten.

L. Knoten, mit dem die Seile auf dem Dach mit den horizontalen zusammengebunden werden.

M. Wandleisten, hana, *werden mit Lederstükken verbunden, die man durch gebohrte Löcher zieht. Die Lederstücke sind in der Mitte aufgeschnitten, damit die Enden, wie hier abgebildet, durch die Löcher gezogen und verknotet werden können.*

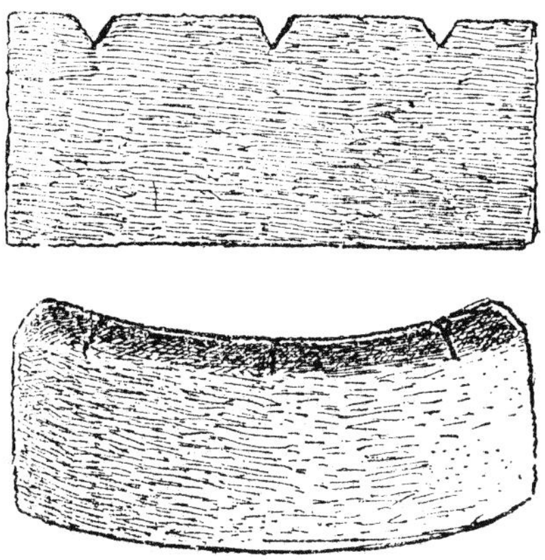

A

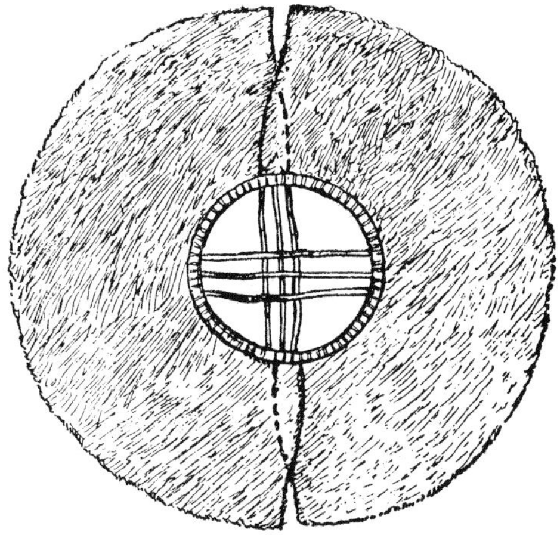

B

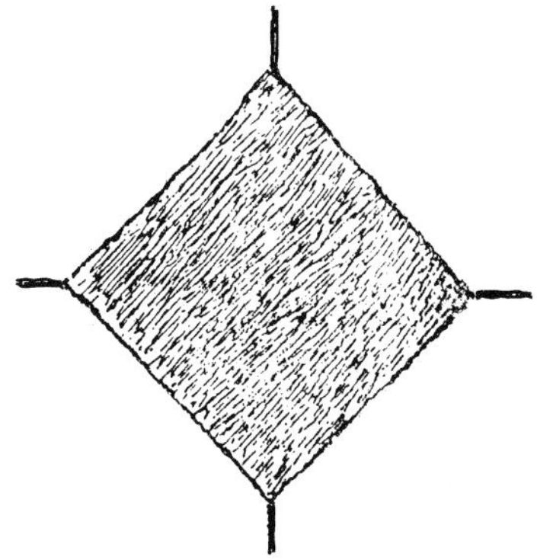

C

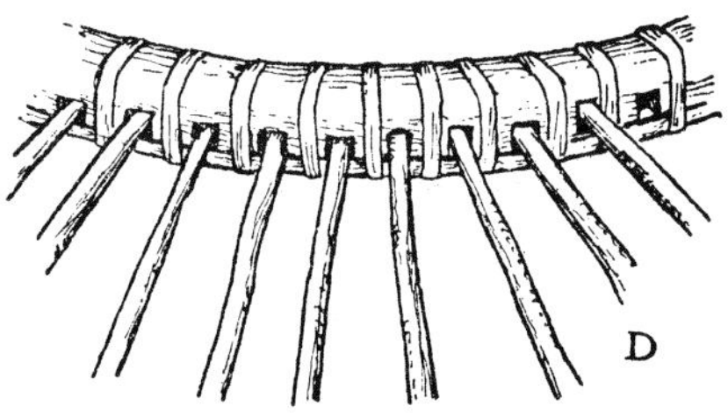

D

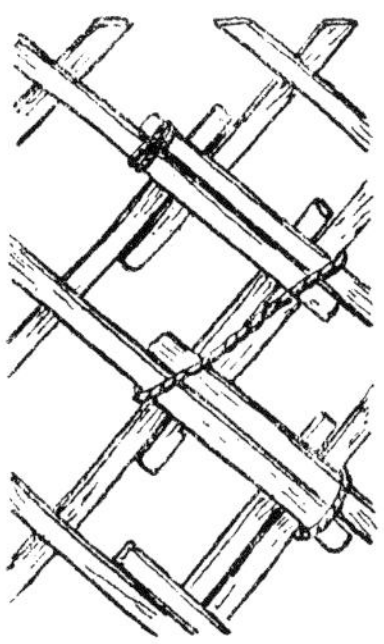

E

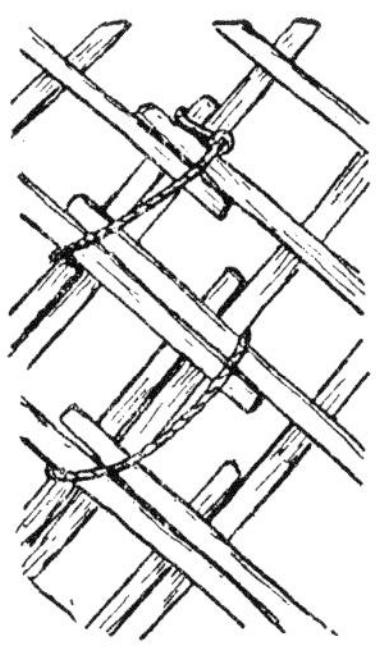

F

G

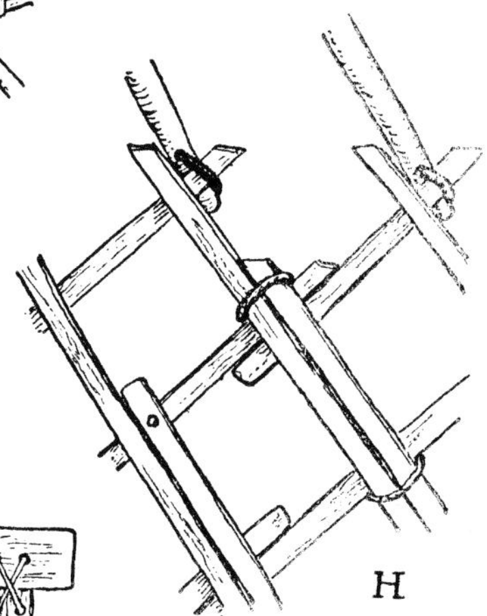

H

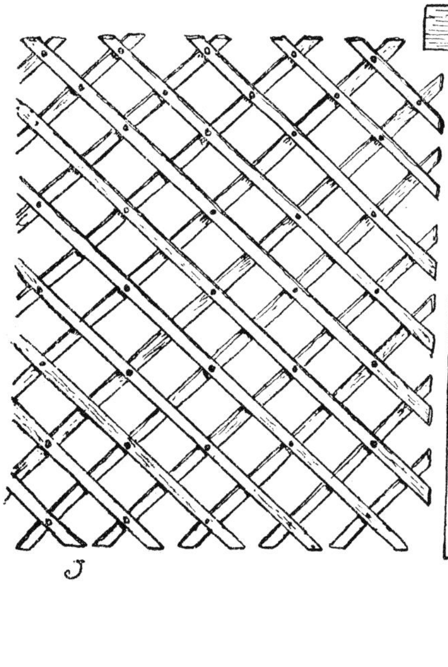

J

K

L

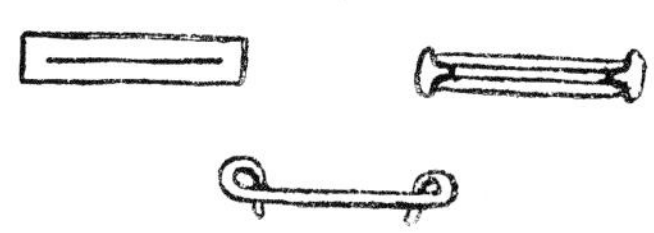

M

Gesteppte Filzteppiche in der Mongolei

Ein wichtiger Teil der Jurten und in den Häusern sind Teppiche, die oft den ganzen Fussboden bedecken. Auf ihnen sitzt und schläft die Familie, und sie können ausserdem als Tisch dienen. Bei den Kasachen in der nordwestlichen Mongolei werden sie als ein Zeichen des Wohlstandes auf dem Bett gestapelt. Immer noch verwendet man die traditionellen, ganz von Hand gearbeiteten Filzteppiche, auch wenn es unterschiedlichste, industriell hergestellte Teppiche zu kaufen gibt. Es werden Teppiche aus Maschinenfilz angeboten, auf die die Stickereien maschinell mit Baumwollgarn aufgenäht wurden. Ein handgemachter Teppich hält mindestens 20 Jahre.

Das gleiche Problem, von dem im Zusammenhang mit den Jurtenfilzen gesprochen wurde, galt auch für Teppiche: Es mangelte an Material, weil alle gezwungen wurden, die Wolle für den Export und die Industrie abzuliefern. Vor allem bei den viehzüchtenden Nomadenvölkern, bei denen der traditionelle Lebensstil überlebt hat, werden die Teppiche immer noch auf die alte Art und Weise hergestellt.

Die Wurzeln dieser Teppiche reichen weit in die Geschichte zurück. Die Techniken, die für die Ornamente und Verzierungen verwendet werden, sind identisch mit denen der Gräberfunde von Pazyryk und Noin Ula. Verschiedene Volksgruppen in der Mongolei haben dieses Erbe auf unterschiedliche Weise verwaltet. Die Kasachen sind für ihre lebendig gemusterten *syrmak*-Teppiche bekannt, während andere zurückhaltendere Komposition in den natürlichen Weisstönen der Wolle gestalten.
Nach Ottó Farkas, Mongoleikenner aus Ungarn, hat das Wort *syrmak* oder *syrdak* der Kasachen den gleichen Wortstamm wie das mongolische Wort für Filzteppich, *shirdeg*. *Syr* und *shir* bedeutet «steppen». Charakteristisch für alle mongolischen Teppiche ist, dass sie dicht bestickt sind. Ursache für die Linienmuster auf den weissen Filzen sind meistens reine Steppnähte. Für ihre mehrfarbigen *syrmak*-Teppiche setzen die Kasachen mehrere Techniken ein, die Mosaikstickerei ebenso wie die Applikationstechnik. Doch werden auch sie mit Steppstickereien abgeschlossen.

Einfarbige Teppiche mit Steppstickereien – *shirdeg*

Am häufigsten kommen in der Mongolei einfarbige Filzteppiche vor, mit dichten Steppstickereien, die die ganze Oberfläche bedecken. Es ist vielleicht nicht ganz richtig, diese Teppiche einfarbig zu nennen. Oft haben sie eine schmale Borte oder eine schmale Dekoration in

abweichender Farbe. Die Grundfarbe ist jedoch das Weiss der Wolle.

Die Chalcha-Mongolen verzieren ihre Teppiche mit einer schmalen roten Borte. Die Torguten und Zachačin verzieren sie mit einzelnen Ornamenten in den vier Ecken und dünnen, um den Teppich laufenden Linien, gesteppt mit schwarzer, reiner Ziegenwolle.

In den Teppichen verarbeitet man sowohl Frühjahrs- als auch Herbstwolle. Die gröbere Frühjahrswolle wird für die unteren Lagen verwendet, während die weichere Herbstwolle die obere Lage bildet. Oft ist die Wolle der unteren Lagen hellbraun. Viele Schafe in der Mongolei haben eine Farbe, die an helle Kamelwolle erinnert. Die bräunliche Farbe wird als weniger wertvoll als die rein weisse angesehen und deshalb nur für die Unterseite verwendet. Um sie noch weisser zu machen, bleichen die Chalcha-Mongolen die Wolle mit Knochenasche. Die Teppiche können auch aus zwei separaten Decken gemacht werden, einer weissen und einer hellbraunen. In diesem Fall werden die beiden Lagen mit zusammengefügt.

Das Herstellen von Filz

Bei einer Torguten-Familie in Bulgan hatte ich 1991 die Möglichkeit, die Filzherstellung zu verfolgen.

Den Filz für die Teppiche macht man bei den Torguten nur mit Körperkraft. Bei diesem Volksstamm ist das Frauenarbeit. Die Wolle wird mit Peitschen geschlagen, wie auf Seite 36 beschrieben. Die Technik für das Auslegen der Wolle ist ebenfalls die selbe. Die Wolle wird auf eine aus hartem Steppengras gewobene Matte gelegt, *tjii*. Anschliessend bespritzen die Frauen sie mit warmem Wasser

◁ *Grossvater und Grossmutter mit Enkelkindern auf einem farbenreichen* syrmak-*Teppich auf den Sommerweideplätzen der Kasachen hoch oben in den Altaibergen.*

Die Torguten walken mit menschlicher Kraft. Die Filzrolle wird mit Seilen hin und her gezogen. Alles unter frohem Lachen!

und rollen die Matte zusammen. In die Ösen rund um die Matte werden Seile gesteckt. Die Rolle wird von drei bis vier Frauen hin und her gerollt. Sobald sich die Wolle verfilzt hat, nimmt man den Filz heraus und rollt ihn eine Zeit lang ohne Matte. Während der Arbeit wird der gerollte Filz mit Wasser bespritzt.

Die Steppnaht

Wenn der Filz gewalkt und trocken ist, beginnt die Stickarbeit. Das Linienmuster markierte man früher mit Erdfarben. Heute verwendet man chemischen Farbstoff. Die Markierungen verschwinden mit der Arbeit. Das Bestikken der Teppiche wird wie die Filzherstellung von mehreren Frauen gemeinsam ausgeführt. Die Frauen kommen zusammen und beginnen, auf dem gleichen Teppich zu sticken. Diese kollektive Arbeit erinnert stark an die Stickgilden, zu welchen sich früher Frauen bei uns versammelt haben. Nur dass die Mongolen keinen Quiltrahmen verwenden: Er ist für so steife Filzteppiche nicht nötig. Der sehr starke Faden ist aus ungefärbter Kamelwolle, auf einer Spindel gesponnen. Schafwolle wird dafür nicht verwendet. Ein Schafwollfaden würde eingehen und könnte reissen. Ein Filzteppich kann bis zu 2 cm dick sein. Deshalb muss die Nadel im richtigen Winkel durch die beiden Lagen geführt werden, um ein feines Linienmuster zu erhalten. Man arbeitet die ganze Zeit mit der rechten Seite oben. Das bewirkt, dass die Stiche auf der Vorderseite gerade und auf der Rückseite etwas schief werden. Die Stiche

Mehrere Torguten-Frauen helfen einander, einen Teppich zu steppen. Einzelne Ornamente werden mit schwarzem Ziegenhaargarn gestickt.

sind einfache Vorstiche, die auf dem fertigen Teppich meistens wie kleine Punkte aussehen. Auf einem Torguten-Teppich sind diese etwa 2 mm lang, wenn sie angezogen sind, und haben eine Dichte von 15–17 Stichen pro 10 cm. Der Abstand zwischen den Stichen kann 1,5–2 cm sein. Man beginnt in der Mitte und arbeitet zu den Kanten hin, da es so leichter ist, den Teppich glatt zu halten. Die Arbeit mit der Nadel, die gross und spitz ist, ist schwer, ebenso das Anziehen der Vorstiche. Die Stiche müssen so fest angezogen werden, dass sie im Filz versinken und schöne Linien bilden. Somit wird der Faden später auch kaum abgenutzt.

Komposition und Ornamentik

Die Steppereien haben sowohl eine ästhetische als auch praktische Funktion. Die einfarbige Oberfläche erhält eine schöne Zeichnung durch Licht- und Schatteneffekte. Und die Decke wird durch die Stiche fester und haltbarer. Typisch für diese Teppiche ist, dass die Muster ohne Ausnahme durch dichte Steppnähte entstehen. Die ganze Oberfläche wird von Linien durchzogen, die im wesentlichen in regelmässigen Abständen angeordnet sind. Partien ohne Steppereien gibt es nicht.

Die Linien bilden ein Muster mit Mittelfeld und Borten. Das Mittelfeld wird häufig mit alten Spiralformen, bereits bekannt von den Noin Ula-Funden, gestaltet. Es kann auch in kleine quadratische Flächen aufgeteilt werden, drei oder vier, die mit Ornamenten ausgefüllt werden.

Eines der häufigsten Muster sind Variationen des chinesischen Zeichens *shou*. Dieses kommt oft in wiederholter Form vor, vor allem auf chinesischer Seide, die bis vor einigen Jahren gewöhnliche Bestandteile der mongolischen Kleidertracht war. Ein anderes populäres Muster, das in vielen Variationen vorkommt, ist «Der endlose Knoten». Es ist eine der acht symbolischen Opfergaben der lamaistischen Ikonographie und hat eine breite künstlerische Anwendung sowohl auf mongolischem als auch tibetischem Gebiet. Beide Motive sollen laut der Forscherin Krystyna Chabros langes Leben und Wohlergehen symbolisieren. Auch Herzformen und Dreiecke sind im Mittelfeld zu finden. Durchgehend sind die Muster in diesen Teppichen nicht gegenständlicher Art. Die Formen der Muster können verschiedenen Ursprungs sein und haben oft auch eine symbolische Bedeutung. Aber die Art und Weise, wie die Mongolen die Muster auf der Oberfläche handhaben und kombinieren, ist für sie spezifisch. Krystyna Chabros meint, dass es mit vorlamaistischen Vorstellungen zu tun habe, dass Menschen und Tiere auf Alltagsgeräten nicht abgebildet werden. Danach erfüllten Abbildungen früher magische Funktionen, zum Beispiel in schamanischen Séancen, und dieses Kraftpotential wollte man nicht unnötigerweise verschwenden.

Das chinesische Zeichen shou, *das ein langes Leben und Wohlbefinden symbolisiert, kommt oft in* shirdeg-*Arbeiten vor.*

In den Borten kommen häufig Wellenmuster oder das Motiv «Laufender Hund» sowie spiralförmige Linien vor. Bei doppelten Borten sind manchmal verschiedene Variationen eines Motivs, zum Beispiel des Laufenden Hundes, zu sehen. Die Borten haben die gleiche Breite rund um den ganzen Teppich.

Borten und Linienornamente

Die schwarzen Borten aus Kordeln, die auf die Stickereien rings um die Teppichränder genäht werden, sind wichtig für deren Verstärkung und halten den Teppich – praktisch und zugleich gefällig – zusammen. Diese Borten decken nicht den geschnittenen Teppichrand ab, sondern liegen oben auf dem Teppich etwa 1-2 cm innerhalb der Kante. Auf den Teppichen der Torguten besteht die Borte aus zwei nebeneinander genähten Kordeln. Diese

Früher wurden auch Vorratsdosen mit verstärkenden und dekorativen Steppereien versehen. Diese kleine Filzdose mit Deckel haben die Mongolen für ihre sehr wichtigen Trinkschalen aus Silber und Holz verwendet. Nationalmuseum, Ulan Bator.

haben verschiedene Zwirnrichtungen, sind also S- oder Z-Kordeln. Das Material ist reines, schwarzes Ziegenhaar. Nur die längsten Fasern der Felle werden dafür verwendet. Das Ziegenhaar wird gesponnen und zu einer zweifädigen, starken, harten Kordel gezwirnt. Die Kordeln werden festgenäht: Die Nadel sticht durch die obere Lage des Filzes und durch eine Kordel, um danach die zweite zu durchstechen und hinunter durch den Filz zu stossen. Wenn man den Stich anzieht, sieht man den Faden auf der Oberseite nicht. Die Stiche werden nach etwa 1 cm zwischenraum wiederholt. Die Breite der fertigen Borte beträgt ungefähr 1 bis 2 cm.

Manchmal bildet eine andere schwarze Borte etwas weiter innen einen zweiten Rahmen. Die beiden Rahmen sind ab und zu in den Ecken mit einer schrägen Linie verbunden. Die gleichen Kordeln werden auch für einzelne Ornamente verwendet, die in den Ecken oder in der Mitte des Teppichs zu finden sind.

Filzteppiche mit Mosaikstickerei verziert – *syrmak*

Die kompliziertesten Muster und Techniken wenden die Kasachen für ihre Teppiche, *syrmak*, an. Die gleichen Techniken kommen ebenfalls bei den kirgisischen *shirdak*-Teppichen vor, obwohl sich deren Muster und Farbgebung von den kasachischen Teppichen unterscheiden. Die Kirgisen verwenden kleinere Muster und mehrere Farben auf ihren Teppichen. Verschiedene Filzstücke, Kante an Kante zusammengefügt, bilden die Muster. Diese Technik, auch *Inkrustation* genannt, wird bei uns als Mosaik- oder Intarsienstickerei bezeichnet. (Ich wähle in meinem Text die Bezeichnung Mosaikstickerei, weil sie dem englischen mosaic felt und der deutschen Mosaiktechnik am nächsten ist.) Die Fugen zwischen den Mustern verbirgt eine Überfangnaht aus Faden in einer Kontrastfarbe, welche die Komposition stark beeinflusst. Ausser der Mosaikstickerei kommt auch die Applikationstechnik vor, bei der Stoff auf den Filz aufgenäht wird. Die Anfangssilben der Teppichnamen *syr* und *shir* machen deutlich, dass auch hier die Steppereien wichtig sind. Die ganze Oberfläche ist von Steppereien bedeckt, so wie es bei den einfarbigen Teppichen der Torguten und Chalcha-Mongolen der Fall ist. Die Steppnähte folgen den Formen der Muster.

Zwei Kasachen-Frauen zeigen einen typischen syrmak-*Teppich mit Mosaikstickerei. Die der Wolle eigene Farbe wird durch den roten Überfangstich zwischen den Mustern belebt.*

Die Komposition

Die ältesten *syrmak*-Teppiche sind aus zwei Farben, Naturschwarz und Weiss, den natürlichen Farben der Wolle. Später begann man, die Wolle mit Pflanzen zu färben, und heute verfügen die Mongolen durch Anwendung von chemischen Farben über eine grosse Farbpalette. Längst beschränken sie sich nicht mehr auf zwei Farben, sondern verwenden drei oder vier. Heute wird erst der Filz und nicht die Wolle eingefärbt. Die klassische *syrmak*-Komposition beinhaltet ein Mittelfeld, schmale Borten an den Längsseiten und breitere an den Querseiten. Die Form ist rechteckig, oft in den Proportionen zwei zu eins. Oft verwendete Muster sind Variationen der Motive «Widderhorn» und – auf den Borten – «Laufender Hund». Da kontrastierende Farben nebeneinanderliegen, entsteht ein Positiv-Negativ-Effekt der Muster, die einmal hell und einmal dunkel erscheinen. Die schmale Überfangnaht in einer Kontrastfarbe verleiht der Komposition zusätzliche Lebendigkeit.

Syrmak-*Teppiche sind heutzutage farbenreicher. Die Proportionen zwischen Borten und Mittelfeld folgen jedoch der Tradition. Der Mann auf dem Bild trägt das traditionelle Käppchen der Kasachen mit Tamburstichen verziert.*

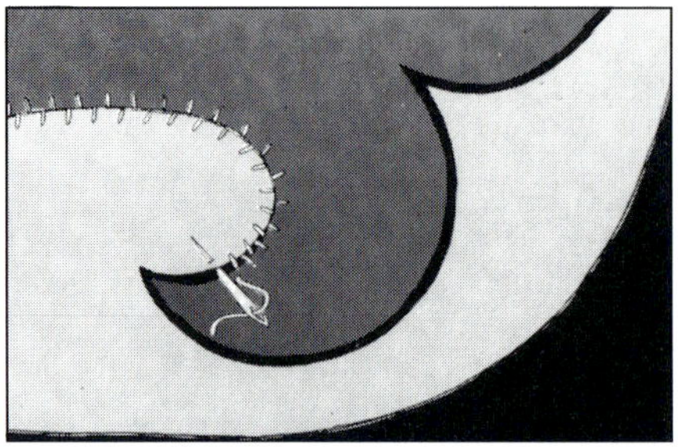

1. **Die Mosaikstickerei.** *Für die Herstellung eines klassischen* syrmaks *benötigt man zunächst drei Filzdecken. Je eine mit den Musterfarben, Weiss und Schwarz, und eine beinahe doppelt so grosse aus weisser oder bräunlicher Wolle für die Rückseite. Die Filze für die Muster werden dünner und aus der feinen Herbstwolle hergestellt. Für die Rückseite verwendet man die schlechtere und gröbere Frühlingswolle. Nun werden mit einem Messer aus der schwarzen und der weissen Decke identische Muster ausgeschnitten und in die entstandenen Musterlöcher der jeweils andersfarbigen Decke gelegt: das weisse Muster in die schwarze Decke und umgekehrt. Danach werden die Teile Kante an Kante mit einem einfachen Überwindlingstich zusammengenäht. Man näht mit einem zweifädigen Zwin aus Kamelhaar.*

Eine ältere Art ist, statt Überwindlingstiche bei der Verbindungsstelle einfache Grätenstiche zu nähen. Dabei wird die Nadel bei jedem Stich unter dem Rand eingestochen.

Man sticht immer von unten nach oben durch die Decke. Das Garn «kreuzt» somit bei jedem Stich die Kante. Durch diese Technik liegen die Kanten niemals übereinander, sondern genau Kante an Kante. Ausserdem ist es leichter, die Teile auf diese Weise zusammenzunähen.

Zeichnungen: Ottó Farkas

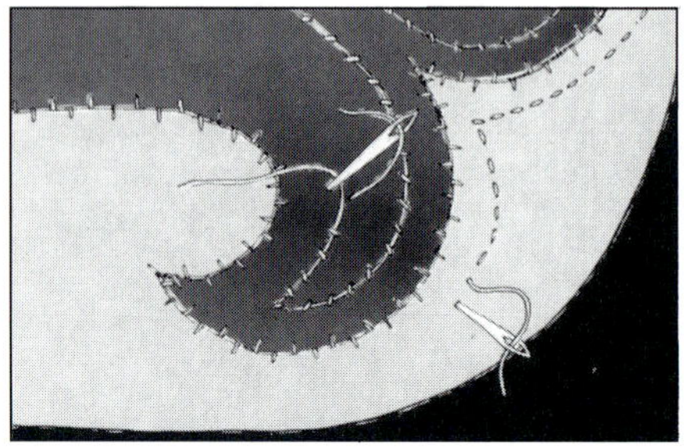

2. **Die Steppnaht.** *Wenn die Decke mit den Mustern zu einer zusammenhängenden Fläche vernäht ist, legt man diese oben auf die einfarbige Decke und beginnt mit den Steppereien. Die Stiche (einfache Vorstiche) gehen durch beide Filzdecken, so dass die Lagen miteinander verbunden werden und auf der Vorder- und Rückseite ein Linienmuster entsteht. Die Technik ist die gleiche, wie bereits für die einfarbigen Teppiche beschrieben (S. 45). Die Stepperei kann auch mit Überfangstichen ausgeführt werden. Man legt ein Garn oben auf die Decke und näht es mit einem anderen Garn durch die Filzlagen fest. Die Garne können verschiedene Farben haben.*

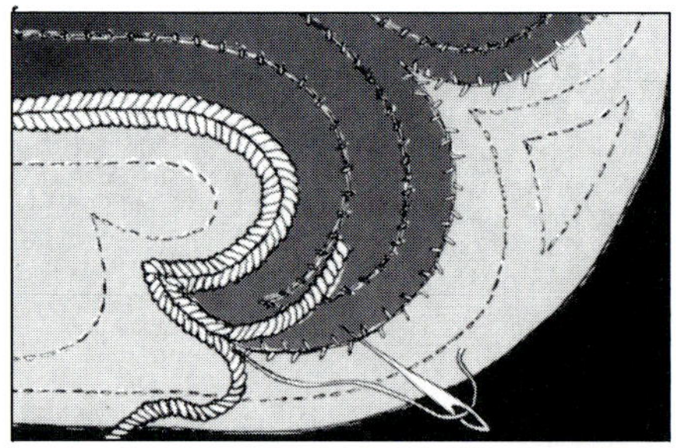

3. **Die Kordelverzierungen**. *Die Naht, welche die verschiedenen Musterstücke der Mosaikstickerei verbindet, versteckt man unter einer Kordelverzierung, die die Kasachen ziek nennen. Eigentlich ist das eine Art Überfangstich, mit dem zwei Garne, eines in S-, das andere in Z-Richtung gezwirnt, über der Naht der Mosaikstickerei festgenäht werden. Die Kordelverzierung schützt die Verbindungsnaht vor Verschleiss und ist gleichzeitig dekorativ. Üblich ist, dass die Kordeln nach den Steppereien aufgenäht werden, doch kann es auch umgekehrt vorkommen.*

4. Die verschiedenen Drehrichtungen (S- oder Z-Richtung) der Garne entstehen, indem man die Spindel nach links oder rechts dreht. Das Zwirnen geschieht direkt von der Spindel weg. Der Faden läuft beim Abwickeln durch Ösen und dreht sich aus eigener Kraft zu einer festen Kordel zusammen. Man häkelt ganz einfach eine Reihe von Luftmaschen mit den Fingern, die sich nachher, wenn man den Faden loslässt, entgegen der Richtung des einfachen Fadens drehen. Auf diese Weise entsteht ein gleichmässiges dreifädiges Garn. Der einfache Faden sollte einen sehr harten Drall haben, so dass die fertige dreifädige Kordel genügend hart gedreht werden kann. Wenn zwei solche Kordeln mit S- bzw. Z-Drehung zusammengenäht werden, entsteht ein V-Effekt. Die fertige Borte kann etwa 8 mm breit sein.

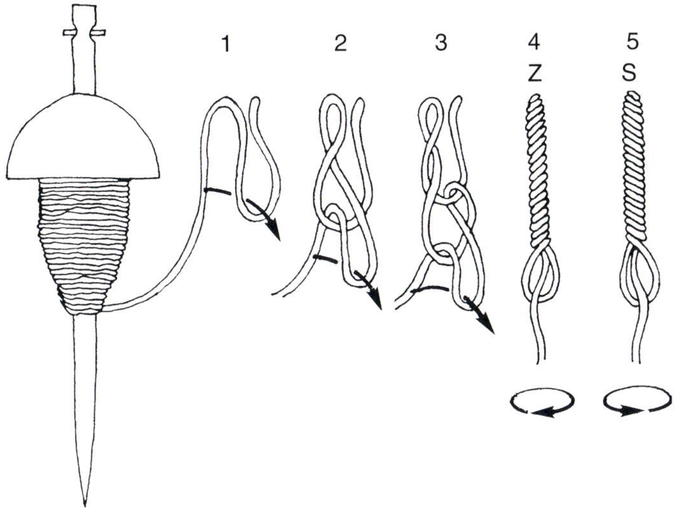

Die Wolle wird nach dem Färben auf einer Spindel gesponnen. Die Spindel ist aus einer halben Gelenkkugel hergestellt.

5. Die zwei Kordeln werden mit Überfangstichen so auf die Naht der Mosaikstickerei genäht, dass diese später möglichst wenig abgenutzt wird. Die Nadel wird von unten durch die beiden Filzlagen und durch die eine Kordel gestochen und durchgezogen. Danach sticht man die Nadel durch die andere Kordel und führt sie hinunter durch die beiden Filzlagen. Diese Stiche werden mit nach 1 cm wiederholt.

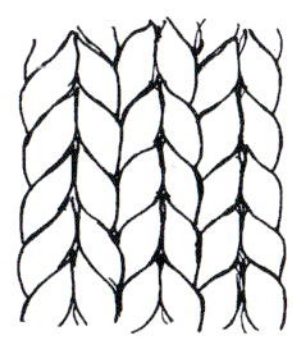

6. **Die Borten an den Rändern.** *Um den Teppichrand zu verstärken, näht man ein Band aus hartgedrehten Kordeln aus Pferde-, Jakhaar, aber auch Kamelhaar und Schafwolle in einem Abstand von etwa 1–1,5 cm vom Rand entfernt an. Diese Kordeln sind etwas dicker als die, die man für die Muster der Mosaikstickerei einsetzt, werden aber auf die gleiche Art gesponnen und gezwirnt. Kordeln mit S- und Z-Drehung werden jeweils paarweise aufgenäht, um den V-Effekt zu erreichen. Für eine breite Borte können bis zu drei Kordelpaare nebeneinanderliegen.*

Die Applikation

Ausser mit Mosaikstickereien werden *syrmak*-Teppiche auch mit Applikationen verziert. Früher verwendete man dünnen Filz, heute auch Samt, Seide und Baumwolle. Die Applikationen werden festgenäht wie die Mosaikstickerei, das heisst mit Überfangstichen durch zwei Kordeln in S- und Z-Drehung oder nur mit einem einzigen Garn.

Man näht niemals über das einzige Garn, sondern stets hindurch, wie wenn man zwei Garne annähen würde. Applikationen kommen oft zusammen mit Mosaikstickereien vor. Zum Beispiel wird das Mittelfeld des Teppichs in Mosaikstickerei genäht, während die Borte in Applikationstechnik ausgeführt ist. Mit der *syrmak*-Technik stellte man auch Säcke für Salz oder für neugeborene Lämmer, die gegen das schlechte Wetter geschützt werden mussten, her.

Frauen verzieren eine Filzdecke, numdah, *mit Tamburstichen in Srinagar, Kaschmir, Indien. Die Abnehmer aus dem Ausland beeinflussen heute die Farbgebung der traditionellen Muster.*

▽

Tamburstickereien in Kaschmir

Im nördlichsten Teil Indiens, in Kaschmir, werden Filzteppiche und andere Gegenstände aus Filz hergestellt und mit schönen Mustern aus Tamburstichen verziert. Bei uns findet man diese Teppiche manchmal in indischen Geschäften. Die Teppiche sind durch ihre Blumen- und Tiermotive bekannt geworden. In Kaschmir nennt man diese Stickerei «Die Poesie der Handarbeit». Auch Hauben zum Warmhalten von Teekannen, Filzschuhe und Hirtenmäntel werden aus Filz hergestellt.

Die Tamburstich-Muster überziehen oft grosse Teile der Filzoberfläche. Wie die Stickerei auf den mongolischen *shirdeg*-Teppichen, hat auch der Tamburstich die praktische Funktion, dass er den Filz verstärkt. Dies ist besonders dann wichtig, wenn man beim Filzen der Wolle Baumwolle beimischt. Mit diesem Verfahren spart man zwar Wolle, es vermindert jedoch die Haltbarkeit der Decke. Die Tamburstickereien wirken dem entgegen.

Wolle und Baumwolle werden mit dem Fachbogen vorbereitet. Der Bogen wird sowohl zur Auflockerung von Wolle und Baumwolle verwendet als auch zur Vermischung der Fasern.

Das Fasergemisch breitet man auf einer Strohmatte aus. Manchmal werden Wolle und Baumwolle separat behandelt. Dabei legt man eine Lage Baumwolle zwischen zwei Lagen Schafwolle. Jede Lage wird mit Wasser bespritzt und die Luft mit einem speziellen Gerät ausgepresst, bevor man die nächste Lage auflegt. Die Filzarbeit wird von Männern ausgeführt. Die Matte wird zusammengerollt, und die Männer beginnen, diese unter dem Druck der Füsse hin und her zu rollen. In der letzten Phase rollt man die Matte mit den Händen. Nach dem Waschen kann der Filz bestickt werden.

Die Muster werden auf verschiedene Weise übertragen. Entweder verwendet man einen Stempel aus Holz, in dem ein Muster ausgeschnitzt ist, und färbt diesen Teil mit Tinte ein, die aus Kohle hergestellt wird. Es wird auch eine Methode angewendet, die wir als gestochene Pause kennen. Dabei sticht man das Muster in ein haltbares Material und reibt dann ein Färbemittel mit einem Stück Tuch durch die Löcher.

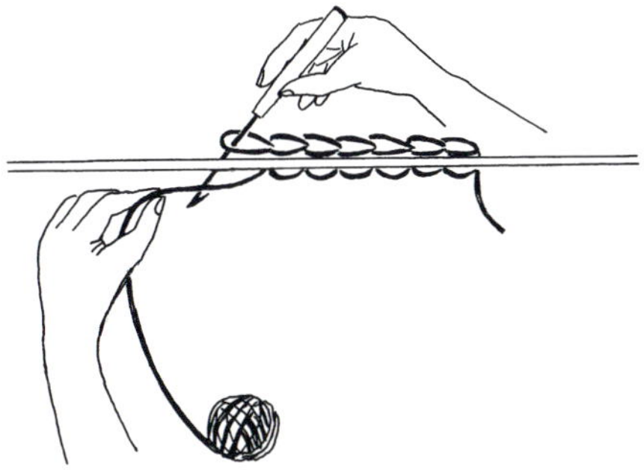

Der Tamburstich. *Es ist nicht leicht, den Tamburstich vom Kettenstich zu unterscheiden, wenn man die Vorderseite betrachtet. Wendet man jedoch die Arbeit, kann man den Unterschied erkennen. Der Tamburstich, bei dem man das Garn mit einer Tambursticknadel durch den Filz zieht, bildet auf der linken Seite eine zusammenhängende Reihe von Stichen. Der Kettenstich hingegen zeigt freistehende und unregelmässige Stiche, da es unmöglich ist, bei einem dicken Material wie Filz die Nadel exakt ins gleiche Loch zu stechen.*

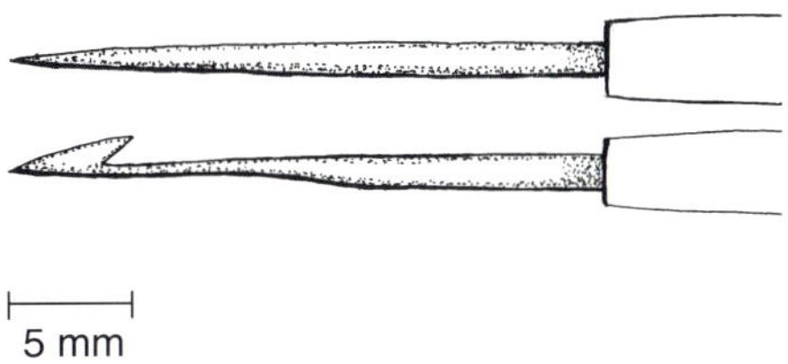

Tambursticknadel, ari, *von oben und von der Seite. Diese ähnelt einer spitzen, ziemlich flachen Häkelnadel.*

Teehaube mit Tamburstickerei. Daneben eine Tambursticknadel.
▽

Eingefilzte Wollmuster in turkmenischen Teppichen

In der Mongolei werden heutzutage vor allem zwei Arten von Filzteppichen gefertigt: Der einfarbige, gestickte *shirdeg*-Teppich und der *syrmak*-Teppich der Kasachen, in der Mosaiktechnik genäht. Die Turkmenen verwenden eine dritte Technik, *keçe*, die für uns sehr interessant sein kann. Dabei wird die gefärbte Wolle zu einem Muster ausgelegt und in den Teppich eingefilzt.

Prachtvolle Teppiche mit Mustern aus eingefilzter Wolle gibt es auch in Kasachstan oder Kirgisien. Bei den Kasachen nennt man sie *tekemet* und bei den Kirgisen *alakiiz*.

Die Turkmenen stammen von Oghustürken ab, die im 9. Jahrhundert aus der Mongolei auswanderten. Sie bewohnen heute den südlichen Teil der turkmenischen Republik, die früher zur Sowjetunion gehörte. Kleinere Gruppen wohnen im nördlichen Iran und in Mittelasien. In den Museen von Ashabad sind wunderbare Sammlungen von Filzteppichen zu sehen.

István Vidák aus Ungarn hat die Filzerzeugung bei den Turkmenen studiert und berichtet über die Traditionen.

Die Wolle

Die Turkmenen scheren ihre Schafe zweimal im Jahr. Die Herbstwolle ist reiner und kürzer als die des Frühlings und wird für Filzdecken verwendet. Die Schafrassen sind Karakul und Szakarcsin, die eine mittelgrobe Wolle geben. Die Farben sind grau, schwarz, weiss und braun. Andere Farben erhielt man früher mit Pflanzenfarben, doch heute werden Anilinfarben verwendet. Am häufigsten sind blau, rot und gelb. Die Wolle wird sehr selten gewaschen, dafür aber immer gekämmt. Der Kamm besteht aus einer Holzplanke mit zwei Reihen Metallnägeln.

Die Filzherstellung

In der Regel sind vier bis fünf Frauen aus der Verwandtschaft mit der Filzarbeit beschäftigt. Es sind nur die Frauen, die die Teppiche ausschliesslich für den Hausgebrauch herstellen. Auf einer Strohmatte legt man Hilfslinien mit lose gesponnenem Garn aus, um das Muster zu markieren. Das Muster wird mit Wolle ausgefüllt, dann breitet man Wolle für die Rückseite darüber, bespritzt die Wolle mit Wasser und rollt Wolle und Matte zusammen. Rund um die Rolle werden Seile geschlungen, mit deren Hilfe nun die Rolle hin und her bewegt wird.

Nach etwa einer Stunde wird die Rolle auf- und von der anderen Seite wieder zusammengerollt. Nach einer weiteren Stunde öffnet man die Rolle wieder und repariert dünne Stellen mit Wolle, Seife und Wasser. Danach wird der Filz ohne Strohmatte zusammengerollt. Alle knien nun nebeneinander und rollen den Teppich mit den Unterarmen. Dies wird während 2 bis 3 Stunden fortgesetzt, bis der Teppich die gewünschte Härte erreicht hat. Zur turkmenischen Tradition gehört, dass man das Rollen des Teppichs zweimal im Jahr wiederholt. Dahinter steckt die Idee, dass dieses Vorgehen den Teppich reinigt, auffrischt und schlechten Geruch beseitigt.

Filzdecken, die als Gebetsteppiche verwendet werden, *namaźlik*, stehen zusammengerollt in einer Ecke des Raumes. Sie werden nur aus den natürlichen Farbe der Wolle hergestellt.

△
In Bezug auf Filzteppiche gelten die Turkmenen im allgemeinen als Aristokraten. Die Muster sind schön und präzise ausgelegt. Die Teppiche können sogar doppelseitig sein, d.h. sie haben Muster sowohl auf der Vorder- als auch auf der Rückseite. Das häufigste Motiv ist das «Widderhorn», das manchmal die gesamte Oberfläche mit seinen weichen und kurvigen Formen überzieht. Das Hauptmotiv der Teppiche von Ogulsirin heisst gotsch. *Die Borte rund um den Teppich ist etwa 20 cm breit.*

Eine Familie kann 50 bis 60 Teppiche besitzen. Noch um 1980 wurden 5 bis 6 neue Teppiche pro Jahr hergestellt. Doch mit steigendem Wohlstand werden die gefilzten durch gewobene Teppiche ersetzt. Verschlissene Filzteppiche verwenden die Turkmenen, um die gelagerten Melonen abzudecken!

◁ *Auslegen eines turkmenischen Teppichs bei einem internationalen Workshop in Kecskemét, Ungarn.*

Geschnittene Filzmuster in der Türkei

In der Türkei wird ein weiterer Typ gemusterter Filzteppiche hergestellt. Die Muster werden aus farbigem lose gefilztem Vorfilz geschnitten und mit weiterer Wolle zusammengefilzt.

Filz, *keçe*, wird in Werkstätten von Männern produziert. Oft arbeiten drei Generationen einer Familie zusammen. Der Grossvater erledigt leichtere Arbeiten wie etwa das Ausziehen der Schafvliese oder das Kardieren auf den Maschinen, die den alten Fachbogen ersetzt haben. Seine Söhne machen die schwere Arbeit, während die Enkel beim Kardieren helfen und kleine Aufgaben übernehmen, nachdem sie von der Schule gekommen sind. Die Zusammenarbeit funktioniert ohne Worte und sehr effektiv. Filzmaschinen haben die Arbeit sehr erleichtert. Eine Werkstatt kann heute täglich bis zu acht Hirtenmäntel, *kepenek*, produzieren, während es früher nur zwei waren.

Das alte Handwerk wird heute nur noch von einigen wenigen Meistern ausgeübt. In Konya macht Mehmet Girgiç Derwischhüte, indem er vor dem Handwalken zusammen mit seinen Söhnen auf die Filzrolle trampelt. In Bergama gibt es einen Mann, der Teppiche auf diese Art macht, und in Urfa soll es immer noch starke Männer geben, die den Filz mit dem Brustkorb gegen einen grossen Stein walken.

Die Produktion ist auf die Bedürfnisse der Landbevölkerung ausgerichtet. Meistens werden Teppiche, Mäntel oder Filze für Pferde- und Eselsättel hergestellt. In den Moscheen sind ab und zu bestickte Gebetsteppiche zu sehen. Unter den Nomaden in den südlichen und östlichen Teilen des Landes wurde Filz zur Verstärkung von Kameltaschen und als Kopfschmuck für Pferde und Kamele verwendet. Ausser Schafwolle verarbeitet man auch Mohair, *tiftik*, von einheimischen Angoraziegen.

Wichtige Zentren für Filz sind Tire, Konya, Afyon und Balikesir, doch Filzwerkstätten gibt es auch in vielen anderen Orten.

Filz ist heute sogar Studienfach an türkischen Universitäten. An der Mimar Sinan Universität in Istanbul ist Professor Aydin Ugurlu Spezialist in diesem Fach, und in Ankara schreibt Cavidan Ergenekon eine Dissertation über Filz.

Teppich aus Konya, Türkei. ▷

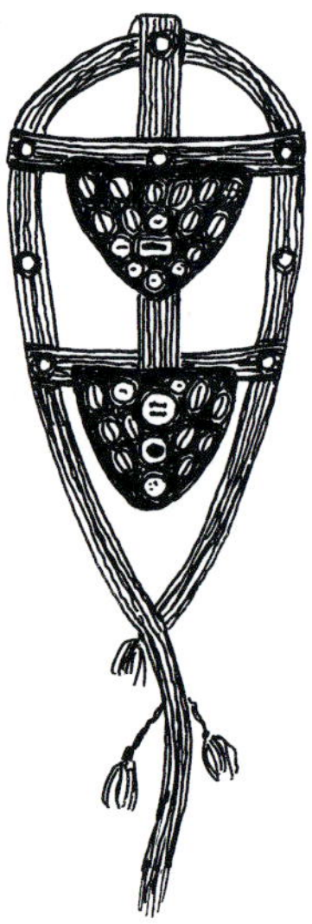

Kopfschmuck für ein Pferd. Kurdische Arbeit. Die Dreiecke sind aus dunklem indigogefärbtem Filz, reich verziert mit Schnecken, Knöpfen, Metallgegenständen und kleinen Glasperlen. Brettchengewebte Bänder und Quasten vervollständigen die Ausstattung.

Teppich, hergestellt von Nuri Kömürcü in Kula, Türkei. Die Muster haben meist eine gewisse lokale Prägung, doch können sie sich sogar von Werkstätte zu Werkstätte am gleichen Ort unterscheiden. Ein grosser Teil der Filzproduktion ist Auftragsarbeit. Die Bauern bringen ihre Wolle zur Werkstatt und lassen einen Teppich oder einen Mantel daraus machen.

1. *Die Muster sind recht zierlich und charakteristisch. Der dünne Vorfilz für die Muster wird geschnitten und auf einer Binsenmatte ausgelegt. Der Filzmacher tritt in die Teppichmitte und legt dann das Muster nach Augenmass aus. Danach schüttelt er mit einem Spezialgerät,* cubuk, *die ungefärbte Wolle mit leichten Bewegungen über das Muster.*

2. *Die Wolle wird mit heissem Seifenwasser bespritzt und die Matte wird schnell zusammengerollt.*

Die Filzarbeit macht man heute meistens mit Maschinen. Diese Maschine erledigt den ersten Teil des Prozesses, das Stampfen. Die Wolle ist in die Binsenmatte eingerollt. Nach dem Stampfen legt man die Matte auf den Boden und wickelt sie auf.

4. *Mit dem* cubuk *wird die Wolle auf der Rückseite des Teppichs verteilt. Danach geht das Walken weiter. Am Schluss wird eine andere Filzmaschine verwendet, bei der ohne Binsenmatte gewalkt wird. Manchmal ist eine kleine Dampfmaschine an die Maschine angeschlossen, so dass der heisse Wasserdampf durch eine spezielle Konstruktion in den Filz eindringen kann. Nach dem Waschen wird der Teppich mit der flachen Hand kräftig geschlagen und zum Trocknen draussen auf der Strasse aufgehängt. Ein fertiger Teppich ist 1 bis 2 cm dick.*

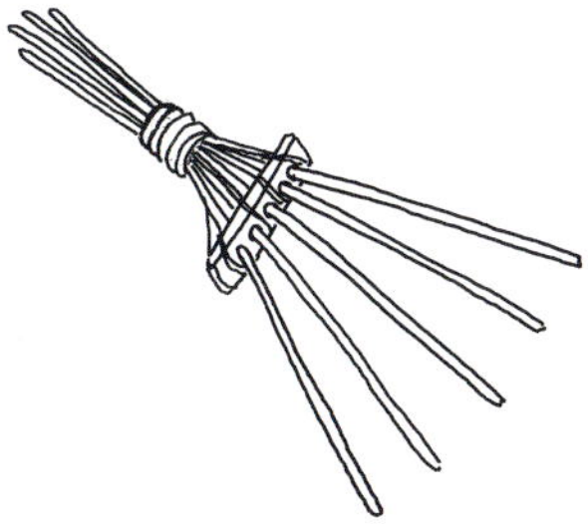

Cubuk. *Etwa fünf geschälte Stäbe werden mit einer Schnur oder einem Lederriemen zusammengeknotet. Die Stäbe zieht man durch Löcher in einem Holzstück, das sie in Fächerform auseinanderhält. Mit der Schnur umwickelt man einige Male das Holzstück, um es zu fixieren.*

3. *Die Ränder werden auf die Rückseite umgebogen und die Fasern mit den Fasern der Rückseite zusammengedreht, damit der Rand gebogen bleibt. Der Filz wird an den Ecken fein zusammengefaltet wie bei einer karelischen Pirogge (Pastete aus Karelien im Osten Finnlands; Anm. d. Übers.).*

Die Bilder sind in Kemal Erkus' Werkstatt in Afyon und Cani Karayazgun in Tire aufgenommen worden.

Schafwolle gehört zu den wichtigsten Haushaltswerkstoffen in unserem kalten Land. Wir könnten wohl einige Jahre leben ohne Vorräte von verschiedenen Getreidesorten oder Gemüse, doch ohne Schafwolle wäre unser Haushalt einem unendlichen Durcheinander unterworfen.

Ein Lehrer im 17. Jahrhundert

Wolle auswählen, waschen, färben und kardieren

Die Auswahl der Wolle – Das A und O des Filzens

Gibt es etwas Spannenderes, als einen Sack Wolle zu öffnen? Die Schafvliese auszuschütteln, sie auszubreiten und all diese Schönheit an Locken, Glanz und Farbe zu betrachten! Welches Glücksgefühl, wenn man das perfekte Feinwollvlies, kleingekräuselt, glänzend weiss wie Engelshaar und ausserdem sauber vorfindet! Oder einen Sack Schafwolle mit allen schönen Grautönen von schwarz bis weiss ausleeren. Oder ein Lammfell finden, wo die Spitzen der seidenglänzenden langen Locken das «Gold der Sonne eingefangen» haben. Vielleicht ist es gerade dieser Variationsreichtum, der die Arbeit mit Wolle so spannend macht. Jedes Schaf ist eine einzigartige Persönlichkeit, was sich auch in der Wolle zeigt.

Unsere nordische Wolle hat alle die Eigenschaften, die sich ein vielseitiger Filzmacher wünschen kann. Das nordische kurzschwänzige Schaf hat so viele verschiedene Varianten, dass die unterschiedlichsten ästhetischen und funktionalen Bedürfnisse befriedigt werden können. Ausserdem filzt diese Wolle ausnahmslos schnell und ohne Probleme. In ausländischen Berichten wird oft erzählt, dass man die Wolle tagelang walkt, etwas was wir, die täglich mit der nordischen Wolle arbeiten, nicht tun müssen. Eine amerikanische Filzmacherin erzählte, dass sie schwedische Pelzwolle verwendet, wenn sie es eilig hat, weil diese so rasch filzt! Eine Ungarin sagte, als sie unsere Wolle ausprobierte, dass diese so aggressiv war! Im Spass sagen wir Filzer, dass es genügt, mit magischem Tonfall zu sagen «Filz»! So wird die schwedische Wolle zu Filz. Wir haben also allen Grund dazu, stolz auf unsere einheimische Wolle zu sein und damit auch in erster Linie zu arbeiten, nicht zuletzt, um die schwedische Schafzucht zu unterstützen und damit auch die offene Landwirtschaft!

Allen Handwerkern ist das Material mindestens ebenso wichtig wie die Formgebung und die Technik. Allen drei Komponenten muss man genügend Interesse und Aufmerksamkeit beimessen, sonst fehlen dem fertigen Produkt wichtige Qualitäten. Eine schön gefilzte Jacke – was ist sie wert, wenn man sie nicht tragen kann, weil sie kratzt?

Das Problem für den Filzmacher ist, dass es keine festen Werte gibt, was Qualität oder Mass betrifft. Eine Weberin kann Garn Nr. 8 bestellen und weiss, dass sie ein Garn mit einer gewissen Dicke, gewisser Fadenstärke und einer gewissen Fasermischung erhält. Doch was bekommt man, wenn man ein Schafvlies Feinwolle bestellt oder ein fertig kardiertes Vlies von gleicher Wolle? Die Feinwolle kann bedeutend gröber und langfasriger sein als man gedacht hat, ähnlich der Wolle vom Gobelintyp. Diese kann eine Mischung von Fleischschafen enthalten, wodurch die Wolle schwerer zu filzen und der Filz weniger haltbar ist.

Wie kann man diesem Problem begegnen? Da gibt es nur eine Lösung: Man muss so viel wie möglich über Wolle lernen und zuverlässige Lieferanten finden.

Beurteilung von Wolle

Man kann Informationen über Wolle von Schäfern und Kardierbetrieben bekommen, doch ist das eigene Können trotz allem das Wichtigste, wenn Du Wolle beurteilen willst. Lerne zu sehen, zu riechen und zu fühlen!

Als Anfänger kann man bei der Wollwahl auf Probleme stossen. Ich bekam am Anfang meiner Filzerlaufbahn einen Sack Wolle geschenkt. Stell Dir mein Erstaunen und meine Verzweiflung vor, als sich die Wolle einfach nicht zu den gewünschten Socken filzen lassen wollte. Ich schaute mir die Wolle genauer an und merkte, dass sie glanzlos und wattehaft aussah. Wenn man sie anfasste, fühlte sie sich zäh und schaumgummiartig an. Die Elastizität war gross, ich konnte sie in der Hand zu einem Knäuel zusammenpressen, doch sobald ich die Hand öffnete, war er so gross wie zuvor. Nach Rücksprache mit dem Spender verstand ich, dass ich Wolle von der Fleischschafrasse *Texel* im Sack hatte.

Nach diesem Erlebnis begriff ich, dass es wichtig ist, genau auf die Wolle zu schauen, auf die Länge der Fasern, Dicke, Glanz und Kräuselung. Es ist auch notwendig, die Zusammensetzung der Fasern in der Wolle und die Struktur zu untersuchen. Ein Problem bei der schwedischen Wolle ist, dass sie nicht mehr ausschliesslich von reinrassigen Landschafrassen stammt. Vor langer Zeit hat man die Landschafrassen mit importierten Fleischschafen gekreuzt, um ein höheres Schlachtgewicht zu erhalten. Etwa paarte man fruchtbare Feinwollmutterschafe mit grossen Texel-Widdern. Diesen fremden Einschlag merkt man, wenn die Wolle gefilzt werden soll. Die Arbeit dauert länger und der Filz wird porös und weniger haltbar. Vor allem ist es schwer, dünne, feste und geschmeidige Qualitäten zu erreichen. Anteile von Fleischschafwolle in Filz macht ihn gebündelter und dicker. Je nach Verwendungszweck kann eine poröse, durchlässige Qualität auch gute Eigenschaften haben, zu denen ich später zurückkommen werde. Wichtig ist, dass man die Wolle beurteilen kann und versteht, wie sich die verschiedenen Fasern unter unterschiedlichen Bedingungen und Einflüssen verhalten.

Mehrere verschiedene Typen von Wollfasern können in einem Fell vorkommen

Die *Unterwolle* ist oft feinfaserig, gekräuselt und weich. Die Epidermisschuppen können wie Dachziegel übereinanderliegen, was den Glanz der Wolle vermindert. Der geringere Durchmesser der Fasern reflektiert das Licht schlechter, was die Wolle matter erscheinen lässt als die Deckhaare. Die Unterwolle saugt auch leichter Wasser auf als die Deckhaare.

Die *Deckhaare* sind lang, stark, mit Spannkraft und groblockig bis nahezu gerade. Die Epidermisschuppen sind gross und sitzen Kante an Kante auf gleichem Niveau, was dem Deckhaar starken Glanz verleiht. Das Deckhaar stösst das Wasser ab. Es kann einen Markkanal mit leeren Zellen enthalten.

Markhaar, Stichelhaar oder *totes Haar* nennt man sehr markhaltiges Deckhaar. Es ist spröde, grob und gerade oder gewinkelt, hat keinen Glanz und ist schwer zu färben.

Altertümliche Schafrassen, wie «Guteschafe», können alle diese Haartypen in ihrem Fell haben. Die Unterwolle speichert durch ihre Kräuselung viel Luft in den Fellen und wärmt somit. Die Deckhaare lassen den Regen gut abfliessen, so dass die Unterhaare nicht nass werden. Die Funktion der Markhaare ist, dass sich die Fasern verteilen und sich nicht in Stapeln bündeln.

Stapel nennt man eine Gruppe von Fasern, die nahe beieinander wachsen und deren Kräuselungen sich ineinanderfügen und den Fellen ein lockiges und wolliges Aussehen verleihen. Die Stapel vereinen sich wiederum zum Vlies (auch Pelz), das den ganzen Körper bedeckt.

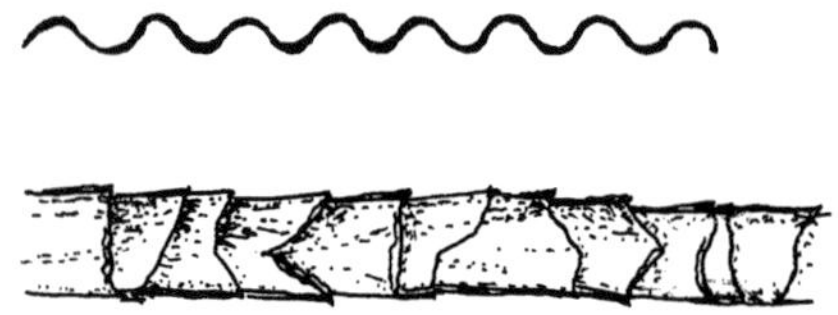

Unterwolle.

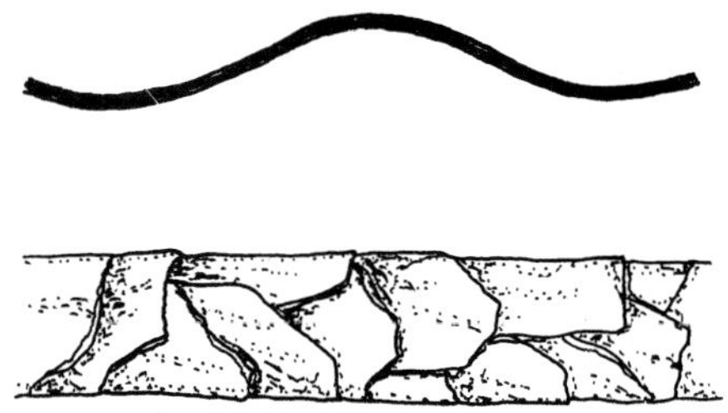

Deckhaar.

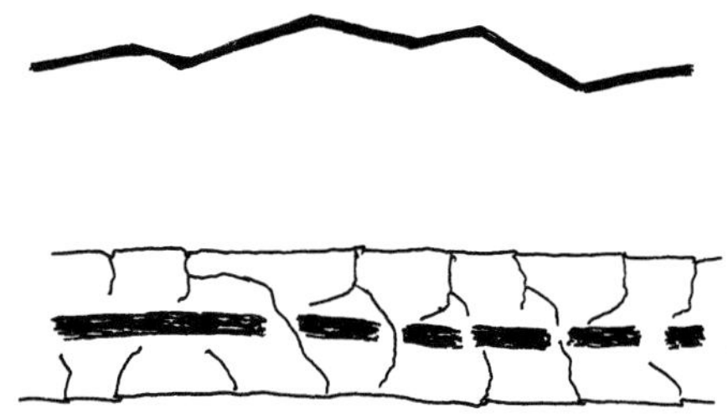

Markhaar.

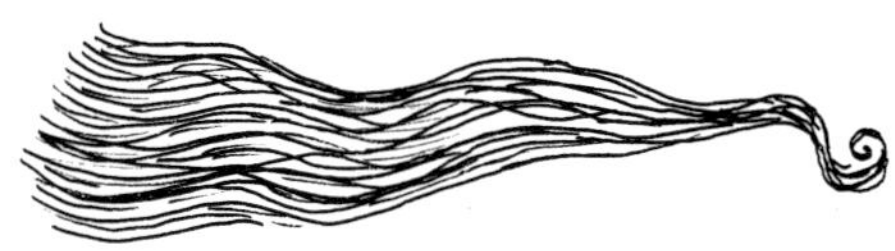

Stapel aus Ryawolle mit Lammlocke. Die kleine Locke bildet sich nach dem ersten Scheren nicht zurück.

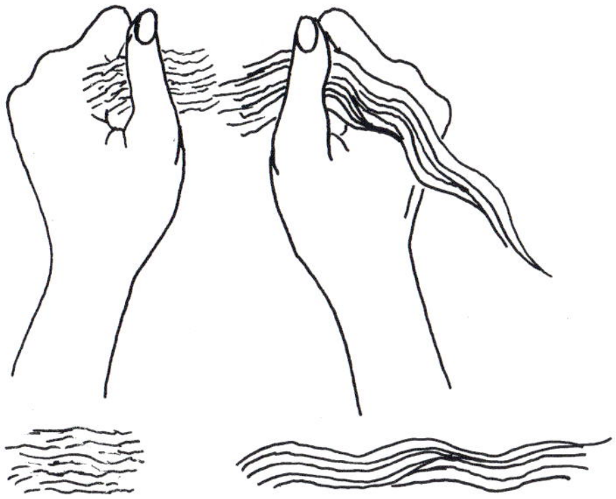

Einen Stapel von Ryawolle kann man leicht in Unterwolle und Deckhaar auseinanderziehen.

Woher soll man wissen, welche Wolle sich zum Filzen eignet?

Ist die Wolle glänzend und bildet deutliche, gut zusammengehaltene Stapel, gekräuselt bis groblockig, ist es in der Regel Landschafwolle mit guten Filzeigenschaften. Die Landschafwolle hat nicht die gleiche Elastizität wie importierte Fleischschafrassen. Sie federt nicht so kraftvoll zurück, wenn man sie in der Hand zusammendrückt. Ausser der Landschafwolle hat die importierte englische Rasse *Leicester* auch deutliche Stapel, einen schönen Glanz und filzt leicht. Leicester ist eine Kreuzung von mehreren älteren Rassen und gibt eine mittelgrobe Wolle.

Wenn man aus einem Landschafvlies einen Stapel herausnimmt, kann man sehen, dass er zur Spitze hin schmäler wird. Das deutet daraufhin, dass der Stapel sowohl Deckhaare als auch Unterwolle enthalten kann. Halte die Spitze des Stapels mit der rechten Hand und das abgeschnittene Ende mit der linken. Ziehe den Stapel vorsichtig auseinander. Jetzt hast Du die Deckhaare in der rechten und die Unterwolle in der linken Hand. Manchmal kann der Unterschied zwischen Deckhaar und Unterwolle sehr klein sein, wie bei Feinwolle etwa. Bestimmte Schafrassen wurden so gezüchtet, dass das Deckhaar der Unterwolle in Feinheit und Länge ähnlich wurde. Dies gilt etwa für *Texel*. Bei anderen Rassen wurde versucht, durch Zucht die Unterwolle dem Deckhaar anzunähern, in Aussehen und Eigenschaften. Zu diesen gehören Langwollrassen wie Longwool Leicester und Gotlandschaf.

Gutewolle hat, wie gesagt, oft keine deutliche Stapelbildung. Dennoch kann man in ihr im Gegensatz zur Fleischschafwolle immer noch einen klaren Unterschied zwischen den verschiedenen Haartypen des Vlieses sehen.

Wolle von schweren Fleischschafen

Ist die Wolle weiss, glanzlos und die Felle ohne deutliche Stapelbildung, d.h. wenn sie watteartig ist, dann stammt die Wolle in der Regel von importierten Fleischschafen. Zieht man einen Stapel dieser Wolle mit den beiden Händen auseinander, kann man sehen, dass sie nicht den gleichen deutlichen Unterschied zwischen Unterwolle und Deckhaar hat. Alle Fasern des Vlieses können beinahe gleich lang und grob sein, mit kleinen Abweichungen in der Kräuselung, die bewirkt, dass sich jede Faser ihren eigenen Weg im Vlies sucht. Die Wolle sieht aus, als ob sie schon kardiert wäre. Die Fleischschafwolle hat auch sehr viel Spannkraft und federt schnell zurück, wenn man sie in der Hand zusammendrückt. Die Fleischschafwolle ist schwer zu filzen, ausser in gewebten Stoffen. Sie kann als Isolierung ebenso verwendet werden wie als elastische Zwischenschicht in einer Decke oder eignet sich auch ausgezeichnet zum Stopfen. Schafe mit diesem Typ Wolle kann man leicht erkennen. Sie haben eine absolut gleichmässige Vliesoberfläche, weil alle Fasern gleich lang sind.

In Schweden gibt es sechs importierte Rassen (laut Schafkontrolle 1992), die vor allem grosse Schlachtkörper produzieren. Ausser der genannten *Leicester*-Schafe kommen aus England verschiedene *Down*-Rassen, *Oxford*, *Shropshire* und *Suffolk*, aus Norwegen *Dalasau* und aus Holland *Texel*. Die Fleischschafe in Schweden haben nicht immer die gleichen Eigenschaften wie ihre Verwandten in den Ursprungsländern. Die Rassen wurden untereinander und mit dem schwedischen Landschaf gekreuzt. Das hat natürlich dazu beigetragen, dass sich die ursprüngliche Eigenschaften der Vliese verändert haben. Vor allem werden zum Nachteil der Qualität der Landschafwolle Fleischschafe mit Landschafmuttertieren gekreuzt. Die Kreuzungswolle wird als X-Wolle bezeichnet.

Texelschafe mit kupiertem Schwanz.

Wolle von Landschafrassen. In jeder Gruppe gibt es eine gewisse Variation in Farbe, Länge, Dicke und Kräuselung, je nach Individuum und Körperteil, von welchem die Wolle stammt. Dies geht auch aus den Proben auf dem Bild hervor.

Obere Reihe von links nach rechts: Gutewolle und Gotlandwolle.
Mittlere Reihe: Von der feinsten Feinwolle bis zu gröberer Feinwolle vom Gobelintyp.
Untere Reihe: Weisse Ryawolle und Wolle von Spelsau in mehreren Farben.

Wolle von Landschafrassen

Das Guteschaf

Das Guteschaf (Die schwedische Schafrasse «Gutefåret», hier als Guteschaf bezeichnet, wird im deutschen Sprachraum teilweise fälschlich mit dem Gotlandschaf – siehe Seite 61 – vermischt; Anm. d. Übers.) ist Schwedens altertümlichstes Schaf. Um 1940 gab es noch einige wenige Exemplare auf Lilla Karlsö. Doch heute sind sie wieder über das ganze Land verteilt. Gutewolle variiert stark in ihren Eigenschaften, von weich bis grob und zottig. Diese ist mit ihrer Mischung aus verschiedenen Faserarten in den Vliesen eine ausgezeichnete Filzwolle, wenn man die Tiere zweimal im Jahr schert und sich die Wolle nicht bereits auf dem Schaf verfilzt. Durch das starke Auftreten von Markhaar verteilt sich die Wolle so effektiv, dass die Felle manchmal aussehen als ob sie ohne Stapel wären. Anstatt sie zu kardieren, kann diese aufgelockerte Wolle gut nach Art der Mongolen mit Stöcken gepeitscht werden. Sie sollte anschliessend so ausgelegt werden, wie im Kapitel «Filz in der Mongolei» (S. 36) gezeigt wird, wo sich Peitschen und Auslegen so ergänzen, dass das Kardieren überflüssig wird.

Ist die Wolle sehr locker, kann man sie direkt – ohne zu peitschen – verwenden. Man nimmt die Wolle büschelweise und legt sie wie in der Mongolei üblich aus. Die Technik eignet sich natürlich am besten für grobe und dicke Filze wie etwa Teppiche. Die Oberfläche wird glatt und gleichmässig, egal ob man den Filz in Rolltechnik (siehe S. 104) oder mit der schwedischen Methode auf einem Filzbrett herstellt (siehe S. 100).

Feinwolle und Texelwolle. Vergleiche Stapelbildung, Kräuselung und Glanz.

Mit den Züchtungen verschwand jedoch ein Teil der Färbungen, die es früher auf einem einzigen Vlies gab. Ebenso sind sich auch Deckhaare und Unterwolle ähnlicher, d. h. lang und glänzend. Zieht man einen Stapel aus, kann man sehen, dass ein Teil der Fasern kürzer ist und oft auch eine andere Farbe hat – das ist die Unterwolle. Das Vorkommen von Unterwolle ist wichtig, wenn man mit Gotlandwolle filzen möchte. Ist die Unterwolle den Deckhaaren zu ähnlich, besteht die Gefahr, dass bei Verwendung die blanken Haare aus dem Filz zu kriechen beginnen. Dies gilt besonders, wenn der Filz nicht hart gewalkt wurde.

Für den Filzmacher war die Zuchtarbeit hin zum Pelzvlies nicht ausschliesslich positiv. Zwar ist die Gotlandwolle, über welche wir heute verfügen, immer noch leicht zu filzen und wohl die beste Anfängerwolle, weil die langen Fasern den Filz schon von Anfang an zusammenhalten. Doch wenn der Filz verwendet wird, ist seine Haltbarkeit nicht immer gut. Versuche also weiche Gotlandwolle mit viel Unterwolle zu finden, wenn Du Gebrauchsgegenstände herstellen möchtest. Und walke hart! Ein anderes Problem ist, dass ein Teil der

Ein Gutewidder mit schöner Mähne und einem dunkelfarbigen «Aal» auf dem Rücken.

Gutewolle hat oft reichlich Markhaare, teilweise sogar schwarze. Die Markhaare ergeben eine interessante, etwas zottige Oberflächenstruktur. Leider sind diese schwach und werden bei Verwendung schnell verschlissen. Wenn man Gutewolle auf dem Filzbrett reibt, kann man die gleiche Schwäche feststellen – eine Menge gebrochener Markhaare sammelt sich auf dem Boden des Waschbeckens. Die Markhaare lassen sich auch nicht so gut färben. Dies kann ein Vor- oder ein Nachteil sein, abhängig von den jeweiligen Wünschen.

Gutewidder haben ausser den Hörnern ein anderes Charakteristikum: eine schöne lange Mähne, die sich, ohne sie zu kardieren, sehr fein einfilzen lässt und deren Fasern dann aus dem Filz hängen. Auch der «Aal», der dunkle Wollrand, auf dem Rücken, kann als Effekt ohne vorheriges Kardieren verwendet werden.

Das Gotlandschaf

Das Gotlandschaf (schwedisch *Pälsfår)* wurde seit den 30er Jahren aus Guteschafen und sogenannten «gotländischen Wanderschafen» gezüchtet. Man wollte damit ein einfarbig graues Vlies mit spannkräftigen und glänzenden Fasern erhalten, die deutliche Locken bilden. Gotlandwolle gibt es über die gesamte Grauskala, vom hellsten Grau bis beinahe Schwarz. Das ist eine schöne Wolle, die für gröbere Kleidung, Hüte, Socken, Spielsachen, Teppiche und Kunst verwendet werden kann.

Gotlandschafe mit Lämmern, die im Lauf der Zeit grau werden.

Ryaschaf.

Schafeigentümer heutzutage ihre Wollschafe nur einmal im Jahr scheren. Das hat zur Folge, dass sich die Wolle verfilzt und unbrauchbar wird.

Das Ryaschaf

Das Ryaschaf (schwedisch *Ryafåret)* ähnelt am meisten dem alten schwedischen Landschaf. Durch die Rettungsaktion für das Dalapelzschaf aus Dalarna in den 20er Jahren und der folgenden fleissigen Zuchtarbeit, haben wir heute Zugang zur interessanten Wolle des Ryaschafes. Der «Ryaclub», ein Verein der um die Entwicklung und die Bewahrung des Ryaschafes besorgt ist, erhält heute vom «World Wildlife Fund» (WWF) Unterstützung für seine Arbeit. Das Deckhaar des Ryaschafes ist lang, glänzend und groblockig bis gewellt. Die Vliese enthalten auch Unterwolle (möglichst 40% des Gewichts), und auch hier gilt es für den Filzmacher Wolle zu finden, die genügend Unterwolle enthält, um die Deckhaare zu binden. Die Ryaschafe sind in der Regel weiss, doch es gibt auch einige schwarze Bestände und mittlerweile auch schon graue und braune.

Die Ryawolle ist wegen ihres Glanzes sehr schön für künstlerische Arbeiten. Diese Wolle gibt einen steifen, kräftigen Filz, der für Skulpturen perfekt ist. Vorstehende Teilstücke behalten die Form auch ohne Verstärkungen. Die Wolle ist auch als Fransen in unkardierten Stapeln schön einzufilzen.

Will man ein etwas geschmeidigeres Material für Skulpturen, die um Schaumstoff gefertigt werden, kann man 50% Feinwolle beim Kardieren beimischen. Die langen Deckhaare und die feinfaserige Unterwolle verbinden sich, wenn man die Form dreht und wendet. Ryawolle kann auch gut für Gebrauchsartikel wie Schuhe und Stiefel, Sitzpolster und Teppiche verwendet werden, die durch die Deckhaare einen feinen Glanz erhalten. Die Lammwolle kann sehr weich sein und eignet sich gut für die Aussenseite von Jacken. Man nutzt so die Eigenschaft der Wolle, Wasser abzuweisen.

Das Feinwollschaf

Das schwedische Feinwollschaf (schwedisch *Finullsfåret*) stammt ursprünglich vom finnischen Landschaf ab. Lennart Wålstedt, der sich mit der Zucht des Ryaschafes beschäftigte, züchtete ebenso die Feinwollschafe in Schweden. Sie zeichnet vor allem der ansonsten bei feinfaseriger Wolle seltene Glanz aus. Je feinfaseriger die Wolle ist, desto feiner ist sie gekräuselt. Beim Sortieren nach Feinheit wird die Feinwolle in zwei Typen klassifiziert. Hat die Wolle weniger als zwei Wellen pro Zentimeter, ist sie also gröber und langfaseriger, wird sie zur Feinwolle vom Gobelintyp gerechnet.

Für Filz wurde die Feinwolle früher selten verwendet. Sie ist mit der nordischen Reibetechnik schwerer zu bearbeiten als andere Wolltypen. Die feinen Fasern schwimmen mit dem Seifenwasser leicht davon. Mit der Rolltechnik kann die Feinwolle aber leicht gefilzt werden, zu dünnen Filzen für Kleider, Polsterbezügen und Möbelstoffen. Man kann sie auch für Schmuck verwenden, der nicht juckt, sowie andere körpernahe Dinge. Feinwolle vom Gobelintyp eignet sich ausgezeichnet für Hüte, Fäustlinge, etwas gröbere Jacken, Spielsachen und Bilder.

Feinwolle kann auch schwarz sein oder eher dunkelbraun. Leider gibt es keine Wolle, die lichtecht schwarz ist, wenn auch grobe Wolle die Farbe länger behält als feinfaserige. Es ist wichtig zu

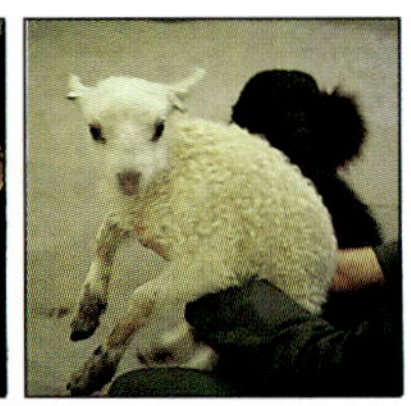

Zwei Feinwoll-Lämmer mit Wolle vom Gobelintyp.

wissen, dass die naturschwarzen Partien in einem Wandtextil nach einigen Jahren die gleiche hellbraune Farbe annehmen, wie die von der Sonne gebleichten Wollspitzen beim Scheren.

Ein Problem der Feinwolle, speziell der Lammwolle, sind die Noppen oder körnigen Strukturen, die auf der Oberfläche des Filzes bei Verwendung entstehen können. Wie dem begegnet werden kann, findest Du im Kapitel über Waschen und Kardieren (S. 65).

Das Feinwollschaf wird oft mit Texel oder englischen Downrassen gekreuzt, was eine schlechtere Wolle für Filz ergibt. Schau die Wolle genau an! Typisch für Feinwolle ist die deutliche Stapelbildung. Wenn die Stapel in den ungewaschenen Vliesen wattig und undeutlich aussehen, ist zu vermuten, dass Fleischschafe eingekreuzt wurden.

Die Landschafrassen im Norden

Ausser dem finnischen Landschaf, das also der Ahnvater unserer Feinwollschafe ist, gibt es gute «Filzschafe» noch andernorts im Norden. Landschafrassen in Norwegen, Island und auf den Färöerinseln haben den gleichen Wolltyp wie unsere Ryaschafe, mit sowohl Deckhaar als auch Unterwolle im Vlies.

In Schweden ist vermutlich das norwegische *Spelsau* am bekanntesten, nachdem es diese Rasse in schwedischen Beständen gibt. Die Wolle ist der Ryawolle sehr ähnlich, mit dem Unterschied, dass das Markhaar in der Spelsau-Wolle gewöhnlicher ist. Diese Wolle gibt es in einer reichen Farbskala: Schwarz, Braun, Beige, Dunkelgrau, Grau und Weiss.

Auf den Inseln südlich von Bergen gibt es eine altertümliche Rasse, *Villsau*. Beide, Widder und Mutterschafe, haben Hörner und sind das ganze Jahr im Freien. Die Wolle, welche der Ryawolle ähnelt, manchmal mit gröberen, mehr haarähnlichen Deckhaaren und einer feinen Unterwolle, variiert von Weiss bis Dunkelgrau und Brauntöne. Das ist eine Wolle, die schwer zu bekommen ist. Um so faszinierender ist es, damit zu arbeiten.

Die isländischen Schafe erinnern stark an die Spelsau-Rasse, auch was die Farbe anbelangt. Es gibt viele Farbnuancen, besonders bei den rotbraunen Tieren.

Auf den Färöerinseln, wo die Schafe ebenfalls das ganze Jahr über im Freien gehalten werden, kommt auch die Spelsau-Rasse heute am häufigsten vor, und zwar in der gleichen Farbskala wie oben beschrieben, nur dass Schwarz selten ist. Bei älteren Schafrassen ist der Unterschied zwischen Deckhaar und Unterwolle grösser.

Lies mehr über Schafe und Wolle in Kerstin Gustafssons und Alan Wallers Buch: Wolle – Heimlichkeiten, Möglichkeiten, Fertigkeiten.

Kann man meine Wolle filzen? Angorakaninchen, Hundehaare, Mohair, Kamel, Alpaka u. ä. – die meisten Wollsorten können gefilzt werden. Mische sie auch mit Schafwolle oder lege beim Filzen ganz unten ein Lage Wolle aus. Ein Beispiel für eine Jacke mit Angorawolle gemischt mit Merinowolle auf S. 76.

Wolle einkaufen

Die Schafbesitzer

Um mit seriösen Schafbesitzern in Kontakt zu kommen, kann man mit lokalen Schäfereivereinigungen, -genossenschaften oder den jeweils zuständigen Aussenstellen der Landwirtschaftsämter sprechen. Dort gibt es Adressenlisten von Schafbesitzern, wo auch die Art des Bestandes erfragt werden kann. Man kann mit Kontaktpersonen sprechen innerhalb dieser Organisationen und Tips bekommen, wer gute Wolle hat. Es gibt auch Vereine zur Bewahrung und Entwicklung verschiedener Schafrassen, über die man typische und gute Wolle bekommen kann. (S. 213).

Man muss immer aufmerksam sein, wenn man Wolle kauft. Einige Schafbesitzer wissen nicht immer, welche Rasse von Schafen sie besitzen. Manchmal glauben sie, sie hätten reinrassige Feinwollschafe, doch sieht man die Wolle und Schafe genauer an, kann man einen Einfluss von Fleischschafen erkennen. Wenn man einen seriösen Schafeigentümer gefunden hat, kann man mit ihm Kontakt halten und mit der Zeit, vor allem durch kontinuierliche Gespräche, eine noch bessere Wolle bekommen. Wenn der Schafbesitzer weiss, dass er jedes Jahr für eine bestimmte Wolle Abnehmer hat, ist er eher daran interessiert, die Wolle auf eine, entsprechend den Bedürfnissen von Filzern, bessere Weise zu behandeln. Er wird schauen, dass die Schafe reinrassig bleiben und so gefüttert werden, dass kein Mist in die Wolle kommt, dass er sie ein paar Wochen vor der Schur auf einem sauberen Platz hält, dass gut geschoren wird, dass die Schafe beim Scheren nicht zugestutzt werden und somit keine kurzgeschorene Wolle in den Fellen landet, und dass die Wolle sortiert und richtig gelagert wird.

Die Kardierbetriebe

Im vergangenen Jahrzehnt haben sich mehrere kleine Kardierbetriebe und Spinnereien in Schweden etabliert. Die meisten von ihnen sind Mitglieder des Vereins «Den Svenska Ullens Spinnare», was soviel heisst wie: Die Spinner der schwedischen Wolle. Die meisten Spinnereien werden von Idealisten betrieben, die von den Eigenschaften der schwedischen Wolle fasziniert sind und für ihre bessere Wertschätzung arbeiten. Diese Betriebe übernehmen kleinere Wollmengen, die sich für grosse Spinnereien nicht zu verarbeiten lohnen. Zu den Kleinspinnereien kann man seine eigene Wolle zum Kardieren schicken und man kann fertiges Wollvlies von verschiedenen Qualitäten und Mischungen kaufen. Die Verarbeitung der Wolle in diesen Kardierbetrieben ist schonend und handwerklicher als die industrielle.

Nimm den Kontakt mit einem Kardierbetrieb auf und stelle eine Zusammenarbeit her, so dass Du exakt die Qualität bekommst, die Du haben willst. Zeige Proben von den Wollqualitäten, die Deine Vliese haben sollen: etwa Feinwolle, mittelgrobe Feinwolle, Feinwolle vom Gobelintyp und andere. So hat der Betrieb ein Material, das er mit seiner Wolle vergleichen kann und man spricht also die gleiche Sprache. Diesen Service kann man bekommen, wenn man jeweils grössere Mengen bestellt. Die Kardierbetriebe, an die ich mich wende, bieten eine gute Information über die Wolle, indem sie Packzettel mit einigen Wollstapeln, auf die verpackten Vliesrollen kleben. Auf diese Weise weiss ich, was in den Rollen ist.

Steht auf der Verpackung etwa nur das Wort «Feinwolle», ist eine genaue Klassifizierung kaum möglich. Bei unkardierter Wolle ist diese Beurteilung leichter. Man kann gegebenenfalls Fasern aus dem Vlies herausziehen und auf einen dunklen Hintergrund legen, um Länge und Stärke zu beurteilen. Doch mit der Zeit entwickelt man auch ein Fingerspitzengefühl für die kardierte Wolle. Durch Fühlen mit den Fingerspitzen kann man sich bis zum weichsten Material vorfühlen. Hebe auch kurze Stücke von verschiedenen kardierten Vliesen zusammen mit gefilzten Probestücken auf, so dass Du ein Vergleichsmaterial zum Beurteilen von neugekaufter Wolle hast. Man kann wirklich seine Fingerspitzen darauf trainieren!

Wolle lagern

Die Wolle, die im Herbst geschoren wird, ist am besten und am saubersten. Lagere die Wolle an einem trockenen, luftigen und kühlen Platz in Papiersäcken mit Zeitungspapier zwischen jedem Vlies. Stelle die Säcke nicht direkt auf einen Betonboden. Einzelne Vliese können in Kartons und Papiersäcken aufbewahrt werden. Notiere auf allen Verpackungen jede denkbare Information. Man vergisst leicht, wo und wann man die Wolle gekauft hat!

Sei vorsichtig mit Plastiksäcken. In denen kann sich ein Klima entwickeln, indem sich Bakterien und Pilze wohlfühlen und die Wolle zerstören.

Ungewaschene Wolle ist Frischware und muss als solche auch dementsprechend behandelt werden. Man soll nicht mehr davon kaufen, als man innerhalb eines Jahres verbrauchen kann. Wird die Wolle nicht verwendet, ist es am besten, sie in Erwartung baldigen Verbrauchs zu waschen. Fett und Salz greifen mit der Zeit die Fasern an. Das kann an lange gelagerter Wolle beobachtet werden. Zieht man an einem Wollstapel, kann er abreissen. Die Wolle kann sich bei zu langer Lagerung auch verfärben. Spüle ein Büschel in warmem Wasser und schaue ob die Gelblichkeit bestehen bleibt. Weiteres im folgenden Kapitel über Wäsche (S. 65).

Gekaufte kardierte Wolle ist in der Regel vor dem Kardieren gewaschen worden und hat deshalb unbegrenzte Haltbarkeit.

Wolle und Filz waschen

Was das Waschen der Wolle betrifft, gehen die Ansichten und Traditionen weit auseinander. Soll man die Wolle bereits vor dem Kardieren oder erst nach dem Filzen waschen?

Es gibt viele, die meinen, dass das Fett und der Schweiss des Schafes beim Filzen von Vorteil sind. Und sicherlich ist es wahr, dass sich von den eigenen Produkten des Schafes Seife bildet, die zur Wanderung der Fasern beim Filzen beiträgt, wenn man so warmes Wasser verwendet, dass sich das Fett löst. Doch andrerseits haben wir Schmierseife mit der gleichen Funktion. Ist die Wolle sehr schmutzig, kann ja auch der Schmutz ein Hindernis für das Verbinden der Fasern sein.

Was für das frühzeitige Waschen der Wolle spricht, ist vor allem eine Frage der Annehmlichkeit. Leider kann ja Wolle ausser Fett auch einen bedeutenden Schmutzanteil enthalten, der das Kardieren und Filzen recht unangenehm macht. Schmutz will man weder auf seinen Handkarden, in der Kardiermaschine oder in der Atemluft noch in den Tüchern und Bambusmatten beim Filzen haben.

Feinwolle tut es gut, wenn man sie vor dem Kardieren wäscht, auch wenn sie sauber ist. Alle, die schon versucht haben, Feinwolle zu kardieren, wissen, dass diese leicht kleine Wollkugeln bilden kann anstelle einer glatten Schicht auf der Karde. Nach meiner Theorie ist es das Fett, das die feinen und verhältnismässig kurzen Fasern verklebt und dazu beiträgt, die Fasern zu Bällchen zu rollen. Das Resultat wird jedenfalls bedeutend besser, wenn die Feinwolle gewaschen wird. Die Fasern der Feinwolle können auch ziemlich zerbrechlich sein, speziell dann, wenn die dünnen Spitzen der Lammwolle, der Sonne und der Abnutzung ausgesetzt waren. Diese können mit Fett und Schmutz zusammenkleben und brechen leicht, wenn man sie ungewaschen kardiert.

Altes Wollfett macht die Wolle für das Kardieren zäh, ausserdem kann sich die Wolle bei der Lagerung verfärben. Soll die Wolle mehr als ein Jahr gelagert werden, ist es ratsam, sie zu waschen. Speziell dann, wenn man keinen kühlen und trockenen Lagerplatz zur Verfügung hat. Wäscht man Wolle, ist auch das Risiko geringer, dass sie während der Lagerung von Motten befallen wird. Mottenraupen ziehen nämlich schmutzige Wolle vor!

Es besteht ausserdem das Risiko, dass schmutzige Wolle Schmutzränder in grossen Filzstücken, die über mehrere Tage hinweg mit der Rolltechnik gewalkt werden müssen, verursacht. Wenn die Rolle über Nacht ruht, fliessen alle Schmutzpartikel mit dem Wasser zur Unterseite der Rolle und ergeben Ränder, die nur sehr schwer zu entfernen sind.

Man kann auf unterschiedliche Arten mit verschiedenen Wirkungsgraden waschen. Die Möglichkeiten reichen von einem leichten Spülen bis zur totalen Entfettung. Hier einige Vorschläge:

Kaltwäsche ohne Waschmittel
Belässt das Fett in der Wolle, nimmt jedoch viel übrigen Schmutz weg.

- für leicht verschmutzte Wolle vor dem Kardieren
- für Wolle, die eine gewisse Zeit gelagert wird

Lass die Wolle in etwa 35°C warmem Wasser 10 Minuten liegen. Spüle die Wolle in frischem Wasser gleicher Temperatur, solange bis das Wasser sauber zu sein scheint.

Warmwäsche ohne Waschmittel
Entfernt Schmutz und Fett bis zu 80%.

- für Feinwolle vor dem Kardieren
- für schmutzige Wolle vor dem Kardieren
- für Wolle, die längere Zeit gelagert werden soll

Lass die Wolle in 45° warmem Wasser 10 Minuten liegen, so dass die Kalisalze und die Fettsäuren eine Seife bilden. Diese Seife löst noch mehr Fett aus der Wolle. Das Wasser muss über 40° Wärme während der gesamten Einweichzeit behalten, so dass der Verseifungsprozess zustande kommen kann. Lege die Wolle in frisches Wasser gleicher Temperatur bis das Wasser klar aussieht.

Warmwäsche mit Waschmittel
Reinigt die Wolle gänzlich.

- für Wolle und Filz, die gefärbt werden sollen
- für Filz, der fertig gefilzt ist

Firmen, die Wollfarben verkaufen, haben spezielle Wollwaschmittel im Sortiment. Umweltfreundliches Geschirrspülmittel, möglichst neutral (mit einem pH-Wert von etwa 7), oder Haarschampoo kann ebenso verwendet werden. Wenn Wolle oder Filz gefärbt werden sollen, ist eine vollständige Wäsche nötig, damit die Farbe gleichmässig angenommen wird. Wenn man zwischen der Wurzel und der Spitze des Wollstapels einen gewissen Farbunterschied akzeptieren kann oder vielleicht sogar wünscht, dann kann man sich der Warmwäsche ohne Waschmittel bedienen. Der grösste Teil des übriggebliebenen Fettes wird nämlich in dem heissen Farbbad herausgelöst.

Lass die Wolle 10 Minuten in 40°C warmem Wasser mit Waschmittel liegen. Spüle die Wolle mindestens dreimal mit Wasser gleicher Temperatur, bis dieses sauber erscheint. Setze dem letzten Spülwasser ein paar Tropfen Essig dem letzten Spülwasser zu, um vorhandenes Alkali zu neutralisieren.

Alle fertigen Filze brauchen eine leichte Wäsche, auch wenn man gewaschene Wolle verwendet hat, um die Schmierseife zu entfernen. Seifenreste im Filz bewirken, dass die Wolle mit der Zeit vergilbt. Die alkalische Schmierseife (etwa pH 10,2 in normaler Seifenlösung von 1%) schadet auf Dauer der Wolle.

Verwende lauwarmes Wasser, etwa 37°C und wenig Feinwaschmittel oder neutrales Spülmittel (etwa pH 7). Arbeite mit viel Wasser und hebe den Gegenstand auf und ab, ohne ihn zu drücken.

Lege ihn längs an die Wände einer Wäscheschleuder und schleudere eine halbe Minute.

Waschmethode für alle Arten von Wolle

– Lass Wasser in ein Waschbecken, einen Bottich oder eine Badewanne ein. Giesse kein Wasser direkt auf oder neben die Wolle, sie könnte dadurch leicht verfilzen. Gib eventuell Waschmittel dazu.

– Lege die Wolle hinein und drücke sie vorsichtig unter Wasser. Nimm nicht zuviel Wolle auf einmal, sie soll frei schwimmen! Für Wolle, die sich leicht in Stapel teilt, verwendest Du am besten einen Netzsack oder Korb.

– Lass die Wolle etwa 10 Minuten im Wasser liegen. Drücke die Wolle nicht, weil sie sonst verfilzt! Man kann sie einige Male vorsichtig hochheben, so dass das Wasser abfliesst. Lass die Wolle nicht zu lange liegen, sonst kühlt das Wasser aus und das Wollfett erhärtet sich wieder. Lass das Wasser abfliessen und lege die Wolle in einen Bottich.

– Lass Spülwasser gleicher Temperatur ein. Schrecke die Wolle nicht, d.h. setze sie nicht grossen Temperaturunterschieden aus. Lege die Wolle ins Wasser und spüle sie mehrmals in frischem Wasser, bis dieses nach einem Spülgang sauber scheint.

– Schleudere in der Waschmaschine oder einer Wäscheschleuder einige Sekunden. Dadurch werden Seifen- und Schmutzreste ebenso entfernt wie natürlich jede Menge Wasser. Ein Wäschetrockner kann wegen der Verfilzungsgefahr nicht empfohlen werden.

– Trockne die Wolle auf Zeitungen, Netzen oder Drahtregalen. Schüttle die Wollbüschel luftig auseinander, wenn Du sie zum Trocknen auslegst. Drahtkörbe, die übereinander in einem Gestell hängen, sind eine ausgezeichnete Lösung, da kann viel Wolle auf kleiner Bodenfläche trocknen. Ich habe festgestellt, dass die Wolle schneller trocknet, wenn man Zeitungspapier auf die Korbböden legt. Dieses sollte ab und zu ausgetauscht werden, damit sich kein Wasser in den untersten Wollbüscheln sammelt. Während der warmen Jahreszeit kannst Du die Wolle im Freien trocknen, aber nicht in der prallen Sonne – da sich sonst auf der nassen Wolle Wasserstoffperoxyd entwickelt, wodurch die Fasern spröde werden.

Das Färben

Als ich mit dem Filzen begann, fand ich, dass die der Wolle eigenen Farben und Strukturen am interessantesten zu erforschen waren. Die schönen Grautöne, das sanfte Naturschwarz sowie die naturweisse Wolle sind sehr eindrucksvoll und genauso archaisch wie die Filztechnik selbst. Mit der Zeit aber stieg das Interesse für die Farben, für das Ausprobieren, um spezielle Farbschattierungen herauszuarbeiten. Es ist auch viel billiger, selbst zu färben, anstatt gefärbte Wolle zu kaufen. Aber vor allem macht das Färben Spass! Wolle, Vlies und Filz kann man mit Pflanzen und Pilzen färben, wenn man das Farbbad gewissenhaft durchsiebt, um Unreinheiten im Material zu vermeiden. Die Pflanzenfarben sind lichtbeständig, genügen jedenfalls für alltägliche Gegenstände. Die Gelbtöne bleichen leider nach, wenn sie in Bildern benutzt werden, die kontinuierlich Licht ausgesetzt sind. Aus Platzgründen wird im Folgenden nur chemisches Färben beschrieben.

Farben gibt es in mehreren verschiedenen Arten zu kaufen. Batikfarben sind für Wolle überhaupt nicht geeignet, da das Farbbad stark alkalisch ist und die Wolle zerstört. Farben, die vorgeben, alle Textilarten gleichermassen zu färben, können auch nicht empfohlen werden wegen der geringen Haltbarkeit, die für die Lagerung unbedingt in Betracht zu ziehen ist.

Es gibt Spezialfarben für Wolle, die nur über den Versand oder in Wollfachgeschäften verkauft werden. Sie werden Wollfarben, Säurefarben oder Metallkomplexfarben genannt. Deren Produktnamen werden im Einzelhandel selten benutzt, da eine Farbkarte sehr viele Farbarten beinhalten kann. Wenn man hochwertige Lichtbeständigkeit, Waschbeständigkeit und Beständigkeit gegenüber Abnutzung haben möchte, sollte man sich für diese Spezialfarben für Wolle entscheiden.

Dies gilt besonders für Kunstwerke aus Wolle, die über Jahrzehnte dem Licht ausgesetzt werden. Die Wollfarben können auch zum Drucken und Malen auf Wolle und Seide verwendet werden. Das ist ein grosser Vorteil. So kann ein einziger Typ von Farben für verschiedene Materialien und Techniken verwendet werden. Die Farben sind nicht gemischt und somit mehrere Jahre haltbar.

Es ist leicht, mit Wollfarben zu färben! Ich beschreibe hier zwei Methoden des Färbens mit den professionellen Säure- und Metallkomplexfarben. Bei der einen ist genaues Messen und Wiegen wichtig, während bei der anderen, die sehr einfach zu handhaben ist, das eigene Farbempfinden ausschlaggebend ist. Beide Methoden ergeben gleich haltbare Resultate. Wenn Du zu denen gehörst die finden, dass Färben umständlich ist, empfehle ich, mit der einfacheren Methode zu beginnen. Die Wiege-/Mess-Methode braucht man, wenn eine Färbung mit gleichem Ergebnis wiederholt werden soll.

Zum Drucken und Filzen sowie für Färbungen in kleinerem Umfang, etwa von Details auf fertigen Gegenständen und kleineren Wollmengen, habe ich Jeaba-Farben genommen. Sie sind einfach in der Anwendung und können, einmal in heissem Wasser gelöst, ohne aufzuwärmen verwendet werden, sind also kaltfärbend. Ihre Haltbarkeit ist noch nicht vollständig getestet worden, sie funktionieren jedoch gut auf Gebrauchsgegenständen. Weil sie kaltfärbend sind, eignen sie sich auch für die Schule. Leider sind sie etwas zu teuer, um in grösserer Menge und Farbenvielfalt in der Schule verwendet zu werden.

Der Arbeitsplatz

Kleinere Materialmengen kann man gut auf dem Küchenherd färben. Denke aber daran, Speisen wegzuräumen und verstreutes Farbpulver sowie Spritzer des Farbbades sofort abzuwischen.
Hat man einen grossen Färbekessel, kann es schwierig sein, Platz unter der Dunstabzugshaube zu finden. Mit einer Kochplatte auf einem kleinen Tisch und Plastikfolie auf dem Boden darunter kann man beinahe überall färben. Die Nähe zum Wasser und einem Abfluss ist natürlich wichtig. Verwende immer geerdete Stromschalter, wenn Du mit Elektrizität und Wasser arbeitest! Ein Fehlerstromschalter (FI-Schalter) ist eine sinnvolle Investition.

Ein grosser holzgeheizter Waschkessel für 100 Liter ist ideal, um in der warmen Jahreszeit draussen zu färben. Grosse Stoffe und Vliese können in einem solchen Kessel gleichmässig und ohne zu verfilzen gefärbt werden. Einen grossen Kessel sollte es für Pflanzen- und Chemiefärbungen auf jedem Schulhof geben.

Gute Nacht du Sonne!
Wenn du untergehst
gibt es keine Farben mehr.

Nun verlässt die Sonne
Land und Stadt
und alle Bäume
bekommen schwarze
Blätter.

Jeder Hund wird schwarz
und schwarz jede Katze,
Jeder Hahn wird schwarz,
wenn es Nacht wird.

Jede Kuh wird schwarz,
jede Sau wird schwarz,
Schwarz wird mein Hut,
wenn es Nacht wird.

Gute Nacht du Sonne!
Komm bald wieder
und male blau
den Himmel.

Mach rot den Fuchs
und die Sonne weiss.
Gute Nacht, komm bald
zurück hierher!

Lennart Helsing

Die Ausrüstung

Mundschutz bei der Zubereitung der Farbe sowie *Plastikhandschuhe* während des gesamten Färbeprozesses sind wichtig! Farbe soll man nicht einatmen oder auf die Haut bekommen!

Plastikschürze.

Glasbehälter mit Deckel für fertig angemischte Farbe.

Klebeband und *Filzstift*, um die Behälter zu beschriften.

Teelöffel, um das Farbpulver aus dem Behälter nehmen zu können, und einen *Esslöffel,* um die Farbe anzurühren.

Briefwaage und *Haushaltswaage* (wird beim einfachen Färben nicht benötigt).

Pipette zum Abmessen von Egalisierungsmittel.

Masslöffel.

Messbecher.

Trichter für die Verdünnung von Essigessenz.

Ein kleiner *Plastikkanister* für die verdünnte Essigessenz, kein Saftkrug! Beschrifte den Kanister sorgfältig!

Farbkessel aus rostfreiem Stahl ist am besten. Aluminiumkasserollen oder Kupferkessel können auch verwendet werden, auch wenn sie den Farbton etwas beeinflussen können. Ein rostfreier Eimer ist auch möglich, wenn er einen geraden Boden hat. Am besten eignet sich ein Bottiche, mit über 25 Litern, dann kann man auch Stoffe färben. Ein grosser holzgefeuerter Waschkessel im Freien ist ideal.

Wäschesäcke für Wolle, die sich teilt, und auch für kardiertes Vlies.

Holzstöcke, die am Ende mit Sandpapier abgeschliffen wurden, um die Farbe im Bad zu mischen und um Wolle und Stoff bewegen zu können.

Eine *Lochkelle,* um die Wolle herauszunehmen.
Ein *Einkaufskorb* (wie in Lebensmittelgeschäften üblich) und eine untergestellte längliche Wanne eignen sich, um die Wolle hineinzulegen, nachdem sie in einem Eimer abgekühlt ist. Die aufgefangene Färbeflüssigkeit schüttet man in das Färbebad für die nächste Färbung zurück.

Die Chemikalien

Wollfarben
bestellt man per Versandkatalog oder kauft sie in Spezialgeschäften (siehe Lieferantenverzeichnis). Sie halten einige Jahre, wenn sie trocken bleiben! Verwende einen trockenen Löffel, wenn Du Farbe aus dem Behälter nimmst, und verschliesse diesen sofort wieder. Für Grossverbraucher gibt es Grosspackungen von einem Kilogramm günstig zu kaufen.

Farbkarten, die das Sortiment zeigen, kann man beim Lieferanten bestellen. Die Grundfarben Gelb, Rot, Blau und Schwarz reichen aus. Diese kann man in verschiedenen Verhältnissen miteinander mischen und so eine komplette Farbskala erhalten.

Sieht man näher auf die Farbkarte, kann man gewisse Unterschied im Farbcharakter entdecken. Gewisse Farben sind sehr brillant und leuchtend. Dies sind sogenannte Säurefarben.
Sie binden auf den Wollfasern saure Molekülgruppen zu basischen Gruppen. Man unterscheidet stark säurehaltige und schwach säurehaltige Säurefarben. Andere Farben sind etwas dunkler und gesättigt. Diese nennt man Metallkomplexfarben. Sie bestehen aus einem oder zwei Farbpigmentmolekülen, die an ein Chrom-, Kupfer- oder Kobaltatom gebunden wurden. Die Metallatome binden die Farbpigmente an die Wollfaser auf gleiche Weise wie Metallsalze oder Beizmittel bei Pflanzenfärbungen.

Säure- und Metallkomplexfarben unterscheiden sich in ihrem chemischen Aufbau, haben jedoch ähnliche Eigenschaften. Die Lichtbeständigkeit ist gleichwertig, während die Waschbeständigkeit bei den Säurefarben etwas schlechter ist. Starke Einfärbungen haben bessere Lichtbeständigkeit als schwache.

Essigsäure, 24 Prozent
Verdünne sie auf 12%, dann kann sie leichter dosiert werden: 10 ml auf 100 g Material. Essig ist im Färbebad notwendig, um das Farbaufnahmevermögen zu fördern und das Einfärben schonender für die Wollfasern zu machen.

Bei einem pH-Wert von 4,5–5 ist die Wolle ausgeglichen, die sauren und die basischen Gruppen gleich aktiv.
Ist das Bad zu alkalisch (pH höher als 7), wird das Aufnahmevermögen der Fasern gehemmt. Die richtige Dosierung der Essigsäure kann problematisch sein, wenn man den pH-Wert des Wassers nicht kennt. Waschmittelreste in der Wolle oder Reste der wolleigenen Seife können den pH-Wert erhöhen.

Eine Übersäuerung des Wassers ist ebenso schlecht. Dadurch kann die Farbe so schnell aufgenommen werden, dass das Resultat geflammt wird.
Man beginnt mit einer normalen Dosis Säure und erhöht langsam etwas, wenn die Farbe nicht aufgenommen wird.

Natriumsulfat Na_2SO_4, auch Glaubersalz genannt
Natriumsulfat, 1–2 g pro Liter Wasser, bremst das Farbaufnahmevermögen und trägt zu einer gleichmässigen Färbung bei. Dies ist laut Bayer wichtig, wenn man mit sauren Farben färbt.

Egalisierungsmittel
1 ml pro 100 g Material. Das ist nötig, wenn man eine vollkommen gleichmässige Färbung erreichen will. Beim Färben von ganzen Filzgegenständen, Tüchern und einfarbigem Vlies soll unbedingt Egalisierungsmittel verwendet werden. Gewisse Farben werden schneller absorbiert als andere, und eine grüne Farbe, gemischt aus Gelb und Blau, im gleichen Bad kann etwa gelber werden, als man gedacht hat. Verschiedene Faserarten nehmen die Farbe auch verschieden schnell auf, was Probleme bei den Mischungen geben kann. Beim Flammfärben, wenn man ein ungleichmässiges Resultat erzielen will, lässt man Egalisierungsmittel weg. Die Färbezeit wird mit Egalisierungsmittel auch länger. Eine Überdosierung soll vermieden werden, weil sonst die Farben zu schwach werden können. Das beste Resultat erhält man, wenn man Egalisierungsmittel als erstes zugibt und von der Wolle aufnehmen lässt, bevor die Farbe dazukommt.

Baylan NT
ist ein Färbebeschleuniger, der bewirkt, dass die Farbbadtemperatur auf 85°C gesenkt werden kann. Konzentration: 2 ml/100 g Material. Eine tiefere Temperatur ist schonender für Wolle und Seide und es ist für den Hobbyfärber leichter, eine genügend hohe Temperatur zu erreichen. Verwendet man Baylan, soll man das Egalisierungsmittel auf 0,25–0,5 ml/100 g vermindern und Natriumsulfat auf 1 g/100 g Material.

Was kann gefärbt werden?

Mit Säure- und Metallkomplexfarben kann man alle tierischen Faserarten färben, auch Seide. Wolle kann in allen Formen gefärbt werden: unkardierte Wolle, kardierter Vlies, Dekordecken, Garne, fertige Filzstoffe und Filzgegenstände. Beginne unkardierte Wolle zu färben, man lernt viel über die Farben, Chemikalien sowie den Färbungsverlauf, und das Ergebnis ist immer brauchbar. Ein wertvoller Punkt ist, dass die Farben auch auf Polyamid, also synthetischen Fasern, haften bleiben. So kann man etwa Strümpfe in das Färbebad für den Filz einer Jacke geben.

Seide

Seide tut es nicht gut, starker Wärme und zu hohem Säuregehalt im Bad ausgesetzt zu werden, dadurch kann der Glanz verschwinden und die Seide spröde werden. Vermindere die Dosis der Essigsäure auf die Hälfte und färbe bei etwa 70°C. Wird die Farbe schlecht aufgenommen, kann man mehr Essigsäure dazugeben. Mache immer eine Probe, bevor Du grosse Mengen einfärbst, und vergleiche den Griff, den Glanz und die Stärke der Fasern und des Stoffes vor und nach dem Färben.

Färben von ganzen Filzstücken, kleinen und grossen Gegenständen

Wenn man ein ganz einfarbiges Kleidungsstück oder einen unifarbenen Gegenstand will, gewinnt man in der Regel sowohl Zeit als auch Gleichmässigkeit, indem man den fertigen Stoff oder Hut färbt, und nicht die Wolle oder das Vlies. Stoffe und Gegenstände mit schwarzen Mustern kann man auch im Nachhinein färben. Die schwarzen Partien nehmen zwar eine Farbnuance der Grundfarbe an, was in der Regel aber nicht von Nachteil ist. Problematisch beim Färben von Meterware und grossen Gegenständen ist, dass man dazu grosse Kessel benötigt. Um ein regelmässiges Resultat zu erhalten, braucht man ein Badverhältnis von mindestens 1:50. Für eine dünne Hausjacke aus Feinwolle, die ungefähr 500 g wiegt, benötigt man also mindestens 25 Liter Wasser, möglichst noch mehr. Die Farbe muss überall eindringen können, und der Stoff muss während des Färbungsprozesses ständig in Bewegung gehalten werden. Grosse Tücher fordern also grosse Kessel. Wenn Du damit Probleme hast, kannst Du in zwei Etappen färben (Da gilt es genau zu wiegen und zu messen!) oder Du lässt Dein gefilztes Kleidungsstück aus mehreren Farben bestehen, etwa schwarze Ärmel in Kombination mit einem andersfarbigen Vorder- und Rückteil. Teile den Stoff in Ärmelstücke und Vorder- und Rückteil und färbe in zwei Etappen. Es ist viel einfacher mit kleinen Stücken zum Erfolg zu kommen als mit grossen.

Um ein so gleichmässig wie mögliches Farbresultat zu erhalten, kann man den Stoff die verschiedenen Chemikalien in einer bestimmten Reihenfolge absorbieren lassen. Zuerst setzt man nur Egalisierungsmittel, Natriumsulfat (Na_2SO_4) und Baylan dem Bad zu und lässt den Stoff während des Erwärmens etwa 10 Minuten im Bad liegen. Danach nimmt man ihn heraus, gibt dem Bad die Farbe zu, legt den Stoff wieder hinein und erwärmt das Bad auf 90°C. Nimm den Stoff heraus, schütte die Hälfte des Essigs hinein, lege den Stoff hinein. Nimm ihn nach 10 Minuten wieder heraus und setze die andere Hälfte der Säure zu. Der Stoff muss ständig in Bewegung gehalten werden und darf nicht auf der Oberfläche des Farbbades schwimmen. Auch mehrfarbige Gewänder mit weichen Farbübergängen zwischen den Farben kann man nach dem Filzen färben. Man erhält dabei schönste Übergänge zwischen den Farben. Man legt den Stoff oder den Gegenstand auf zwei Stöcke quer über den Kessel, so dass nur ein Teil ins Bad hängt.

Sehr grosse Skulpturen kann man auf gleiche Art in Teilen färben. Man muss dabei mit den Rändern zwischen den Einfärbungen sehr genau sein, so dass sie an den Schnittstellen nicht die doppelte Farbdosis abbekommen. Man soll den Filz ständig etwas bewegen, so dass keine scharfen Farbränder entstehen.

Der Umgang mit dem Material

Das gesamte Material muss sauber und frei von Fett sein (siehe das Kapitel über die Wäsche, S. 65). Auch die Schmierseife muss ausgewaschen werden. Verwende dazu etwas Geschirrspülmittel und spüle genau und ordentlich. Gekauftes kardiertes Vlies ist in der Regel sauber und braucht vor dem Färben nur eingeweicht und erwärmt zu werden. Lege das Vlies zu einem luftigen Paket zusammen, so dass es während des Färbens nicht zerfällt. Man kann es auch in einen geräumigen Wäschesack legen. Grosse, schwere und unhandliche Vliese teilst Du in kleinere Stücke.

Allen Woll- und Filzsorten bekommt es vor der Färbung gut, sie bis zu 24 Stunden feucht liegenzulassen. Die Fasern werden so für die Farbe empfänglicher. Auch Luftblasen, die sich bei schnellem Eintauchen nur schwer aus dem fertigen Filz verflüchtigen, verschwinden bei längerem Einweichen.

Nicht vergessen!
Das Material darf durch Temperaturänderungen, sei es wärmer oder kälter, nicht erschreckt werden. Die Epidermisschuppen, die sich aufrichten und quellen, wenn die Fasern Wasser aufnehmen, können dann in dieser Lage verbleiben und das Material fühlt sich danach trocken und rauh an. Material mit Raumtemperatur muss aufgewärmt werden, bevor es in das 50–70°C heisse Bad gelegt wird. Das gleiche gilt, wenn das Material aus dem Bad herausgenommen wird. Lass es sich vor dem Spülen langsam in einem Eimer abkühlen.

Denke daran, das Material während des Färbeprozesses in Bewegung zu halten, sonst erhältst Du ein ungleichmässiges Ergebnis. So lange das Bad im Erwärmungszustand zwischen 50–70°C steht, ist das Risiko am grössten. Wolle muss, um nicht zu verfilzen, vorsichtig gewendet werden. Stoffteile, die während des Färbens in Falten liegen, sollten ab und zu geknautscht werden, damit die Farbe nicht in bestimmten Falten liegen bleibt.

Gründliches Umrühren ist ein Muss, wenn man Farben und Chemikalien ins Färbebad schüttet. Wenn Du während des Färbens eine Substanz zugeben willst, nimm am besten das Material aus dem Bad. Oder verdünne den Zusatz mit ein wenig Färbebad, halte das Material zur Seite, giesse die Flüssigkeit hinein und rühre schnell um. Die zugegossene Farbe hat die Tendenz, zu Boden zu sinken, wo es am wärmsten ist und das Farbaufnahmevermögen am schnellsten aktiviert wird. Ich lege deshalb ein Plastikgitter auf den Kesselbodens, so dass der Stoff nicht auf dem Boden liegt.

Färbetemperatur und -zeit sind wichtig für ein haltbares Ergebnis. Zu tiefe Temperaturen, also 50–70°C, ergeben eine schlechtere Beständigkeit. Man muss während mindestens 15 Minuten auf mindestens 90°C färben, so dass sich die Bindung zwischen den Molekülen stabilisiert. Man kann das Färben in einem Bad mit blossem Wasser und gewöhnlicher Essigdosis fortsetzen, wenn man bereits vor den notwendigen 15 Minuten die richtige Farbstärke erreicht hat. Die normale Färbezeit beträgt 30–60 Minuten.

Gebrauche immer Mundschutz und Plastikhandschuhe, wenn Du mit Farbpulver hantierst. Dies sollte man sich beim Umgang mit allen Chemikalien zum «Gesetz» machen. Plastikhandschuhe sind während der gesamten Färbungsprozedur angebracht.

Khyber Pass. **Patricia Spark**, Albany, USA. *Pat hat beim Färben, Kardieren und Filzen mit viel Farbe experimentiert. Als sie im obigen Bild die verschiedenen Farblagen farblich ganz rein haben wollte, filzte sie erst die kardierten Stücke farblich ineinander übergehend. Danach schnitt sie die Stücke zu und applizierte sie aufeinander. Der Hintergrund hat eine Lage grauer Wolle unter die Farblage bekommen, um die Farbe zu dämpfen.*

Khyber Pass *handelt von der Flucht der Nomadenvölker vor der sowjetischen Invasion in Afghanistan. Mit den intensiven Farben will Pat Gefühle des Schreckens und der Verzweiflung ausdrücken.*

0,1% 0,5% 1,0% 4,0%

Die Stärke der Farben wird beim Färben in Prozent angegeben. 0,1% bedeutet, dass man 0,1 g Farbe für 100 g Material verwendet hat. 4% (4 g Farbe/100 g Material) ergibt sehr gesättigte Farben.

Färben mit Säure- und Metallkomplexfarben

Dieses Rezept ist auf Bayers Wollfarben aufgebaut: Supranol, Isolan und Isolan S. Natriumsulfat (Na_2SO_4) wird beim Färben zugesetzt, was dazu beiträgt, dass die Farbstoffaufnahme regelmässig wird. Zenit ist der Ansicht, dass Natriumsulfat Na_2SO_4 nicht notwendig ist, weshalb es weggelassen wird, wenn Zenit-Farben verwendet werden.

Konzentrierte Farblösung

Beim Färben spricht man von der Farbstärke in Form von Prozent. Eine Farbstärke von einem Prozent bedeutet, dass man 1 g Farbe für 100 g Material verwendet hat. 2% gibt angeblich die brillanteste Farbe, während eine Farbdichte von 4% sehr gesättigt ist. Mitunter kann es schwierig sein, kleine Mengen Farbpulver abzuwiegen. Statt dessen kann man eine konzentrierte Farblösung herstellen. Man wiegt eine gewisse Menge Farbpulver ab und löst es in einer bestimmten Menge Wasser (H_2O) auf. Dann erhält man für die Zubereitung des Farbbades eine Farblösung anstelle des Farbpulvers.

Es ist leichter mit einem Masslöffel zu dosieren, als auszuwiegen! So kann eine grössere Menge Farbkonzentrat gemischt und gelagert werden. Man erspart sich, vor jedem Färben Farbe aufs Neue zubereiten zu müssen. Die konzentrierte Farblösung ist, nach meiner und der Erfahrung anderer mehrere Monate haltbar, auch wenn die Hersteller meinen, dass man zubereitete Farbe nicht längere Zeit aufbewahren soll. Am besten bereitet man Behälter mit allen Grundfarben vor, um die Lösung leicht in das Farbbad mischen zu können. Denke daran, das Farbbad immer ordentlich umzurühren, bevor Du die Lösung verwendest.

1. Rühre 10 g Farbe mit einigen Tropfen Wasser zu einem dicken Brei ohne Klumpen. Zerdrücke alle kleinen Klumpen an der Innenwand des Gefässes. Diese verursachen sonst Flecken beim Einfärben.

2. Giesse 100 ml heisses Wasser darüber und vermische den Farbbrei gut im Wasser.

3. Giesse die Farblösung in ein Gefäss mit Schraubverschluss und schreibe den Namen und die Dosierung der Farbe auf das Gefässetikett (1 g = 10 ml Farblösung).

Jetzt hast Du eine Farblösung, bei der 1 g Farbe = 10 ml Farblösung entspricht. Für eine Farbdichte von 2%, wo Du 2 g Farbe für 100 g Wollen haben willst, misst Du also 20 ml Farblösung für 100 g Wolle ab. Multipliziere immer die gewünschte Grammanzahl Farbe mit 10, so gibt diese die richtige Menge Farblösung.

Natürlich kannst Du – wenn Du Grossverbraucher bist – mehr Farblösung auf einmal mischen. Für 20 g Farbe nimmst Du 200 ml Wasser, für 30 g Farbe 300 ml usw. Die Konzentration der Farbe in der Lösung bleibt immer die gleiche.

Färben

Rezept für 2%-iges Einfärben von 100 g Material:

3–5 Liter Wasser mit 45°C

10 ml 12%-igen Essig, um einen pH-Wert von 4,5–5 zu erreichen

1–2 g Natriumsulfat

1 ml Egalisierungsmittel (Avolan)

2 g Farbe oder 20 ml Farbkonzentrat

Färbe mindestens 15 Minuten in mindestens 90°C.

Wird Baylan verwendet, nimm 3 ml Baylan und nur 0,5 ml Egalisierungsmittel sowie 1 g Natriumsulfat. Färbe in 80–90°C.

Wiege Wolle/Filz/Vlies/Garn! Trockenes Gewicht! Weiche danach ein und wärme auf, entsprechend obiger Beschreibung.

1. Giesse Wasser aus der Warmwasserleitung (etwa 45°C) in den Farbkessel, 3–5 Liter/100 g Material.
2. Gib 12%-ige Essigsäure (10 ml/100 g Material) dazu.
3. Gib Natriumsulfat (10 g/100 g Material) dazu.
4. Gib Egalisierungsmittel (Avolan) mit einer Pipette dazu (1 ml /100 g Material), wenn gleichmässiges Einfärben gewünscht ist. Rühre um.
5. Gib Farblösung mit einem Masslöffel in das Färbebad. Mische die Grundfarben zu dem gewünschten Farbton im Färbebad. Rühre ordentlich um!
6. Lege das gewaschene, nasse und aufgewärmte Material in das Farbbad. Wende das Material oft, während das Bad auf 90°C erwärmt wird.
7. Färbe während 15–60 Minuten. In dieser Zeit kann andere Farbe zugegeben werden, wenn man den Farbton ändern will. Wird die Farbe von dem Material schlecht aufgenommen, setze etwas Essig zu, wenn das Bad 90°C erreicht hat.
8. Nimm die Wolle heraus und lasse sie in einem Eimer abkühlen.
9. Spüle in Wasser gleicher Temperatur wie die der Wolle und schleudere kurze Zeit. Das Spülen ist notwendig, um eventuellen Farbüberschuss zu entfernen.

Trockne nicht in der Sonne!

Margrét Kållberg beschreibt in ihrem Buch Farbe für Wolle, Seide, Baumwolle, Leinen, *wie man systematisch drei Grundfarben mischen kann. Die Farbpyramide gibt das Rezept für alle Farbtöne an, die in ihr vorkommen. Dies ist praktisch, wenn man einen exakten Farbton erhalten will. So bedeutet die Ziffer 271, dass man 2 Teile Gelb, 7 Teile Rot und 1 Teil Blau in das Farbbad hineingeben muss, um die Farbnuance der Vorlage zu erhalten.*

Gelb

.ot Blau

Gelb

10 0 0

910 901

820 811 802

730 721 712 703

640 631 622 613 604

550 541 532 523 514 505

460 451 442 433 424 415 406

370 361 352 343 334 325 316 307

280 271 262 253 244 235 226 217 208

190 181 172 163 154 145 136 127 118 109

Rot 0 10 0 091 082 073 064 055 046 037 028 019 0 0 10 Blau

Das Nachbad

Wenn in dem Bad noch Farbe übrig ist, kann es nochmals verwendet werden, bis es schliesslich farblos ist. Man kann die Bäder ungefähr eine Woche lang aufheben, doch danach beginnen sie zu schimmeln! Es ist gut, etwas gewaschene Wolle bereit zu haben, um das Bad sofort voll ausnützen zu können, wenn es noch warm ist. Gib die halbe Essigmenge zu, weil der Essig verdunstet und beim Färben verbraucht wird. Natriumsulfat und Egalisierungsmittel sind im Bad vorhanden und müssen nicht ergänzt werden.

Variationen

sind möglich:
– indem man die natürliche Grauskala der Wolle verwendet. Dadurch erhält man schöne gedämpfte Töne mit wunderbaren Schattierungen.
– durch Zwei- und Dreifarbenmischung im Bad von Anfang an.
– Nuancierung, indem man andere Farben nach und nach ins Farbbad hineingiesst.
– Überfärbungen. Erst Blau färben und dann in ein rotes Bad und Du kannst exakt bestimmen, wie die blau-rote Farbe werden soll.
– Reservetechnik: Knoten in den Stoff machen. Kann vor allem bei dünnem Filz Effekte ergeben. Lies mehr über diese Variante in einem Buch über Batikfarben.
– Zusammenkardieren von gefärbter Wolle.
– Zusammenfilzen dünner Lagen von verschiedenen Farben.

Einfaches Färben mit Säure- und Metallkomplexfarben

Die Methode nennt man auch «visuelles Schattieren». Wenn man eine Farbnuance nicht ganz genau treffen muss oder die gleiche Farbe nicht noch einmal verwenden muss, kann man sich das Färben bedeutend erleichtern.
Besonders gut eignet sich diese Methode für Wolle, bei der man sich eine gewisse Unregelmässigkeit in der Farbaufnahme des Materials erlauben kann. Wenn man ein sehr regelmässiges Resultat anstrebt, sollte man die Menge der Essigsäure, des Egalisierungsmittels und des Natriumsulfats berechnen. Die Farbmenge kann man ungefähr wählen.

Halte Dich an folgendes Vorgehen:

Giesse warmes Wasser in den Farbkessel, gib Farbpulver bzw. konzentrierte Farbmischung dazu. Schätze, wieviel Liter Wasser Du in dem Kessel hast, und berechne, wieviel an 12%-iger Essigsäure notwendig ist (Grundregel: 10 ml Essig für 3–5 Liter Wasser). Meistens klappt es, ein Mass abzuschätzen. Mit der Zeit bekommt man ein Auge dafür. Egalisierungsmittel kann man weglassen, wenn man Wolle mit verschiedenen Farben an Spitze und Wurzel haben will. Sonst rechnet man dieses ebenfalls unter Berücksichtigung der Wassermenge aus (1 ml für 3–5 Liter Wasser).

Rühre um und lege so viel gewaschenes und gewärmtes Material hinein, dass dieses frei herumschwimmen kann. Mit einem weissen Plastiklöffel kann man gut erkennen, welchen Farbton das Bad hat und wieviel Farbe noch im Bad ist. Wende das Material ab und zu und färbe mindestens 15 Minuten bei 90°C. Wenn die Farbe aufgenommen wird, kann man sehen, ob der Zusatz einer weiteren Farbe notwendig ist. Verläuft die Farbaufnahme trotz hoher Temperatur ungewöhnlich langsam, kann man mehr Essig und Salz zugeben. Wenn man Farbe und Chemikalien hineingiesst, soll man das Material möglichst herausnehmen, um ein gleichmässiges Färben zu erreichen.

Will man einen gewissen Farbton treffen, etwa ein schwärzliches Rotblau, beginnt man mit dem Zugeben der dominierende Farbe (Rot) und gibt eine kleine Menge Blau zu. Wenn dieses Rotlila vom Stoff aufgenommen wird, dämpft man es mit ein wenig Schwarz. Wenn man die Eigenheiten seiner Farben kennengelernt hat, etwa wie schnell sie ohne Egalisierungsmittel aufgenommen werden, kann man ganz leicht zu einem richtigen Resultat kommen.

Es ist spannend, visuell zu färben, doch muss man sich Zeit nehmen, um den Verlauf zu verfolgen.

Richtig lustig ist es, mit Flammen- und Regenbogenfarben zu spielen. Die Wolle wird bis über 90°C in einem Kessel mit sehr wenig Wasser, etwas Essig und Natriumsulfat erwärmt. Danach giesst man Farbkonzentrat direkt auf das Material und freut sich über alle schönen Übergänge, die entstehen! Rühre das Bad während des Färbens nicht um! Besonders schöne Ergebnisse werden beim Flammfärben mit Rya-, Gotlandwolle und Seide erzielt.

Kraft. Die grösste Form 2,5 x 5 m. **G. Paetau Sjöberg**.
Die hohen Formen sind in Partien nach dem Filzen gefärbt, entsprechend der Methode für einfaches Färben mit Säure/Metallkomplexfarben (S. 74). Das Färberesultat wurde während des Färbens visuell beurteilt. Gefärbte Wollstapel wurden beim Filzen auf die ungefärbte Wolle gelegt, um die Oberfläche abwechslungsreich zu gestalten, und beim endgültigen Färben überfärbt. Ryawolle gibt den Formen die Festigkeit. Das Werk hängt im Konferenzzimmer des Kraftwerkes in Älvkarleby.

Jacke von **Charlotte Buch**, *die sowohl Schafhirtin als auch Textildesignerin auf Hvalsø in Dänemark ist. Für die dünne Jacke mit effektvollem schwarzem Druck, hat Charlotte 50% Merino und 50% Angora verwendet. Sie findet, dass Angorawolle mit ihrer wasserabstossenden Eigenschaft für Jacken besonders gut geeignet ist. Die Wolle wurde sehr dünn ausgelegt, 100 g pro 1 m². Die Jacke wiegt nur 920 g inklusive Futter.*

Der Druck wurde mit Lanasyn-Farbe ausgeführt, der Farbe, die zum Einfärben von Wolle, die in Dänemark am häufigsten verwendet wird. Charlotte machte viele Versuche, um ein gutes Rezept für Verdickungsmittel, Chemikalien und Farbe zu erhalten.

Die Vorderstücke und das Rückenteil sind mit Silkscreen-Technik gedruckt. Die Ärmel waren schwieriger zu bedrucken, da diese als Raglanärmel genäht und formgepresst unter Dampf über eine eigens angefertigte Gipsform gezogen waren. In diesem Stadium malte sie mit dem Pinsel das aus Plastik ausgeschnittene Muster. Nachdem es durch Dampf fixiert und gespült wurde, war das Material verwendungsfähig.

Drucken mit Säure- und Metallkomplexfarben

Die schwedische Firma «Färgkraft AB» verkauft Chemikalien und Verdickungsmittel zum Drucken mit den gleichen Farben, die man zum Wolle- und Seidenfärben nach obiger Beschreibung verwendet. Man kann die Chemikalien fertiggemischt oder in separaten Verpackungen bestellen. Die Chemikalien bestehen aus Harnstoff, Ludigol, Zitronensäure und neutralem Verdickungsmittel.

15–30 g Farbe mischt man mit Chemikalien und Verdickungsmittel. Dann kann man sofort drucken! (Gebrauchsanweisung bei einfachem Schablonendruck unter Jeaba-Kaltwasserfarben auf Seite 78). Sobald der Druck trocken ist, wird er mit Dampf in einem gewöhnlichen Entsafter fixiert. Der Filz wird in ein Baumwolltuch eingerollt. Die Rolle wickelt man in ein Frottierhandtuch, welches das Kondenswasser aufsaugt, legt sie auf den Boden des Entsafters und kocht sie unter Dampfdruck 30–60 Minuten. Das Kondenswasser soll durch den Schlauch abtropfen. Sobald der Filz abgekühlt ist, spült man ihn kalt, wäscht ihn in handwarmem Wasser unter Zugabe von Wollwaschmittel und spült noch einige Male.

Färben mit Jeaba-Kaltwasserfarben

Mit Jeaba-Farben kann man Wolle, Wollgarn, Leder, Haare, Seide und andere Tierfasern sowie auch Nylon färben.

Man löst die Farben in heissem Wasser, doch Wärme ist für das Fixieren der Farbe nicht notwendig, was in Schulen von Vorteil ist. Man benötigt auch keine Waage, wenn man jedesmal eine ganze Packungseinheit zubereitet (135 oder 500 g).

In den unteren Klassen kann der Lehrer die Farben mischen und später können die Kinder an dem Färbungsprozess teilnehmen, ohne Brandverletzungen zu riskieren. Schüler der höheren Jahrgänge können das gesamte Färben selbst übernehmen, da dies sehr einfach ist. Folge immer der Regel für den Umgang mit Chemikalien: Plastikhandschuhe anziehen! Ausser Wolle, Vlies und Filz kann man fertige Filzgegenstände auch färben, indem man verschiedene Stellen mit einem Schaumstoffstück einreibt oder betupft.

Natürlich können die Farben auch in anderem Zusammenhang verwendet werden, etwa von Filzmachern für Details in Kleidern und anderen Gebrauchswaren. Da bis heute noch kein vollständiger Test entsprechend der DIN-Normen durchgeführt worden ist, was Licht- und Waschechtheit der gesamten Farbenskala betrifft, kann man sie nicht zum Gebrauch für Bilder und sonstige Kunstgegenstände mit langer Lebensdauer empfehlen. Die Erfahrungen aus der Praxis mit diesen Farben sind jedoch gut.

Die Farben

Es gibt Gelb, Rot, Blau, Lila, Schwarz sowie Farblos in Form von kleinen Kugeln. Farblos verwendet man um eine Farbe aufzuhellen. Es bedarf eines Fixiermittels, damit die Farben auf den Fasern haften bleiben.

Die Zubereitung der Farbe geschieht, indem man 3 Teelöffel Fixiermittel in 400 ml heissem Wasser auflöst. Danach gibt man 135 g Farbe (1 Päckchen) dazu und rührt so lange um, bis sich die Farbe vollständig aufgelöst hat. Die fertige Lösung kann in einer Flasche oder einem Behälter mit Schraubdeckel lange Zeit aufbewahrt werden. Man kann also alle Farben zur schnellen Verwendung fertig in Bereitschaft haben.

Die Farben können untereinander gemischt werden, sie können mit Schwarz abgedunkelt oder mit farbloser Lösung aufgehellt werden. Man kann probeweise kleinere Portionen verschiedener Mischungen testen. Nimm etwa 1 Esslöffel Rot, 1 Esslöffel Gelb. Tauche ein kleines Stück ein und presse die überschüssige Farbe aus – dann kann man ungefähr sehen, wie die Farbe wird.

Färben

Zum Färben braucht man doppelt so viel Färbeflüssigkeit wie das Trockengewicht des Materials. Für 1 kg Wolle braucht man also 2 Liter Färbeflüssigkeit.
Je grösser das Farbbad ist, desto gleichmässiger wird die Färbung.

1. Lege die Wolle in die kalte Farblösung und drücke sie hinein, so dass sie ganz eintaucht. Drücke die Wolle leicht aus. Wenn die Wolle nass ist, bevor sie ins Färbebad gelegt wird, wird die Farbe schwächer. Verwende also trockene Wolle, wenn sie kräftig eingefärbt werden soll. Seide soll vor dem Färben gewaschen werden und vollkommen trocken sein.

2. Lege die Wolle zum Fixieren in einen Plastiksack. Das ist nötig, weil die Farbe in feuchtem Zustand fixiert wird. Verwahre sie 24 Stunden mindestens bei Raumtemperatur. Kontrolliere ob die Farbe fixiert ist, indem Du in das gefärbte Stück drückst. Ist die ausgedrückte Flüssigkeit klar, dann ist die Farbe fixiert. Wenn nicht, dann muss die Wolle noch weitere 24 Stunden in dem Plastiksack liegen bleiben. Je tiefer die Temperatur, desto länger die Fixierzeit. Das Material kann in einem Mikrowellengerät sehr schnell fixiert werden: während einiger Sekunden bei geringen Auswirkungen. Man kann es auch in einem Trockenschrank bei hoher Temperatur (etwa 70°C) versuchen.

3. Wasche das Stück in lauwarmem Wasser mit etwas Waschmittel und spüle es mehrmals gut aus.

In der Schule ist es am einfachsten, wenn man einen Plastiksack in ein Gefäss legt, die Farbe in den Sack giesst, und dann die Wolle in den Sack legt. Schliesse den Sack mit einem Gummiring und drücke die Luft heraus, so dass die Wolle die Farbe aufnimmt. Zur Sicherheit sollte der Sack in einem Gefäss stehen, falls er reisst. Mit dieser Methode erspart man sich das Abwaschen von Behältern und Farbspritzern. Lass nachher die Farbe im Sack fixieren.

Vlies kann auf die gleiche Art gefärbt werden. Bei dieser Technik kann es problematisch sein, eine absolut gleichmässige Färbung zu erzielen. Doch in der Schule ist das vielleicht nicht so wichtig. Man kann Wollstapel, Vlies oder anderes Material in Regenbogenfarben färben, indem man verschiedene Farben über das Material giesst, das über einem Kasten ausgebreitet liegt. Drücke die Farbe in die Fasern hinein und fixiere in einem Plastiksack.

Färben von Filz
Um fertigen Filz gleichmässig zu färben, muss er auf eine grössere Plastikunterlage ausgebreitet werden, nachdem die Farbe ausgedrückt wurde. Kontrolliere, ob die Farbe über den ganzen Filz gleichmässig verteilt ist. Lege eine ganze Plastikfolie, die grösser als der Filz ist, darüber, und lege die Ränder mit Hilfe der Feuchtigkeit auf der unteren Plastikfolie so zusammen, dass das Paket luftdicht abgeschlossen wird. Biege die Kanten der beiden Plastikstücke einige Male ein und fixiere sie mit Wäscheklammern. Lass danach den Filz in seiner Plastikverpackung liegen und fixieren. Die Farbe kann auch für Druck und Malerei verwendet werden (siehe folgenden Abschnitt) sowie in Leder und Pelze eingerieben werden.

Drucken und Malen

Es gibt mehrere Farben zum Drucken und Malen, die auch auf Filz verwendbar sind. Ausser den Säure-/Metallkomplexfarben und Jeaba-Farben, gibt es u.a. Dekaprint und Setacolor.
Die Jeaba-Farben kann man, so wie sie gemischt sind, zum Färben verwenden. Setacolor kann mit Wasser verdünnt werden. Probiere, wie die Farben bei den jeweiligen Filzqualitäten aussehen, und reguliere die Konsistenz der Farbe.

Das beste Resultat erhält man auf einem Filz mit feiner und gleichmässiger Oberfläche, etwa mit Feinwolle. Deshalb sollte der Filz auch möglichst mit Hilfe der Rolltechnik gearbeitet worden sein. Hat man beim Filzen eine Waschmaschine zu Hilfe genommen, sollte der Filz gemangelt werden. Je gröber und haariger der Filz ist, desto schwieriger ist es, bei den Mustern feine klare Kanten zu erreichen.

Die Plastikschablone wurde auf dem Filz mit Klebeband befestigt. Mit dem Schaumgummi wird die Farbe in den Filz eingedrückt.

Einfacher Schablonendruck
Dieser führt am leichtesten zum Erfolg. Lege den ganzen zu bedruckenden Stoff auf einer Plastikfolie aus, die mindestens 30 cm grösser als der Stoff ist.

Zeichne ein Muster auf Papier auf. Beginne ruhig mit einer einfachen Form, die über die gesamte Fläche wiederholt gedruckt werden kann. Schneide einige Muster aus dem Papier aus und verteile sie auf dem Stoff, um sehen zu können, wie sie in ihrer Gesamtheit erscheinen. Bestimme den Abstand zwischen den einzelnen Formen und markiere etwa mit Schneiderkreide exakt, wo die Muster hinkommen.

1. Fertige nun die Schablone an, indem Du die Musterform aus einem steifen Plastikmaterial ausschneidest. Selbstklebende Folie lässt sich gut rund um die Muster befestigen, ist jedoch teuer. Übe zunächst auf Papier und auf einem Probestück aus Filz. Befestige das Plastikstück mit Klebeband auf dem Filz an mindestens zwei Stellen, so dass es straff und gleichmässig auf der Oberfläche liegt. Kontrolliere nach dem Befestigen, dass die Plastikfolie rund um das Musterloch gleichmässig liegt.

2. Giesse etwas Farbe auf einen Teller und lege ein Stück Schaumstoff hinein, der als eine Art «Stempelkissen» dienen soll. Mache einen Tupfer aus einem Spüllappen aus Schaumstoff. Ziehe den Tupfer mit einer Gummischnur zusammen. Man kann auch einen Pinsel verwenden, aber mit dem Tupfer ist es leichter, ein gleichmässiges Ergebnis zu erhalten.

3. Drücke den Tupfer in den Schaumstoffschwamm auf dem Teller, so dass er sich voll Farbe saugt. Drücke jetzt den Tupfer ziemlich hart gegen den Filz im Loch, so dass die Farbe auch zwischen die Fasern eindringt. Hole von dem Teller neue Farbe mit dem Tupfer und drücke wieder auf den Filz, wenn Du meinst, dass die Farbe den Filz nicht genügend deckt.

4. Sobald Du mit Deinem Probedruck zufrieden bist und Dich an den Stoff wagen kannst, musst Du Deine Muster zunächst entsprechend der Markierungen auf dem Stoff exakt auslegen und fixieren. Reinige die Plastikschablone zwischen jedem Druck auf beiden Seiten ordentlich und befestige sie auf dem Filz an mindestens zwei Stellen.

5. Nach dem Drucken wird die Farbe entsprechend der Gebrauchsanweisung fixiert. Die Dekaprint-Farben kann man

mit Hilfe eines Haartrockners fixieren. Bei Jeaba-Farben geschieht das Fixieren wieder unter luftdichtem Abschluss zwischen zwei Plastikfolien. Lege dazu auf den Stoff eine genügend grosse Folie, und streiche die untere und die obere Folie gegeneinander aus. Falte die Kanten der unteren über die der oberen Folie ein paar Mal, und klipse sie mit Wäscheklammern zu, so dass das Paket vollkommen luftdicht abgeschlossen wird. Es ist wichtig, dass der Filz auf den gedruckten Partien feucht gehalten wird, weil sonst die Farbe nicht fixiert wird. Fixiere mindestens 24 Stunden, ohne den Filz zu verschieben. Kontrolliere, ob die Farbe aus dem Druck «ausblutet». Ist dies der Fall, so ist die Farbe nicht richtig fixiert.

Variationen

Wenn man mit mehreren Farben arbeitet, kann man eine Musterform mit feinen Farbübergängen kreieren. Oder man kann verschiedene Farben in den Musterformen verwenden. Indem man mehrere Schablonen kombiniert, kann man sehr verschiedenartige Musterformen erhalten. Spiele mit dieser Technik auf grossen Papierbögen, um die Möglichkeiten zu entdecken.

Malen

kann man mit einem harten, dünnen Pinsel, mit dem man die Farbe in die Fasern hineindrücken kann. Es ist nicht leicht, feine, gleichmässige Linien auf einer flauschigen Oberfläche zu erreichen! Übe, bevor Du Dich auf etwas Grosses einlässt! Manchmal kann es einfacher sein, schmale Linien aus einer Plastikfolie auszuschneiden und einen Schablonendruck zu machen, anstatt mit dem Pinsel freihand zu malen. Mit einem Schaumstofftupfer kann man auch Flächen in verschiedenen Farben «malen».

Inge Evers, *aus Haarlem in Holland, ist schöpferisch tätig und lehrt. Ihre Schamanentracht ist mit Reaktivfarben regenbogengefärbt. Diese Art von Färbung kann man auch mit Säure- und Metallkomplexfarben erreichen (siehe S. 74). Die Tracht besteht aus drei Längen Filz, bei denen Seide und Wolle zusammengefilzt wurden. Die Längen sind ungefähr vier Meter lang, drapiert und zusammengenäht. Magische Schmuckstücke sind auf einem Filzstreifen befestigt. Ihre verschiedenen Techniken:*

1. Seidentücher, die in einem vielfarbigen Bad gefärbt wurden, sind auf dem «Kopf» des Schamanen drapiert.

2. Die gleiche vielfarbige Seide hat sie in die Wolle hineingefilzt. Diese Partie sieht man in der Mitte der Tracht. Die Seide auf der Oberfläche bestimmt das Muster des Filzes .

3. Die roten Partien bestehen aus Seidenchiffon, der rot, rosa und orange gefärbt wurde und dann in Wolle mit rotlila Farbtönen eingefilzt wurde.

4. Die schwarz-blaue Partie besteht aus drei Lagen. Zuerst legt man Seidenfasern in Halbmondform auf eine Bambusmatte, darauf schwarzgrauen Seidenmousselin und dann rote, braune, orange und lila Wolle. Alles wird mit der Rolltechnik zusammengefilzt.

Kardieren

Eine ordentlich kardierte Wolle ist für einen gleichmässigen und dünnen Filz eine Grundvoraussetzung. Es gibt aber auch Arbeiten, für die eine einfachere Vorbereitung der Wolle genügen kann.

Vorbereiten der Wolle

indem Du sie eventuell wäschst. Dies gilt für schmutzige Wolle, ebenso wie für Feinwolle (Näheres im Kapitel über das Waschen der Wolle, S. 65). Die Wolle soll beim Kardieren warm sein. Dann ist das Wollfett weich und die Wolle ist leichter zu bearbeiten. Wolle kann in einem Korb vor einen Heizkörper gestellt und erwärmt werden oder vor einem offenen Feuer oder auf einem Ofen, auf einer Zeitung liegend, wie man es früher gemacht hat. Im Sommer ist es auch sehr schön, im Freien zu sitzen und in der Sommerwärme zu kardieren.

Qualitätsmischungen
sind wichtig, auch beim Filzen. Wer schon einmal gesponnen und von Hand gesponnenes Garn gewoben hat, weiss, dass man die Wolle von den verschiedenen Teilen eines Schafvlieses und auch Wolle anderer Vliese bei grösseren Arbeiten mit einmischen soll. Sonst besteht die Gefahr, dass der fertige Stoff Ränder bekommt sowie unterschiedlich eingeht und verschleisst.

Für kleinere Arbeiten kann man den Teil des Vlieses wählen, der sich am besten für das angestrebte Produkt eignet. Will man jedoch grössere Arbeiten – etwa dünne Stoffe – herstellen, sollte man ähnliche Teile aus mehreren Vliesen aussuchen und miteinander mischen, oder verschiedene Teile eines einzigen Vlieses gut mischen. Man kann die Wolle in Haufen sortieren und von jedem Haufen einen Büschel nehmen

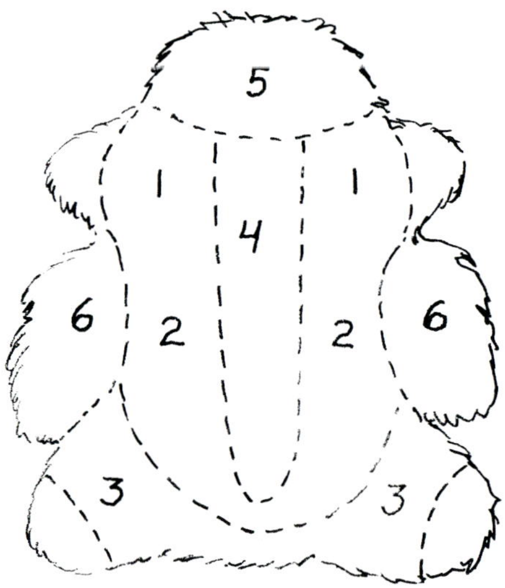

In einem Schafvlies gibt es erhebliche Charakterunterschiede in der Wolle. Die meist typische Wolle für die jeweilige Rasse sitzt auf den Schultern (1) und Flanken (2). Auf den Oberschenkeln (3) ist die Wolle bedeutend gröber. Die Rückenwolle (4) ist offener und loser als die übrige. Die Halswolle (5) kann weicher und feinfaseriger sein. Die Bauchwolle (6) ist offener und ungeordneter und meistens schmutzig. Die Wolle auf den Beinen ist kurz und grob.

und bei jedem neuen Durchgang auf die untere Karde legen. Die Wolle wird dann beim Kardieren gemischt. Früher kardierte man die Wolle immer zweimal, auch zum Filzen. Die Kratzbank verwendet man in der Regel zum ersten und zweiten Kardieren. Man nahm ein Bündel bereits kardierter Wollplatten vom ersten Kratzen unter den Arm, zog Büschel heraus und kardierte so ein zweites Mal. Anstatt Büschel herauszuziehen, könnte man die Kardplatten in einem Haufen auf den Küchenboden legen und mit einem Stock zerschlagen.

Weiss und Schwarz zusammenkardiert wird zu grau. Dann sieht man sehr schön, ob das Mischen geglückt ist oder nicht. Wie sagte doch eine ältere Frau zu Anfang des 19. Jahrhunderts zu ihrer Nichte, die bei der Kratzbank sass: «Das schwarze Mutterschaf soll nicht kommen und sagen können, dass das ihre Wolle sei, und das weisse Mutterschaf soll nicht kommen und sagen können, das hier ist meine Wolle, so kämme nur, Mädchen».

Gilt es, dicke Produkte – wie etwa Teppiche – zu filzen, kann man das Qualitätsmischen vereinfachen, indem man die eine Qualität in einer Lage und eine andere Qualität in der nächsten Lage auflegt. Diese Methode kann auch für dünne Stoffe brauchbar sein, etwa wenn man eine langfaserige, wasserabstossende Aussenseite und eine weichere Innenseite haben will.

Überhaupt nicht kardieren

ist möglich, wenn man richtig lockere Gutewolle ohne Stapelbildung hat. In diesem Fall ist es nicht einmal notwendig, die Wolle zu peitschen, sondern man kann sie direkt aus dem geschorenen und gewaschenen Vlies verwenden. Wenn man einen groben Teppich oder ein Sitzpolster filzen möchte, genügt es, die Wolle aus dem Fell zu ziehen und auszulegen, wie es die Mongolen tun. Auch hier soll die Wolle zuerst nach Qualitäten sortiert werden. (Mehr über diese einfache Methode des Wolleauslegens findest Du im Kapitel Filzerzeugung in der Mongolei, S. 36)

Das Zupfen der Wolle

ist eine einfache Methode, um die Wollstapel zu zerteilen. Sie eignet sich gut für Kinder, da man nur die Finger als Werkzeug benötigt. Die Methode ist langsam und deshalb für kleine Arbeiten geeignet. Ziehe die Stapel seitlich, gegen die Faserrichtung, auseinander zu lockeren Wolken und lege sie zum Filzen nach Art der Mongolen aus (S. 36).

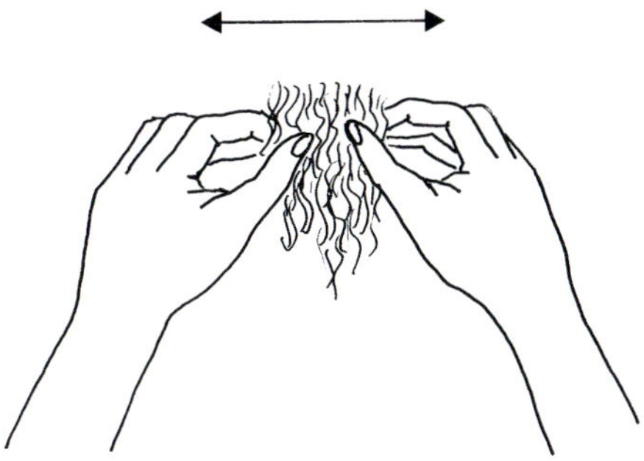

Zupfen von Wolle.

Wenn man Wolle peitschen möchte, muss man einen windgeschützten Platz suchen oder sich einen windstillen Tag wählen. Die Stöcke sind an dem dickeren Ende 1,5–2 cm dick. Bambusstäbe können auch verwendet werden. Man schlägt mit beiden Stöcken abwechselnd.

Das Peitschen der Wolle

ist der nächste Schritt, um Wolle für das Filzen vorzubereiten. Gutewolle ist der schwedische Wolltyp, der sich am besten zum Peitschen eignet.

Diese Wollsorte muss gepeitscht werden, wenn die Vliese in Stapel geteilt und vielleicht etwas verfilzt sind. Das Peitsche der Wolle ist für Kinder wie für Erwachsenen gleichermassen lustig. Es löst die Stapel auf, und ein Teil des Schmutzes fällt aus der Wolle.

Schneide für jeden Teilnehmer zwei etwa 1 m lange Weidenruten. Lege die Wolle auf einer Plane oder Binsenmatte auf einen Haufen und peitsche rhythmisch, bis die Wolle aufgelockert ist. Lege sie dann aus, wie im Kapitel Filzerzeugung in der Mongolei (S. 35) beschrieben.

Der Fachbogen

ist ein altes Werkzeug, das ursprünglich zur Auflockerung von Baumwolle verwendet wurde. Es soll aus China stammen und wird in vielen asiatischen Ländern – aber nicht in der Mongolei – zur Auflockerung von Wolle verwendet. Auch weiter im Westen, bis Finnland, existierte der Fachbogen und wurde ebenfalls von den Hutmacher benutzt.

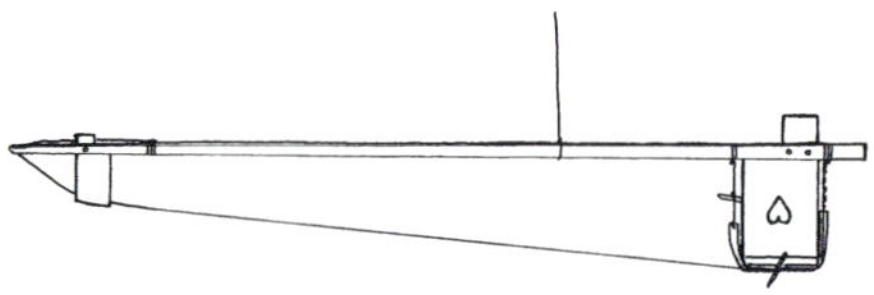

Der Fachbogen sieht normalerweise wie ein grosser Kontrabassbogen aus und ist gut 2 Meter lang. Eine einfachere Variante gleicht einem Pfeilbogen. Die Saite, die aus einem gedrehten Schafdarm besteht, wird mit einer Keule oder einem Fachstab, auch Fachholz genannt, der etwa 3 cm dick ist, zum Vibrieren gebracht. Die Keule nennt man in der Türkei tokmak *oder* tokaç.

Bela Bodnar aus Ungarn facht Wolle. Die Vibration lockert die Wolle auf und wirft sie vorwärts auf einen luftigen Haufen. Man braucht viel Übung, um mit einem Fachbogen umgehen zu können. Obwohl er von der Decke oder der Wand hängt, ist er ziemlich schwer und soll bei jedem Anreissen mit dem Fachstab ein wenig gedreht werden. Das Geräusch des Fachbogens ist eintönig singend und man behauptet, dass man die Wolle wie Kobraschlangen tanzen sehen kann, wenn eine wirklich geschickte Hand den Bogen führt.

Das Kardieren mit Handkarden

ist ein friedvolles Vergnügen, das etwas Zeit in Anspruch nimmt. Es ist ausgezeichnet für kleinere Gegenständen geeignet, bei denen man eine dünne und gleichmässige Qualität wünscht – wie etwa Fäustlinge. Setze Dich bequem hin. Lege die untere Karde (auch Kardierkamm oder Kardätsche genannt; Anm. d. Übers.) auf das linke Knie und halte sie mit dem Handgriff von Dir weg, wie abgebildet. Das rechte Bein soll der anderen Karde nicht im Wege sein. Dazu kann man eventuell das linke Bein über das rechte schlagen, wenn dies auf längere Zeit bequem ist. Die fertig kardierten Wollplatten kannst Du in einen Karton legen oder auf einer Zeitung ausbreiten. Wenn eine Zeitungsseite voll ist, legt man ein weiteres Blatt darauf und stapelt so die Platten. Zuoberst legst Du schliesslich ein Filzbrett, um die Luft aus der Wolle zu drücken. Ein gotländischer Weidenkorb ist eine nette Alternative zu Karton oder Zeitung.

1. Lege Wolle auf die untere Karde mit dem Wurzelende in Richtung des Handgriffs. Drücke sie etwas fest, so dass sie in den Stahlhäkchen hängen bleibt. Nimm nicht zu viel Wolle, sonst wird das Kardieren sehr anstrengend und dauert länger.

2. Die ersten Kardzüge

Setze die Vorderkante des oberen Kardierkammes etwa in der Mitte des unteren auf und ziehe den oberen Kamm einmal zu Dir her. Presse die Kämme nicht fest gegeneinander, sondern drücke sie nur so stark, dass die Stahlhäkchen die Wolle durchstreichen. Auf dem oberen Kamm bleibt ein wenig von der Wolle vom unteren haften. Ziehe die Karden beim Kardieren parallel zueinander. Winkelt man den oberen Kamm gegen den unteren, liegt die Wolle falsch, und die obere Karde geht mit der Zeit kaputt. Kardiert man mit der oberen Karde schief, so werden die Stahlhäkchen zerstört.

Beim zweiten Zug setzt Du die obere Karde etwas höher auf den unteren, so dass die Mitte des oberen Kammes gegen den unteren arbeitet. Kardiere mit weichen, rhythmischen, bogenförmigen Zügen. Kardiere nicht mehr als vier bis fünf Züge und wende die Wolle. Es ist effektiver öfter zu wenden, als vielmals zu kardieren.

3. Entleere den unteren Kardierkamm – linke Karde

Die Wolle soll jetzt gewendet werden. Dabei musst Du sie vom unteren auf den oberen Kardierkamm übertragen, also von der linken auf die rechte Karde.

Das machst Du folgendermassen: Wende die rechte Karde so, dass die Stahlhaken nach oben zeigen. Hebe die linke Karde vom Knie ab, drehe sie um. Nun liegt sie mit den Haken nach unten und der Handgriff zeigt zu Dir. Die Häkchen der beiden Kämme sind nun in gleicher Richtung gewinkelt. Schiebe den linken Kardierkamm in einem engen Winkel von der Innenkante der rechten Karde zur Aussenkante. Den Strich soll man mit der linken Karde mit einem gewissen Druck ausführen, so dass die Wolle in der rechten Karde haften bleibt. Drehe den linken Kardierkamm wieder und lege ihn zurück aufs Knie. Wende auch die rechte Karde, so dass die Stahlhäkchen mit der Wolle nach unten zeigen. Die Kardierkämme sollen während des Vorganges in der jeweils gleichen Hand, mit dem gleichen Handgriff festgehalten werden. Greife nicht um! Kardiere drei- bis fünfmal. Nimm Schmutz und Restfasern weg.

4. Entleere den oberen Kardierkamm – rechte Karde

Die Wolle soll jetzt so gewendet werden, dass sie vom oberen auf den unteren Kamm, vom rechten auf den linken übertragen wird.

Wende die Karden auf die gleiche Weise wie vorher. Doch diesmal winkelst Du die Aussenkante des rechten gegen die Innenkante des linken Kammes. Ziehe einmal kräftig mit der rechten Karde von der Innenkante in Richtung der Aussenkante der linken Karde. Die Wolle bleibt nun auf dem linken Kamm hängen, den Du wieder aufs Knie legst. Fahre mit dem Kardieren fort und wende die Wolle, indem Du wechselweise die Wolle von dem oberen auf den unteren Kardierkamm überträgst, bis sie zu einem feinen, gleichmässigen Vlies geworden ist.

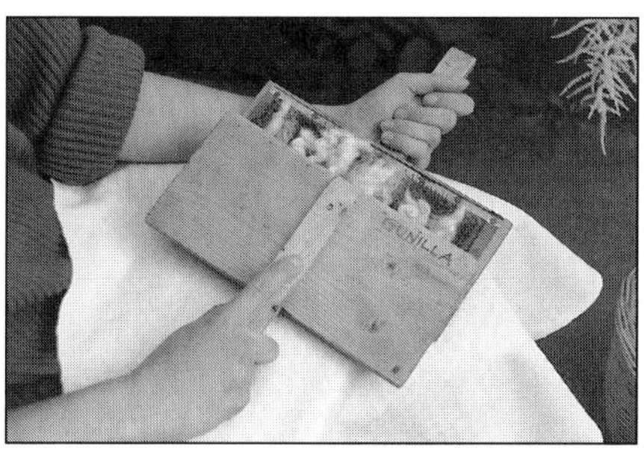

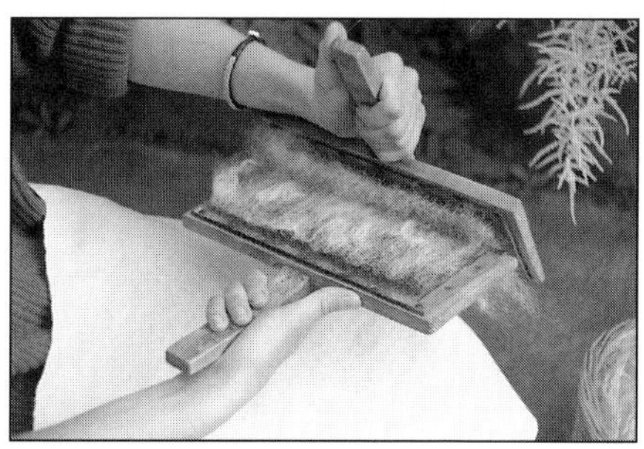

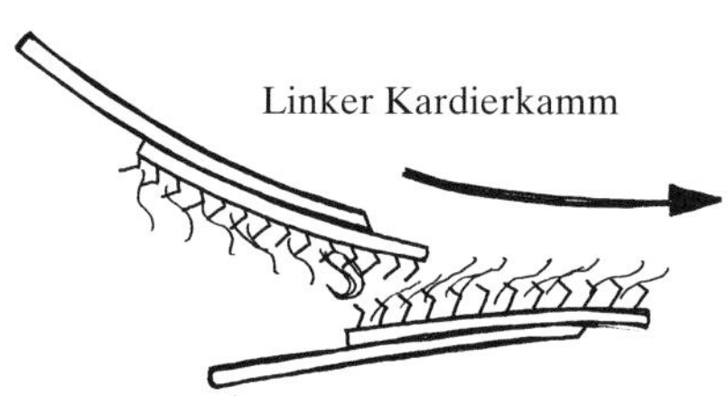

Entleere die linke Karde.

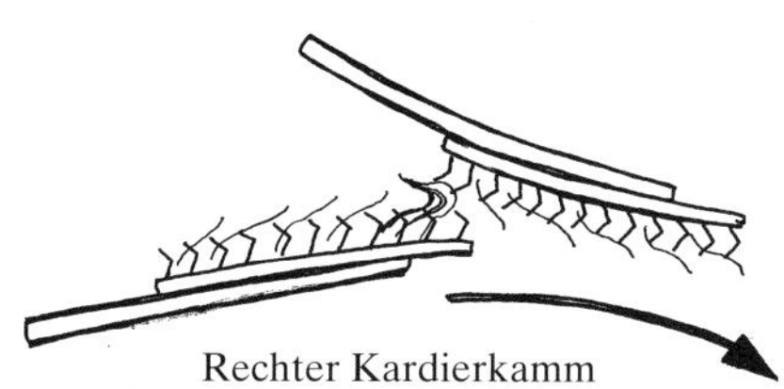

Entleere die rechte Karde.

5. Nimm die kardierte Wollplatte heraus
Wenn die Wolle durchkardiert ist, entleerst Du den oberen Kardierkamm wie gewöhnlich, so dass die Wolle im unteren Kamm landet. Ziehe danach den oberen Kamm gegen Dich, so als ob Du den unteren Kamm entleeren wolltest, doch sehr leicht und ohne Druck. Die Wollplatte bleibt dann leicht in der oberen Karde hängen. Ziehe den oberen Kamm mit der Wollplatte nochmals äusserst leicht von Dir weg über den unteren. Die Wollplatte liegt jetzt lose auf dem unteren Kamm und kann abgehoben werden. Hebe die Platte entsprechend des Laufs der Stahlhäkchen ab, damit sie nicht hängen bleibt.

Kardieren kann man auf mehrere Arten, doch diese Methode ist einfach, weil man mit dem Kardierkamm, der entleert werden soll, immer auf gleiche Weise vorgeht: man streicht ihn von sich weg. Eine einprägsame Regel! Erspüre, ob Du Deine Arme und Hände stets bequem und angenehm bewegst. Wenn ja, dann fühlt sich der Körper wohl und das Kardieren macht Spass!

Die Kratzbank

auch Kardbank oder Kratzstuhl genannt, ist ein sehr effektives Werkzeug zum Kardieren. Die Wolle wird bedeutend schneller als mit den Handkarden durchkardiert. Kratzbänke sind gross, und weil ein Kamm auf der Bank fest installiert ist, ist das Kardieren weniger mühsam. Die obere Karde wird mit beiden Händen gehalten, wodurch die Arbeit kraftvoller wird. Die Kratzbank wurde früher am häufigsten zum Kardieren von Wolle zum Filzen verwendet.

1. Lege Wolle auf dem unteren Kratzer aus
wie beim Kardieren mit den Handkarden. Ist die Wolle kurz und der Kratzer gross, kann man zwei Reihen Wolle auslegen. Kämme auf die gleiche Art wie beim Handkardieren. Doch wird die Wolle auf eine etwas andere Weise gewendet.

2. Entleere den oberen Kratzer
Wende den oberen Kratzer, so dass der Handgriff von Dir weg zeigt. Setze die handgrifflose Kante des Oberkratzers gegen die hintere Kante des unteren Kratzers, winkle ihn ein wenig an und ziehe den Kratzer zu Dir her, so dass die Wolle im Unterkratzer haften bleibt. Kämme etwa 5 Züge.

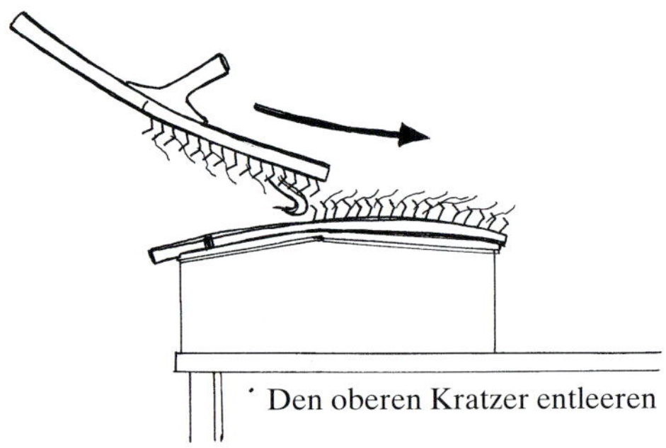

Den oberen Kratzer entleeren

3. Entleere den unteren Kratzer
Wende den oberen Kratzer, so dass der Handgriff von Dir weg zeigt. Setze die Kante am Handgriff des oberen Kratzers an der inneren Kante des unteren Kratzers an und schiebe den oberen Kratzer von Dir weg, so dass die Wolle in ihn hinaufgezogen wird. Setze dieses Vorgehen fort und wende die Wolle.

4. Nimm die kardierte Wollplatte heraus
Verfahre, wie bei den Handkarden beschrieben, indem Du den oberen bzw. unteren Kratzer entleerst und die Wolle wendest, dabei aber ohne Druck arbeitest und die Platte schliesslich locker auf dem unteren Kratzer liegt. Nimm sie mit beiden Händen längs der Stahlhäkchen ab. Solltest Du eine Kratzbank kaufen, so wähle ein Modell mit leicht geneigten Kratzern, mit denen die Arbeit leichter vonstatten geht. Ganz gerade Kratzer können schwierig zu handhaben sein.

Mit der Maschine kardieren

Es gibt unterschiedliche Typen von kleinen Kardiermaschinen zu kaufen, auch solche mit elektrischem Antrieb. Im Vergleich zum Kardieren mit Handkarden geht die Arbeit wesentlich rascher. Eine Kardiermaschine ist eine grössere Investition. Deshalb sollte vor dem Kauf gut darüber nachgedacht werden, wieviel und was man filzt. Eine gute Idee ist, dass mehrere Personen gemeinsam eine Maschine kaufen. Möchte man zumeist dünne Stoffe filzen, kann es vorteilhafter sein, fertig kardiertes Vlies von Kardierbetrieben zu kaufen. Es ist schwierig, so dünnes, gleichmässiges Feinwollvlies mit einer handbetriebenen Maschine zu kardieren. Wiege dazu vor dem Kardieren Wolle in gleich grosse Haufen ab, so dass die Vliese annähernd gleich dick werden.

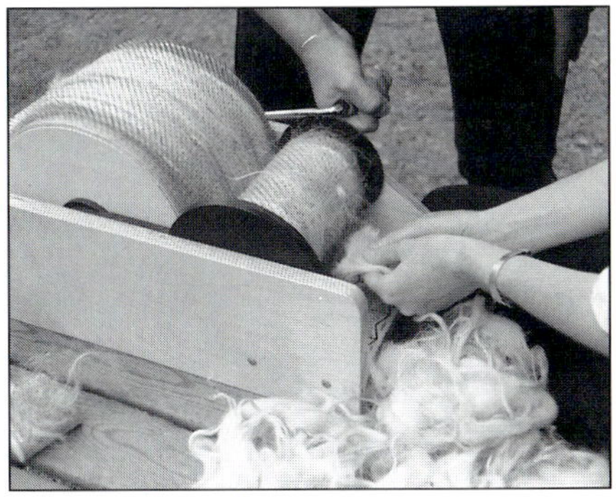

Man sollte möglichst zu zweit sein, wenn man auf einer handbetriebenen Maschine kardiert. Die Arbeitsstellung ist nicht gut, wenn man sowohl die Wolle einführen und an der Kurbel drehen soll. Denke daran, nur wenig Wolle einzuführen und sie dabei festzuhalten, damit nicht zu viel auf einmal zwischen die Walzen gezogen wird. Sobald die grosse Walze voll ist, teilt man das Wollstück mit einem Stock und rollt die Wolle darauf ab. Beinahe jede gekräuselte Wolle muss zweimal kardiert werden, um durchkardiert zu sein. Von der kleinen Walze nimmt man die Wolle nur, wenn andersfarbige Wolle kardiert werden soll.

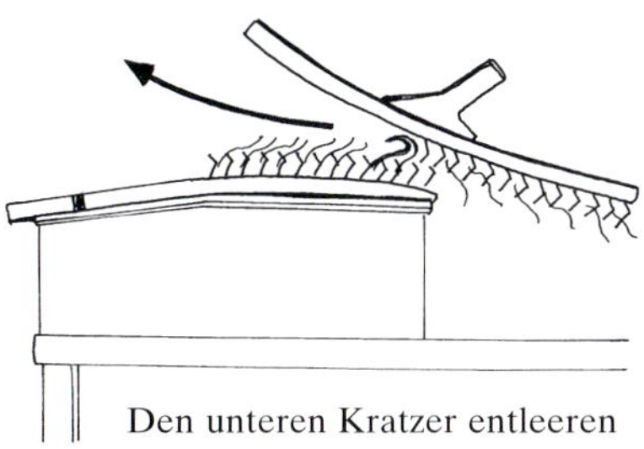

Den unteren Kratzer entleeren

Nicht nur der Mensch liebt Wolle, sondern auch Motten und Pelzkäfer! Für einen Wollhandwerker gibt es zwei Probleme: Wie verhindert man Insektenangriffe auf das Arbeitsmaterial und wie schützt man das fertige Produkt?

Motten sind die grösste Gefahr, vor allem weil sie sich bei vorteilhaften Bedingungen sehr schnell vermehren. In kurzer Zeit können die Larven grossen Schaden anrichten. Lies die Erläuterungen auf S. 88, und Du lernst den Lebensstil Deines Feindes kennen und kannst ihm entgegentreten. Pelzkäferangriffe können natürlich unangenehm sein, doch meistens kommen sie nur in Einzelexemplaren vor, ausser sie haben sich im Zwischenboden, in einer toten Maus oder ähnlichem eingenistet. Da können sie auch den Weg zu einem Teppich oder in eine Garderobe finden.

Das Imprägnieren mit Mottenmitteln

wie Eulan und Mitin ist in Schweden nur noch Geschichte. Die Chemieaufsicht hat seit dem 1. Januar 1990 die Verwendung dieses Mittels verboten, weil die Hersteller dieser Mittel Umwelt- und Gesundheitsauswirkungen nicht in genügendem Umfang dokumentieren konnten.

Die Hersteller betonten ihrerseits, dass sie aus betriebswirtschaftlichen Gründen eine solche gewünschte Dokumentation nicht in Auftrag geben konnten, weil die Marktanteile dieser Chemikalien sehr gering seien. Deshalb würden sie auch nicht mehr verkauft und – sowohl in der Industrie als auch im Hobbybereich – nicht mehr verwendet werden.

Schwedens Eintritt in die EU wird die Situation laut Chemieaufsicht nicht verändern. Schweden wird sich dafür einsetzen, dass Mittel, die einmal verboten wurden, nicht wieder zugelassen werden.

Für Filzmacher mit Hobbycharakter ist der Mangel an langzeitwirkenden Bekämpfungsmitteln kein grosses Problem. Man kann Schädlinge fernhalten, indem man sein Material und seine Wollgegenstände pflegt. Motten etablieren sich selten in Kleidern, die getragen werden. Schwieriger ist die Situation für Textilkünstler, die ihre grossen Arbeiten nicht auf längere Zeit schützen können, wenn sie in öffentlichen Räumen ohne Kontrolle hängen. Hier sind die Pelzkäfer das grösste Problem. Die Mottenbekämpfungsmittel verhindern auch Angriffe der Pelzkäfer, wenn die Dosis bei der Imprägnierung auf mindestens das Doppelte erhöht wurde.

Das Imprägnieren mit Eulan U33

Da dieses Buch voraussichtlich auch in anderen Ländern mit anderen Ansichten über Bekämpfungsmittel zugänglich sein wird, ist dies Anlass, das Imprägnieren mit Eulan zu erklären, dem momentan gängigsten Mittel auf dem Markt.

Behandle die Wolle in einem warmen Bad (mindestens 50°C) mindestens 20 Minuten lang mit 1 ml Eulan für 100 g Material. 12%-ige Essigsäure (2 ml/100 g Material) soll dem Bad zugegeben werden. Eulan verwendet man am einfachsten beim Färben von Wolle. Es ist aber auch zur Behandlung von fertigen Gegenständen geeignet. Damit eventuelle Überschussfarbe nicht auf andere Flächen abfärbt, kann man den Filz beim Behandeln in dünne Plastikfolie einrollen. Um das Material gegen Pelzkäfer zu sichern, ist eine doppelte Dosis von Eulan U33 notwendig. Das Mittel gilt als gesundheitsschädlich. Verwende deshalb Handschuhe und atme die Dämpfe des Bades nicht ein (Mundschutz)!

Vorbeugende Massnahmen

Die Motten kommen fast immer durch bereits angegriffene Wolle in die Werkstatt oder die Vorratskammer. Es gibt einige Mottenarten, die in der Natur in Vogelnestern leben, und es wäre denkbar, dass sie durchs offene Fenster eindringen. Doch dies sind kaum problematische Arten für den Wollfreund.

Bei Pelzkäfern weiss man sicher, dass sie im Frühling durch die offenen Fenster hereinfliegen, weshalb man beim Lüften von Zimmern, in denen Wolle aufbewahrt wird, vorsichtig sein sollte.

Nimm Dich der Wolle an

– Halte neugekaufte Wolle unter Aufsicht. Speziell, wenn Du sie aus zweiter Hand gekauft hast und von der Herkunft nicht so viel weisst.

– Kaufe nicht mehr Wolle, als Du während eines Jahres verbrauchst.

– Verwahre die Wolle so kühl wie möglich. Motten entwickeln sich nicht so schnell und leicht bei tiefen Temperaturen.

– Verschliesse Säcke und Tüten ordentlich, so können sich Motten nicht so leicht verbreiten. Die Weibchen, welche die Eier legen, sind schlechte Flieger.

– Wasche die Wolle, wenn sie längere Zeit aufbewahrt werden soll. Frisch ausgebrütete Mottenlarven überleben nicht mit blossem Keratin (Wollprotein), sondern benötigen mehr Nahrung wie etwa Fett. Man kann feststellen, dass sich die Motten immer schmutzige Stellen auf Wolle und Wollsachen suchen.

– Sprühe zur Vorbeugung die Öffnungen der Wollsachen und die oberste Wollage mit einem Insektenvernichtungsmittel ein (etwa Radar), wenn Du früher schon einmal Mottenbesuch hattest. Radar wirkt ungefähr bis zu einem halben Jahr.

– Kontrolliere in regelmässigen Abständen die Wollsäcke, speziell im Frühling, wenn die Motten zum Leben erwachen.

– Kontrolliere, was in der Luft umherfliegt. Wenn Du ein einziges fliegendes Mottenmännchen findest, ist das ein Zeichen, dass es eierlegende Weibchen und hungrige Larven in einem Sack gibt.

Kontrolliere die Filzgegenstände

– Gegenstände aus Wolle fühlen sich wohl, wenn sie gelüftet werden, vor allem weil die Motteneier Sonnenlicht und Kälte nicht besonders gut vertragen. Ein sonniger Wintertag mit einer Temperatur von –20°C ist eine ausgezeichnete Gelegenheit, Wollkleider, Teppiche und Bilder ins Freie zu bringen.

– Nach einem Mottenbesuch ist es wichtig, die Garderoben zu reinigen, evtl. durch Besprühen auch von Ecken und Leisten mit Insektenvernichtungsmittel. Auch Bilder können mit einem Spray behandelt werden, wenn das Risiko für Angriffe besteht.

– Kleidungsstücke zu gebrauchen ist eine gute Methode, den Motten den Appetit zu verderben.

– Von sauberen Gegenständen sind die Motten nicht so begeistert, also wasche die Sachen, wenn es nötig ist!

Akute Angriffe

– Untersuche alle Wollsäcke, Tüten und Wollgegenstände, wenn Du Spuren von Motten an einer Stelle findest. Bis auf den Boden der Tüten und innerhalb der Säume!

– Ist der Angriff begrenzt, lege die Wolle über 10 Minuten in Wasser mit mindestens 60°C oder nimm die Gelegenheit wahr, um die Wolle mit über 60°C zu waschen und zu färben. Da sterben alle Stadien der Insekten.

– Einfrieren ist eine andere Möglichkeit. Minimum ist –18°C während mindestens 48 Stunden. Sind die Wolltüten gross, dauert es länger bis die Kälte eingedrungen ist, und die Behandlung soll mindestens auf eine Woche verlängert werden. Am besten ist, den Sack in kleine Tüten aufzuteilen. Fühle in der Tüte nach, wie kalt es ist (Thermometer). Wichtig ist, dass alle Behandlungen mit Kälte und Wärme Schockcharakter haben. Sonst können sich die Motten sukzessive an die Temperaturschwankung anpassen.

– Eine sehr heisse Sauna ist ein ausgezeichnetes Mottenvernichtungsmittel. Stelle den Thermostat auf 80°C. Die Saunamethode wird auch von einem Schädlingsbekämpfungs-Unternehmen angewendet. Den Backofen kann man für kleinere Mengen verwenden. Wenn der Trockenschrank wirklich die versprochene Maximaltemperatur erreicht, so ist auch dies eine Alternative. Breite das Material aus, so dass die Wärme von allen Seiten ankommen kann. Alle Stadien, auch die Eier, sterben bei einer Temperatur über 56°C.

– Das Ausbürsten der Gegenstände ist eine alte Hausfrauenmethode. Dadurch werden die Eier zerstört, da sie auf mechanische Einwirkungen sehr empfindlich reagieren. Doch für Filz ist das Bürsten nicht immer so gut, weil die Oberfläche aufgerauht wird.

– Wenn das Material sehr stark angegriffen ist, packe alles ein und schmeiss es in die Mülltonne.

– Reinige den Raum, in dem der Mottenangriff stattgefunden hat, peinlich genau. Sauge, scheuere und spraye mit Insektengift. Dies gilt auch für Regale und Schränke. Die Mottenlarven können ihre Puppen auch an den Wänden und in den Bodenritzen befestigen. Das Sprayen muss in 14-tägigem Abstand 3 mal wiederholt werden.

– Wenn die Motten trotz obengenannter Massnahmen wiederkommen, musst Du mit einem Schädlingsbekämpfungs-Unternehmen Kontakt aufnehmen.

Eine Kleidermotte.

Die Larven der Kleidermotte und deren Exkremente.

Larven von Pelzkäfern und ihre leere Haut.

Wissenswertes über Kleidermotten

Der Schmetterling. Länge 5–8 mm. Breite zwischen den Flügelspitzen 10–17 mm. Farbe goldgelb bis graugelb, lichtscheu. Das Weibchen hüpft und springt lieber als zu fliegen. Die Eier werden auf dunkle Stellen gelegt, auf Wolle, Wollgarn und Fell, 1–8 Tage nachdem der Schmetterling aus der Puppe ausgeschlüpft ist. Das Weibchen stirbt, sobald alle Eier gelegt sind, was je nach Temperatur bis zu 17 Tagen dauern kann. Das Männchen lebt 10–45 Tage.

Die Eier: 0,5–0,3 mm. Weiss. Die Eier werden auf dem Untergrund nicht befestigt, sondern liegen lose. Ein Weibchen kann 25–100 Eier legen, die nach 24 Tagen bei 15°C, nach 10 Tagen bei 20°C, nach 7 Tagen bei 25°C und nach 6 Tagen bei 30°C ausgebrütet sind – bei einer relativen Feuchtigkeit von 75%. Die Eier sterben bei einer Temperatur von 56°C.

Die Larven: Nach dem Ausbrüten 1 mm lang und 0,2 mm breit. Ausgewachsen bis zu 12 mm lang. Weiss mit braunem Kopf. Keine Augen. Die Wohnröhre und die runden Exkremente bleiben in der Wolle. Die Pelzmottenlarven tragen ihre Röhre mit sich. Die Kleidermottenlarve lässt ihre dagegen liegen und nascht von der Wolle. Die Wohnröhre ist etwa 10 mal länger als die Larve. Die Larve kann ihre Haut bis zu 45 mal wechseln und in ein Ruhestadium verfallen, wenn sich die Umweltfaktoren wie Temperatur oder Nahrungsangebot, verschlechtern. Die Larve kann bis zu 4 Jahre lang ruhen. Das Verpuppen geschieht bei 15°C nach 186–195 Tagen, bei 20°C nach 123–135 Tagen, bei 25°C nach 72–89 Tagen, bei 70% relativer Luftfeuchtigkeit.
Die Larve kann nicht nur von Keratin (Eiweiss der Epidermis von Haaren oder Federn) leben, sondern muss auch Nahrhafteres zu sich nehmen, wie etwa Fett. Ältere Larven begnügen sich mit Haaren und Wollsachen. Besseres Fressen führt zu schnellerem Verpuppen. Bei 25°C kann die Verpuppung nach 45–50 Tagen einsetzen. Bei Temperaturen unter 10°C oder über 35°C wird der Lebenszyklus der Motten unterbrochen.
Wiederholte Temperaturwechsel zwischen 0°C und –5°C oder eine Stunde Gefrieren unter –10°C töten alle Stadien.

Die Puppe: Länge 4–7 mm. Durchscheinender, gelblich gesponnener Kokon mit Wollresten und Exkrementen. Der Schmetterling wird bei 70% relativer Luftfeuchtigkeit und 15°C nach 35 Tagen, bei 20°C nach 18 Tagen, bei 25°C nach 12 Tagen und bei 30°C nach 10 Tagen ausgebrütet.

Generationen: Die Anzahl der Generationen variiert von 4–5 pro Jahr, bis zu einer Generation alle 4 Jahre, abhängig von Klima und Nahrung.

Quelle: Monica Åkerlund: Pelzkäfer – gibt es sie? Schwedischer Museumsverein 1991.

Kann man gegen Wolle allergisch werden? Oder kommt das Ekzem auf den Händen von der Schmierseife? Können alle Kleinkinder Wolle tragen? Kann man Kunstwerke aus gefilzter Wolle, in Hinblick auf Asthmatiker, in öffentlichen Räumen ausstellen?

Allergie und Asthma sind Krankheiten, die sich während der vergangenen Jahre sehr ausgebreitet haben. Was die Wolle als Ursache für diese Krankheiten anbelangt, gibt es viele verschiedene, mehr oder weniger wohlbegründete Ansichten. Um dem Problem auf den Grund zu gehen, sprach ich mit Dr. Tony Foucard, Spezialist für Allergien bei Kindern und Jugendlichen, und mit Dr. Magnus Lindberg, Hautarzt, der auf Berufskrankheiten spezialisiert ist. Beide sind am Akademischen Krankenhaus in Uppsala tätig.

Reine Wolle bedeutet keine Gefahr

Eine reine Wollfaser erzeugt keinerlei allergische Reaktionen oder Asthmaanfälle. Dagegen kann Wolle, die nach dem Scheren nicht gut gewaschen wurde, Hautreste und andere Allergene enthalten, die eine überempfindliche Person sehr krank machen können.

Deshalb sollte mit ungewaschener Wolle nur in speziellen Räumen, etwa im Textilsaal der Schule, gearbeitet werden. Klassenräume sind nicht geeignet. Solange im Textilsaal mit ungewaschener Wolle gearbeitet wird, sollten sich überempfindliche Kinder in einem anderen Raum aufhalten. Der Textilsaal muss geputzt werden, bevor er von einer neuen Gruppe – eventuell mit allergischen Kindern – benutzt wird. Das ist sehr wichtig, weil auch schon eine gerin-

ge Menge Allergen eine ernsthafte Reaktion hervorrufen kann. Als Alternative kann gut gewaschene Wolle verwendet werden.

Staube die Filzgegenstände ab

Alle flaumigen Oberflächen sammeln Staub, auch Wolle. Möglicherweise sammelt diese weniger Staub als etwa synthetische Fasern, die durch ihre elektrostatische Aufladung Staub anziehen. Staub ist die Ursache vieler Atemwegs-Allergien und deshalb sollten alle Filzgegenstände in öffentlichen Räumen einfach abgesaugt oder -gestaubt werden können. Wenn es die Filzqualität und die Montage der Kunstwerke erlauben, gibt es also keinen Grund, Filzkunst in öffentlichen Räumen nicht auszustellen.

Ekzem auf den Händen

Leider ist es nicht ungewöhnlich, dass fleissige Filzmacher Probleme mit der Haut der Hände bekommen. Das kommt daher, dass beim Kontakt mit Wasser, Schmierseife und Waschmittel das schützende Hautfett abgewaschen wird. Die Haut liegt offen für Bakterien, Schmutz und hautreizende Chemikalien und so entsteht das, was man als Abnützungsekzem bezeichnet.

Deshalb soll man die Hände nach jedem Wasserkontakt mit Handcreme einschmieren. Ebenso sollte man Schutzhandschuhe – möglichst aus Plastik – verwenden. Latex Naturgummi sollte vermieden werden, weil Latex wiederum ein Allergen darstellt.

Ein Ekzem auf den Händen kann auch eine allergische Reaktion auf Kolophonium sein, eine Substanz in Föhrenöl. Verseiftes Föhrenöl ist der wirksame Bestandteil in der Schmierseife. Verwende immer Handschuhe, so dass sich die Allergie erst gar nicht entwickeln kann.

Juckreiz durch Wolle

Manche haben eine derart reizbare Haut, dass sie keine Wolle vertragen. Oft kann das daran liegen, dass die Wolle nicht entsprechend ihrer Funktion, auf der Haut zu liegen, ausgewählt wurde. Wenn grobe und steife Wollfasern auf die Haut kommen, geben sie nicht nach, sondern reizen die Haut. Diejenigen, die empfindlich reagieren, könnten als Alternative feinste Lammwolle, bei der nur das eine Ende der Fasern geschoren ist, probieren. Wenn das nicht funktioniert, kann man Baumwolle unter der Schafwollkleidung tragen.

Wolle ist im grossen und ganzen aus dem gleichen Material wie die Haut selbst. Wollbekleidung ist luftig sowie wärme- und feuchtigkeitsisolierend, was ein behagliches Mikroklima mit sich bringt. Wenn man die ursprünglichen Eigenschaften der Wolle beibehalten will, sind Wollkleider nur schwer zu desinfizieren. Aber eine Feinwäsche von Hand reicht für Kleider, die zu Hause getragen werde, in der Regel aus. Es gibt keinen Grund, warum ganz kleine Kinder keine Wollkleidung tragen sollten, ausser sie leiden an irgendeiner Hautkrankheit.

Wenn wir gehen könnten wie die Schafe,
mehr schubsen, weniger feierlich
umherschlendern, mehr würdevoll miteinander umgehen,
Körper an Körper, Geruch und Gefühl voneinander
wahrnehmen, den Herzschlag gegenseitig spüren,
in den Augen des anderen verweilen.

Carl Magnus von Seth

Filzen auf unterschiedliche Weise

Wann wird Wolle zu Filz?

Das ist selbst für den Filzmacher eine interessante Frage. Alle wollen wir doch wissen, wie wir einen schnellen Filzprozess erreichen können, der auch noch schonend für die Wolle ist und ein gutes Ergebnis liefert.

Die Hutmacher sind sich sicher, dass ihr Schutzheiliger, der Heilige Clemens, der vierte Bischof von Rom, die Kunst des Filzens erfunden hat. Man erzählt, dass er auf der Flucht Wolle in seine Sandalen gelegt hätte, um seine Füsse zu schonen. Als er die Sandalen ausgezogen hatte, war die Wolle zur Filzsohle geworden. Doch als der Heilige Clemens lebte, war die Filztechnik schon ein etabliertes Handwerk. Vermutlich ist die Geschichte, die von Asiens wilden Rittern erzählt, wahrscheinlicher. Diese sollen den Sattelfilz erfunden haben, indem Sie Wolle unter das Gesäss legten, um das Scheuern auf dem Pferderücken zu lindern. Glaubwürdig an diesen und anderen Geschichten sind vor allem die Umstände, wie der Filz entstanden ist. Sie nehmen alle wichtigen Inhalte auf, die zum Filzen nötig sind: Wolle, Feuchtigkeit, Wärme und Bearbeitung.

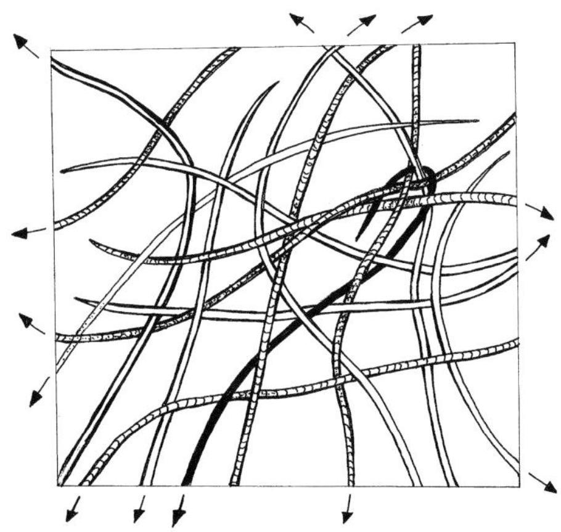

Die Entstehung von Filz. Die Spitze einer wandernden Faser wird gebremst, indem sie sich wie ein Haken um einige andere Fasern legt. Das Wurzelende der Faser wandert weiter und zieht die Wolle mehr und mehr zusammen und ein Filz entsteht. Die Epidermisschuppen bewirken, dass die Fasern nur in einer Richtung wandern können.

Die Eigenschaften der Wollfasern

Wolle hat die einzigartige Fähigkeit, sich selbst zu filzen. Was beim Filzen geschieht, ist, dass die Wollfasern wandern und sich ineinander verwickeln. Dies beruht auf den die Fasern bedeckenden Epidermisschuppen. Weil die Epidermisschuppen gegen die Spitze der Fasern gerichtet sind, gleiten die Fasern bei Bearbeitung gerne in Richtung Wurzelende und haben es andererseits schwer zurückzugleiten, da die Schuppen sich dagegen sträuben. Damit ein Zusammenflechten von Fasern geschieht, muss die Spitze einer wandernden Faser von einer anderen Faser festgehalten werden, etwa durch einen Haken, während das Wurzelende in dem Wirrwarr von Fasern weiterstrebt. Die Wolle wird dann mehr und mehr aus allen Richtungen von den Fasern zusammengezogen, und Filz entsteht.

Schon beim Kardieren wird das Filzen vorbereitet, indem die Wollfasern rund um die Karde gebogen werden, so dass eine Ausbuchtung auf den Fasern entsteht. Gekämmte Wolle filzt nicht gleich leicht. Gekämmte Wolle kann man im Vergleich zu anderer ziemlich rücksichtslos waschen. Die Fasern liegen in den Vliesen parallel, wandern deshalb gerade vorwärts, und das Filzrisiko ist gering. Auch beim Auslegen der Wolle wird das Wirrwarr dadurch begünstigt, dass man mindestens zwei Wollagen in verschiedener Faserrichtung auslegt, so dass sich die Fasern kreuzen.

Struktur und Stärke der Wollfasern sind entscheidend für das Filzvermögen. Fasern mit wohlentwickelten Epidermisschuppen filzen effektiver und gleiten überhaupt nicht zurück. Dünne, weiche Fasern biegen sich leichter fest um andere Fasern als grobe, steife Deckhaare. Je feiner die Fasern sind, desto mehr Fasern sind auch pro Oberflächeneinheit vorhanden, die den Filz zusammenhalten. Um einen haltbaren und dicken Filz aus grobfaseriger Wolle zu erhalten, empfiehlt es sich, feinfaserige Wolle hineinzumischen. Andererseits können grobe Fasern in einem Vlies aus kurzen Fasern als

Verstärkung dienen, vor allem zu Beginn des Filzens, da die Gefahr besteht, dass kurze Feinwolle-Fasern auseinandergleiten können.

Die Elastizität der Fasern, das Vermögen, nach einem Ausdehnen die ursprüngliche Form wieder anzunehmen, ist für das Filzvermögen ebenfalls von Bedeutung. Die Elastizität trägt dazu bei, dass die Fasern im Wollvlies wandern können. Wolle von bestimmten Fleischschafen, etwa Texel, kann durch ihre äusserst kräftige Elastizität schwer gefilzt werden. Die spiralähnliche Kräuselung lässt diese Fasern nach allen Richtungen streben, und sie können deshalb schwer aneinander gepresst werden, um einen Filz zu bilden. Die Rolltechnik mit hartem Druck auf der Rolle funktioniert in diesem Fall besser als die Reibetechnik, wenn die Wolle verfilzt und der Filz haltbar werden soll.

Soll man Wolle mit nicht-filzendem Material mischen, etwa Baumwolle? Soll man eine feinfaserige Wolle wählen, um ein haltbares Resultat zu erhalten? Je höher der Prozentsatz der Schafwolle, desto haltbarer wird der Filz. Gewisse Fasern, wie etwa Leinen, können sich aufgrund ihrer Eigenschaften mit Wolle leicht zu Filz verbinden. Unregelmässigkeiten in den Fasern tragen auch zu einem besseren Haftvermögen bei.

Feuchtigkeit
ist für den Filzprozess unabdingbar. Wenn die Wolle nass wird, werden die sehr feinen Kanäle in der Rindenschicht mit Wasser gefüllt. Die Kanäle schwellen an, werden kürzer und die Epidermisschuppen werden nach aussen geschoben. Für diese Reaktion ist nicht viel Wasser nötig. Ein wenig Feuchtigkeit genügt für das Filzen und Walken. Zuviel Wasser kann es den Fasern erschweren, miteinander in Kontakt zu kommen. Überflüssiges

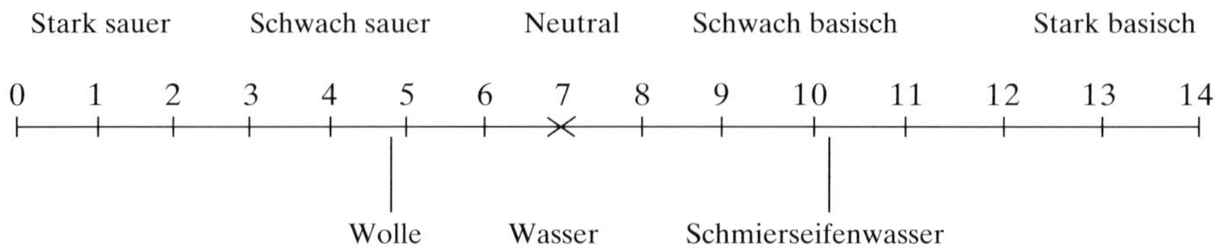

pH-Skala von sauer bis basisch mit 7 als neutralem Wert. Bei einem pH-Wert von etwa 4,9, sind die Wollfasern am widerstandsfähigsten gegen Chemikalien. Schmierseifenwasser in normaler Konzentration liegt ungefähr bei einem Wert von 10,2. Die Wollfasern schwellen am meisten zwischen pH 1–2 und 10–11 an, die somit geeignete Werte für den Filzprozess darstellen.

Wasser soll deshalb aus dem Filz ausgedrückt werden, bevor man ihn zum Walken ins Wasser eintaucht.

Schmierseife oder Säure – der pH-Wert der Walkflüssigkeit
Mit grosser Verwunderung las ich zu Anfang meiner Filzerlaufbahn über den Zusatz von Schwefelsäure zur Walkflüssigkeit der Hutmacher – welche Funktion könnte diese denn haben? Und sie verwenden keineswegs Schmierseife, die doch sowohl als Leim wie als Gleitmittel für die Fasern beim Filzen dient. Geht man diesen Fragen genauer nach, zeigt es sich, dass die Verwendung von Säure und Schmierseife mit dem Schwellen der Wolle im Wasser zu tun hat. Sowohl in sauren wie in basischen Flüssigkeiten schwillt die Wolle, die Epidermisschuppen spreizen sich ab, was den Filzprozess begünstigt.
Das Anschwellen ist bei einem pH-Wert zwischen 3 und 6 am geringsten. Der Wolle isoelektrischer Punkt liegt bei etwa pH 4,9. Da ist die Wolle am stabilsten, balanciert und widerstandsfähig gegenüber Chemikalien.

Die besten pH-Werte für das Filzen liegen zwischen pH 1 und 2 sowie zwischen 10 und 11. Ein Liter Wasser gemischt mit 10 ml Schmierseife hat einen pH-Wert von 10,2. Wenn der pH-Wert über 12 steigt, schwellen die Fasern ziemlich unbegrenzt, und es beginnt eine Zersetzung der Fasern, wenn sie zusätzlich erhitzt werden.

Die Hutmacher nutzen mit der Beigabe von Säure zur Walkflüssigkeit das andere Ende der Skala von sauer nach basisch aus (pH 1–2). Ein Wert, der für das Filzen ebenfalls günstig ist. Ob das Wasser weich oder hart und ob die Wolle gewaschen ist oder nicht, ist für die Beigabe von Schmierseife von Bedeutung. Je sauberer die Wolle ist, desto mehr Schmierseife ist nötig, weil die Voraussetzungen für die Seifenbildung aus eigenen Fettsäuren und Schweiss-Salzen beseitigt wurden. Zu viel Seifenschaum kann bewirken, dass die Fasern miteinander nicht in Kontakt kommen. Wolle filzt auch ohne Schmierseife und andere Zusätze, es dauert nur länger!

Die Temperatur
der Walkflüssigkeit ist bedeutsam für die Geschwindigkeit des Verfilzens. Versuche zeigen, dass die ideale Temperatur bei einer alkalischen Lösung um 40–45°C liegt. In der Praxis bedeutet das, dass man so warmes Wasser wie möglich verwenden soll. Denn sobald das Wasser über die Wolle gegossen wird, kühlt es schnell ab. Bei Temperaturen über 45°C in alkalischer Lösung verlieren die Wollfasern ihre

Elastizität, d. h. sie können nach dem Ausdehnen nicht wieder in ihre ursprüngliche Länge zurückgehen.

Verwendet man saure Walkflüssigkeit wie die Hutmacher, erhöht sich der Filzeffekt mit der Temperatur. Vermutlich arbeiten die Hutmacher deshalb oft nahe einer Feuerstelle, wo der Kessel mit der Walkflüssigkeit sehr heiss gehalten wird. Die saure Flüssigkeit bewirkt, dass die Fasern trotz der Wärme ihre Elastizität behalten und ihre Fähigkeit, die Form zu ändern, erhöht wird.

Manchmal liest man von Filzmachern, die sich der Schockmethode bedienen, wenn sie filzen. Sie schütten wechselweise kaltes und warmes Wasser auf die Wolle. Bei einem Teppich hat das vielleicht nicht so negative Folgen. Doch für ein Kleidungsstück, das am Körper getragen wird, ist diese Methode nicht zu empfehlen. Man rät ja immer vom Schockieren der Wolle beim Färben ab, damit die Wolle nicht rauh wird, d.h. die Epidermisschuppen sollen in angespannter Lage verbleiben.

Die Bearbeitung
der Wolle mit Bewegung und Druck ist notwendig, wenn Filz entstehen soll. Durch Druck presst man die Luft aus dem Wollvlies, so dass die Fasern untereinander in Kontakt kommen. Die Bewegung, die zu Beginn aus vorsichtiger Massage und kreisenden Bewegungen besteht, setzt die Wanderung der Fasern in Gang, so dass sich ein dünner, schmiegsamer Filz bildet. Diese Phase wird Filzen genannt. Bei der nächsten Phase, dem Walken, werden die Fasern weiter zusammengeschoben durch hartes Reiben und Rollen zu einem festen Filz. Das Schrumpfen und Formen geschieht hauptsächlich während des Walkens. Um einen richtig harten Filz zu erhalten, kann man sehr energische Massnahmen ergreifen: ein Walkbrett und noch dazu einen Knüppel, um die Fasern zu zwingen, sich weiter in die sowieso schon minimalen Räume zwischen den anderen Fasern hineinzudrängen. Das geschieht auch beim Walken, wo die Fasern so stark zusammengeschoben werden, dass sie ihre lockige oder wollige Struktur wieder annehmen können. Die Oberfläche des Filzes wird kleinkörnig oder noppig, abhängig davon, welcher Wolltyp im Filz dominiert.

Wenn man die schwedische Reibetechnik verwendet, sollte man beim Filzen sehr genau arbeiten, weil die Wolle eine zusammenhängende Schicht bildet. Wenn man zu schnell aufs Walken übergeht, wird der Filz leicht ungleichmässig und unnötig dick. Bei der Rolltechnik vereinigen sich die beiden Arbeitsschritte Filzen und Walken zu einem. Das Strecken des Filzes dann und wann ist während des gesamten Prozesses wichtig, um einen dünnen Filz, aber auch um die gewünschte Form zu erhalten, wie etwa eine Hutkrempe. Und man darf es nicht zu eilig haben! Es gibt keine Abkürzungen zu einem guten Filz!

Um wieviel schrumpft die Wolle durch das Filzen?

In allen Beschreibungen für gefilzte Gegenstände in diesem Buch werden nur ungefähre Angaben zu Materialverbrauch und Schrumpfen gemacht, manchmal auch überhaupt keine. Filzen ist keine exakte Technik. Man hält sich nicht an feste Grössen wie beim Weben, wo man durch Verwendung eines gewissen Garntyps, einer Garnnummer und eines Weblöffels einen Stoff mit ganz bestimmten Eigenschaften erhalten kann. Vielleicht ist das auch der Reiz des Filzens, dass man jedesmal, wenn man eine neue Arbeit beginnt, gezwungen ist, sich für die Art der Wolle, die Dicke der ausgelegten Wolle und den Walkgrad des Filzes zu entscheiden.

Allgemein kann man sagen, dass
– feinfaserige Wolle mehr eingeht als grobfaserige,
– dünn ausgelegte Wolle mehr eingeht als dick ausgelegte Wolle,
– der Filz mit der Rolltechnik weniger eingeht als mit der Reibetechnik,
– der Filz am meisten beim Walken in der Waschmaschine eingeht.

Zu behaupten, dass Ryawolle um 35% eingeht und Feinwolle um 45%, ist also eine Wahrheit mit Vorbehalten.
Es kommt darauf an, wie feinfaserig die Wolle ist, wie hoch der Anteil der Unterwolle in der Ryawolle ist, wie dick man die Lagen auslegt, welche Filztechnik angewendet wird und wie hart man den Filz haben will.

Will man diese Variablen kennenlernen, kann man einige systematische Versuche mit den Wolltypen machen. Lege auf der gleichen Oberfläche verschieden dicke Lagen aus und filze mit verschiedenen Techniken. Dann sieht man, wie das Resultat von der Dicke, der ausgelegten Wolle und der Filztechnik beeinflusst wird. Durch das Filzen bekommt man mit der Zeit ein gewisses Fingerspitzengefühl und ein Auge für Wollqualitäten. Es gilt also, darauf loszuarbeiten!

Vielleicht kommt man so langsam zu folgenden Erfahrungen:
– dünn ausgelegte Wolle ergibt eine dünnere und festere Filzqualität als dick ausgelegte Wolle,
– mehrere dünne, kreuzweise ausgelegte Lagen geben einen festeren Filz als zwei dicke,
– mit feinfaseriger Wolle kann man dünnere Filze machen als mit grobfaseriger,
– bei der Rolltechnik geht der Filz am meisten ganz innen in der Rolle ein.

Der exakte Schrumpfprozentsatz muss berechnet werden, wenn man Arbeiten von ganz bestimmter Grösse machen will. Mache deshalb immer eine Probe mit der Wolle, die Du verwenden möchtest. Lege die Wolle auf eine quadratische Oberfläche (etwa 30 x 30 cm) in entsprechender Dicke aus. Presse die Wolle so, dass die Lagen zusammenhängen, rolle sie und lege die Wolle auf eine Waage. Lege die Verzierungen aus, die Wolle obenauf, und filze mit der Technik, mit der Du arbeiten möchtest.

So berechnest Du das Schrumpfen: Miss das quadratische Filzstück, wenn es fertiggefilzt, gewaschen und nachbehandelt ist. Das Mass der Probe vor dem Filzen, 30 cm, dividiert mit dem Mass der Probe nach dem Filzen, 21 cm, ergibt den Schrumpfprozentsatz (30 : 21 = 1,4343%), um den Dein Filz eingeht, wenn Du einen Gegenstand von gleicher Wolle, gleich dick ausgelegt und mit der gleichen Technik filzt.

Der Wollverbrauch kann auf gleiche Art berechnet werden.

Die Probe misst 21 x 21 cm = 441 cm^2.
Die Wolle für die Probe wiegt 28 g.
Zu Deiner Jacke brauchst Du
200 cm x 90 cm = 18 000 cm^2.
18 000 : 441 = 40,8 x 28 g = etwa 1,145 kg Wolle.

Wenn Du die Jacke in zwei gleich grossen Stücken filzen willst, etwa Vorder- und Rückteil sowie Ärmel jeweils für sich, rechnest Du die Fläche beider verschiedener Teile auf gleiche Weise aus wie oben und erhältst auf diese Art die exakte Wollmenge.

Beispiel: Für die Ärmel sind
60 x 90 cm = 5 400 cm^2 notwendig.
5 400 : 441 = 122,5 x 28 g = 343 g.

Das Schrumpfen ist für einen Anfänger nicht so leicht zu berechnen!

Bevor man etwas Grosses beginnen will, ist es ratsam, eine Probe zu machen. Miss vor und nach dem Filzen.

Der Arbeitsplatz

Ein funktionierender Arbeitsplatz macht das Filzen leichter und lustiger. Solange Du in kleineren Ausmassen als Hobby filzt, geht es gut mit einem Spülbecken, einem Küchen- oder Esszimmertisch oder auch im Badezimmer. Die Grenze scheint allerdings erreicht zu sein, wenn die übrigen Familienmitglieder Wolle in der Butter entdecken. Hat man Platz in der Waschküche oder in der Garage, wird das Ganze sofort einfacher. Eine Garage kann man schnell mit einem kleinen Elektroofen aufwärmen.

Um Hüte, Socken oder andere Kleinigkeiten nach der schwedischen Methode zu filzen, ist eine normale Spüle mit erhöhtem Rand ausreichend. Um grosse Stücke mit der Rolltechnik zu arbeiten, benötigst Du einen etwas grösseren Tisch, den Du mit kräftiger Plastikplane abdeckst. Diese kann abgetrocknet, zusammengerollt und wiederverwendet werden. Vorsicht ist mit Scheren und Nadeln geboten! Eventuelle Löcher können repariert werden, indem man sie von unten mit einem Stück Plastikfolie zuklebt. Alternativen zur Plane sind ein Wachstuch oder ein Duschvorhang, eventuell mit quadratischen Mustern. Die Linien helfen, beim Arbeiten mit Bildern gerade Kanten zu halten.

Um mit der Rolltechnik zu filzen, benötigt man keine erhöhten Kanten auf dem Tisch. Die Wolle soll dabei nämlich nur angefeuchtet werden, und es besteht somit kein Risiko, dass viel Wasser auf den Fussboden rinnt. Wenn der Tisch zu kurz ist, um das ganze Stück auf einmal auszulegen, kannst Du die Wolle auslegen, anfeuchten und fast bis zum Schluss zusammenrollen. Lege daran anschliessend die Wolle weiter aus, bis die gewünschte Länge erreicht ist. Ein Tip für Sportliche: die Folie auf dem Fussboden ausbreiten und den Wollvlies kriechend auslegen.

Ein Tisch mit festgeklebten Zeitungspapier-Rollen und Plastikfolie darüber ist ein billiger und einfacher Arbeitsplatz.

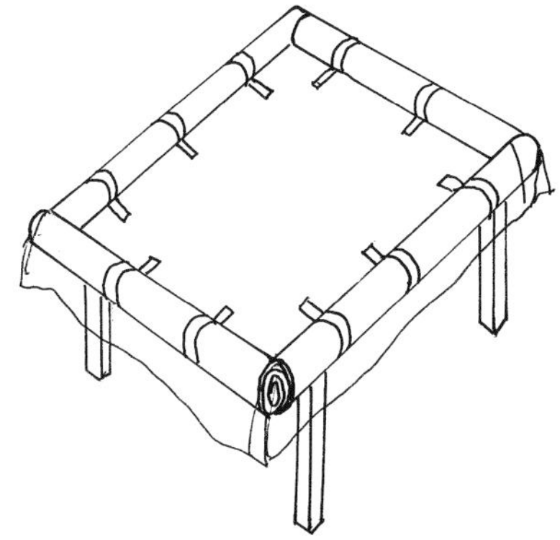

Möchte man mit Filz professionell und über viele Jahre hinweg arbeiten, dann empfiehlt es sich, einen Spezialtisch aus rostfreiem Stahl mit erhöhten Kanten anzuschaffen. Dieser sollte mit einem Ablaufloch und einem Schlauch versehen sein, damit das Wasser in einen Bodengully oder Eimer ablaufen kann. Ein solcher Tisch kann von einem Spengler angefertigt werden und sollte wenn möglich in der Höhe verstellbar sein. Auf Einlegeböden unter der Tischplatte kann man Wollvlies und Wolle aufbewahren. Um einen grossen Tisch verschieben zu können, sollte er mit Rollen versehen sein.

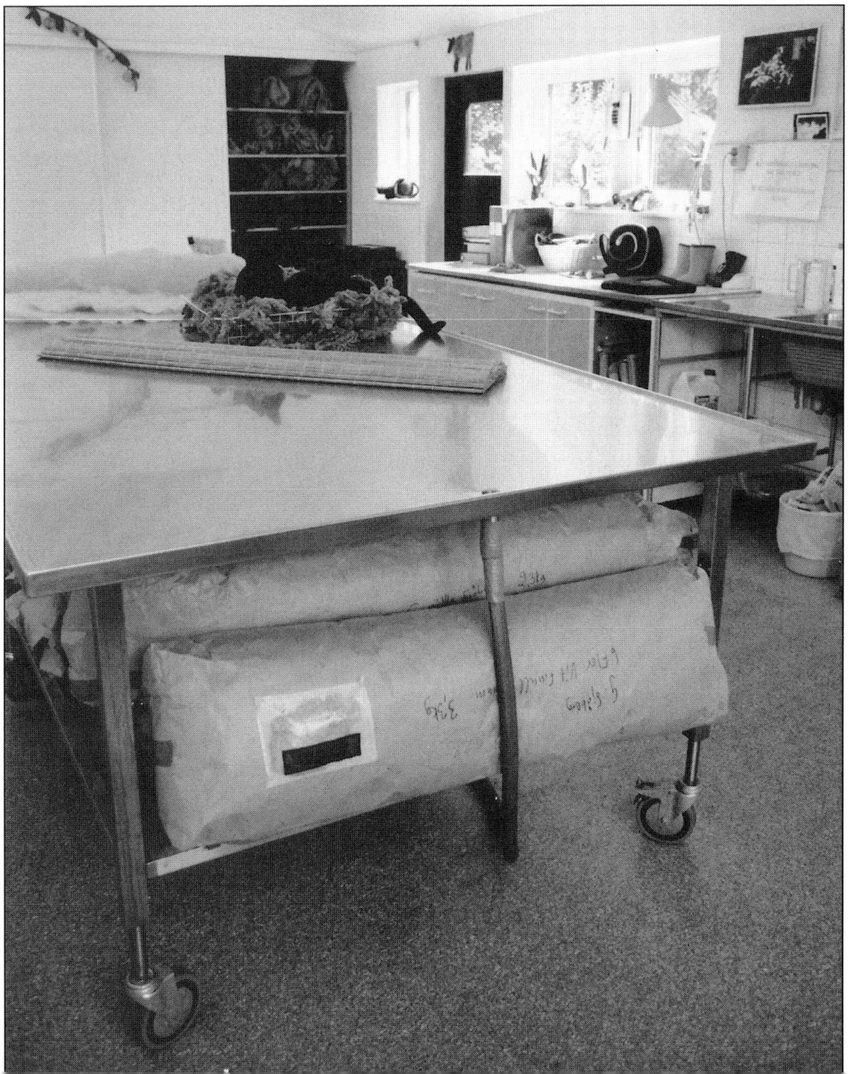

Der wassersichere Arbeitsplatz

Wenn grosse Bilder und Skulpturen mit Hilfe der Reibetechnik gearbeitet werden sollen, sind andere Lösungen notwendig. Dann wird mehr Wasser benötigt, und die Küchenspüle ist nicht ausreichend gross. Es kann jetzt auch auf einem etwas grösseren Tisch gearbeitet werden, oder mehrere Tische gleicher Höhe werden aneinandergestellt. Wegen der Wassermenge sind erhöhte Kanten wichtig. Rolle Tageszeitungen ein und fixiere sie mit Klebeband um die Tischränder. Spare dabei eine Schmalseite des Tisches aus. Nun ist eine erhöhte Kante entstanden. Über den Tisch legst Du eine Plastikplane oder einen Duschvorhang, so dass dieser über die Kanten herunterhängt (er kann auch unter der Tischplatte festgeklebt werden). Siehe zu, dass die Plane auf der Schmalseite ohne Zeitungsrollen reichlich überhängt. Dort ziehst Du sie zusammen, so dass das Wasser in einen Eimer oder eine Schüssel auf dem Fussboden oder einem Schemel ablaufen kann. Du kannst auch Zeitungsrollen rund um den ganzen Tisch kleben und das Wasser mit einem Putzlumpen nach und nach aufsaugen.

Hast Du keinen grossen Tisch zur Verfügung, kannst Du eine harte Holzfaserplatte mit maximalen Ausmassen von 1,25 x 2,50 m anschaffen und auf Böcke oder einen kleineren Tisch legen. In der Höhe verstellbare Böcke eignen sich sehr gut. Lange Zeit an einem zu niedrigen Tisch zu stehen und zu arbeiten, verursacht mitunter Rückenschmerzen. Soll auf dieser Tischplatte länger gearbeitet werden, ist es sinnvoll, anstelle von Zeitungsrollen eine Vierkantleiste um die Platte herum zu befestigen – das ist auf Dauer haltbarer.

Grosse und kleine Hilfsmittel

Die Schutzausrüstung

Beim Filzen trocknen die Hände sehr stark aus und können rissig werden. Besonders wenn man sich unserer schwedischen Reibetechnik bedient und mit groben Fasern arbeitet. Dazu kommt das Waschen mit verschiedenen Waschmitteln und der Umgang mit Farbpulver und Farbflüssigkeiten. Das Kapitel über Allergie zeigt die Notwendigkeit auf, die Hände zu schützen.

Vor dem Filzen und Waschen sollten die Hände deshalb eingecremt werden.

Es empfiehlt sich auch, Handschuhe anzuziehen. Zum Waschen und Färben der Wolle sind gewöhnliche Haushaltshandschuhe ausreichend. Doch zum Filzen, wo man fühlen will, wie die Fasern reagieren, sind sie zu grob. In Apotheken kann man Grosspackungen dünner Plastikhandschuhe preiswert kaufen. Diese reichen leider nur bis zum Handgelenk und schliessen nicht dicht ab. Das kann für gewisse Arbeiten von Vorteil, für andere aber nachteilig sein. Will man etwa eine Hand in einen Hut oder einen Socken stecken, um innen zu filzen, rinnt das Wasser in den Handschuh. Früher hatten Apotheken Operationshandschuhe in verschiedenen Grössen angeboten. Diese sind sehr geschmeidig, haben eine gute Passform, reichen bis über den halben Oberarm und schliessen auf der Haut ab. Es gibt sie zwar immer noch zu kaufen, sie müssen aber erst bestellt werden. Verwende möglichst die bessere Sorte aus Plastik und vermeide gepuderte Handschuhe. Richtig lange Einweghandschuhe werden von Tierärzten verwendet. Sie können öfters verwendet werden, wenn man zusätzlich kurze Handschuhe darüberzieht.

Bei pfleglicher Behandlung sind alle Handschuhe mehrmals zu gebrauchen. Nach getaner Arbeit wäschst Du Dir die Hände mit angezogenen Handschuhen und trocknest sie. Wenn Wasser in die Handschuhe gekommen ist, wende sie, indem Du sie aufbläst wie einen Luftballon, umgedreht anziehst, wäschst und trocknest. Etwas Kartoffelmehl auf den Händen erleichtert das Anziehen von gebrauchten Handschuhen. Wichtig ist auch, die Hände nach der Arbeit einzucremen.

Eine Plastikschürze ist absolut notwendig und sollte möglichst ein gutes Stück über die Knie reichen. Für grosse Formarbeiten, Skulpturen und ähnliches, empfiehlt es sich, ein Paar dünne lange Hosen aus Plastik – etwa von einem Regenanzug – anzuziehen. Holzschuhe sind gegen Wasserspritzer gut!

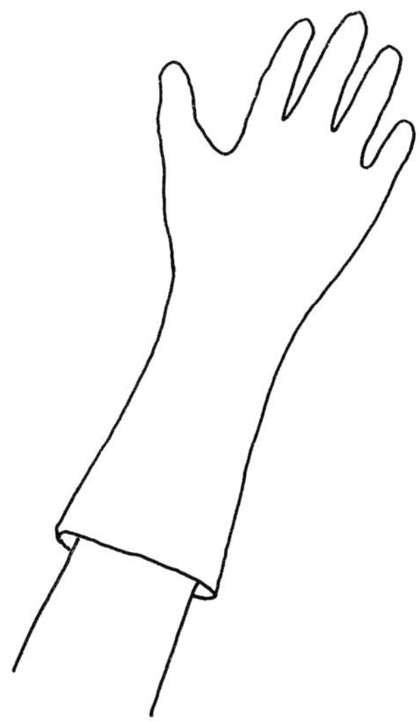

Handschuhe können gegen Allergien durch verschiedene Chemikalien, etwa Kolophonium, einem Bestandteil der Schmierseife, schützen.

Die Schmierseife

Der Zusatz von Schmierseife macht die Walkflüssigkeit basisch (pH-Wert etwa 10,2 bei 10 ml flüssiger Schmierseife in einem Liter Wasser). In basischer Flüssigkeit quellen die Wollfasern mehr als in gewöhnlichem Wasser (siehe dazu S. 92). Die dadurch abgespreizten Epidermisschuppen helfen den Fasern, sich zu verbinden. Ausserdem gibt die Schmierseife der Wolle eine fette und glatte Oberfläche, auf welcher die Finger beim Reiben leicht gleiten können. Alle, die schon einmal versucht haben, mit Geschirrspülmittel zu filzen, haben sicherlich bemerkt, dass sich die Wolle bedeutend rauher anfühlt. Bei der Rolltechnik gibt man gerne etwas mehr Schmierseife in das Wasser. Das kann an der geringeren Wassermenge liegen, die bei dieser Technik verwendet wird. Die Schmierseife ist als Gleitmittel für die einzelnen Fasern notwendig.

Schmierseife kann entweder flüssig oder fest sein. Welche man wählt, ist vor allem eine Frage der Sparsamkeit und Bequemlichkeit. Heutzutage besteht kein Unterschied mehr zwischen gelber und grüner Schmierseife. Die Färbung beruht auf verschiedenen Traditionen der Herstellung. In Süd- und Mittelschweden wurde sie früher aus Hanf hergestellt, der ihr die grüne Farbe gab. In Norrland wurden dagegen tierische Fette verwendet, was zu einer Gelbfärbung führte. Auf Bauernhöfen wurde Schmierseife aus dem Fett der geschlachteten Tiere und Pottasche (Holzasche mit Wasser ausgelaugt) gekocht. Seit den 80er Jahren des vergangenen Jahrhunderts gab es Schmierseife im Handel zu kaufen.

Schmierseife kann heute aus verschiedenen pflanzlichen und tierischen Fetten hergestellt werden. In Schweden wird sie zumeist aus Föhrenöl, das mit Kalilauge unter Erwärmen verseift wird, erzeugt. Föhrenöl ist von Natur aus gelb, während die grüne Färbung von Farbstoffen wie Karamellfarbe herstammt. Föhrenöl ist ein Nebenprodukt der Zellstoffindustrie. In Ländern mit anderen Naturressourcen werden andere Substanzen verwendet. In Dänemark etwa ist die Basis Raps. Dadurch hat diese Schmierseife einen anderen Geruch und eine andere Konsistenz.

Schmierseife ist biologisch abbaubar: zu Kohlendioxyd und Wasser. Auch wenn sie als umweltfreundlich angesehen werden kann, kann es wegen der Substanzen (Föhrenöl, Raps u.ä.) bei langjähriger Verwendung zu allergischen Reaktionen kommen. Verwende deshalb immer Handschuhe! Im Grosshandel ist sie in grösseren Verpackungseinheiten zu beziehen. In der Regel liegen diese Preise um rund 30% tiefer, Frachtkosten eingerechnet. Für Kursteilnehmer, die einen grösseren Posten untereinander aufteilen, kann das eine Möglichkeit sein, die Kosten zu senken.

Wie wird hartes Wasser weich?

Hartes Wasser verursacht leicht Kalkränder auf der Wolle, wenn man mit Schmierseife filzt. Wasser mit 5 dH (Härtegrad) oder mehr gilt als hart und sollte weich gemacht werden. Die Firma Ecover bietet einen Weichmacher an, der Zeolithe und Citrat enthält. Soda, eine umweltfreundliche Alternative, ist leider für Wolle zu basisch. Weniger umweltfreundlichere Alternativen sind Tripolyphosphat und Hexametaphosphat.

Filzbretter und andere Walkhilfsmittel

Um mit der traditionellen schwedischen Methode zu walken, brauchst Du ein Filzbrett. Altmodische, verzinkte und gebrauchte Waschbretter gibt es in Antiquitätengeschäften oder auf Flohmärkten preiswert zu kaufen. Die Bretter eignen sich zu Beginn des Walkens, solange man noch vorsichtig arbeiten muss. Doch ein wirklich effektives Filzbrett sollte aus Holz sein, mit ausgefrästen Rillen.

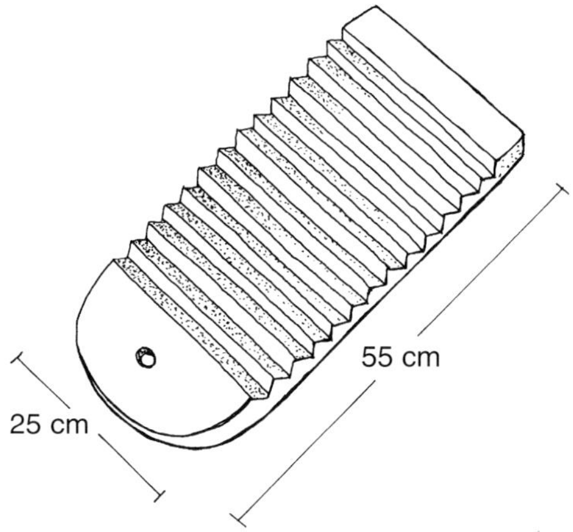

Filzbrett aus Holz. Wähle eine harte Holzsorte, etwa Birke. Ein einfaches Filzbrett kann man dadurch herstellen, dass man Dreikantleisten oder gewöhnliche Holzleisten auf ein Brett nagelt. Man kann auch ein kräftiges Seil um ein Brett wickeln, oder einen umgekehrten Weidenkorb im Waschbecken benutzen! Die Bretter sollen in die Küchenspüle passen, deshalb mache sie nicht zu breit oder zu lang.

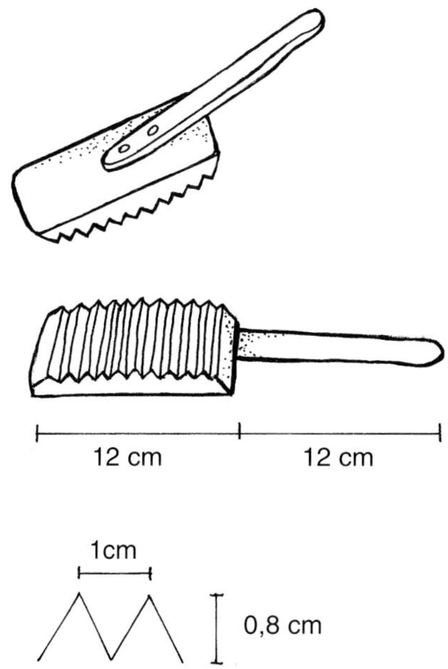

Filzholz nenne ich dieses Werkzeug, das die Hände schont. Es ist sehr effektiv beim Formen von Hüten und Krempen, Socken und Rändern an grösseren Arbeiten (siehe Einkaufsquellen S. 214).

Hutköpfe

sind notwendig für die Formgebung von Hüten. Der Hutkopf kann von fester oder variabler Grösse sein. Bei der flexiblen Ausführung können von der Mitte Schichten abgenommen werden, um kleinere Grössen anzupassen.

Hat man keinen eigenen Hutkopf, kann man Bälle geeigneter Grössen verwenden, die man in eine Schale legt, um sie während der Arbeit zu fixieren. Oder man nimmt, was man in den Schränken finden kann. Kindermützen habe ich über einen Sektkühler gestülpt, und über einem kleinen umgedrehten Plastikeimer lassen sich gut «Pillenschachteln» formen. Der Eimer ergibt dabei eine feine und deutliche Kante.

Schuhleisten

Die beste Passform von Socken und Stiefeln erhält man, wenn sie direkt auf dem Fuss geformt werden. Schuhleisten können notwendig sein, wenn der spätere Benutzer während des Filzens nicht zur Verfügung steht. Alte Schuhleisten kann man gelegentlich noch bei Werkstattauflösungen bekommen. Platte Schuhformen aus Holz sind besser als gar nichts. Mit solchen kann man die richtige Grösse erreichen, danach können sie durch das Tragen noch geformt werden.

Hilfsmittel für die Rolltechnik

Die Wolle soll in ein stützendes Material mit ungleichmässiger Oberflächenstruktur eingerollt werden, um Reibung zu erzeugen und damit das Filzen zu erleichtern. Einige Materialvorschläge, die ich ausprobiert habe:

Stabjalousie/Bastmatte
Ich bevorzuge Stabjalousien, die als Fensterrollos im Handel erhältlich sind. Sie bestehen aus dünnen Bambusstäben (oder Binsen; Anm. d. Übers.). Das Stabgewebe erinnert sehr an die Steppengrasmatten *tjii*, welche Torguten, und andere Mongolenvölker verwenden.

Das Filzen geht damit sehr schnell und gibt ein gleichmässiges und feines Ergebnis. Die Jalousie ist auch leicht zu handhaben, wenn man etwa die Rolle hinaus in den Garten tragen möchte. Nachteil der Jalousie ist die Haltbarkeit: Früher oder später geht das Baumwollgarn der Kettfäden kaputt. Dann muss man eine neue Kette aus dünnem Nylonfaden einziehen. Ein weiterer Nachteil ist, dass an den Kettfäden Ränder entstehen, wenn das Filzstück so gross ist, dass man es auf der Jalousie während des Filzens nicht drehen und wenden kann. Diese Ränder werden erst beim Färben des fertigen Filzes als dunkle Schatten entlang der Kettfäden deutlich. Vermutlich beruht dieses Phänomen darauf, dass die äusserste Schicht der Wolle, die Epicuticula, an diesen Stellen mehr abgenutzt wurde und deshalb die Farbe besser aufnimmt. Wenn der Filz nicht gefärbt werden soll, entsteht das Problem nicht, die Ränder werden nicht sichtbar.

Tuch und Rohr
Ein altes Bettuch, von dem die Kanten abgerissen wurden, ist gut in Kombination mit einem Rohr zu verwenden. Um das Rohr wird das Tuch mit der darauf ausgelegten Wolle fest aufgerollt. Diese Rolle kann dann gut auf einem Tisch oder dem Fussboden bewegt werden. Das Rohr sollte möglichst schwer und aus rostfreiem Stahl sein. Ein gewöhnliches Eisenrohr kann man in eine dünne Plastikfolie einwickeln, um eventuelle Rostflecken zu vermeiden. Der Vorteil von einem schweren Rohr ist, dass das Hin- und Herrollen beinahe von selbst geht und der Druck den Filzprozess beschleunigt. Der Durchmesser des Rohres kann etwa 6 cm betragen. Für sehr dicke Teppiche ist ein grösserer Durchmesser von Vorteil. Dadurch verrutscht die Wolle in den verschiedenen Lagen nicht so leicht. Wenn die Luft nach einiger Zeit des Rollens aus der Wolle ausgepresst ist, kann man das Rohr gegen eines mit geringerem Durchmesser austauschen, um den Filzprozess zu beschleunigen.

Selbstverständlich können anstatt Bettüchern auch andere Tücher verwendet werden. Vermeide neue Tücher mit Appretur, da sie das Wasser nicht so leicht durchlassen. Sie müssten vor der Verwendung sehr gut gewaschen werden. Vermeide lose gewebte Tücher in denen die Wolle haften bleibt.

Der Nachteil der Methode mit Tuch und Rohr ist, dass im Inneren der Rolle leicht Falten entstehen können. Deshalb sollte immer daran gedacht werden, die Rolle zu Beginn häufig zu öffnen und die Falten glattzuziehen. Die Wolle kann sich anfangs stark mit den Fasern des Tuches verbinden. Der Filz muss aber nicht vom Tuch losgelöst und gewendet werden, er löst sich vielmehr mit der Zeit von selbst. Arbeitet man mit Mustern, kann dieses Haftenbleiben sogar von Vorteil sein. Die Musterstücke festigen sich auf dem Tuch und bleiben am richtigen Platz. Nach einiger Zeit haben sie sich mit der Wolle stärker verbunden, und der Filz kann mit dem Muster vom Tuch gelöst werden. Man kann beinahe so lange filzen, wie man möchte.

Bettücher und Rollos kann man übereinanderlegen und auf diese Weise einen Filz erhalten, der für eine ganze Jacke reicht. Wenn man einen Tisch hat, der nicht ausreichend lang ist, legt man so viel Wolle wie möglich aus, rollt das Tuch mit der Wolle zusammen und verlängert dann durch Anstücken von Tuch und Wolle solange, bis die gewünschte Länge erreicht ist.

Plastikmatte
Eine gewöhnliche, aus Plastikbändern gewobene Matte ist eine ausgezeichnete Unterlage für die Wolle, wenn man genügend Geduld hat. Das Resultat wird gleichmässig und fein. Weil aber die Matte dick ist, dauert der Prozess länger. Die Plastikmatte eignet sich gut als Unterlage, wenn man die Filzrolle mit den Füssen auf dem Boden rollt. So kann sie nicht wegrutschen.

Badematten usw.
Matten, wie sie als Liegeunterlagen für Sonnenbäder verwendet werden, sind oft etwas zu glatt, zu klein und nicht lange haltbar.

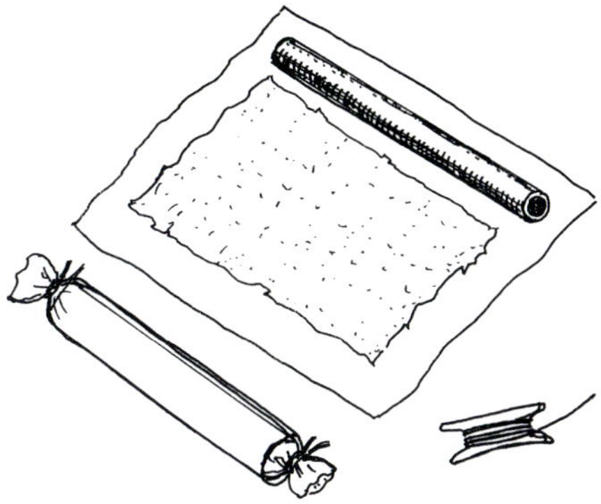

Bei der Rolltechnik kann ein Laken mit Rohr verwendet werden. Binde sie auf beiden Seiten mit Bindedraht ab.

Weitere Ausrüstung

Zum Bespritzen der Wolle eignen sich *Spritzflaschen* mit feinen Löchern oder *Geschirrspülbürsten* und eine *Giesskanne.*

Dicke *Plastikplanen* für Schablonen. Man kann für Vorlagen auch einen kräftigen Stoff verwenden. Bei der Plastikplane kann man die Kanten leicht fühlen und sie danach wieder abwaschen. *Noppenfolie,* wie sie zur Verpackung verwendet wird, eignet sich für *Schablonen* ebenfalls.

Plastikplanen oder aufgeschnittene *Abfallsäcken* können zum Abdecken des Tisches verwendet werden. Du kannst die Filzrolle auch mit Abfallsäcken einwickeln, wenn Du den Fussboden schonen möchtest.

Kräftige *Gummibänder* können die Filzrolle zusammenhalten.

Bindedraht eignet sich, um das Tuch ums Rohr zu binden. Den Draht kann man leicht zusammendrehen – das Knoten von Schnüre dauert länger. Bindedraht ist ein grüner Stahldraht mit einer Plastikummantelung, den man in Blumengeschäften, Gärtnereien oder Eisenhandlungen kaufen kann.

Ausrüstung zum Filzen: Im Vordergrund links liegen zwei Filzhölzer, dahinter ein Hutkopf, ein hölzernes Filzbrett und ein verzinktes Waschbrett. In der Mitte ein Schuhleisten und eine Keule zum Bearbeiten von Stiefeln. Rechts ein rostfreies Rohr mit Bettlaken und Bindedraht zum Zusammenknoten. Die Unterlage ist eine Stabjalousie aus Bambus, bei der die kräftigen Stäbe am Anfang und Ende abgenommen sind.

Filzen mit der Reibetechnik

Die traditionelle nordische Filztechnik nennt man «Reibetechnik», um sie von der asiatischen «Rolltechnik» zu unterscheiden. Die Reibetechnik ist gut für dreidimensionale Gegenstände und Skulpturen, die während des Filzens geformt werden, sowie für Bilder, wo man jedes Detail während der Arbeit genauestens kontrollieren will.

1. Lege die erste Lage Wolle aus
Kleine Platten handkardierter Wolle legt man wie Dachziegel aus, jeweils zur Hälfte übereinander. Bei sehr dünnem Filz kann man die Platten so legen, dass sie nur an den Faserenden übereinanderliegen.

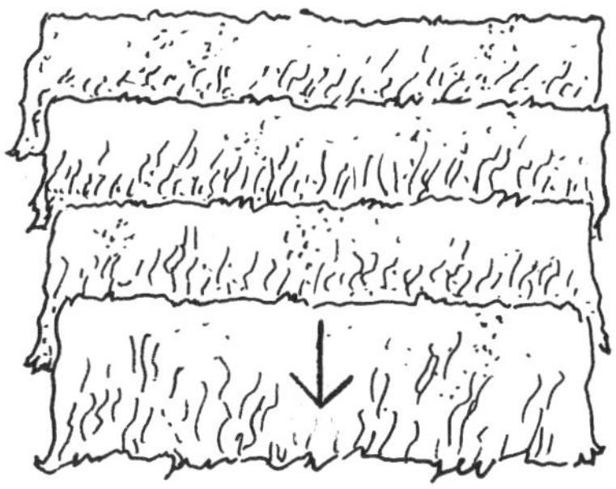

Maschinell kardierte Wolle kann man als grosse Vliese in gekreuzten Lagen oder in kleinen Strähnen nach der Art der Mongolen auslegen (siehe S. 36).

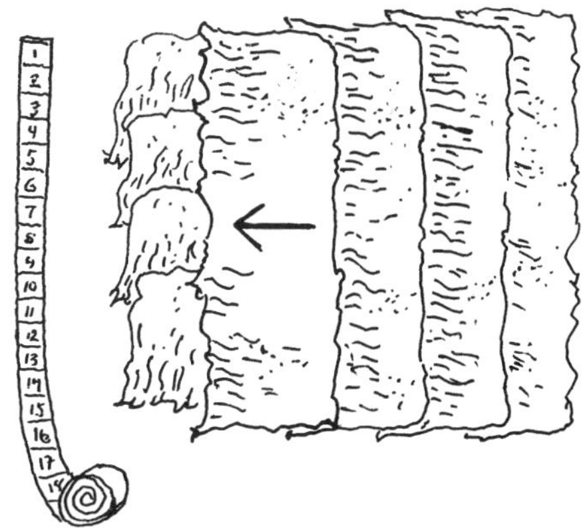

2. Lege die zweite Lage
auf die erste in kreuzweiser Richtung aus. Es sollten immer mindestens zwei Wollagen sein. Miss die ausgelegte Wolle, um den Schrumpfprozentsatz bestimmen zu können, wenn der Filz fertig ist.

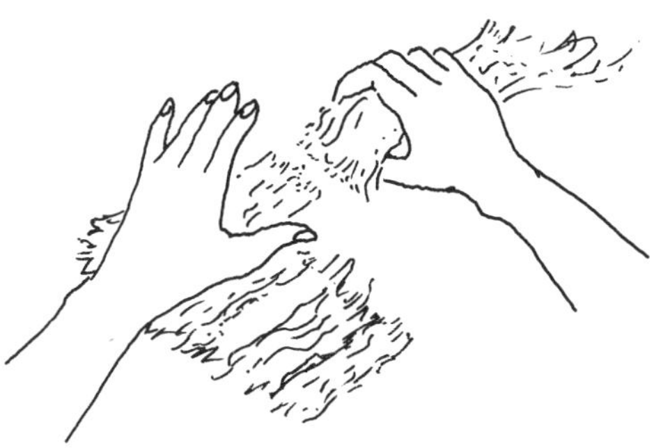

3. Fühle die Wolle
mit den Handflächen ab, um dünne Stellen ausfindig zu machen. Auf diese lege dünnes Wollvlies. Lege Muster in Form von gefärbter Wolle, Wollvlies, Fäden oder zerschnittenen Filzstücken auf (siehe S. 109). Wenn Du sehr dicke Wollagen hast, ist es am besten, die Wolle feucht zu machen und die Luft auszudrücken, bevor die Muster aufgelegt werden. Dann bleibt alles besser an seinem Platz.

4. Befeuchte die Wolle
Mische Schmierseifenwasser so heiss, wie es die Hand verträgt. Nimm 1 bis 2 Esslöffel Schmierseife für einen Liter Wasser. Die Menge hängt davon ab, wie hart das Wasser ist, ob die Wolle sauber oder ungewaschen ist, welcher Wolltyp verwendet wird usw. (siehe dazu S. 97). Giesse das Wasser über die Hand, so dass es tropfenweise in die Wolle fällt. Drücke die Wolle vorsichtig mit der Handfläche gegen die Tischplatte. Bleibt die Wolle an der Handfläche hängen, muss mehr Wasser aufgespritzt werden. Vermeide zuviel Schmierseifenwasser, die Wolle soll nicht durchnässt werden. Bei grossen Filzstücken befeuchte nur ein kleines Stück nach dem anderen und filze es, sonst kühlt das Wasser in der Wolle aus.

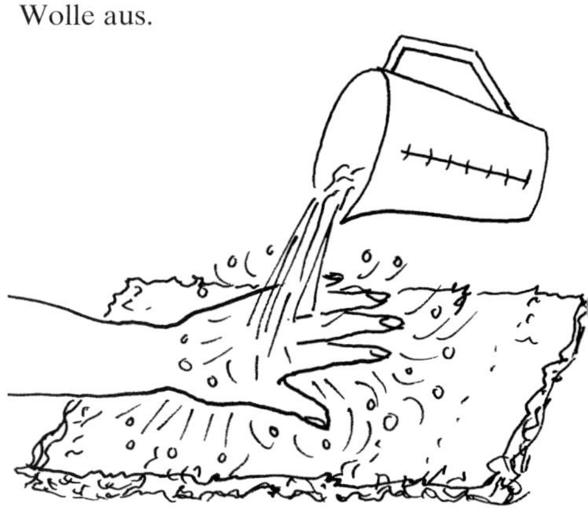

5. Das Filzen

Massiere die Wolle vorsichtig mit kleinen kreisenden Bewegungen, die langsam kräftiger werden können. Verwende die ganzen Handflächen. Verschiebe dabei nicht einzelne Fasern, sondern streiche vorsichtig, so dass sich die gesamte Fasermasse etwas bewegt. Arbeite immer vom Rand weg zur Mitte hin, um ein Dehnen des Filzes zu verhindern. Arbeite die Ränder mit den Handflächen, anstatt sie umzuschlagen, das gibt eine schönere Kante. Um diesen empfindlichen Vorgang am Anfang zu erleichtern, kann man eine dünne Plastikfolie (etwa von Kleidersäcken) auf die Wolle legen, etwas Schmierseifenwasser darauf giessen und auf der Folie weiterarbeiten.

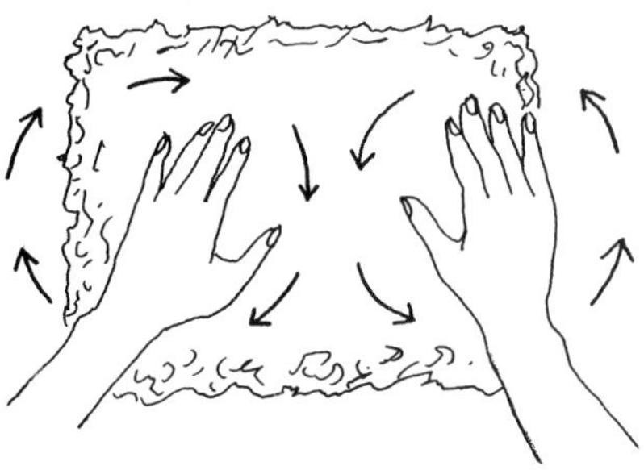

6. Mache die Filzprobe

Zupfe nach einer Weile am Filz. Wenn sich einzelne Fasern herausziehen lassen, muss der Filz, noch weiter bearbeitet werden. Wende den Filz sobald die Wolle zusammenhängt. Grosse Filzstücke rollt man vor dem Wenden zusammen, so dass sie sich nicht ausdehnen können. Drücke das kalte Wasser aus. Halte Teile des Stückes vorsichtig gegen das Licht, um zu sehen, ob es dünne Stellen aufweist. (Wie man Kanten ausgleicht, dünne Partien ausbessert usw., siehe S. 103). Giesse frisches, heisses Schmierseifenwasser auf. Filze die Rückseite auf gleiche Art wie die Vorderseite.

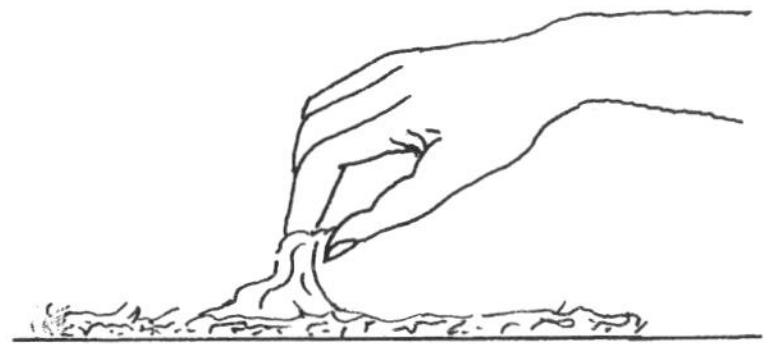

7. Das Walken

Wenn der Filz gut verbunden ist, rolle ihn in ein Tuch. Dieses schützt ihn davor, beim Walken aufgerauht zu werden. Bewege die Rolle auf dem Filzbrett, das Du so in ein Spülbecken stellst, dass Du es mit Deinem Bauch abstützen kannst. Wenn Du auf einem Tisch arbeitest, verhindert ein nasses Frottéhandtuch, dass das Brett verrutscht. Ein verzinktes Waschbrett wirkt am Anfang des Walkens schonend.

Rolle die gesamte Breite des Filzes mehrere Male. Wickle nach einiger Zeit den Filz auf, ziehe ihn ordentlich in eine gleichmässige Form und rolle ihn erneut ein, jedoch in entgegengesetzter Richtung. Setze das Walken fort, strecke und rolle den Filz von allen Seiten.

«Eselsohren» werden entfernt, indem man den Filz von den Ecken diagonal zur Mitte rollt. Zum Schluss kann man das Tuch beim Rollen weglassen, wenn man eine etwas rauhere Oberfläche in Kauf nimmt.

Anstatt ein Filzbrett zu verwenden, kann man die Filzrolle auf einem Tisch rollen und sie nur mit den Händen drücken. Diese Methode eignet sich vor allem für Filzbilder in der Schule (siehe S. 203). Walken kann man auch in der Waschmaschine (siehe S. 116).

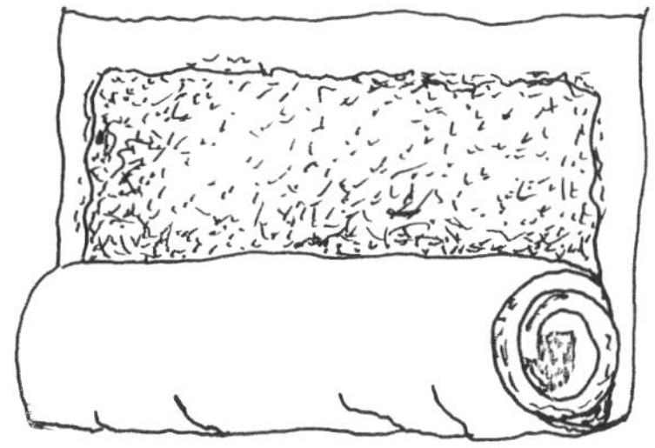

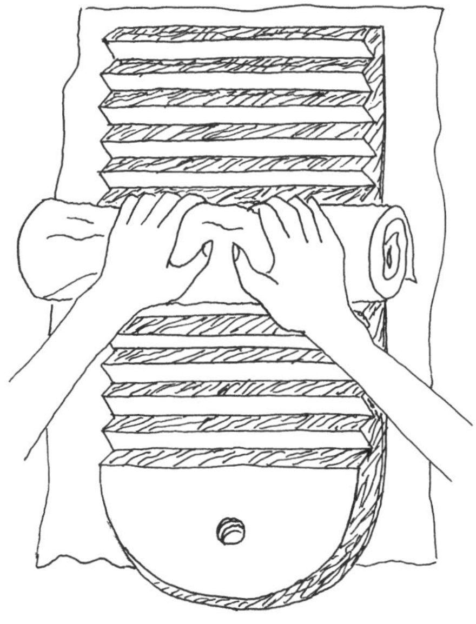

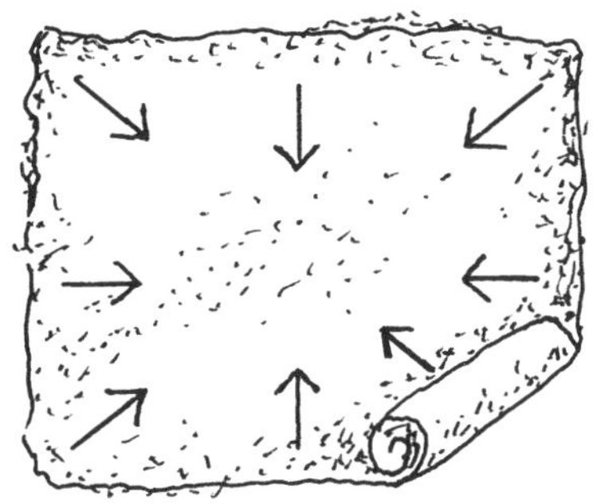

8. Mache die Walkprobe

Wann ist der Filz fertig? Ziehe am Filz! Wenn er sich nicht mehr dehnen lässt, dann ist er fertig. Manchmal kann man auch einen etwas weicheren Filz akzeptieren, etwa bei einer Teehaube, die isolierende Luft enthalten soll. Wenn es um Gebrauchswaren geht, bei denen die Filzqualität wichtig ist, soll man nicht aufhören zu walken, nur weil das Stück gerade die richtige Grösse erreicht hat, sondern weiterarbeiten, bis der Filz fertig ist. Zu wenig gewalkter Filz noppt, fusselt und verliert die Form, sobald er verwendet wird. Für Meterware empfiehlt es sich, lieber mehr als zu wenig auszulegen. Waschen und Färben nach dem Walken tragen auch zu weiterem Einlaufen des Filzes bei. Wenn der gewaschene Filz zu lose ist, kann man mit reinem, warmem Wasser noch weiterwalken.

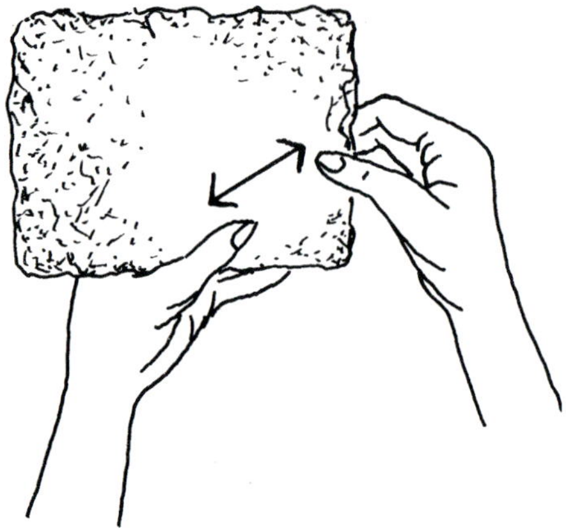

Waschen und Nachbehandeln

Schliesslich soll der Filz gewaschen werden (siehe S. 65). Wie verschiedene Arten von Filz nachbehandelt werden können, findest Du auf Seite 123.

Der genaue Prozentsatz der Schrumpfung

muss berechnet werden, wenn man Arbeiten macht, die eine bestimmte Grösse haben sollen. Miss den fertigen Filz und lies auf Seite 94, wie man das Eingehen und den Wollverbrauch berechnet.

Flicken und Reparieren

Manchmal geschehen während des Filzens kleine Unglücke. Verzweifle nicht, die meisten können korrigiert werden!

Löcher

können am besten verhindert werden, wenn man vor Beginn des Filzens mit den Handflächen abfühlt, ob die Wolle gleichmässig ausgelegt ist. Ist eine dünne Stelle entstanden (erkennbar, wenn man den Filz gegen das Licht hält, sobald er verbunden ist), kann man etwas kardierte Wolle darauf legen. Ein richtiges Loch verschliesst man, indem zwei dünne Wollagen in verschiedenen Richtungen (kreuz und quer) darüber ausgelegt werden. Giesse etwas warmes Schmierseifenwasser darauf, lege eine sehr dünne Plastikfolie darüber, die Du mit wenig Schmierseifenwasser begiesst, und reibe auf der Folie. Diese bewirkt, dass die Enden der aufgelegten Fasern nicht aufgerissen werden, sondern sich mit dem übrigen Filz verbinden.

Wenn das Loch erst entdeckt wird, wenn der Filz angefangen hat, fest zu werden, muss die Filzoberfläche mit einer Stahlbürste aufgerauht werden, so dass die Wolle sich erneut verbinden kann. Bleibt die neue Wollage trotzdem nicht haften, kann man sie mit Faden anheften, den man später wieder heraustrennt. In grobem Filz kann man mit einem dünnen, mit der Spindel aus der gleichen Wolle wie der Filz gesponnenen Faden nähen, dann verschwinden die Stiche im fertigen Filz.

Löcher, die beim Zusammenfügen von zwei Wollseiten entstehen, etwa beim Filzen eines Hutes, repariert man auf gleiche Weise.

Lose Zungen

kann man, wenn die Wolle gleichmässig dick ist, vorsichtig wegschneiden. Kratze dann die Wolle mit einer Stahlbürste bei der Schnittkante, so dass sie unregelmässig wird, und reibe die losen Fasern mit warmem Schmierseifenwasser ein. Ist der Filz unter der Zunge dünn, dann bürstet man sie auf und filzt sie in die Unterlage hinein.

Dicke Partien

kann man in einem frühen Stadium zu den Rändern hin ausdehnen. Lege die Hände auf den Filz und dehne oder ziehe den Filz.

Verfilzter Filz

in Form einer Wulst, die beim Umbiegen der Wolle, etwa um eine Hutschablone, entstanden ist, kann man mit einem kräftigen Griff auf beiden Seiten der Wulst ziehen und ausdehnen. Will er nicht nachgeben, kann man versuchen, vorsichtig mitten in die Wulstfalte zu schneiden. Vermeide solche Wulste von vornherein, indem Du schon in einem frühen Stadium die Hand hineinsteckst und entlang der Biegungen um die Schablone arbeitest.

Muster, die nicht haften bleiben

Manchmal bleibt ein Musterteil von ausgeschnittenem Filz nicht haften. Rauhe sowohl die Rückseite des Musters als auch die Fläche unter dem Muster mit einer Stahlbürste auf. Lege ein sehr dünnes Stück Wollvlies auf die Fläche, lege das Muster darauf und giesse warmes Schmierseifenwasser darüber. Schliesslich lege eine dünne Plastikfolie mit Seifenwasser darauf und reibe. Bleibt ein einzelnes Muster dennoch nicht haften, können die Ränder mit einem Faden angeheftet werden, den man danach wieder heraustrennt.

Ungleichmässige Ränder

können vermieden werden, wenn man um sie herum möglichst vor dem Filzvorgang dünne Plastikfolie schlägt. Die Folie der Unterseite soll dabei auf die Oberseite geklappt werden und absolut gerade sein. Ziehe an der Folie auf der Oberseite, so dass sie die Wolle an der Kante fest umschliesst und giesse Seifenwasser darüber. Kreise mit den Händen über die umgebogene Plastikkante zur Mattenmitte, bis die Filzkante fest geworden ist.

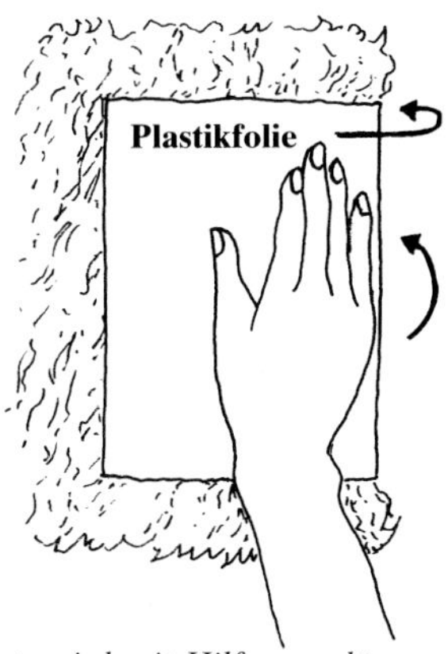

Die Kante wird mit Hilfe von dünner Plastikfolie, die um die Ränder geschlagen wird, fein und gerade.

Schwache Ränder

in fertigem Filz kann man verstärken, indem man viele Fäden gleicher Farbe im Inneren der gefilzten Kante einnäht – die Fäden sollen aussen nicht sichtbar sein. Danach filzt man noch mal leicht mit warmem Wasser darüber. So werden auch sehr dünne Kanten und Spitzen belastbar gemacht.

Dünne Stellen

die man in fertigem Filz entdeckt, können auf der Rückseite mit aufbügelbaren Synthetikschichten aus Trikot verstärkt werden. Diese werden normalerweise für Leder verwendet und können schon mit geringer Temperatur aufgebügelt werden. Das ganze lässt man unter einem Futter verschwinden.

Man kann auch auf der Rückseite feine, speziell gefilzte Stücke aufnähen. Diese genau angepassten Flecken haben feinere und haltbarere Kanten als geschnittene Stücke und schmiegen sich beinahe unmerklich in die dünnen Partien hinein. Durch Dehnen und Ziehen kann man während des Filzens die richtige Form der Flecken erhalten.

Dünne Partien kann man auch auf der Rückseite mit Faden verstärken. Dieser wird in den Filz wie beim Stopfen eingenäht, doch so oberflächlich, dass er auf der rechten Seite nicht zu sehen ist. Mit einer schönen Stickerei, Tamburstichen, Steppereien oder Maschinenarbeiten kann man auch aus einem Unglück etwas Besonderes zaubern.

Dünn filzen mit der Rolltechnik

Eine wesentlich weiter verbreitete Technik als die schwedische Methode, bei der mit einem Filzbrett gearbeitet wird, ist, die Wolle in eine Matte oder einen alten Filz einzurollen, um sie zu verfilzen. Mit der Rolltechnik wird seit Urzeiten in ganz Asien und Kleinasien gearbeitet. Heute wird sie von Kunsthandwerkern und Filzkünstlern auf der ganzen Welt angewendet.

Die Rolltechnik hat gewisse Vorteile gegenüber der Reibetechnik. Man kann ziemlich leicht und schnell grosse Filzstücke herstellen, etwa für Kleidungsstücke, Möbelstoffe, Gardinen, Kissen, Decken und Teppiche. Diese Technik ist auch sehr gut für schwieriger zu verarbeitende Wolltypen wie Feinwolle, geeignet. Bei Feinwolle kann es ja problematisch sein, sie mit den Händen zu filzen, doch mit Hilfe der Rolltechnik filzt sie sich schnell und leicht. Mit dieser Methode können auch leichter dünne Filzqualitäten entstehen.

Filz, der mit Hilfe der Rolltechnik hergestellt wird, erhält eine glattere Oberfläche. Dabei werden nämlich die Fasern senkrecht zusammengepresst, d.h. die Unterseite gegen die Oberseite gedrückt, und nicht wie bei der nordischen Methode von den Seiten zur Mitte hin. Der Schrumpfprozess ist deshalb mit der Rolltechnik geringer. Die schwedische Methode ermöglicht den Fasern, ihre natürliche Kräuselung wieder anzunehmen, was man auch an der körnigen Oberflächenstruktur des fertigen Filzes erkennen kann. Möchtest Du also einen dünnen Filz mit glatter Oberfläche, dann solltest Du ihn auf Nomadenart rollen.

Nachstehende Beschreibung gilt für dünne Stoffe, die aus zwei dünnen Lagen von fertig kardiertem Vlies gefilzt werden. Dünne Filze fordern grosse Genauigkeit beim Auslegen. Beginne beim ersten Mal mit einem kleinen Stück. Natürlich kann man handkardierte Wolle verwenden und sie wie Dachziegel überlappend auslegen (siehe im Kapitel über Reibetechnik, S. 100). Oder man nimmt Wollflächen, die auf einer kleinen Kardiermaschine kardiert wurden und legt sie mit den dünnen Rändern etwas übereinander.

Man kann so viele Lagen aufeinander legen, wie man möchte, jedoch immer kreuz und quer (siehe nachfolgende Beschreibung).

Auf folgende Weise machst Du dünnen Stoff aus gekauftem Vlies:

Bevor Du zu arbeiten beginnst, lies die gesamte Beschreibung durch, auch das Kapitel über die Ausrüstung (S. 98)! Willst Du eingefilzte Muster machen, lies auch dieses Kapitel zuerst (S. 109).

1. Lege den Stabrollo oder das Tuch auf dem Tisch aus. Die Farbe des Untergrundes soll sich von der Wolle abheben, etwa ein dunkles Tuch für weisse Wolle. Dadurch kann man leichter erkennen, wenn die Wolle an einer Stelle dünner ausgelegt ist. Das Tuch soll mindestens 30 cm breiter als die Wolle sein.

Tauche das Tuch in Seifenwasser und winde es aus. Eine trockene Unterlage saugt nämlich die Feuchtigkeit aus der Wolle.

2. Lege die Wolle in mindestens zwei Lagen kreuzweise aus. Denke daran, die Wollfläche nicht breiter zu machen als das Rohr, das Du verwenden willst. Sind Deine Tücher oder Jalousien für das Endresultat zu kurz, kannst Du sie anstückeln, indem Du sie am Ende und am Anfang etwas übereinanderlegst: Diese Verlängerung kannst Du machen, wenn Du die Wolle in das erste

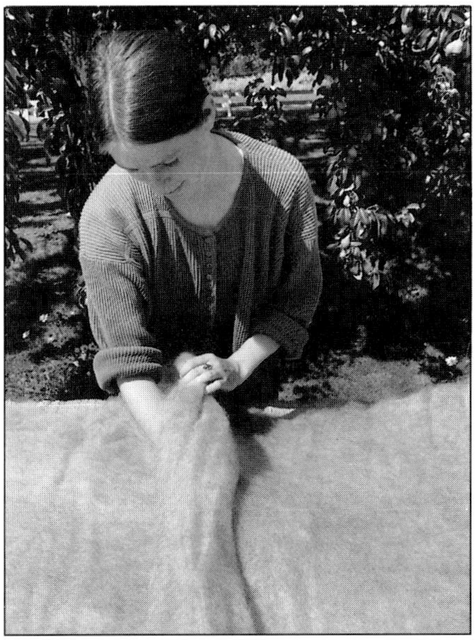

Tuchstück eingerollt hast und Dein Tisch recht klein ist.
Beginne auszulegen, indem Du die beiden Wollagen vorbereitest. Rolle das Vlies aus. Teile eine Schicht zur gewünschten Dicke, indem Du die rechte Hand und den Unterarm zwischen die Wollagen steckst und vorsichtig die Wolle teilst, während Du die dünne Lage mit der linken Hand anhebst. Bei dünner Qualität soll man die Hand durch das Vlies sehen können. Wickle nach und nach diese geteilte Schicht zu

einer losen Rolle, bis diese die gewünschte Länge erreicht hat.
Rolle das Vlies nun auf dem Tuch oder der Jalousie aus und verlängere, wenn notwendig, indem sich die Lagen etwas überlappen. Achte darauf, dass das Vlies überall gleich dick ist. Ist es an einer Stelle zu dick, drücke mit einer Hand seitlich der dicken Partie die Wolle fest und ziehe mit der anderen Hand das Vlies in Richtung zu der dünneren Partie. Auf zu dünne Stellen legst Du weitere Vliesstücke. Reisse das Vlies zur gewünschten

Breite ab. Drücke es fest mit der linken Hand gegen den Tisch, so dass es beim Abreissen nicht ausgedehnt wird.
Nimm das Rohr und rolle mehrmals so

über das Vlies, dass es zusammengedrückt wird. Das ist wichtig, um Verlängerungsstücke und Dehnungen zu fixieren. Man kann das Vlies auch mit den Händen zusammendrücken. Rolle das Vlies zusammen und lege es zur Seite, nachdem Du die Ecken auf dem Tuch markiert hast. Diese Rolle wird die zweite Lage. Sie wird jedoch zuerst vorbereitet, um die gleichmässige Dicke gegen die andersfarbige Unterlage kontrollieren zu können. Legt man nämlich die zweite Lage direkt auf die erste, kann man kaum sehen, ob die Wolle gleichmässig ausgelegt ist, weil der Farbkontrast zwischen Wolle und Tuch fehlt.

Rolle für die erste Lage nun auf gleiche Weise noch eine Schicht vom Vlies ab. Lege diese mit den Fasern kreuzweise zur zweiten Lage. Breite das Vlies auf dem Tuch entsprechend der Grössenmarkierungen aus, dehne und bessere es aus, wo es notwendig ist.

Nimm dann die vorbereitete zweite Lage und rolle sie auf der ersten aus. Verwendet man langfaserige Wolle, ist es von Vorteil, die Fasern der obersten Lage quer zur Rollrichtung verlaufen zu lassen. So entstehen nicht so leicht Falten.

3. Mische Schmierseifenwasser, etwa 3 Esslöffel pro Liter Wasser. Bei dieser Technik gibt man nun mehr Schmierseife ins Wasser, das so heiss wie möglich sein soll, da es schnell abkühlt! Giesse dieses Seifenwasser in eine Spritzflasche. Eine neue Spülbürste eignet sich ebenso (gebrauchte Bürsten geben keine feinen Tropfen).

4. Spritze mit der Flasche oder der Bürste gleichmässig Seifenwasser auf die Oberfläche – am besten reihenweise. Es ist wichtig, nur *sehr wenig* Seifenwasser zu verwenden. Es soll aussehen, als ob die Oberfläche nur leicht schwitzen würde. Wenn sie einsinkt und sehr nass aussieht, hast Du zu viel Wasser aufgespritzt, und beim Rollen werden sich Falten bilden.

5. Rolle das Tuch oder die Jalousie zusammen. Lege das Rohr auf die Wollfläche und rolle Tuch/Stabrollo und Wolle zu einer festen Rolle. Sollten sich Falten bilden, dann zupfe die Wolle vorsichtig hoch oder ziehe am Tuch/Stabrollo, um die Falten auszudehnen.

Hat man sehr dicke Wollagen, etwa für einen Teppich, kann man kleine Falten in das Tuch legen, bevor man die Wolle darauf auslegt. Diese Falten kann man nach und nach während des Aufrollens ausziehen. Man kann auch ein Rohr mit grösserem Durchmesser zu Beginn des Filzens verwenden.

6. Binde die Rolle an beiden Enden mit Draht ab, wenn Du Tuch und Rohr verwendest. Ein runder Stabrollo ist es am einfachsten mit kräftigen Gummibändern zusammenzuhalten.

7. Walke die Rolle mit den Unterarmen auf dem Tisch oder mit den Füssen auf dem Boden (am besten mit einer untergelegten Plastikmatte). Drücke kräftig und lege Arme oder Füsse über die ganze Rollenbreite, so dass alle Partien gleich viel Reibung erfahren. Wenn mehrere Personen gleichzeitig rollen, sollten nach einiger Zeit die Plätze getauscht werden, weil jeder unterschiedlich stark drückt. Wende auch die Rolle, so dass alle Seiten einmal unten liegen.

Walke etwa 5 Minuten. Öffne die Rolle und prüfe, ob sich der Filz vom Tuch ablösen lässt. Bleibt er nicht hängen, musst Du eine Weile weiterrollen. Bleibt der Filz zu fest auf dem Tuch haften, so dass es schwierig ist, ihn abzunehmen, hast Du zu lange gerollt – beim nächsten Mal musst Du kürzer rollen! (Wenn der Filz so fest haftet, dass er sich nicht lösen lässt, kannst Du weiterarbeiten – früher oder später wird er sich losschrumpfen und somit ablösen.) Du kannst Deine in das Tuch eingerollte Wolle auch in der Waschmaschine fertigfilzen. (Siehe dazu das Kapitel über Filzen in der Waschmaschine. Seite 116.)

Löse den Filz vom Tuch und ziehe eventuelle Falten aus. Lege dünne Vliesstücke auf zu dünne Stellen. Kontrolliere eventuelle Muster, fixiere und dehne sie wenn notwendig.

Spritze nun mehr Seifenwasser auf die gesamte Oberfläche – jetzt ist die Gefahr der Faltenbildung geringer. Wickle die Rolle *von der anderen Seite* zusammen und ziehe das Tuch wie auch den Filz während des Aufrollens straff, um Falten zu verhindern.

8. Rolle etwa 10 Minuten. Öffne, löse den Filz vom Tuch und kontrolliere Dicke und Muster. Wenn Du irgendwo mehr Wolle auflegen musst, bist Du nun vermutlich gezwungen, zuerst die Oberfläche des Filzes aufzurauhen, weil sonst die Ausbesserung nicht mehr haften bleibt. Benütze dazu eine kleine Stahlbürste. Lege Wolle auf die aufgerauhte Stelle und bespritze sie mit Seifenwasser. Wickle die Rolle wieder in entgegengesetzter Richtung ein.

9. Walke zwischen jedem Umrollen weitere 10 bis 15 Minuten, bis Du die gewünschte Festigkeit erreicht hast. Rolle den Filz jedesmal in entgegengesetzter Richtung zusammen und straffe ihn dabei vorsichtig.

Bei Bedarf spritzt Du heisses Seifenwasser auf – der Filz soll feucht, aber nicht tropfend nass sein. So kann man auch an wasserempfindlicheren Orten (etwa dem Wohnzimmer) walken. Eventuell wickelst Du die Rolle dazu in einen aufgeschnittenen, ausgelegten Abfallsack. Wickle um die Enden Bindedraht und versiegle die Öffnungen mit Klebeband.

Man kann den Filz auch mit Dampf erwärmen. Diese Methode spart Seife und Wasser, und die Wolle kann in der richtigen Temperatur gehalten werden.

10. Man kann den Filz rollen, bis er die gewünschte Festigkeit bekommen hat. Ich knete ihn zum Schluss mit etwas warmem Seifenwasser, so wird die Oberfläche körniger und der Prozess verläuft rascher.

Man kann auch abwechselnd rollen und kneten. Der Filz wird glatter, wenn man ihn am Ende rollt. Wichtig ist, dass der Filz für alle Gebrauchsgegenstände total fest ist! Er darf in keine Richtung mehr gedehnt werden können. Ist er zu

lose, beginnt er abzufusseln, und das Kleidungsstück verliert sehr bald die Form.

An Stelle des Walkens durch Rollen, kannst Du eine Waschmaschine verwenden (siehe dazu das Kapitel über Filzen in der Waschmaschine, S. 116). Damit erhält man eine porösere, zähere und körnigere Filzqualität. Die Wolle muss sehr ordentlich gefilzt sein, bevor man sie in die Waschmaschine gibt. Diese Methode eignet sich vor allem für kräftige Qualitäten.

Muss der Filz an einem Tag fertiggefilzt werden? Nein! Die Arbeit kann halbfertig, zusammengerollt und feucht einen Tag liegen. Soll die Arbeit lange ruhen, rolle sie auf und lasse sie trocknen. Wenn Du weiterarbeitest, dann bespritze die Wolle aufs Neue. Der unfertige Filz sollte aber nicht länger als ein paar Tage liegenbleiben. Wolle gefällt die alkalische Schmierseife über längere Zeit nicht.

Warnung! Lass schmutzige Wolle nie halbgefilzt liegen. In einer Rolle kann sich der Schmutz ganz unten ansammeln. Wenn der Filz fertig ist, können trotz intensiver Wäsche dann graue Schmutzränder auf dem gesamten Stück zu sehen sein.
Wasche und behandle den Filz gemäss den Beschreibungen in den Kapiteln über Wäsche und Nachbehandlung (Seiten 65, 123).

Willst Du mehrere gleich dicke Filzstücke herstellen, musst Du die Wolle abwiegen und die Grösse abmessen, auf der Du die Wolle auslegst. So können alle Teile die gleiche Qualität erhalten.

Vergiss die Hausfrauengymnastik und filze statt dessen mit dem ganzen Körper! Hier wird mit den Händen, den Füssen und dem Gesäss gleichzeitig gefilzt.
▽

Muster filzen

Bei gemustertem Filz sind der Phantasie keine Grenzen gesetzt.

Er kann wie ein Aquarell aussehen, bei dem die Farben ineinander laufen.

Er kann einem bedruckten Stoff gleichen, bei dem die Musterformen klare und feste Konturen aufweisen.

Er kann moderner Glaskunst ähneln, bei der Muster geheimnisvoll unter einer Lage von Glas verborgen liegen.

Er kann einem Stein, Moosen oder Flechten gleichen, wobei vor allem die Strukturen der Oberfläche wichtig sind.

Er kann wie gewobenes Tuch aussehen, bei dem die Fadenstruktur deutlich aufscheint.

Und so weiter... die Möglichkeiten sind beim Filz unendlich!

Probiere zuerst

Bevor Du an grössere Arbeiten herangehst, solltest Du Probeflecken anfertigen.

Beim Filzprozess wird das ausgelegte Wollmuster verändert. Effekte verschwinden in der Hintergrundwolle, Farben mischen sich auf unerwartete Weise, Fasern wandern, Formen verwandeln sich.

Vergiss nicht, an die Schrumpfung von rund 30 bis 50% zu denken, wenn Du Deinen Entwurf in Filz realisieren willst. Sonst werden vielleicht die usterformen zu klein.

Die Farben verändern sich

Die Farbe der Hintergrundwolle ist für die Farben der Muster im fertigen Filz von grosser Bedeutung: Weisse Wolle macht die Farben bleicher, pastellartig; graue Wolle verringert die Leuchtkraft der Farben und macht sie schmutziger, nebliger; schwarze Wolle kann die Farben etwas dämpfen, doch auch hervorheben, so dass sie leuchten. Andere Farben verhalten sich beim Mischen wie Aquarellfarben. Wie stark die Hintergrundfarbe durchschlägt, kommt natürlich darauf an, wie dick das Material ist.

Dicke Musterformen behalten mehr von ihrer eigenen Farbe.

Aus der Wolle, die für die Muster verwendet wird, muss der gesamte Farbüberschuss gewaschen werden. Ansonsten kannst Du eine unerwünschte Ausbreitung der Farbe zwischen Muster und Hintergrund beim Filzen, bei der Mottenbehandlung oder bei der Wäsche bekommen.

Technische Tips

Lies dieses Kapitel, bevor Du beginnst, Muster herzustellen! Muster kann man auf viele verschiedene Arten machen. Man kann sie aus kardierter oder unkardierter Wolle filzen. Muster können aus ausgeschnittenen Filzstücken, Garn, Stoffstücken, anderen Textilfasern, Gras, Stäbchen, ja sogar aus ganzen Tüchern bestehen. Das sicherste Verfahren, um Muster festzufilzen, ist, sie spiegelverkehrt auf der Stabjalousie oder dem Tuch zu plazieren und dann die Hintergrundwolle oben drauf zu legen. So ist das Muster während des Zusammenrollens fixiert. Legst Du es auf die Hintergrundwolle, kann es leicht verschoben werden. Dies ist um so problematischer, je mehr und je dickere Wollagen Du auslegst. Trotzdem willst Du vielleicht das Muster richtig herum sehen, um beurteilen zu können, wie sich die Farben auf dem Untergrund machen. Dazu kannst Du zuerst die Hintergrundwolle auslegen, leicht benetzen und fünf Minuten rollen. Nach dem Aufrollen siehst Du, dass fast alle Luft aus der Wollfläche ausgepresst ist und diese ganz dünn geworden ist. Sieht die Wolle auf der Oberfläche sehr glatt aus, solltest Du sie mit einer Stahlbürste an den Stellen, auf die Du das Muster legen möchtest, leicht bürsten, dann bleiben sie besser haften. Plaziere danach das Muster und wickle die Rolle vorsichtig zusammen. Jetzt ist die Gefahr gering, dass sich die Muster verschieben. Dennoch solltest Du nach einigen Minuten die Rolle aufmachen, um die Lage der Muster zu kontrollieren. Verschobene Musterstücke und die Filzfläche, auf der sie haften sollen, rauhst Du mit der Stahlbürste auf und kannst sie auch im weit fortgeschrittenen Filzprozess noch dazu bringen, sich zu verbinden.

Vorsicht! Wenn Du das Muster spiegelverkehrt unter der Hintergrundwolle ausgelegt hast, vergiss nicht, das Filzstück so zu wenden, dass am Ende des Filzprozesses die richtige Seite oben ist. Diese Fläche, die dann die Innenseite der Rolle ist, wird glatter.

Mögliche Probleme

Die Muster verbinden sich nicht mit dem Filz. Am Anfang des Filzprozesses kann das daran liegen, dass Du noch nicht lange genug gefilzt hast, damit das Muster überhaupt haften bleiben könnte. Fahre mit dem Rollen fort!

Der Musterfilz kann auch zu hart gewalkt sein, so dass es zu wenige Fasern auf dessen Oberfläche gibt, die sich mit der Hintergrundwolle verbinden können. Rauhe sowohl den Untergrund, als auch die Unterseite des Musters mit der Bürste auf. Bleiben einige wenige grosse Formen nicht haften, kannst Du sie mit kleinen Heftstichen festnähen. Den Faden trennst Du heraus, sobald der Filz fertig ist.

Besteht der Hintergrund etwa aus Ryawolle, die auf einer Maschine kardiert wurde, kann das Problem darin bestehen, dass zu wenige Faserenden aus dem Vlies herausragen, um die Fasern des Musters ergreifen zu können Das Problem muss dann schon beim Auslegen der Hintergrundwolle beseitigt werden. Zupfe von dem Vlies kleine Büschel ab, so wie es die Nomaden in der Mongolei tun. Nimm das Büschel in die rechte Hand, lege die linke Hand auf die Oberfläche, drücke mit der linken Hand die Wolle hinunter und zupfe das Vlies mit der rechten Hand aus. So legst Du die gesamte Fläche mit parallelen Wollbüscheln aus, deren Faserenden senkrecht nach oben stehen, anstatt parallel zur Fläche zu liegen.

Muster aus unkardierter Wolle

Die Wolle ist an sich schon Inspiration. Ich sammle für Verzierungen schöne Stücke verschiedener Wollocken in einem Karton: Es können schöne Farben sein, schöne Strukturen oder ein aussergewöhnlicher Glanz der Locken. Diese Schönheit ist zu schade, um sie kaputtzukardieren!

Suche schöne Wollocken heraus. Teile Sie, wenn sie klumpig sind oder ziehe sie seitlich auseinander, so dass sie platt werden. Reihe sie auf der Hintergrundwolle aneinander, am besten gleichmässig in einer Richtung, so dass sie Ruhe und Harmonie ausstrahlen. Fülle die Oberfläche. Wenn die Stapel aus langen, glänzenden Deckhaaren bestehen, etwa aus Ryawolle, musst Du sie mit einigen Fasern der Hintergrundwolle über den langen Enden «absichern», sonst verfilzen sie nicht. Ziehe einige Fasern aus dem Vlies und lege sie über die Enden. Du kannst die Stapel auch so ausziehen, dass sie ein dünnes Netzwerk über die ganze Oberfläche bilden.Oder Du schneidest sie in kurze Stücke, bevor Du sie auslegst.

Am sichersten ist, das Muster zuerst spiegelverkehrt mit der Vorderseite nach unten auszulegen.

Kinderjacke mit Mustern aus ausgeschnittenem Vorfilz. Als Anregung dienten Heidelbeeren.

Muster aus geschnittenem Vorfilz

Geschnittene Muster aus Filz eignen sich gut für immer wiederkehrende Formelemente, etwa in Stoffen (auch als Meterware). Es ist leicht, die Formen auszuschneiden und sie nachher auf der Fläche auszulegen.

Gestaltungsvorschläge

1. Schneide eine geometrische Form aus farbigem Papier aus, etwa einen Kreis, eine Raute oder ein Quadrat. Lege die Formen auf Papier aus, das die gleiche Farbe hat wie das Stück, das Du filzen willst. Verschiebe, spiele, beurteile! Sollten Farben weggenommen werden? Ist ein Farbton schwächer als ein anderer? Fällt dieser aus dem Rahmen? Sitzen die Punkte zu nahe oder zu weit auseinander? Hat das Muster die richtige Balance?

2. Achte auf Muster mit kleinen Formelementen, wie sie in der Natur vorkommen. Tiere und Insekten können schöne Zeichnungen haben, etwa Fische, Vögel, Raubkatzen, Hunde. Flechten oder Muster auf Steinen können interessante Farb- und Formkombinationen bieten. So auch Früchte und Pflanzen! Versuche Dir vorzustellen, wie ein Muster auf einem gesamten Kleidungsstück aussehen könnte. Male es auf und führe die notwendigen Arbeiten aus, so dass alles so wird, wie Du es haben willst. Färbe den Musterfilz und schneide die Musterelemente aus. Lege das Muster Deiner Vorlage entsprechend aus.

3. Suche nach Anregungen im täglichen Leben! Gewöhnliche, einfache Alltagsgegenstände um uns herum können Impulsgeber sein. Buchstaben, Süssigkeiten, Knöpfe, Zwirnrollen, Federn, Bleistifte, Autos, Boote... Denke daran, dass die Formen nicht allzu kompliziert sein dürfen, wenn Du es etwa aushalten willst, hundert Stück für einen Stoff auszuschneiden!

Der Filz für die Musterformen (auch Vorfilz) soll locker und leicht filzbar sein, so dass er sich mit der Hintergrundwolle verbindet. Stelle den Vorfilz nach der Beschreibung für die Rolltechnik her, rolle ihn aber nur einige Male. Sollte er etwas zu viel gewalkt worden sein, kannst Du den Filz auf der Seite, die gegen die Wolle zu liegen kommt, mit der Stahlbürste aufrauhen. Dann bleibt er leichter haften.

Du kannst den Musterfilz aus gefärbtem Vlies herstellen oder nach dem Filzen färben. Dann sollte er aber nur sehr leicht gefilzt werden. Er wird nämlich etwas schrumpfen, sowohl wenn die Schmierseife ausgewaschen wird, als auch während des Färbeprozesses.

Der Grad der Verfilzung des Musterfilzes beeinflusst das Aussehen des Musters. Ein lose gefilzter Vorfilz gibt eingesunkene Muster mit unscharfen Konturen, ein härter gefilzter Vorfilz gibt deutlichere Muster, die mehr auf der Oberfläche liegen.

Wie dick Du die Lagen für den Vorfilz auslegst, beeinflusst das Aussehen des Musters ebenso.
Ein dicker Vorfilz gibt dem Muster eine klarere Farbe, ein dünner Filz lässt die Fasern der Hintergrundwolle durch und die Musterfarbe wird dadurch geschwächt und etwas meliert.

Der Wolltyp beeinflusst ebenso die Ausprägung des Musters. Je gröber die Fasern, desto unschärfer die Konturen. Die schärfsten Konturen erhält man mit Feinwolle. Muster aus Ryawolle auf

Feinwollhintergrund lassen die Muster schwellen, da die Ryawolle weniger schrumpft als die Feinwolle. Überhaupt schrumpfen die geschnittenen Muster weniger als die Hintergrundwolle, weil sie beim Vorfilzen teilweise schon geschrumpft sind.

Wenn zwei geschnittene Filzformen Kante an Kante liegen sollen, kannst Du sie mit ein paar Stichen zusammenheften, so dass sie beim Filzen nicht auseinandergleiten. Trenne den Faden nachher wieder weg.

Muster unter der Filzoberfläche

Subtile, halbdeutliche Muster mit leichter Reliefwirkung kannst Du damit erreichen, indem Du Stücke aus dickem, gutgefilztem Vorfilz ausschneidest. Lege diese auf die Hintergrundwolle und lege darauf ein möglichst dünnes Vlies. Anschliessend rolle. Natürlich kannst Du Fäden, Stoffstücke und sonstiges zwischen den Vliesen auf dieselbe Art legen. Mit zwei dünnen Vliesen wird der Filz durchsichtig, und das Muster kann auch transparent erscheinen.

Muster aus kardierter Wolle

Traditionellerweise hat man Muster aus kardierter, ungefilzter Wolle in einfacheren Teppichen verwendet, etwa in Tekemet-Teppichen bei den Kirgisen und Alakiiz-Teppichen bei den Kasachen. Borten rund um den Teppich, lange Linien, grosse Formen – alle diese Muster elemente, die aus Sicht des Filzers vielleicht nicht so gut zu arbeiten wären, wenn man sie aus Vorfilz ausschneiden würde.

Wenn man kardierte Wolle für Muster verwendet, spart man sich die Zeit, einen Vorfilz herzustellen. Kardierte Wolle über grosse Musterflächen auszulegen ist aber auch sehr zeitintensiv und fordert ausserdem Genauigkeit, wenn man ein Muster erhalten will, das gleichmässig und deutlich ist. Ist man genau und verwendet feinfaserige Wolle, wird das Muster genauso konturenscharf und deutlich wie Muster aus Vorfilz.

Es gibt auch noch andere Gründe, kardierte Wolle zu verwenden: wenn Du spezielle Effekte erzielen willst, etwa eine gewisse Unschärfe oder fliessende Übergänge zwischen Farbflächen. Vielleicht willst Du einen malerischen Effekt erreichen, als ob Du mit einem Pinsel malst. Deshalb eignet sich diese Technik sehr gut, um Bilder zu arbeiten.

Inspirationstips
Gehe in ein Museum, wo Du alte Bauerngegenstände studieren kannst. Wähle ein Muster aus, das auf grossen Musterformen und Linien aufbaut. Solche kann man auf Schwingmessern und anderen Brautgaben finden. Zeichne das Muster ab und passe es dann dem Teppich oder dem Sitzpolster an, das Du herzustellen

Teppich mit Mustern aus unkardierter Wolle und Vorgarn. Eine Butterform aus dem Heimatmuseum in Sveg gab die Inspiration zum diesem Muster. Gepeitschte Gutewolle als Hintergrund.

möchtest. Vereinfache und verändere es so, dass es zu dem Format passt, das Du Dir gedacht hast. Lasse Details weg, die Dir nicht gut erscheinen, oder fülle vielleicht einige Formen mit Farbe, um das Ganze interessanter zu machen.

Das Muster legst Du folgendermassen aus: Feuchte das Tuch oder den Stabrollo an und zeichne das Muster mit Schneiderkreide auf. Fülle dann die gezeichneten Formen mit Wolle aus. Ganze Flächen kann man auf folgende Weisen bearbeiten:

1. Lege das ganze Vlies in Lagen kreuz und quer und reisse es entlang der Konturen ab. Lege es dick aus, wenn Du leuchtende Farben möchtest, und dünn, wenn die Farbe der Hintergrundwolle durchscheinen soll. Biege hinausstehende Faserspitzen am Rand ein, wenn Du eine scharfe Kontur haben willst. Spritze etwas Wasser auf die Konturen und drücke sie so, dass sie ihre Form behalten.

2. Reisse das Vlies in kleine Stränge, nach Art der Nomaden in der Mongolei. Nimm einen Strang in die rechte Hand, lege die Hand gegen die Oberfläche, drücke mit der linken Hand die Wolle, die aus der rechten Hand heraussteht, hinunter und ziehe danach die Wolle mit der rechten Hand ab.

Das machst Du solange, bis die Oberfläche von parallelen Wollbüscheln gefüllt ist. Führe die Prozedur dann noch in kreuzweiser Richtung aus. Biege hinausstehende Faserspitzen entlang des Randes ein, so dass Du einen scharfen Umriss bekommst. Spritze etwas Wasser auf die Konturen und drücke so fest, dass sie die Form behalten.
Kleine Flächen und Linien lassen sich am leichtesten arbeiten, wenn Du das kardierte Vlies befeuchtest, bevor Du es

Das Muster wird mit Schneiderkreide markiert oder mit angefeuchtetem Vorgarn gelegt. Das Vlies wird als abgerissener Strang ausgelegt, siehe Text.

in die gewünschte Form bringst. Dann bleibt die Wolle liegen, wo Du sie hingelegt hast. Linien können klar und deutlich erstellt werden, wenn man feine Stränge aus feuchtem Vlies rollt, so dass sie einem Vorgarn gleichen.
Du kannst auch einen sehr losen Faden auf der Spindel spinnen oder fertiges Vorgarn verwenden. Dieses ist bei vielen dünnen Linien am besten.

Bewegliche Formen aus Wollvlies

Stabile Formen, mit denen Du leicht spielen und die Du noch bewegen kannst, stellst Du her, indem Du Wolle, Seide, Leinen, Garn oder ein anderes Material in Tapetenleim tauchst, in die gewünschte Form bringst und auf eine Plastikfolie legst. Insekten, Blumen und andere komplizierte Formen können auf diese Weise in eine stabile Form gebracht werden. Wenn der Kleister trocken ist, hast Du eine haltbare Form, die Du vom Plastik loslösen und auf der Hintergrundwolle plazieren kannst oder sie für eine spätere Gelegenheit aufbewahrst. Der Kleister verschwindet beim Filzen. Seidenpapier ist eine der Erfindungen von Inge Evers, die es erleichtert, Formen aus Seide einzufilzen. Ziehe Seidenfasern zu kleinen Wolken aus und lass sie auf einem Stück Markisenstoff oder einen ähnlichen, netzartigen Stoff fallen. Verwende nur den halben Stoff. Lege die andere Hälfte darüber nachdem alle Wölkchen ausgelegt sind. Tauche einen Schwamm in Tapetenkleister (er sollte die Konsistenz von Joghurt haben) und durchfeuchte die Seide ordentlich. Sauge den überschüssigen Kleister mit einem sauberen Schwamm auf. Hänge danach den Stoff mit der Seide zum Trocknen auf. Schneide Formen aus den Seidenwolken oder filze sie ein, so wie sie sind.

Gefärbtes Vlies als Musterung des gesamten Stoffes

Kompositionstips
Male mit Aquarellfarben mit langen, rhythmischen Zügen über feuchtes Papier. Hast Du übrigens daran gedacht, dass Aquarellpapier beinahe dieselbe Oberflächenstruktur hat wie Filz? Nimm reine Farben in den Pinsel und lass die Farben sich auf dem Papier zu grossen Farbflächen verlaufen. Male Ränder, Quadrate, Flecke, Wellen. Male viele Papiere. Wähle eine Partie aus, die Du interessant findest. Schneide am besten aus einem weissen Papier einen Rahmen aus, der die gleiche Form hat wie Dein Stoff. Er soll dem Auge den Eindruck gegenüber der Umgebung begrenzen, wenn Du nach feinen Farbpartien auf Deinen gemalten Flächen suchst.

Färbe Wollvlies in den gleichen Grundfarben, wie Du sie gemalt hast. Dosiere die Farben nach Augenmass, um sie richtig zu treffen (siehe das Kapitel übers Färben, S. 74). Lege das gefärbte Vlies auf die Hintergrundwolle genauso, wie Du die Farben auf Deiner Skizze gemalt hast. Dort wo die Farben ineinander fliessen, legst Du die Wolle aufeinander. Lege die dominierende Farbe zuoberst. Verwende sehr dünne Vliese, sonst werden sich die Farben nicht mischen.

Musterung einer gesamten Oberfläche mit gefärbtem Wollvlies.

Muster mit Garnen, Fäden, Leinen, Seide und anderem

Hartgezwirnte Garne schrumpfen zu wenig und bilden kleine Wellen im fertigen Filz. Für gerade Linien musst Du ein sehr poröses und lose gesponnenes Garn verwenden, am besten nichtgezwirntes. Das Garn soll aus der Unterwolle des Schafes sein. Lange, grobe Fasern vom Deckhaar bilden nämlich auch Wellen!

Das Garn kann man als Vierecke, Spiralen oder im Wirrwarr auslegen. Flachsfasern kann man nach den Seiten zu einem feinen Netzwerk in der Wolle ausziehen. Flachs und Seide, die das Licht reflektieren, bilden oft einen interessanten Kontrast zu dem matten Filz, der beinahe alles Licht absorbiert.

Flachs und andere langfaserige, glatte Materialien festigen sich auf der Wolle mitunter schwer. Auf diese kann man ein dünnes Sicherheitsnetz von einigen Fasern, die man aus dem Vlies zieht, legen.

Einfilzen von ganzen Tüchern, «Wollsmok» und «Wollcloqué»

Diese Technik funktioniert nur, wenn die Struktur der Stoffe locker genug ist. Sackgewebe, Leinentücher, Seidenchiffon, Organza aus Seide oder Synthetikfasern und dünne Lurextücher eignen sich gut dafür. «Wollsmok» und «Wollcloqué» kann man aus weichem Synthetikorganza herstellen. Da die Stoffqualität das A und O ist, wenn Technik glücken soll, ist es wichtig, diese an kleinen Stoffstücken auszuprobieren, bevor man ganze Stücke filzt. Lege zwei äusserst dünne Schichten Vlies unter den Stoff, rolle solange bis sich Stoff und Wolle miteinander verbunden haben und der Stoff gleichmässige Blasen bildet. Rolle nur in eine Richtung, doch von beiden Seiten.

Wenn das Organzatuch sehr weich und locker ist, kann man mit dem Rollen fortfahren, bis sich Smokfalten quer zur Rollrichtung bilden. Steiferes Organza kann nur Blasen bilden = Wollcloqué! Kleidungsstücke aus Wollcloqué sollten gefüttert und mit Organza-Bändern aus Webkanten eingesäumt werden, damit sie beim Tragen in Form bleiben. Natürlich ist das kein geeignetes Material für Röcke.

«Wollsmok». Eingefilztes Synthetikorganza.

◁ *Eingefilzte Flachsfasern.*

Eingefilzte Seidenfasern, ganzes und geschnittenes Seidengarn.

«Wollcloqué». Eingefilztes Synthetikorganza. Kleid aus gleichem Material S. 152.
▽

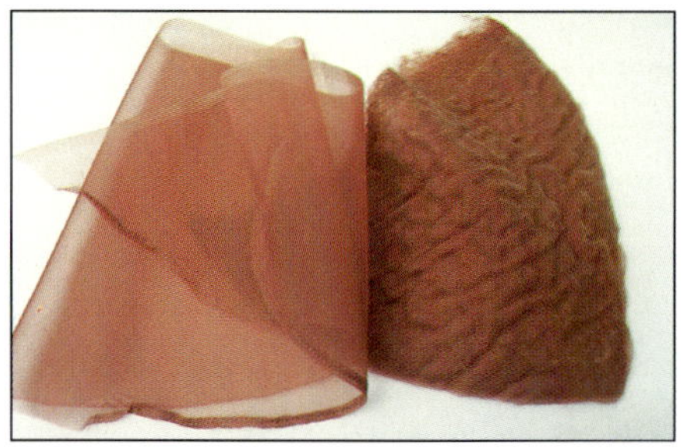

△
Gestickte Schriften *können freihändig oder nach Markierungen gestaltet werden (S. 154).*

Schriften *können auf mehrere Arten gemacht werden. Aus ausgeschnittenem Vorfilz, ausgelegt in regenbogenfarbiger Seide oder in ausgezogenem, angefeuchtetem Vlies, wie auf diesem Bild untereinander dargestellt. Verwende die spiegelverkehrte Ausleg-Methode wie auf S. 110 beschrieben. Man kann bewegliche Buchstaben aus Vlies formen, indem man sie mit Tapetenkleister tränkt (S. 113).*

Stickereien *mit der Maschine und von Hand geben Licht und Schatteneffekte im Filz und können diesen bedeutungsvoll verstärken. Verwendungsmöglichkeit sowohl für Gebrauchswaren als auch in der Kunst!*

◁ Stockholmsvägen 92. G. Paetau Sjöberg. *Verschiedene Techniken kombiniert in einem Bild. Eingefilztes Wollvlies und unkardierte Wolle bilden den Hintergrund. Das Haus ist gestickt und appliziert, während eingefilzte Filzstücke die Büsche im Vordergrund bilden.*

Echter Wollplüsch

Einen «echten Kunstpelz» aus geschnittener Wolle stellt man her, indem man einen Wollstapel nach dem anderen nimmt, seitlich an den Wurzelenden etwas auseinanderzieht und reihenweise auf ein Vlies legt, das möglichst aus leichtfilzender Wolle bestehen soll. Die Wollstapel soll man eng aneinander legen und die Reihen so anordnen, dass die Wolle der zweiten Reihe die der ersten zur Hälfte überdeckt. Lege die ganze Zeit die Stapel mit dem Wurzelende in die gleiche Richtung. Die Unterwolle in den Stapeln wird dann im Wollvlies haften bleiben, während die Spitzen der Stapel mit den längeren Deckhaaren lose liegen.

Echter Schafwollplüsch kann schön für Krägen sein, Ärmelaufschläge, Muffe und als rein dekorative Elemente in Bildern. Vor allem ist es toll, einen Pelz von einem Schaf zu erhalten, das sich immer noch bester Gesundheit erfreut!

Auslegen der Wolle für echten Wollplüsch.

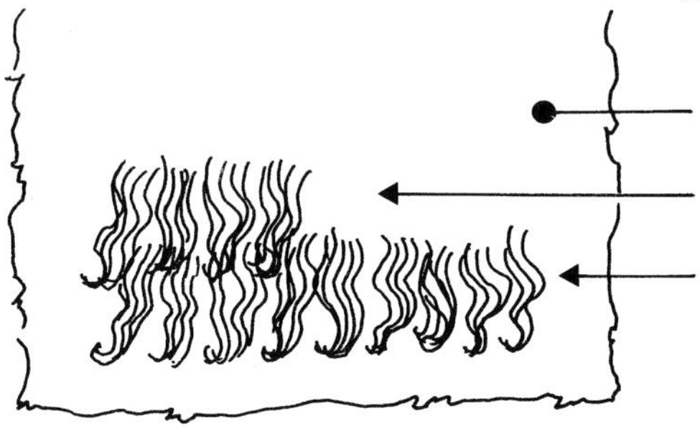

Mit dem Fahrrad filzen! Eine einfache «Filzmaschine» aus einem rostfreien Rohr, auf das der Filz aufgerollt wird. In dem Rohr ist ein etwas längeres Plastikrohr, durch das ein biegsames Drahtseil gezogen ist. Mit einem Stock wird das Drahtseil auseinandergespreizt, damit das Rohr rollen kann. Der Filz ist eine kräftige Plastikplane gewickelt. Hier ist in eine Konstruktion mit drei Rollen abgebildet. Davon wird allerdings abgeraten, weil die Handhabung schwieriger ist als mit einem Rohr.

Filzen mit Maschinen

Liest man alte Aufzeichnungen über Filz, so stösst man auf seltsame Assoziationen. In Wörterbüchern über die schwedische Sprache des Mittelalters kann man lesen, dass das Wort «filzen» die Bedeutung «mühsame» Arbeit, aber auch «sich mit jemandem schlagen» bedeuten kann. Kann es vielleicht sein, dass man diese Technik allzeit als mühsam aufgefasst hat, so dass das Wort «filzen» mit einer solchen Bedeutung verbunden wurde? Und es stimmt ja auch, dass man sich beinahe mit der Wolle schlagen musste, um den unglaublich harten und starken Filz zu erhalten, der von den alten Geschichtsschreibern erwähnt wird. Alle erinnern wir uns an die alten Schriften und deren Beschreibungen von «Filz, der weder auf Feuer noch Eisen reagierte». Und heute noch verwenden Filzer zur Herstellung von Filzschuhen und Filzstiefeln Holzkeulen und Schlegel, um den Filz richtig hart zu bekommen.

Gewiss ist die Filzherstellung auch noch in unserer Zeit eine mühselige Arbeit für den Handwerker, auch wenn wir nicht länger Schilde für den Kriegsgebrauch fertigen. So fragen sich viele, ob man sich die Arbeit nicht auf irgendeine Art erleichtern könnte? Diese Frage ist nicht neu. Katarina Ågren erzählt, dass eine Familie Östman in Svedjeholmen in Ångermanland schon in den 20er Jahren einen Apparat gebaut hatte, mit dem die Schleuder in der Filzarbeit verwendet werden konnte. Unterschiedlichste Vorschläge und wilde Ideen pflegen spätnachts bei Filzkursen herumzugeistern, und unterstützt von der erheiterten, müden Stimmung nehmen sie leicht überhand. Die Mangel wird dann oft genannt. Doch ich will diese nicht gerne empfehlen, mit Rücksicht darauf, dass es Mangelmaschinen fast ausschliesslich in Mietshäusern gibt. Denn was macht man, wenn Seifenwasser mit einem Geruch von schmutziger Wolle aus der Plastikrolle ausläuft und sich über die ganze Maschine ergiesst?

Leider haben wir zu wenig Kamele und vielleicht auch Pferde, die sich zur Filzarbeit eignen würden. Aber es gibt doch Fahrräder! Warum nicht eine Filzrolle an einem Fahrrad anhängen, wenn man sowieso zur Post fahren wollte?

Ich habe von einer Amerikanerin gehört, die den «Autofilz» erfunden hat. Sie nahm auf einem grossen Parkplatz die Rolle hinten am Auto ins Schlepptau. Aber diese Methode ist wegen der Abgase nicht so gut.

Die Waschmaschine

Die einfachste Art der Mechanisierung ist in einem Haushalt sicherlich die Waschmaschine. Das sollte dann eine Maschine sein, die es erlaubt, dass man sie öffnen und kontrollieren kann, wie das Walken voranschreitet. Am leichtesten sind in dieser Hinsicht sicherlich die Maschinen zu bedienen, die von oben beladen werden. Oft handelt es sich nur um Minuten!

Hat man Platz, kann man eine Maschine installieren, die nur für das Walken von Filz bestimmt ist. Dann entsteht für den Ehemann erst gar nicht das Problem mit dem störenden Haarwuchs auf der Aussenseite seines Hemdes... Es ist nicht schwer, eine von oben zu beladenden Maschine billig zu bekommen, wenn man in einem regionalen Anzeigenblatt für eine Maschine mit funktionierendem Motor inseriert. In der Regel gehen die Heizstäbe zuerst kaputt und in vielen Kellern und Garagen stehen solche halbfunktionierende Maschinen.

Das Walken von Stoffen
Mit Waschmaschinen gewalkte Stoffe haben einen anderen Charakter als solche, die gerollt wurden. Sie sind poröser, dicker, zerzauster und rauher. Passen gut zu Winterjacken! Mehr darüber im Kapitel über die Unterschiede abhängig von der Walkmethode (S. 123).

Lege die Wolle auf einem Bambusrollo oder auf einem Leintuch aus. Folge der Beschreibung im Kapitel «Dünn filzen mit der Rolltechnik» (S. 104).
Lege lieber die Wolle dünner aus, als normal. Rechne auch damit, dass die Wolle bedeutend mehr schrumpfen wird als mit der reinen Rolltechnik. Wenn die Wolle gerollt ist und ordentlich gefilzt wurde, kann man sie in die Maschine legen. Wenn die Wolle schlecht gefilzt ist, kann sie zerzaust, sehr klein und dick werden. Wichtig ist, dass das Filzen so weit fortgeschritten ist, dass alle einzelnen Fasern gefestigt sind. Wenn Du die Wolle in einem Tuch gerollt hast und sie sich von diesem nicht ablösen lässt, dann ist das keine Katastrophe – im Gegenteil, ein Vorteil! Weil die Wolle am Tuch festsitzt, schrumpft sie beim Walken nicht so stark. Lasse also das Tuch in der Maschine mitlaufen. Sobald es grosse Blasen wirft, kannst Du es abnehmen und den Filz noch einige Zeit alleine weiterwalken.

Lass Wasser mit 45°C in die Waschmaschine ein. Ein Duschschlauch in der Nähe vereinfacht dies. Die Trommel soll nicht mehr als zu einem Viertel ihrer Höhe gefüllt werden.
Ist die Wolle ungewaschen, kann man Feinwaschmittel zugeben. Hat man Schmierseife verwendet, kann man ein wenig Waschmittel zusetzen. Dann wird die Wolle gleichzeitig sauber. Reiner Filz, den man noch etwas walken will, benötigt überhaupt kein Waschmittel, das funktioniert auch ohne ausgezeichnet.

Funktioniert die Heizung der Maschine, so stelle eine Temperatur von 40°C ein. Lass die Maschine auf dem Waschprogramm etwa 5 Minuten laufen. Stoppe die Maschine, öffne den Deckel und kontrolliere. Auf diese Weise fährt man in Intervallen von einigen Minuten fort, bis die gewünschte Qualität erreicht ist. Das geht sehr rasch, weshalb eine Eieruhr zu empfehlen ist! War die Wolle schmutzig, lässt man das Wasser nach den ersten fünf Minuten auslaufen und füllt frisches, lauwarmes Wasser bis zur halben Trommelhöhe zum Spülen ein. Lass die Maschine einige Minuten laufen, entleere sie und fülle neues Spülwasser ein. Wenn das Walken von dem letzten Spülgang fertig ist, muss man in einem Kessel, Trog oder in der Badewanne von Hand spülen. Ich stelle zum Walken meistens den Schongang ein, um mit allen Spülungen fertig zu werden, bevor das Walken beendet ist.

Filzen von dreidimensionalen Formen
In einer Waschmaschine kann man aber auch Bälle, langgestreckte Formen, Figuren, Skulpturen, ja sogar Socken filzen und walken, ganz oder nur teilweise. Am leichtesten glücken runde Formen, die durch die Stösse gegen die Trommel der Waschmaschine ihre Form nicht verlieren, sondern eine feine und runde erhalten.

Bei ungleichmässigeren Formen kann es Probleme geben.

Für das Walken in der Waschmaschine sind alte Strumpfhosen und Bindedraht zum Verknoten sowie Sicherheitsnadeln für ungleichmässige Formen notwendig. Die Strümpfe sollen möglichst von fester und dichter Qualität sein. Weitmaschige und lose Strümpfe bleiben an der Wolle hängen. Verwende nur die Beine der Strümpfe. Es eignen sich auch Wäschesäcke.

Bälle und andere kompakte Formen können ganz aus Wolle oder auf Schaumstoff aufgebaut sein. Bereite die Bälle so vor, wie im Kapitel über dreidimensionale Formen (S. 127) beschrieben, bis zum Beginn des Filzens. Wenn Du um Schaumstoff herumfilzen möchtest, so geize nicht mit Wolle. Die Wolle schrumpft beim Waschmaschinenwalken ziemlich stark, so dass ärgerliche Löcher, bei denen der Schaumstoff herausschaut, im Filz entstehen können. Runde Formen kann man direkt in den Strumpf hineinstecken. Halte den Wollball fest und schiebe ihn im Strumpf ganz hinunter. Drücke den Strumpf hinter dem Ball ab und knote ihn mit einem Stück Bindedraht zu. Schiebe den nächsten Ball in den Strumpf, knote usw. – oder verwende einen Wäschesack.

Unregelmässige Formen mit hervorstehenden Teilen sind etwas schwerer zu handhaben. Schneide die Strümpfe zu langen Binden etwa 6 cm breit. Schneide die Schaumstofform mit übertriebenen Details. Mache etwa eine spitzige Nase wesentlich länger, da sie in der Maschine abgerundet wird. Wickle reichlich Wollvlies um den Schaumstoff in verschiedene Richtungen, so dass die Fasern kreuzweise liegen. Danach bindet man den Strumpf wie einen Verband um die Form. Diese steckt man also nicht in den Strumpf hinein, da würde die Form nicht bestehen bleiben. Verschliesse den eingewickelten Strumpf mit einer Sicherheitsnadel (die niemals in dem Material liegen bleiben darf, weil sie rostet!).

Folge der Beschreibung für das Walken von Stoffen in der Maschine (S. 117) was Wasser, Waschmittel, Spülen usw. anbetrifft. Lass Bälle und Formen höchstens drei Minuten in der Maschine laufen. Nimm einen Ball heraus, nimm den Strumpf ab und beurteile, wie weit der Prozess fortgeschritten ist. Wenn die Wolle eine zusammenhängende Schale gebildet hat, kann der Strumpf abgenommen werden. Die Wollhülle kann zwar lose auf dem Schaumstoff sein, doch müssen sich die Fasern miteinander verfilzt haben. Danach gibst Du die Bälle und Formen noch einmal ohne Strümpfe in die Maschine. Lässt man den Strumpf zu lange auf der Wolle, so bleibt er für immer dort haften.

Nachdem alle Maschinen unterschiedliche Rotationsgeschwindigkeiten haben, empfiehlt es sich, eine Probe mit einem Ball und einer Schaumstofform zu machen, bevor man in die Massenproduktion einsteigt.

Für die Dauer des Walkens ist auch die Anzahl der Bälle in der Trommel von grosser Bedeutung. Natürlich kann man die Gegenstände zuerst mit den Händen filzen und nur das Walken der Maschine überlassen.

Walken von Socken und anderen hohlen Gegenständen

Hart gewalkte Gebrauchsgegenstände und Skulpturen, die nachher ausgestopft werden sollen, kann man auch in der Maschine walken. Doch müssen sie vorher sehr genau gefilzt worden sein, der Filz muss ordentlich zusammenhalten, bevor er in die Maschine gelegt wird. Am besten glücken gleichmässige und runde Formen. Runde «Schachteltaschen» können in einer Maschine leicht gewalkt werden.

Herausragende Teile werden etwas zusammengestaucht, so werden etwa die Zehen bei Socken und Stiefeln kürzer. Da empfiehlt es sich, ein leichtes, doch stabiles Material hineinzustopfen.

Holzleisten eignen sich weniger – weder für die Maschine noch für die Ohren. Dagegen kann man Formen aus sehr hartem Schaumstoff zuschneiden. Normalweicher Schaumstoff wird beim Walken zusammengedrückt. Man kann auch Schaumstoffstücke mit gewöhnlichem Hobbyleim zusammenkleben, damit eine Form genügend gross wird. Zeichne die Form mit einem Filzstift auf den Schaumstoff. Die Form sollte natürlich in der Grösse angefertigt werden, die der fertige Gegenstand haben soll, möglichst sogar ein paar Zentimeter grösser. Schneide sie zuerst mit einem scharfen Messer aus und runde sie dann mit einer Schere ab. Damit Socken und Stiefel ihre Form besser behalten können, lege ich unter den Schaumstoff-Fuss noch eine lose, gekaufte Einlagesohle aus Filz, um eine bessere Festigkeit zu erreichen. Danach wickle ich den Schaumstoff-Fuss in einen festen und unbeschädigten Plastiksack und klebe alle Falten und Öffnungen mit wasserfestem Klebeband zu. Danach wird der Plastikfuss in den Socken gesteckt, und die Maschine kann mit ihrer Arbeit beginnen. Der Rist und das Fussgewölbe sind in der Maschine schwierig einzuwalken, so dass man diesen anschliessend mit dem Filzholz eine extra Behandlung zukommen lassen muss.

Vergiss nicht die Eieruhr, wenn Du in der Waschmaschine filzt!

Ein Nylonstrumpf ist zum Filzen von Bällen in der Waschmaschine sehr geeignet! Knote ihn mit Bindedraht ab! ▷

In der Waschmaschine gefilzte Äpfel.
G. Paetau Sjöberg.

Die Schleifmaschine

Mehrere Filzmacher haben probiert, mit einer gewöhnlichen Schleifmaschine zu filzen. **Brita Jacobsson** in Surahammar verwendet sie für zweidimensionales Filzen nur noch und ist mit dem Resultat sehr zufrieden. Ihre Knie, Rücken und Arme sind inzwischen über siebzig Jahre alt, so dass sie es sehr angenehm findet, wenn ihr eine Maschine die eintönigen Arbeiten abnimmt.

Man befeuchtet die Wolle wie gewöhnlich mit Schmierseifenwasser und arbeitet dann direkt auf der Wolle oder legt noch eine Plastikfolie darüber. Die Folie verhindert auch, dass das Wasser auf die Maschine spritzt. Die Maschine wird mit ihrer festen Gummiplatte, ohne Sandpapier verwendet. Man «schleift» Feld für Feld mit Überlappungen. Sobald die Wolle fixiert ist, kann man mit der Maschine über den ganzen Filz gleiten. Die Maschine eignet sich gut für kleine Stücke. Bei grossen Filzstücken ist es wohl rationeller, mit der Rolltechnik zu filzen. Brita pflegt das Schleifmaschinenfilzen mit kurzzeitigem «gewöhnlichem» Rollen abzuschliessen.

Wenn man mit Elektrizität in feuchter Umgebung arbeitet, muss man vorsichtig sein. Auch wenn der Motor in der Schleifmaschine wohl geschützt ist, sollten die Hände trocken gehalten werden und kein Wasser auf die Maschine spritzen. Will man absolut sicher gehen, sollte man sich einen Fehlerstromschalter (FI-Schutzschalter) anschaffen. Dieser schaltet im Falle eines Falles den Strom sofort automatisch ab.

Britas geschickter Mann hat auch eine kleine Filzmaschine aus einem Polierzusatz eines Staubsaugers gebaut, die vielversprechend zu sein scheint. Einen Nachteil haben vibrierende Maschinen: Sie können nach längerer Zeit und bei intensiver Verwendung zu Venen- und Muskelschäden führen. Atlas-Copco entwickelt jetzt eine Schleifmaschine, die diese Auswirkung beseitigen soll.

Brita Jacobsson filzt mit einer Schleifmaschine.

Rotkäppchen und der Wolf.
Brita Jacobssons Spezialität sind Märchenillustrationen, oft in Form einer Bilderserie. Mit grosser Geduld formt sie kleine Figuren in detaillierter Umgebung. Dadurch dass sie die Motive oft in verglasten Holzkästchen montiert, werden diese zu kleinen Schaukästen. Sie näht kleine Filzstücke zusammen und modelliert die Figuren durch Nähen. Sie näht mit kurzen Stichen, die sich in der Wolle verstecken oder sichtbare Effekte hervorrufen, und ändert immer wieder, bis sie zufrieden ist. Wenn etwas schlecht wird, nimmt sie die Schere zu Hilfe. Es kommt auch vor, dass sie die Form ohne Nadel und Faden filzt.

Die Filzmaschine

Auf einer Ausstellung in Schweden sah ich **Jenny Kyles** Arbeiten, eine grosse Produktion, die zwei Räume ausfüllte. Die Gegenstände hatten traditionelle Elemente ebenso wie spielerische. Tiermotive wechselten sich mit geometrischen Mustern ab, wobei das Dreieck eine häufig gebrauchte Form war. Jenny, sie kommt aus Devon in England, erzählte, dass sie mit einer Maschine filzt und walkt, die sie und ihr Mann Doug gebaut haben. Ihre Arbeiten sehen sehr glatt und fein aus. Hier sind einige Zeichnungen für denjenigen, der versuchen möchte, selbst eine solche Filzmaschine zu bauen, wenn genügend Platz vorhanden ist! Natürlich baut man diese Maschine auf eigenes Risiko. Man sollte sie auch niemand anderen benützen lassen und vor allem aufpassen, dass Kinder nicht zu Schaden kommen.

Der Motor und die elektrischen Schalter müssen vor Wasser gut geschützt sein.

Jennys und Dougs Maschine ist etwa 125 x 250 cm. Die Konstruktion ist auf einem stabilen Eisenrahmen mit Bodenplatte aufgebaut, auf welche man bewegliche Plastikrohre gelegt hat. Der Filz liegt zwischen zwei Platten auf den Plastikrohren. Die untere Platte wird von einem Motor etwas bewegt. Die obere Platte ist eine Art Deckel, den man über dem Filz mit Hilfe einer Seilwinde auf- und zuklappen kann.

Der kräftige Eisenrahmen wird mit Winkel- und Flacheisen zusammengeschweisst. Er steht auf kurzen Eisenbeinen auf dem Boden.

Auf dem Rahmen liegt eine Bodenplatte aus 18 mm Sperrholz. Die Eisenkanten des Rahmens fixieren sie. Auf der Bodenplatte liegen zahlreiche Plastikrohre quer darüber. Auf diese Rohe legt man die bewegliche Platte aus 18 mm Sperrholz, an der der Motor befestigt wird. Mit einem Seil über eine Rolle an der Dachdecke hebt man den Deckel, der aus 12 mm Sperrholz besteht. Während des Filzens legt man ein schweres Gewicht auf den Deckel, so dass er auf dem Filz gut aufliegt und Reibung erzeugt.

Zeichnungen zu Kyles Filzmaschine. ▷

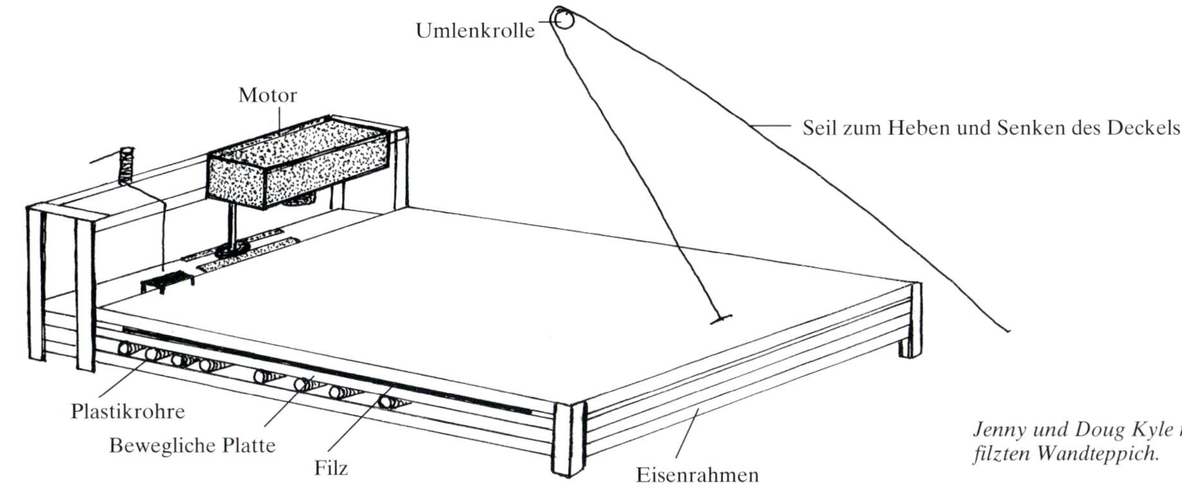

Jenny und Doug Kyle mit einem maschinengefilzten Wandteppich.

MASCHINE VON DER SEITE GESEHEN

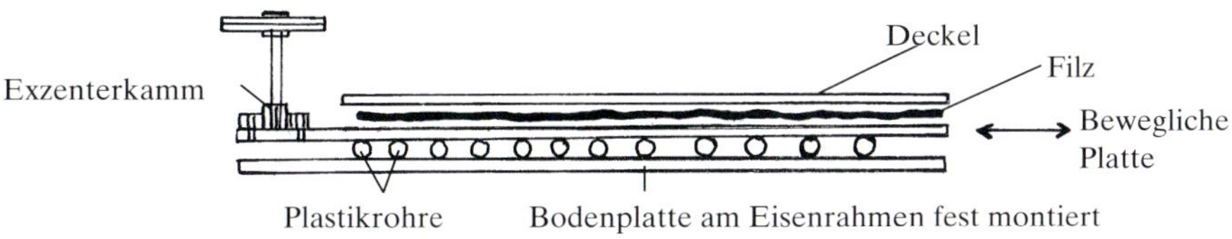

Jenny Kyle mit ihrer Filzmaschine.

MASCHINE VON OBEN GESEHEN

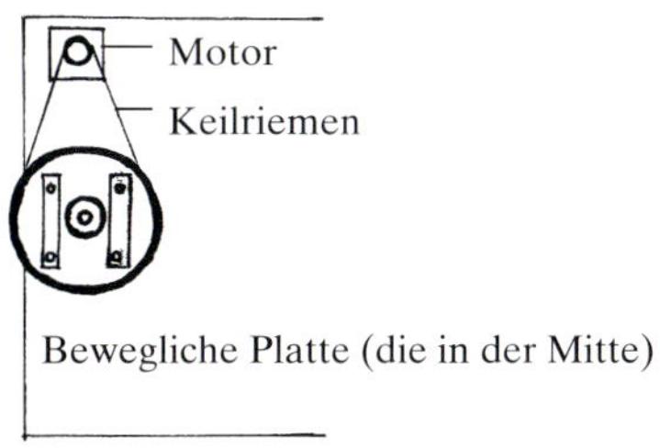

DETAIL DER EISENKONSTRUKTION VON DER SEITE

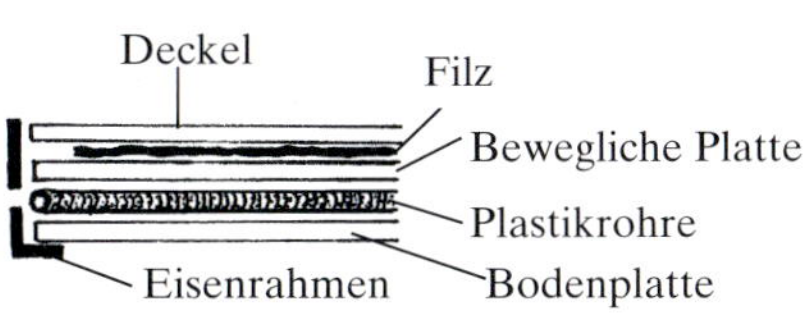

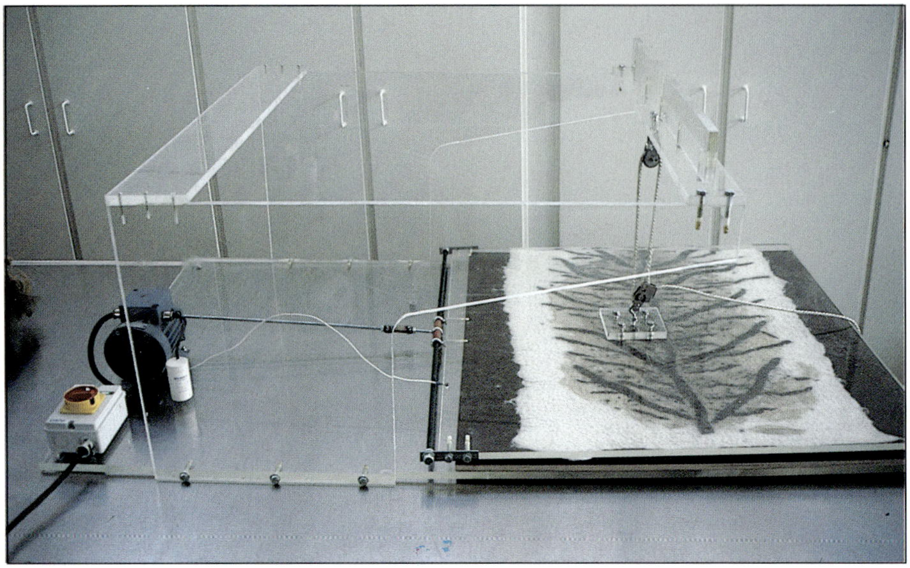

Eine Filzmaschine, die ich nach einer Idee von **Larry Beede**, *USA, mit einigen Änderungen anfertigen liess. Die ursprünglichen Sperrholzplatten sind gegen Acrylglasplatten ausgetauscht, diese vertragen das Wasser. Um die obere Platte anzuheben, wurde statt eines Flaschenzuges an der Decke ein Überbau konstruiert, damit die Maschine transportabel ist. Grosse Stücke können zwischen Tücher gelegt, verschoben und so Stück für Stück gefilzt werden. Diese Maschine kann man bestellen (S. 214).*

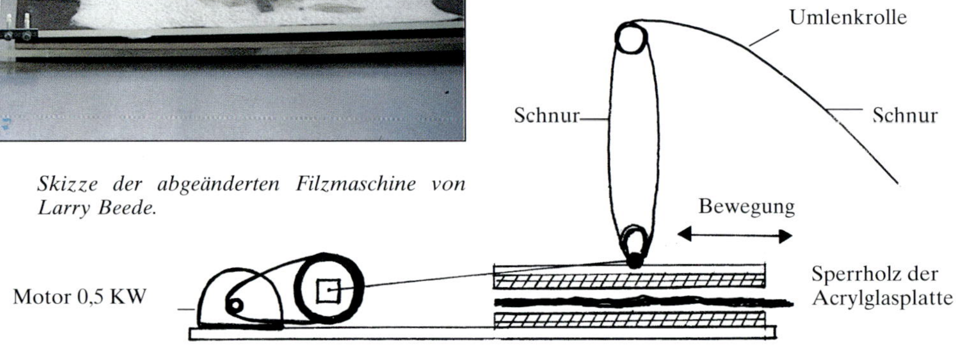

Skizze der abgeänderten Filzmaschine von Larry Beede.

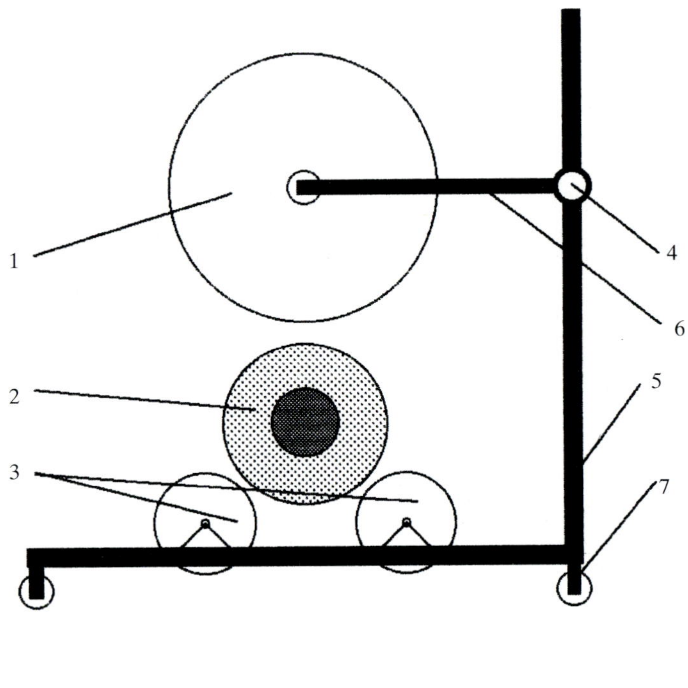

1. Presswalze, Durchmesser 30 cm
2. Filzrolle mit Schaumstoffkern
3. Treibwalze, Durchmesser 11,5 cm, 45 U/min
4. Gelenk für die Presswalzenstange
5. Geschweisstes Stahlgestell mit Vierkantrohren, 4 Zoll
6. Presswalzenstange
7. Befestigung des Rades

Filzmaschine, konstruiert von **Phillip Baldwin** *und* **Layne Goldsmith**, *USA. Die Wolle wird zwischen Bambusmatten um eine Schaumstoffrolle gewickelt und wie bei der Rolltechnik abgebunden. Die Filzrolle legt man auf die Treibwalzen. Die Maschine wird gestartet und die Presswalze, die zusätzlich mit Gewichten beschwert werden kann, senkt sich hinunter. Die Filzzeit beträgt 20–40 Minuten. Die Breite des Filzes ist etwa 3 Meter. Die Maximale Länge ist noch nicht erforscht.*

Die Walkmethoden und ihre unterschiedlichen Ergebnisse

Filz, der auf einem Filzbrett gewalkt wird, geht in der Breite und Länge reichlich ein, weil man beim Reiben oft den Filz von den Seiten zusammenschiebt. Die Oberfläche wird rauh, weil die Wollfasern beim Zusammenschieben des Filzes ihre natürliche Kräuselung, die sie im Fell hatten, wieder annehmen können. Ein hölzernes Filzbrett reibt die Oberfläche etwas auf. Ist das Brett gross, so kann die Oberfläche sehr haarig werden.

Das Walken in einer Bambusmatte oder anderen Materialien mit der Rolltechnik liefert den glattesten, dünnsten und meistens auch kompaktesten Filz, d.h. wenn man lange genug arbeitet! Der Filz wird nicht von den Seiten her, sondern die Oberseite mit der Unterseite zusammengedrückt. Deshalb erreicht man auf diese Weise die dünnste Qualität. Folgerichtig geht der Filz mit dieser Methode auch am wenigsten in der Länge und Breite ein.

Filz in der Waschmaschine gewalkt geht mehr ein, in Breite und Länge, wird poröser, zäher, elastischer und rauher auf der Oberfläche. Langfaserige Wolle, etwa Rya, kann blanke Schlingen von Deckhaaren auf der Oberfläche bilden. Dies kann in bestimmten Fällen von Vorteil, in anderen von Nachteil sein. Überlege zuerst, welchen Filzcharakter Du haben willst, und wähle danach die Walkmethode!

Nachbehandlungen

Sobald das Filzstück gewaschen und geschleudert ist, kann man es dehnen und ziehen, bis die Ränder gleichmässig werden.

Es ist leichter, dies zu zweit zu tun. Danach glättet man es mit den Händen auf dem Tisch aus (mit Handschuhen!) und hängt es zum Trocknen über ein Rundholz oder ähnliches. Eine Wäscheleine würde Abdrücke in dem Filz hinterlassen. Mit dieser einfachen Behandlung wird der Filz glatt, behält aber seine rauhe Oberfläche.

Bügeln

Der Filz kann ein wenig geglättet und fixiert werden, indem man ihn mit einem feuchten Tuch bügelt. Durch wiederholtes Formbügeln wird die Form stärker fixiert.

Mangeln

Durch Mangeln entsteht eine sehr glatte und glänzende Oberfläche, die gut zu Kleidern passt. Beide, Kalt- und Warmmangeln können verwendet werden. Besonders gut geht es direkt nach dem Schleudern, da ist der Filz gleichmässig feucht. Hat man keine Schleuder, ist es am besten, den Stoff eine Zeit lang abtropfen zu lassen, dann auf Zeitungen zu legen und sobald der Stoff leicht und gleichmässig feucht ist zu mangeln.

Bei kleinen Tischmangeln muss man nur aufpassen, dass nicht zuviel Filz rechts und links der Walze hinunterhängt. Ich mangle einen langen Filz in zwei Etappen. Zuerst rolle ich die eine Hälfte des Stoffes von einer Seite auf und lasse den Filz einige Stunden in der Mangel liegen. Dann rolle ich die andere Hälfte von der anderen Seite her auf und mangle diese genauso. Das ist eine schnellere und effektivere Prozedur, als zu bügeln. Der Filz muss in einer schmalen Mangel doppelt gefaltet werden. Die Bügelfalte kann danach weggebügelt werden.

Bürsten

Manchmal möchte man eine weiche und gleichzeitig wärmende Oberfläche, etwa in einem Socken, einem Fäustling oder einem Kinderschlafsack. Durch Aufbürsten des Filzes erhält man eine luftige Faserschicht mit mehr Bequemlichkeit und Wärmeisolierung. Man kann auch kratzende Stoffe durch Bürsten weicher machen. Harte Deckhaarfasern können kratzen, wenn sie kurz sind und aus dem Filz herausschauen. Durch das Bürsten werden sie länger und können sich biegen, wenn sie auf die Haut gelangen, und der Stoff fühlt sich wesentlich angenehmer an. Arbeite mit einer Stahlbürste, solange der Filz noch feucht ist. Die Stahlbürsten, die man in Drogerien kaufen kann, sind dafür sehr brauchbar. Bürste möglichst in einer Richtung und beginne von unten.

Appretieren, Stärken, Steifen

Manchmal will man eine Form richtig steif machen. Vielleicht einen Hut oder eine Schale, eine kleine Skulptur oder nur den Ausschnitt eines grösseren Teils. Bei Hüten kann man sich damit begnügen, nur die Teile zu stärken, denen es schwer fällt, in Form zu bleiben, etwa die Krempe. Ebenso kann man Verzierungen stärken, damit sie in Form bleiben.

Mein erstes Problem dieser Art entstand bei einem Bild mit einer Weinbergschnecke als Relief. Knackpunkt waren die Fühler. Wie sollte man etwa fünf verfilzte Fasern dazu bringen, in alle Ewigkeit gerade herauszustehen? Es ging weder mit Leim noch mit gewöhnlicher Textilstärke. Haare sind Haare, dachte ich, rief einen Herrenfriseur an und fragte nach Schnurrbartwachs. Und siehe da – das ungarische Schnurrbartwachs war für die Fühler ausgezeichnet!

Eine haltbare Alternative für die meisten Gegenstände, für Hüte ebenso wie für Skulpturen, ist *Firnis* für Holz im Innenbereich der Firma «Alcro». Bindemittel: Alkyd. Man streicht den Lack mit einem kleinen, flachen Pinsel auf die Innenseite des Hutes oder auf die Aussenfläche der Skulptur. Wünscht man eine etwas weichere Qualität, so verwendet man zur Verdünnung Lacknaphta. Der Firnis verändert nicht die Farbe des Filzes.

Eine andere Alternative ist *Acryllack* zur Verwendung im Innenbereich. Ich habe halbmatten Möbellack der Firma «Alcro» ausprobiert, den man mit Wasser verdünnen kann. Bindemittel: Acrylat polyuretan. Man kann die gewünschte Härte durch sukzessives Verdünnen des Lackes erhalten. Dieser Lack hinterlässt einen dünnen Film, der den Filz ein wenig heller erscheinen lässt.

Ich habe auch einen *Klarlack als Spray* (Alcro Servalack) probiert, der sowohl für drinnen als auch für draussen geeignet ist. Dabei muss man allerdings den Lack mit einem Holzstäbchen oder ähnlichem in den Filz hineinrollen, weil er sonst als kleine Tröpfchen an der Oberfläche bleibt. Diesen Lack kann man – weil ein Spray – nicht verdünnen. Er hinterlässt den gleichen Film wie der Acryllack.

Eine andere etwas teurere Alternative ist *Acrylfirnis*. Ich habe das Produkt der Firma «Becker» getestet. Dieser Firnis kann mit Wasser verdünnt werden und er gab der behandelten Oberfläche eine grössere Helligkeit als die oben genannten Alternativen.

Man kann Hutappretur von Firmen in Schweden und Deutschland bestellen – unter der Bezeichnung *filtappretur*, «Allerfeinste Universal Hutappretur» (siehe S. 214). Die Appretur kann auf die Innenseite des Hutes gestrichen werden. Sie hinterlässt einen dünnen Film, der die Fläche etwas heller erscheinen lässt.

Die klassische Hutappretur, die die Hutmacher verwenden, stellt man selbst mit *Schellackflocken* her. Schellack, der hauptsächlich aus Indien importiert wird, ist ein harzähnliches Sekret eines Insekts. Das Wort *lakh* ist Hindi-Sprache und bedeutet 100 000, was eine Anspielung auf die Vielzahl von Insekten ist, die notwendig sind, um den Lack zu produzieren. Es ist ganz hilfreich, etwas über die Herstellung von Schellack zu wissen, so versteht man auch den Preis besser. Schellackflocken gibt es in mehreren Farben. Die hellsten, gebleichten, sind am teuersten, während Zitrone und Orange nur ein Drittel der gebleichten kosten. Die zitronenfarbenen Flocken ergeben eine hellbraune Farbe auf weissem Filz, deshalb kann man diese nur für dunklen Filz verwenden. Die Schellackflocken löst man in rotem Spiritus auf. Man mischt einen Teil Schellack mit fünf Teilen rotem Spiritus in einem Gefäss mit Deckel, lässt es 2–3 Tage stehen, bis sich die Flocken aufgelöst haben. Danach kann man die Lösung auf die Innenseite des Hutes streichen. Die Stärke zieht in den Filz ein und lässt dessen Oberfläche unbeeinflusst. Der Spiritus verdunstet, und der Lack bleibt in kristalliner Form übrig. Der Hut kann vorsichtig gewaschen werden. Hebe den Hut im Waschwasser nur auf und ab, ohne ihn zu falten.

Schellack kann auch in Drogerien oder Farbengeschäften fertiggemischt gekauft werden, doch ergibt er in dieser Konzentration eine sehr harte Oberfläche. Verdünne ihn mit rotem Spiritus. Auch hier wird die Farbe braun. Man kann auch fertige Lacke aus der Drogerie ausprobieren.

Zusammenfassend kann man sagen, dass beinahe alle Acryl- und Alkydlacke eine etwas harte und kaum erkennbare Schicht hinterlassen. Alcro Holzlack, halbmatt, hinterliess in verdünnter Form die auf der Oberfläche am wenigsten sichtbaren Reste.

Der Schellack dringt in den Filz ein. Benutzt man die nicht gebleichte, billigere Alternative wird der Filz allerdings verfärbt. Ich schlage vor, mit einer kleinen Dose Holzfirnis auf Alkyd-Basis für die Verwendung im Innenbereich anzufangen (die als erste genannte Möglichkeit) und auszuprobieren, ob er den eigenen Anforderungen entspricht.

Weinbergschnecke mit Fühlern, behandelt mit Schnurrbartwachs.

Skulptur und Relief

Beim dreidimensionalen Formen wird erst richtig deutlich, was für eine einzigartige Technik das Filzen ist. Natürlich kann man auch mit anderen textilen Techniken Skulpturen herstellen. Doch die Wolle ist trotzdem besonders gut geeignet, sich durchs Filzen figürlich formen zu lassen. Dies kann auf sehr verschiedene Weise geschehen.

Kompaktes Formfilzen

ist leicht und macht Spass. Man wickelt kardierte Wolle Lage über Lage und filzt nach und nach. Man kann recht unregelmässige Formen aufbauen. Leider sind sie aufgrund des Gewichts der Wolle in ihrer Grösse begrenzt.

Verwende immer mindestens die doppelte Menge Schmierseife im Wasser, wenn Du dreidimensional arbeitest. Mit ein paar Tropfen Schmierseife auf der Hand geht es auch leichter.

Man kann auch formen, indem man den Filz mit einem scharfen Messer schneidet und stutzt.

Dadurch, dass man mehrere verschiedene Farben beim Aufwickeln der verschiedenen Lagen verwendet, kann man spannende Effekte im Inneren der Wolle bekommen die sichtbar werden, wenn man in die Filzform schneidet.

◁ Tryggar-ekan, *220 x 70 x 75 cm. G. Paetau Sjöberg. Gefilzt wie ein Hut ohne Nähte. Gestützt von einem filzverkleideten Armierungseisen, das die Erbsenschote vom Bug bis zum Heck durchzieht. Im Boden ist eine abnehmbare Stützkonstruktion aus dem gleichem Eisen.*

Kompakte Form aus Wolle. Um die Wolle zu fixieren, kann man Garn um die Form wickeln, das später wieder abgenommen oder als Verzierung mit eingefilzt wird.

Sfär *(Sphäre) von Gilberte Wiklund. Durchmesser 15 cm. Nur in Wolle gefilzt, danach formgeschnitten.*

Bälle, deren Lagen in unterschiedlichen Farben gefilzt und zum Schluss aufgeschnitten wurden.

Formen aus Schaumstoff

Zu Beginn der 80er Jahre wollte ich eine Jacke filzen, die Schafsköpfe auf den Schultern haben sollte. Diese sollten allerdings sehr leicht sein. Meine Augen fielen auf die Spielmatratze der Kinder, die aus Schaumstoff hergestellt war, und siehe, es gab eine Lösung. Die Köpfe bekamen eine feine Form und hatten kein nennenswertes Gewicht! Zudem wurde der Filz widerstandsfähig, weil der Schaumstoff ihm erlaubte zu schrumpfen. Sobald die Matratzen zu Hause aufgebraucht sind, kann man sackweise grosse Abfallstücke in den Geschäften kaufen, die Polster, Matratzen usw. zuschneiden. Gotlandwolle oder Mischungen aus 50% Feinwolle und 50% Rya eignen sich für diese Art der Formen für Skulpturen gut. Die Deckhaare halten die feine Unterwolle in den ersten empfindlichen Arbeitsgängen zusammen.

Pilzfärberin Carla Sundström mit ihrem Geburtstagsgeschenk: Pilzhut und Handtasche! Auch ein grosses Objekt wird leicht, wenn man es über Schaumstoff filzt. Idee und Ausführung G. Paetau Sjöberg.

Eierwärmer, genäht aus echtem Wollplüsch (S. 116), der Kopf über Schaumstoff gefilzt. G. Paetau Sjöberg.

Schafskopf gefilzt über Schaumstoff und auf der Jacke montiert (S. 151).

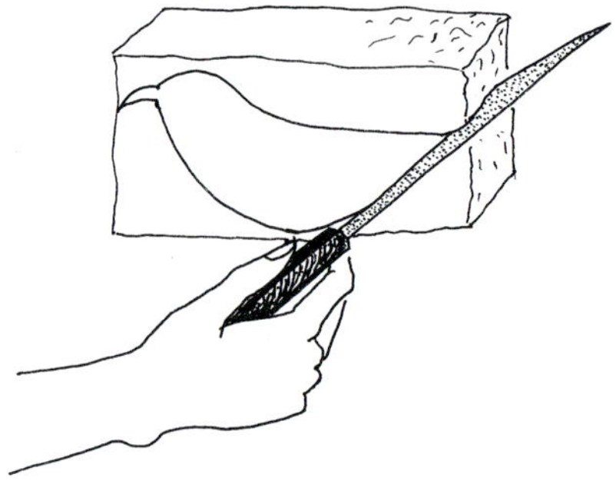

Filzen über eine Schaumstofform

1. Schneide mit einem scharfen Messer ein Stück Schaumstoff in angemessener Grösse aus. Zeichne die Form auf das Stück, so wie es ein Holzbildhauer macht. Zeichne die Konturen von der Seite her gesehen, von oben und von vorne mit einem Filzstift. Schneide die Form grob aus.

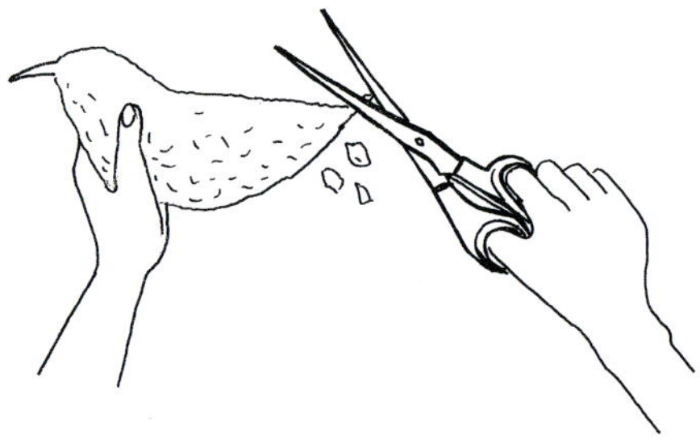

2. Verfeinere die Form mit einer Schere.

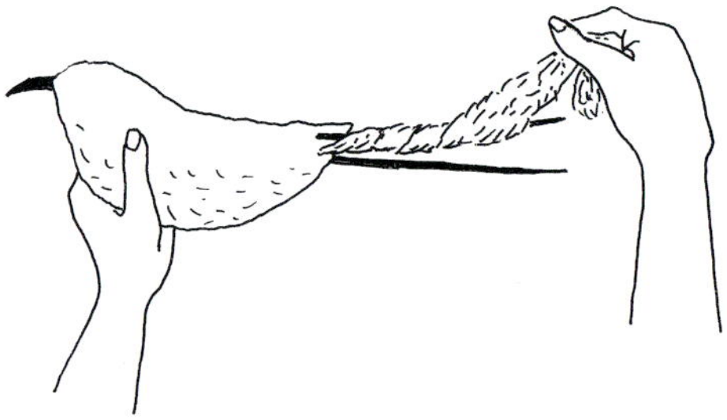

3. Die Schaumstofform kann mit Bindedraht für Details kombiniert werden, etwa der Schwanz und die Beine bei einem Vogel. Ziehe den Draht – eventuell doppelt – durch den Schaumstoff. Reisse Streifen von Wollvlies ab oder lege kardierte Platten zusammen und wickle die Wolle über den Draht. Filze die Beine und den Schwanz zuerst.

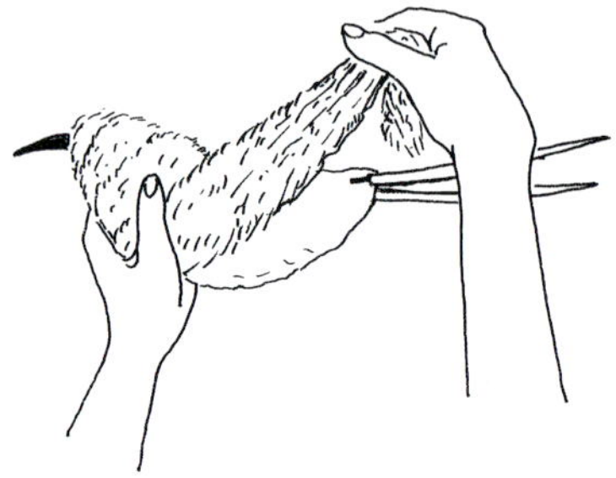

4. Umwickle den Körper mit Wollstreifen kreuz und quer, ähnlich wie man einen Verband anlegt. Geize nicht mit der Wolle. Es wäre ärgerlich, wenn der Schaumstoff durch die Wolle schaut, nachdem sie geschrumpft ist. Befeuchte sie mit Wasser, das viel Schmierseife enthält, und reibe vorsichtig. Befeuchte einen Teil nach dem anderen. Grosse Formen können auf dem Tisch liegen, während sie Stück für Stück gerieben werden. Die Wollhülle hat die Tendenz, um die Form herum lose zu hängen, wenn sie nass geworden ist, und dann ist es einfacher, auf einem Tisch zu filzen.
Die Form kann durch den Schaumstoff etwas ausgeglichen werden. Du kannst die Form prägnanter ausbilden, indem Du mit kleinen Vorstichen einen Zwirn in der Farbe der Wolle durch den Schaumstoff von der einen zur anderen Seite führst und die Stücke zusammenziehst. Die Stiche können leicht versteckt werden, indem man die Wolle mit einer Nadel etwas aufkratzt und darüberfilzt.

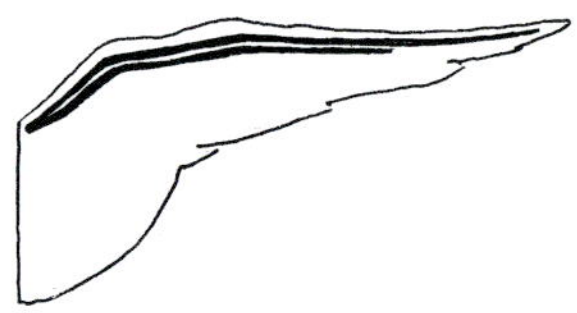

5. Mehrfachen Bindedraht kann man zwischen die Wolle der Flügel legen, um sie formbar und stabil zu machen. Die Flügel werden dann nur in eine Richtung gewalkt. Der Bindedraht kann ja nicht schrumpfen.

△
Seeschwalbe, gefilzt über Schaumstoff und Bindedraht. G. Paetau Sjöberg.

◁ *Vogel mit eingefilzter Ryawolle als Kopfschmuck. Gunilla Normansson.*

Vogel, gefilzt über Schaumstoff und Bindedraht. Maj-Britt Lundaahl.

Hohlkörper filzen

Das einfachste Beispiel hierfür ist ein gewöhnlicher Hut. Und die Schablone für Hohlkörper wird auch wie für einen Hut gemacht.

Will man eine unregelmässige Form filzen, kann es hilfreich sein, ein massstabsgetreues Modell aus Ton anzufertigen. Dann ist es leichter möglich, die Proportionen zu studieren und notwendige Messungen vorzunehmen. Handelt es sich um eine unregelmässige Form, misst man den Umfang an allen Stellen, an denen die Masse abweichen. Von diesen Massen aus zeichnet man dann das Muster mit Zugabe für das Schrumpfmass. Die Schablone kann in groben Massen gezeichnet werden, weil kleinere Details mit den Händen geformt werden können.

Schneide die Schablone aus sehr starker Plastikplane (oder PVC-Belag) aus und arbeite die Skulptur nach der Filzbeschreibung für Hüte (S. 157). Wähle eine «stabilisierende» Wolle wie Rya oder Spelsau. Soll die Oberfläche weniger haarig sein, kann man Vlies aus 50% Rya und 50% Feinwolle wählen. Grobe Gotlandwolle wird auch recht fest. Lege dicke Lagen aus, dann hält die Form besser. Das Problem ist, dass man selten eine dreidimensionale Form hat, um die man die Skulptur herumwalken könnte, sondern man muss mit einer stützenden und formenden Hand innen in der Skulptur arbeiten und mit der anderen walken. Verwende am besten die verschiedenen Filzhölzer, die im Kapitel über den Arbeitsplatz und die Ausrüstung (S. 97) beschrieben sind. Diese sind effektiv, wenn es darum geht, die Wolle an den richtigen Stellen zu schrumpfen! Nach dem Waschen und Schleudern sollte die Skulptur in richtiger Form trocknen, auf Zeitungspapier stehend oder hängend.

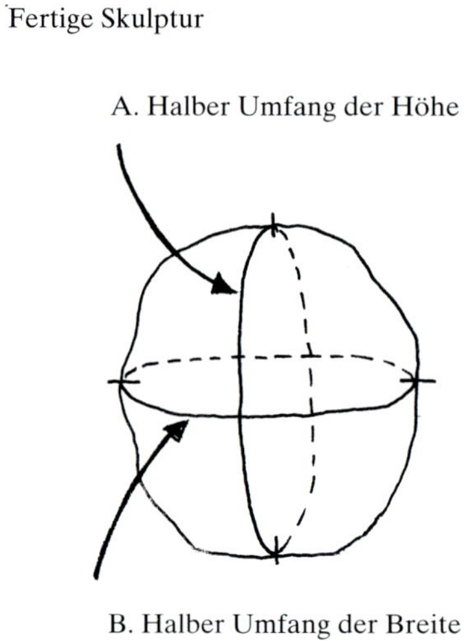

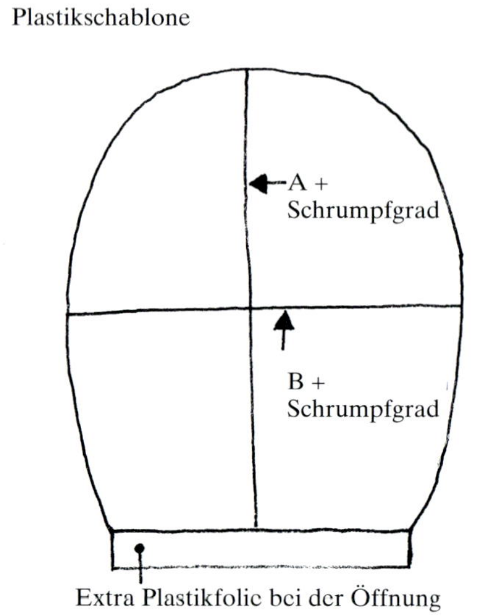

Schablone für einen Hohlkörper. Bestimme den Umfang der Skulptur in der Breite und teile durch zwei. Miss dann den Umfang in der Höhe und teile durch zwei. Man muss also zusätzlich zu Breite und Höhe auch die Tiefe berücksichtigen, wenn man eine flache Schablone für einen Hohlkörper macht. Zusätzlich muss Rücksicht auf das Schrumpfen genommen werden – dazurechnen!

Altare *(Der Altar), Durchmesser 75 cm, Höhe 64 cm. G. Paetau Sjöberg. Als Hohlkörper gefilzt.*

Material zum Stopfen

Man kann die Skulptur mit Stopfmaterial füllen und zusammennähen, auf einer Seite oder in einer Art und Weise, die man nicht sehen kann. Das leichteste Stopfmaterial, das sich auch für grosse Stücke eignet, sind unterschiedliche Schaumstoffstücke, die man in Geschäften kaufen kann, die Polster und ähnliches zuschneiden. Man bekommt einen riesigen Sack zu einem Spottpreis. Schaumstoff kann man sehr hart stopfen und er behält die Form ausgezeichnet.

Mit Wolle zu stopfen wird in grossen Skulpturen zu schwer. Kleine Gegenstände kann man mit Fleischschafwolle stopfen, die eine gute Elastizität und schlechte Filzeigenschaften hat, sich also als Stopfmaterial gut eignet. Synthetikstopfmaterial ist eine teurere Alternative und auch etwas zu weich, um grosse Formen aufrecht zu erhalten.

Stärken
der Formen ist notwendig, wenn man dünn gefilzt hat. Lies darüber im Kapitel über Nachbehandlungen (S. 123). Dicker Filz von grobfaseriger Wolle braucht nicht gestärkt zu werden.

Stützendes Material
kann bei sehr grossen Formen notwendig sein. Hasengitter kann auf vielerlei Art geformt werden. Rostfreier Stahldraht verschiedener Stärken und dünnes Verstärkungseisen kann man zu stützenden Ringen und anderen Formen biegen. Das Eisen beklebt man mit Isolierband, um den Filz nicht mit Rost zu verschmutzen. Für grosse Skulpturen kann man bei einem Schmied ein Stützskelett machen lassen. Es ist vorteilhaft, wenn man sie auseinanderschrauben und zerlegen kann. Dann können die Skulpturen leichter transportiert und gelagert werden.

Tecken, signaler *(Zeichen und Signale), Höhe 550 cm. G. Paetau Sjöberg. Diese rohrförmige Skulptur wird durch ein Ablaufrohr aus Plastik gestützt. Die Rohre können durch ihr Verlängerungssystem höher aufgebaut werden. Eine kleine Ausbeulung bildet sich bei den Anschlussstellen. Auf dem Bild steht die Skulptur in zwei Teilen. Doch heute steht sie zusammenmontiert in einem Treppenhaus im Bruksgymnasium in Gimo, wo sie über zwei Etagen gesehen werden kann.*
Ein Rohr verkleidet man am besten dadurch, dass man einen Filz mit Rolltechnik herstellt, ihn wäscht und dann den Filz rund um das Rohr zusammennäht und auf der Naht weiterfilzt, um sie unsichtbar zu machen. Verwende nur warmes Wasser, um später die Schmierseife nicht noch auswaschen zu müssen.

Die Waschmaschine
kann beim dreidimensionalen Filzen eine grosse Hilfe sein. Lies mehr darüber im Kapitel über Filzen in der Waschmaschine auf S. 117.

Fröhus (*Samenkapseln), Durchmesser etwa 45 cm, Tiefe 35 cm. G. Paetau Sjöberg. Gefilzt als Hohlkörper und nach dem Filzen gefärbt. Die Böden der Samenkapseln sind gewölbt und gestopft. Das Stopfmaterial wird durch das Futter auf der Rückseite fixiert.*

Relief auf Schaumstoff filzen

Ein Relief kann man kompakt aus Wolle formen, doch bei grossen Formaten kann die Wolle zu schwer werden. Eine Form aus Schaumstoff ist dann eine Alternative als Untergrund für ein Relief.

Människan *(Der Mensch), Detail. G. Paetau Sjöberg. Relief.*

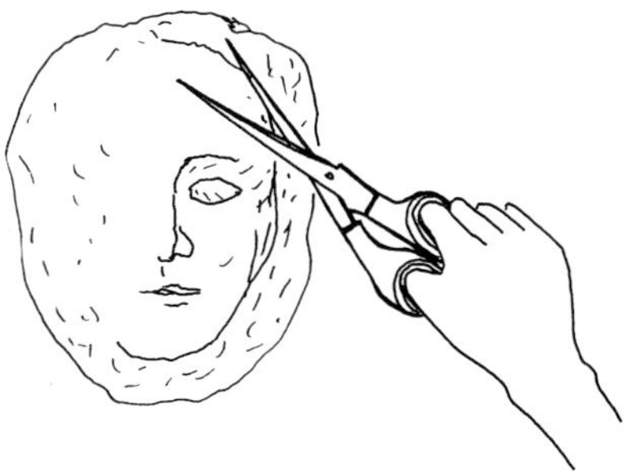

1. Schneide eine Form aus Schaumstoff zu, etwa ein Gesicht.

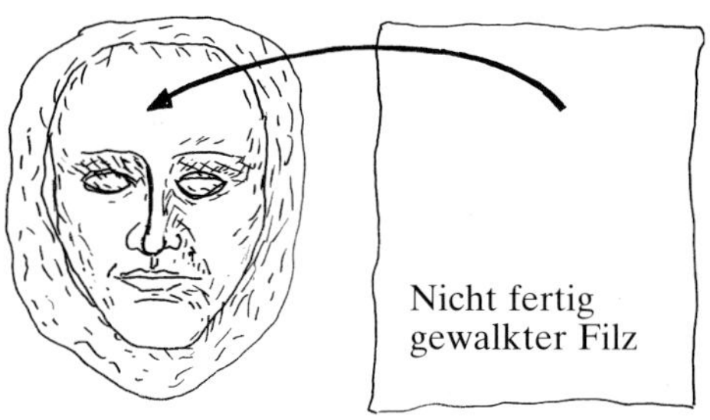

2. Stelle einen Filz her, der ziemlich fest ist und gut zusammenhält. Walke nicht! Lege das Schaumstoffrelief unter den Filz.

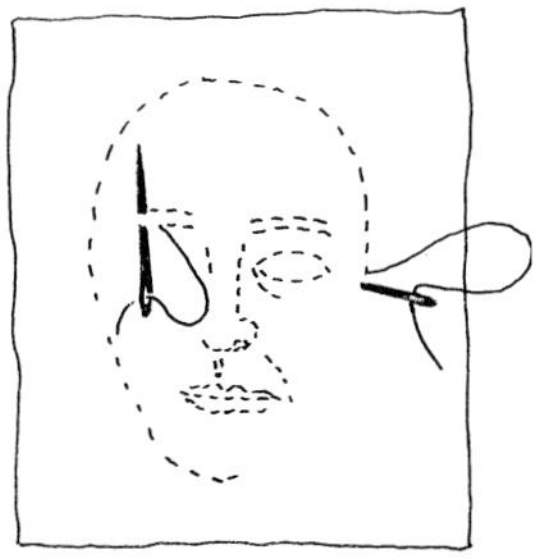

3. Nähe mit kleinen Vorstichen durch den Filz und den Schaumstoff und achte darauf, dass die Form im Filz erkennbar wird. Lass den Filz ziemlich locker auf dem Relief liegen, während er fertiggenäht wird. Markiere die Augenbrauen und die Nase, indem Du nur auf der Oberseite mit der Nadel von einer zur anderen Seite nähst. Kratze die Wolle um die Nähte auf.

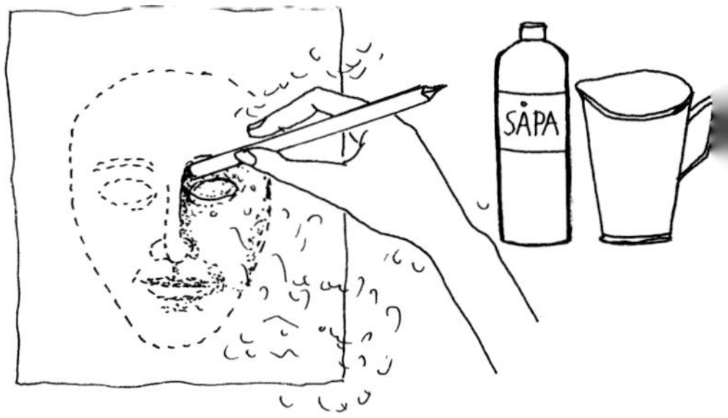

4. Giesse Schmierseifenwasser auf und filze weiter. Verwende einen Bleistift oder andere feine Geräte, um an Vertiefungen ordentlich herankommen zu können.

Anstatt Schaumstoff kann man auch Synthetikwatte mit einem Tuch verwenden. Lege das Tuch flach auf dem Tisch aus. Lege in Form geschnittene Watte darauf. Schneide und lege die Watte Lage auf Lage, um die richtige Form herauszubekommen. Eine Nase braucht viele Lagen! Lege den Filz lose über die Watte und das Stoffstück und hefte ihn fest. Nähe dann kleine Vorstiche entlang aller wichtigen Linien. Ziehe den Faden ordentlich fest. Giesse Schmierseifenwasser darauf und filze weiter, so dass die Stiche verschwinden und die Form hervortritt.

Wenn das Relief hoch ist, kann man die Formgebung unterstützen, indem man schon beim Filzen die Partien dehnt, die aus der Oberfläche herausragen sollen. Dabei drückt man mit einem Finger oder einem Gegenstand geeigneter Form von der Rückseite des Filzes.

Relief mit aufgesetzten Rändern

Frukt *(Frucht) sowie* Jungfru av eld och av intet *(Jungfrau aus Feuer und aus Nichts). G. Paetau Sjöberg. Beispiel für ein Relief mit aufgesetzten Rändern.* ▷

Mit stabilisierender Wolle wie Rya und Spelsau kann man haltbare und formbare aufgesetzte Ränder arbeiten. Auslegen und Filzen geschieht schrittweise. Ein Plastikstreifen, geformt wie der Rand, der aufgesetzt werden soll, trennt die Ränder während der Arbeit von den darunterliegenden Filzen.

Baue die Form von unten nach oben auf, wenn die Ränder nach unten gerichtet sind, ansonsten umgekehrt. Lege die Wolle für den untenliegenden Filz aus, und filze bis zu der Linie, wo der Rand angefilzt werden soll. Schneide einen Plastikstreifen zu, welcher derselben Linie folgt. Lege Wolle auf dem Plastik aus, mit Verbindungsfasern, die über dessen Kante hinausstehen. Filze so, dass der Rand an dem untenliegenden Filz haften bleibt, doch nur auf der oberen Seite! Die Ränder sind leicht zu formen und mit einem Filzholz zu härten. Baue sie mit mehr Wolle nach oben auf.

Danach können die Ränder gestärkt werden, wenn es notwendig sein sollte (S. 124).

1. Linie wo der Rand festgefilzt werden soll.
2. Linie, die den aufgesetzten Rand entlang gehen soll.

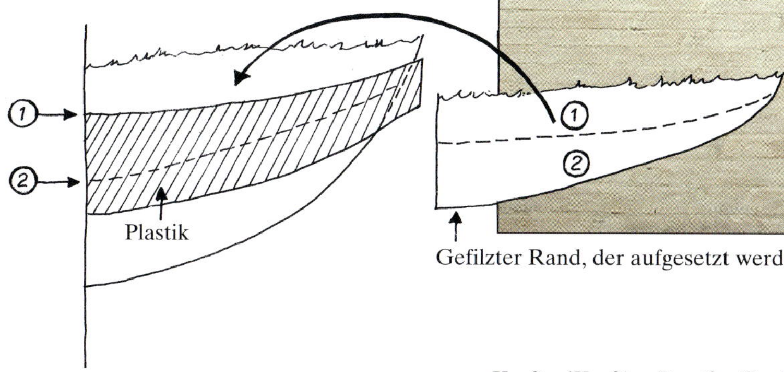

Gefilzter Rand, der aufgesetzt werden soll.

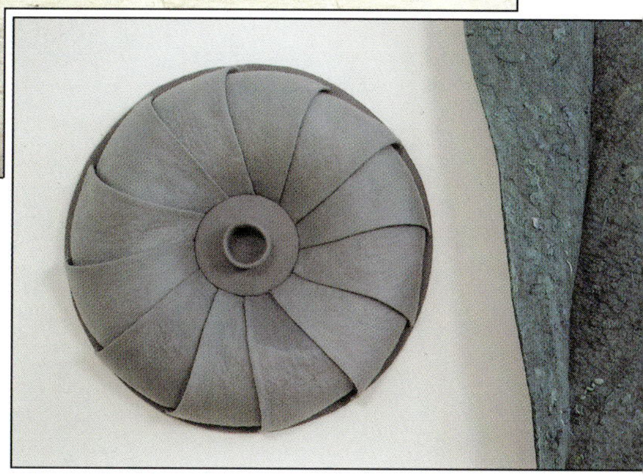

▷

Kraft *(Kraft), Detail, G. Paetau Sjöberg. Korsettstäbe sind zwischen doppelt gelegtem leichtgefilztem Filz eingelegt und eingewalkt worden, um die Form der Blätter des Turbinenrades herauszuhalten.*

Relief durch Applikation

Filzstücke sind leicht dreidimensional zu formen, wenn man Applikationen aufnäht. Filz franst nicht und kann in alle Richtungen gedehnt und geformt werden. Nähe Reihfäden entlang der Ränder, wenn die Weite eingehalten werden soll.

Backsippor *(Küchenschellen). Filzstücke wurden als Blumenblätter appliziert. Eine gefilzte kleine Kugel bildet die Mitte der Blume. Mit handgesponnenem Garn wurden die Stengel und das Gras gestickt. Der Filz wurde aufgebürstet, um ein haariges Aussehen zu erhalten.*

Igelkottens barn *(Igelkinder). Die Igelkinder sind über Schaumstoff gefilzt, die Stacheln gestickt und schliesslich wurden sie auf dem Hintergrund festgehängt. Der Stein hat eine Schaumstoffüllung. Montiert mit ganzer Fütterung und Hexenstich.*

Bilder montieren

Montieren mit ganzem Futter
ist eine gute Methode, weil das Futter dazu beiträgt, die Form des Filzes zu bewahren. Schrumpfe das Futter zuerst, indem Du es wäschst. Schlage die Säume ein und nähe das Futter mit Saumstich fest. Die Stiche soll man auf der rechten Seite nicht sehen können. Wichtig ist, einen lockeren Hexenstich ein Stück unterhalb der Oberkante zu nähen. Der bewirkt, dass das Bild die Form behält, wenn es mit Ringen aufgehängt wird. Kratze vor dem Nähen gerade Linien mit der Nadel ein. Eine Naht mit Hexenstich kann man auch ein Stück oberhalb der Unterkante nähen, um ein Durchhängen des Filzes zu verhindern.

Wenn der Filz lose gefilzt ist, kann man das gesamte Futter als Stütze pikieren.

Montage mit Klettband
ergibt eine sehr gleichmässige Montage. Den einen Teil des Bandes näht man auf der Rückseite des Bildes fest , während man den anderen auf eine Holzleiste klebt, die an der Wand festgeschraubt wird.

Montage mit Gardinenband
Nähe das Gardinenband (das in dieser speziellen Form in Skandinavien gebräuchlich ist; Anm. d. Übers.) mit Saumstichen auf. Die Haken, welche zum Band gehören, knipst man mit einer Zange ab, so dass das Bild in der Beuge gerade an die Wand gehängt werden kann.

Montieren mit ganzem Futter.

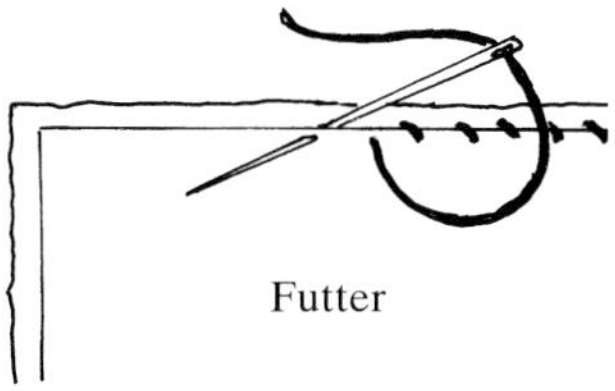

Saumstich.

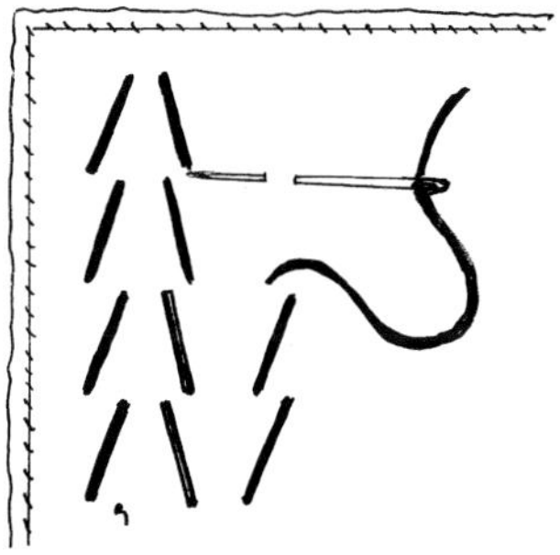

Pikieren des Futters.

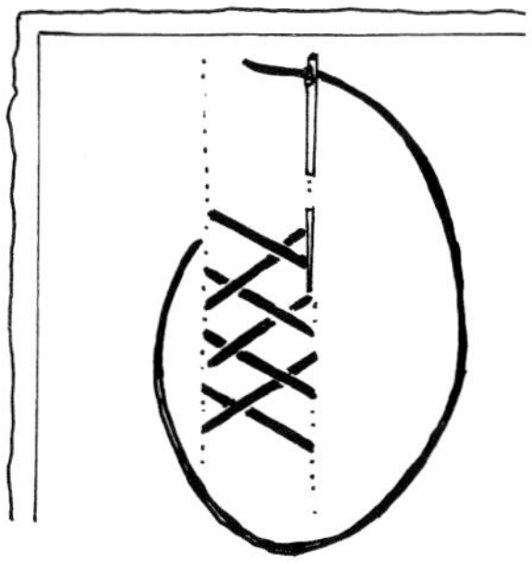

Hexenstich.

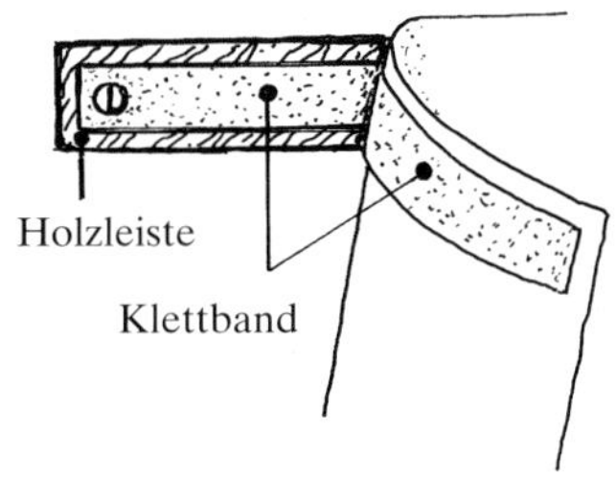

Montieren mit Klettband.

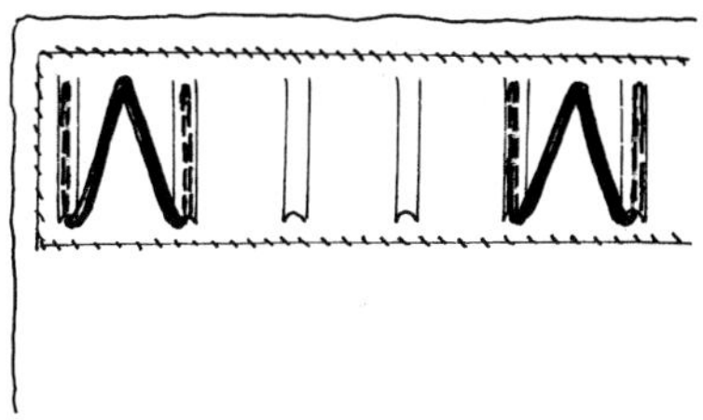

Montieren mit Gardinenband.

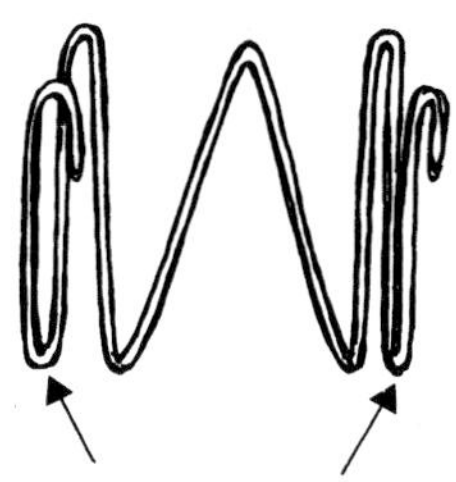

Die nach aussen gebogenen Enden werden mit einer Zange abgezwickt.

Masken

Eine Maske kann man je nach Charakter auf unterschiedliche Arten herstellen. Vermeide für die erste Maske sehr schwer zu formende Feinwolle. Bessere Alternativen sind Gotlandwolle oder ein Gemisch aus 50% Feinwolle und 50% Ryawolle.

Bää! *Hergestellt als Maske im Profil. G. Paetau Sjöberg.*

▽

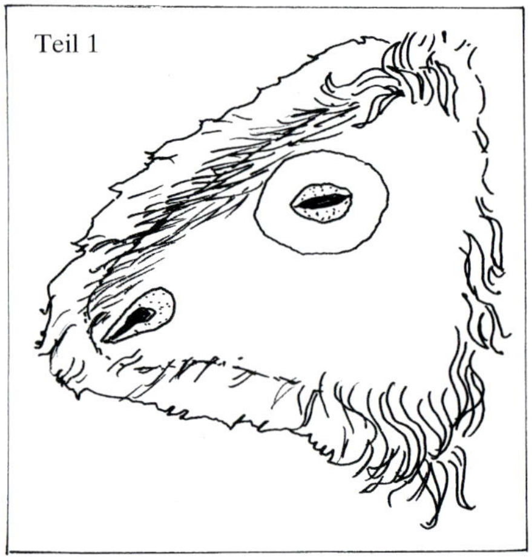

Maske im Profil

1. Auslegen. Hat die Maske ein sehr ausgeprägtes Profil, zeichnest Du diese von der Seite. Schneide eine Schablone aus Plastik aus, wobei Du die Schrumpfung einberechnen musst. Filze sie wie einen Hut mit Vorder- und Rückseite (S. 137).

Lege erst beide Seiten mit allen Details auf Karton, Plastik- oder Plexiglasplatten aus, um sie gleichmässig zu bekommen. Gib beim ersten Teil einen ordentlichen Rand für die Verbindungsfasern zu – nicht jedoch bei Teil 2.

2. Lege eine Plastikplatte auf Teil 1. Wende die Wolle mit der Platte. Lass die Plastikplatte unter der Wolle liegen (nimm die obere ab), sonst werden die Details verschoben. Arbeite wie bei einem Hut mit der Öffnung zum Hinterkopf der Maske hin. Biege die Verbindungsfasern rund um die Schablone.

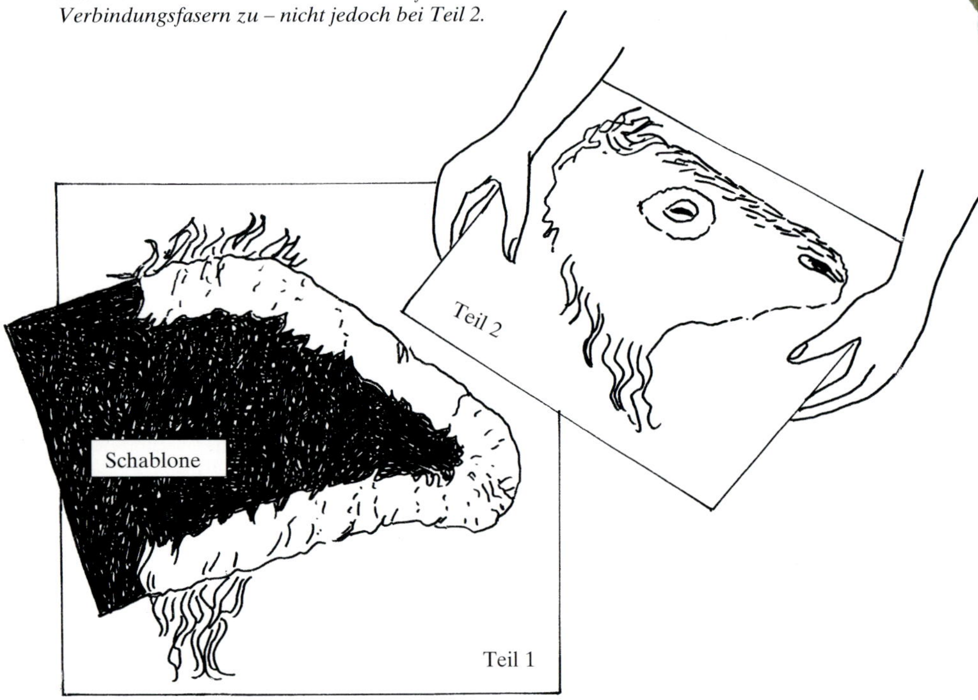

3. Wenn Teil 2 ausgelegt ist, lass ihn von der Platte auf die Rückseite von Teil 1 abgleiten, damit er auf den richtigen Platz zu liegen kommt. Fahre mit dem Filzen fort. Walke die Partie zwischen den Augen, so dass sie auf die richtige Stelle kommen im Verhältnis zu Deinem eigenen Gesicht. Forme die Gesichtszüge sobald die Maske halb fertiggewalkt ist (siehe Beschreibung zum Bild einer Maske in Frontalansicht S. 137 links). Nähe nachher die Ohren an, weil es schwierig sein könnte, diese auf dem richtigen Platz einzufilzen. Nähe eventuell Bindedraht in die Aussenkante der Maske ein, um die Form zu bewahren.

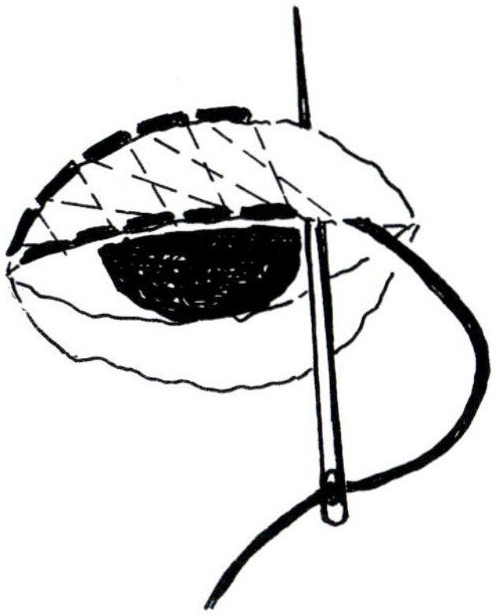

Wenn nötig, verstärke die Gesichtszüge der Maske im Nachhinein mit Vorstichen und verdeckten Hexenstichen im Filz: Lippen, Augen, Augenbrauen und Nase. Rauhe die Wolle über den Stichen auf und filze darüber, so werden sie unsichtbar. Schneide Löcher für Augen und Mund aus.

Maske von vorne
Joszef aus Ungarn zeigt sein Werk.
Eine solche Maske arbeitet man in der Fläche von vorne (siehe auch Seite 207). Lege die Wolle zu einer Gesichtsform aus, inklusive Schrumpfungsgrad, und walke bis zur Hälfte. Stecke die rechte Hand unter den Filz, und arbeite die Nase heraus, die Stirn und Wangen zwischen den Händen. Walke die Partien nach und nach. Verwende verschiedene Geräte, Bleistifte, Filzhölzer, um Formen auszubeulen.

Heinzelmännchen auf den Dachböden *gibt es sogar in flachen Reihenhäusern in Täby! Das weiss* **Marianne Davidson Ekert**, *Filzmacherin. Hier erzählt sie von einer interessanten Begegnung:*

– Auf dem Gipfel des Haufens von allen Pelz- und Filzstücken, die ich aufgehoben habe, weil sie vielleicht einmal Verwendung finden könnten, sass an einem dunklen Novemberabend dieses Heinzelmännchen und schnaufte «Endlich!»

Das Heinzelmännchen sah genauso aus, wie ich es haben wollte! Fest und gut in der Hand zu halten, mit einem Gewicht, im richtigen Verhältnis zur Grösse, und mit ausgeprägten Charakterzügen im Gesicht. Und es konnte ohne Extra-Stütze stehen! Es hatte einen Kern aus Sprengdraht, der stark und biegsam und mit Lederstreifen umwickelt war. Darauf lag eine Lage Wollvlies, um die Körperformen ausgeprägter und gefälliger zu machen. Die Hosen waren aus Wolltuch, die Jacke aus Schafsfell und das Haar aus pflanzengefärbtem Garn. Gesicht und Hände waren mit hautfarbenem Trikot oder Filz überzogen festgenäht. Mit Zwirn nähte ich die Charakterzüge heraus. Mütze und Schuhe waren aus grob kardierter Gotlandwolle gefilzt. Sie hatten Struktur und waren hartgefilzt. Als das Heinzelmännchen fertig gekleidet und fein war, goss ich Modellgips in die Schuhe, zog sie ihm an und richtete das Heinzelmännchen aus, dass es stabil stand, nachdem der Gips getrocknet war. Das Heinzelmännchen war fertig, ein Handwerk von innen nach aussen, bei dem ich mit mehreren verschiedenen Techniken gespielt habe.

Beginne wahrzunehmen und werde schöpferisch!

Wir alle tragen bildliche Vorstellungen in uns. Etwas was wir gesehen oder erlebt haben; das kann ein interessanter Stein sein, ein nebliger Morgen auf dem Wasser. Viele von uns möchten das, was wir gesehen haben, auch zum Ausdruck bringen, ein Erinnerungsbild davon.
Es gibt aber auch Gefühle und abstraktere Erlebnisse, die wir in uns tragen. Wie aber bringt man die zum Ausdruck? Es ist vielleicht nicht immer so einfach eine Form zu finden, die Technik und das Material, die ausdrücken, was wir sagen wollen.

Es ist vielleicht am einfachsten, mit dem zu beginnen, was wir sehen können. Nicht in uns, sondern was es um uns herum gibt. Das kann uns den Blick schärfen, für die eigentlichen Ursachen, warum wir etwas als spannend oder schön empfinden. Ist es der diagonale Baumast im Vordergrund, der Bewegung und Spannung in einem Stück Natur, das ich durch das Fenster sehe, schafft? Wie wäre das Bild ohne ihn? Ist es die Struktur der Flechten, die den Stein so interessant macht? Oder sind es die Formen und Farbkombinationen?

Die Natur abzubilden, ist eine gute Übung. Etwas in neues Material zu übersetzen bewirkt, dass das, was wir sehen, eine neue Dimension bekommt. Diese wird eine Darstellung; meine Darstellung. Meine Art zu sehen und das Material in Vereinigung mit der Technik zu gestalten, wird zu meiner eigenen Ausdrucksweise.

Der nächste Moment wird es vielleicht notwendig machen, die Wirklichkeit auf eine bewusste Weise umzukrempeln. Man schliesst aus, vergrössert, verdreht, um dem Bild noch deutlicher den gefühlsmässigen Inhalt zu verleihen, den man in den Vordergrund bringen will. Eine Linie oder Farbe zu verstärken, die für die Komposition von Bedeutung sind. Man nimmt kleine Details weg, die das Motiv und die Komposition stören.

◁ *Die erste Filzarbeit. Åse Lundgren mit ihrem Schmetterling.*

So entdeckt man die Möglichkeit gerade im Detail; sieht die Welt, die sich de facto im Kleinen verstecken kann. Wenn man auf einem Schmetterlingsflügel einen Ausschnitt von einem halben cm^2 betrachtet, kann man plötzlich ein rein abstraktes Muster von vielen spannenden Dimensionen entdecken.

Man kombiniert, was man sieht, mit etwas Unerwartetem, etwas Wichtigem. Ein Gegenstand, ein Impuls von tragender Bedeutung, vielleicht eine geometrische Form inmitten dem Organischen. Plötzlich hat das Bild eine Spannung erhalten, die die reine Abbildung nicht besass. Dem Bild wurde ein Gedanke zugeführt, eine Anordnung, die dem Betrachter eine Frage stellt.

Es gibt keine Abkürzungen zu einem persönlichen Bildschaffen. Man kann inspiriert werden und von anderen lernen. Doch muss man dort, wo man gerade steht, anfangen, seine eigene Sprache finden.

Die Struktur und Oberfläche eines textilen Bildes kann sich oft aus der Sprache der Materialien und Techniken ergeben sowie aus den Farben des Materials. Warum also nicht damit beginnen, die Möglichkeiten des Materials und der Technik zu entdecken. Man kann ganz frei experimentieren, ohne an irgendein Bild zu denken. Doch kann es eine grössere Herausforderung und lehrreicher sein, wenn man gezwungen wird, technische Lösungen von einem Motiv oder einem Problem ausgehend zu finden. Man wird gezwungen Sachen zu machen, auf die man andernfalls niemals gekommen wäre.

Begib Dich hinaus in die Natur und suche. Manchmal ist es ein Problem, dass man zuviel auf einmal sieht. Verwende einen Guckkasten oder ein Guckrohr, um abzuschirmen und einen interessanten Ausschnitt zu finden: einen Stein, ein Insekt. Krieche am Boden! Male Deinen Ausschnitt, Deinen Gegenstand oder nimmt das Motiv mit nach Hause. Spiele weiter mit Farben und Formen. Suche Wolle aus, die in der Struktur mit dem Material, das Dich inspiriert hat, übereinstimmt. Sollen es feine Fasern oder grobe sein, Wollvlies oder unkardierte Wolle, weisse oder graue Wolle als Ausgangspunkt für das Färben? Welche Materialien können den Ausdruck der Skizze ausser der Wolle fangen? Lurexstoff? Leinenfasern? Seide? Wollreste? Wie soll das Volumen der Formen herausgearbeitet werden?

Färbe die Wolle ein. Verwende die einfache Methode und erreiche Farbabstufungen, indem Du die Farbe nach und nach eintropfen lässt. Lies dazu auch, wie man Muster aus Filz herstellt (S. 109). Baue die Flächen mit gefärbtem Vlies auf, Lage auf Lage, um einen lebhaften, abwechslungsreichen Hintergrund zu erhalten. Lege Filzstücke unter und auf das Vlies. Schneide die Stücke zu, rolle Stäbe, reibe die verschiedenen Formen heraus. Filze andere Materialien hinein: Flachs, Jute, Birkenrinde, Garne, Stoffstücke. Baue mit Material unter dem Filz auf, wenn Du plastisch arbeiten möchtest. Schneide Löcher in den Filz und filze weiter. Nähe verschiedene Stücke, filze etwas mehr, bürste die Oberfläche, hole Details mit der Nadel hervor. Rolle und knülle den Filz zusammen und schau Dir die Form an.

Spiele, experimentiere, alles ist möglich! Richtig unaufhaltsam zu sein und zum Anfang alles zu probieren, ist wichtig. In anderem Zusammenhang bezeichnet man dies als «brainstorming»! Studiere alles, was Du hergestellt hast, detailliert, sobald Du fertig gespielt hast. Gibt es darin einen Ausdruck, eine Farbkombination, gewisse Formen, irgendeine Technik, wovon Du vor allem begeistert bist? Denke darüber nach, wie Du gerade damit weiterarbeiten kannst. Kann dies weiterentwickelt werden, in grösserem Zusammenhang eingesetzt, kombiniert, vielleicht vergrössert werden?

Mit der Zeit kannst Du vielleicht durch eigene Versuche, Missglücktes und Entdeckungen, dadurch dass Du gelernt hast, selber zu sehen und zu beurteilen, zu einem eigenen Ausdruck, eigener Technik, zu dem was gerade Du bist, kommen! Viel Glück damit, Dich selbst zu finden!

Was kann das wohl werden? Anna-Louise Westin konzentriert sich auf die Konstruktion einer Theater-Maske aus Wolle und Seide.

© Caroline Tisdall, Schirmer/Mosel, München.

Filz als Kunst

◁ **Joseph Beuys** teilt Filz mit einem Präriewolf in einer Galerie in New York. *Schamane von Düsseldorf* hat man Joseph Beuys (1921–1986) genannt. Schon frühzeitig wurde er in seiner Künstlerlaufbahn zu einer Legende in seinem Heimatland Deutschland. Nicht bloss deshalb, weil er ständig einen Filzhut trug (von dem er behauptete, dass dieser seinen Kopf ständig gleichmässig temperiert halte!), sondern auch wegen seiner Ärger weckenden Aktionen und Installationen und seines politischen Wirkens unter seinen Schülern auf der Kunstakademie in Düsseldorf. Doch das Interessanteste bei Beuys ist die Halsstarrigkeit und Konsequenz, mit welcher er seine Vorstellungen über des Menschen innerstes Wesen in Relation zu der modernen Wissenschaft und Technologie ausgedrückt hat.

Während des zweiten Weltkriegs wurde er mit seinem Kampfflugzeug auf der Krim abgeschossen und von nomadisierenden Tartaren gerettet, die ihn mit Butter einschmierten, in einen Filz einwickelten und eine Woche lang betreuten. Dieses bemerkenswerte Geschehen hat ihn für den Rest seines Lebens geprägt.

Zurück in Europa, brach er nach einiger Zeit seine naturwissenschaftlichen Studien ab, weil sie zu «industrieorientiert» waren. Er bildete sich zum Bildhauer aus. Bis zu den 60er Jahren befasste er sich mit Skulpturen, Objekten und Zeichnungen, oft mit symbolischen Tiermotiven. Der Hase steht etwa für die Reinkarnation und Fruchtbarkeit, doch ist er auch ein Bote.

Das Kreuz, die Erde, die Landschaft, die Frau, die Bienenkönigin kommen ebenfalls in seinen Werken vor. Von 1961–1972 wirkte er als Professor für Skulptur in Düsseldorf, ein Amt, das er nach vielen kontroversen Geschehnissen verliess. Er gründete u.a. unter den Studenten eine Partei, die eine autonome Akademie forderte und direkte Demokratie. In dem Programm gab es auch eine Aufforderung, die Schaffenskraft «gewöhnlicher» Menschen zu ermuntern, den Aufruf zu totaler Waffenlosigkeit und der Auflösung der Ost-West-Begriffes. Diese Partei war sehr gross, weil die meisten Mitglieder Tiere waren.

Beuys war eigentlich nicht technikfeindlich, sondern versuchte eher die Kluft zwischen der geistigen Dimension des Menschen und der wissenschaftlichen Welt zu überbrücken. Seine Vorstellungen waren voll von Riten, Magie und Beschwörungen. Ständig versuchte er, bei dem Zuschauer die Erinnerung zu wecken an das, was wir Menschen einmal waren, als wir noch in Verbundenheit mit der Natur und dem Kosmos gestanden haben. Das Erlebnis bei den Tartaren weckte vermutlich sein Interesse für die sibirisch-schamanistische Kultur, die Bedingungen zu überleben und das Verhältnis von Wärme und Kälte. Butter und Filz waren wichtige Materialien in seinen Aktionen und Installationen. Der Filz konnte zu Säulen gerollt werden, eine Ecke im Raum darstellen, zu massiven Blöcken aufgebaut werden, als Wärmepolster dienen oder einen ganzen Flügel umschliessen. Und dem Hasen, tot in seinen Armen, erklärte er seine Bilder.

△

Weltbild. Magische Trommeln inspirieren **Mari Nagy** und **István Vidák**. Das Spielzeugmuseum in Kecskemét , wo Mari Nagy und István Vidák arbeiten, war seit Mitte der 80er Jahre ein Treffpunkt für Filzmacher aus verschiedenen Erdteilen. Vom Museum hat man sich auf die ungarische Puszta hinausbegeben, um zusammen zu arbeiten und Fachkenntnisse und Gedanken während der warmen Sommerwochen auszutauschen. So hat man auch Studienreisen in Länder mit Filztradition unternommen. Kurse und Workshops werden fortlaufend angeboten.

Mari und István treibt ein enormes Interesse für die soziale Rolle dieses Handwerks. Starke Filzbänder sind zwischen Menschen durch sie geknotet worden. Während der Kurse gibt es viel zu lachen, Spiel, Tanz und Musik. Ein Traum von einer ökologischen Gesellschaft, mit Freunden und in Gemeinschaft bei der Arbeit, mit einer lebendigen Kultur, wo alle Menschen schaffend sein dürfen, liegt in der Filzarbeit verborgen.

Mari und István unterrichten, doch sie

schaffen auch eigene, gemeinsame Werke. Oft haben sie ihre Inspiration von Verwandten in Zentralasien bekommen. Die Trommeln der Schamanen singen in ihren Teppichen weiter. Gebrauchskunst ist alles, was sie herstellen, eine Art zu sehen, die sie von den Nomaden übernommen haben. Die Muster der Teppiche werden aus Filz ausgeschnitten und eingefilzt. Manchmal werden Muster aus kardierter Wolle geformt. Die Naturfarben sind immer die Basis in ihren Teppichen.

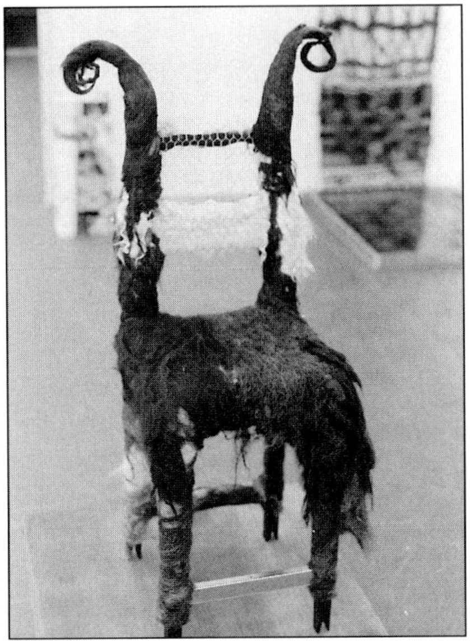

△

Ovis. Beathe-sophie. In Umeå wohnt **Bessie Dammert-Wilcke**, die ihre Kunst mit Beatesophie signiert. Sie ist von den dreidimensionalen Möglichkeiten des Filzens fasziniert worden. Sie packt die Gelegenheit beim Schopf, wenn sie etwas sieht, was ihr die richtige Inspiration gibt. Das geschah mit einem Laborsessel, den sie einfach zu obiger Skulptur verwandeln musste! Ich habe keine spezielle Methode, sagt sie, sondern arbeite entsprechend den verschiedenen Voraussetzungen, die bei den unterschiedlichen Gelegenheiten Gültigkeit haben. Bezeichnend für mich ist, dass ich die Wolle gerne so bearbeite, dass sie eine feste und harte Oberfläche bekommt. Die Wolle fühlt sich trotzdem immer warm und weich an, speziell in Kombination mit Stahl und Stein. Das Waschbrett ist also wichtig! Das Schrumpfen ebenso. In meinen Arbeiten herrscht die Skala der Grautöne vor. Den Ausdruck kann das Licht hervorheben, und so sind es die Spannung und Dramatik, die ich betonen und vermitteln will.

Tidens lopp (Der Lauf der Zeit). 165 x 492 cm. **Kristin Jónsdóttir**, 1990. Detail. Subtile Texte in hauchdünnes Vlies eingebettet sind Kristin Jónsdóttirs Markenzeichen. Kristin, die in Reykjavik wohnt, verwaltet in ihren gefilzten Textblättern das Erbe der isländischen Handschriften. Das Wort, die Sprache und die Erzählung sind für das isländische Volk immer wichtig gewesen.

Kristin arbeitet mit einer Technik, die sie selbst erfunden hat. In naturfarbene, isländische Wolle filzt sie Blätter aus Vlieseline ein, worauf Texte mit wasserfester Tinte geschrieben stehen. Die Textblätter sind rechteckig, wie die Seiten eines Buches, und werden in langen Serien angebracht. Sie können auch lange Bahnen bilden, bei denen der Text an manchen Stellen besser sichtbar ist.

Felt Home. **Tuula Isojunno-Nikulainen**. Tuula aus Angelniemi in Finnland ist bekannt für ihre farbenprächtigen, phantasievollen Kleider. Eigentlich sind es mehr als Kleider, eher magische, rituale Kostüme, voll von Erzählungen und Sinnbildern. Diese haben ihre Wurzeln sowohl in der Anthropologie als auch im Theater. Doch vor allem vermitteln sie die Magie des Schafes, die Riten der Schamanen und die Stärke des wilden Tieres!

Tuula ist in ihrem Verhältnis zu Filz weiter gewandert und hat das «zweite Fell», die Kleider, verlassen, zugunsten des dritten, des Schutzes aus Filz, des Zeltes. Ihre neue Reise in der Filzlandschaft begann mit einem farbenfrohen Zeltskelett: *Hommage to the Nomads*. Diese Konstruktion aus eingefilztem Holz wurde auf der Biennale in Lausanne 1992 gezeigt. Die nächste Station war das verkleidete Zelt, ein *ger* mit dem Titel *Felt Home*. In den Zelten vereint sie Urzeit und Neuzeit, ebenso in den Kleidungsstücken. Sie arbeitet intuitiv mit dem Filz, ausgehend von dessen «Seele». Sie wiegt nicht, sie rechnet ni-

▽

◁ *Afton Return, Road Rug Series: 3.* 91 x 132 cm. **Chad Alice Hagen**.

Chad Alice Hagen aus St. Paul in Minnesota, USA, arbeitet mit einer Variante der Mosaikstickerei: Geduldig näht sie Stück an Stück, bis das ganze Bild zusammengefügt ist.

Hier sind die Kanten mit einer Reihe von Knöpfen verziert. Die Wolle ist Merino-Vlies, das dem Filz eine dichte und feinfaserige Oberfläche gibt. Das erleichtert, die Fläche mit verschiedenen Reservetechniken zu färben, etwa mit Hilfe von Knoten. Die Farben sind widerstandsfähige Säure-/Metallkomplexfarben.

Chad möchte eine sehr glatte Filzoberfläche und arbeitet deshalb mit der Rolltechnik in einer Bambusmatte. Sie filzt kleine Stücke, etwa 30 x 30 cm, zu fertigem Filz. Danach färbt sie den Filz mehrmals, bis sie die gewünschte Farbe und Musterung der Oberfläche erhalten hat. Dann schneidet sie die Formen aus, so wie sie diese haben will und näht sie sehr eng aneinander. Früher nähte Chad ihre Bilder aus halbfertigen Filzstücken und legte das Motiv nach unten auf eine Bambusmatte. Obenauf legte sie fünf dünne Lagen gefärbter Wolle und filzte alles zusammen. Doch ihre Hände und ihr Rücken schafften das Filzen der grossen Stücke nicht. Dadurch, dass sie fertig gefilzten Filz zusammennäht, kann sie grosse Bilder aus kleinen Einheiten aufbauen, die nicht so schwierig herzustellen sind.

Ein interessanter Punkt ist, dass Chad die Filzoberfläche rasiert! Dadurch entfernt sie Schmutz, Fussel, Gras und andere Kleinigkeiten. Ausserdem werden dann die Konturen des Musters deutlicher, sagt Chad.

Die *Road Rug-Serie* besteht aus fünf Werken, die so klein sind, das man sie in einem Reisekoffer mitnehmen kann. Dadurch dass die Filzmatte aufgerollt werden kann, kann der Reisende ein anheimelndes Gefühl auch in anderer Umgebung schaffen.

Omslutande gul (Umschliessendes Gelb). 285 x 100 x 40 cm. **Beret Aksnes**.
Beret Aksnes aus Trondheim in Norwegen begann ihre Textilkünstlerlaufbahn mit Druck und Malerei auf Stoff sowie Maschinensticken, doch seit etwa 1985 widmet sie sich dem Filz. Sie arbeitet mit grossen, reinen Flächen in einem Grenzland zwischen zwei- und dreidimensionalem Ausdruck. Sie hat lange Zeit mit verschiedenen Färbetechniken experimentiert.

Berets spezielle Erfindung auf dem Filzgebiet ist das Plissieren. Das ist eine Technik, die wir von den Volkstrachten her kennen, doch dort gebraucht man meistens das Wort «Reihen» (Swedisch *goffrera*). Für die plissierten Arbeiten verwendet Beret einen dünnen, gleichmässigen Filz, den sie in einer Grundfarbe färbt, eventuell mit einigen Farbnuancen. Dann plissiert sie den Filz, bindet ihn mit Schnüren dicht zusammen und färbt ihn aufs Neue. Das ist also eine Art des Reservefärbens, doch mit Wollfarben. Meistenteils verwendet Beret schwarz zum Überfärben. Mit Hilfe von Stützkonstruktionen aus Holz und Metall werden die Filzstücke aufgehängt.
Beret hat auch spannende Kleider aus plissiertem Filz hergestellt.

Korona. Durchmesser 255 cm.
Maisa Tikkanen.
Farbenschimmernde Koronen filzt Maisa Tikkanen seit langem. 1972 machte sie ihr erstes Filzexperiment. Den Anstoss bekam sie von einem Film über die Herstellung von Jurtenfilz in Turkmenien. Sie wurde von der Einfachheit dieser Technik gefesselt, davon, dass spezielle Geräte dazu nicht notwendig sind. Maisa wohnt in Punkaharju, Finnland, inmitten der Natur, welche die Basis ihrer Kunst darstellt.

Maisas Technik hebt die vielen Möglichkeiten des Filzens hervor. Sie legt Lagen über Lagen vieler verschiedener Farben, so dass die Oberfläche schillert. Die langen Fasern schaffen Bewegung in der Komposition, meistens vom Zentrum zu den Rändern hin. Die Arbeiten sind nur leicht gewalkt, damit alle Farbschattierungen und Faserrichtungen erkennbar sind. Eine sorgfältige Montage macht die Werke haltbar. Die Wolle kauft sie gefärbt und kardiert.

Maisa hat eine alte Scheune auf einem Bauernhof in Kulennoinen zu einem Atelier umgebaut. Früher arbeitete sie mit ihren grossen Projekten auf dem Hof und auch in der Sauna. Die finnische Dampfsauna, mit ihrer warmen und feuchten Luft, ist ja eigentlich das perfekte Umfeld für die Filzherstellung!

▽

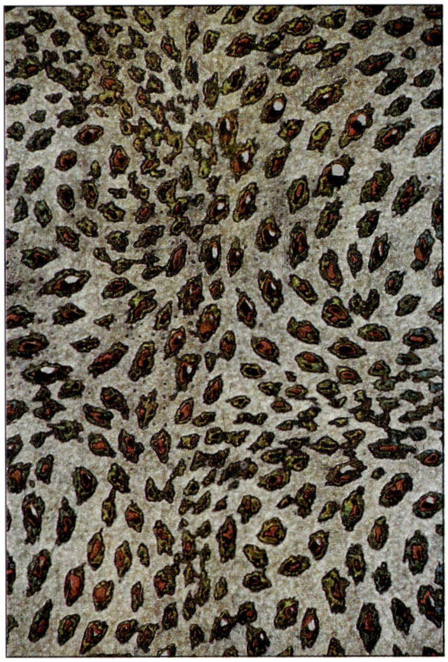

△

Stratum Nr. 3. 125 x 110 cm. Detail.
Karen S. Page.

Karen S. Page aus Beaver Falls, USA, hat eine ganz eigene Technik für Filz entwickelt. Sie filzt 12–14 Lagen Wolle in verschiedenen Farben zusammen und schneidet dann kleine Löcher in den Filz, damit die verschiedenen Farben zum Vorschein kommen. Sie verwendet Wolle der Rassen Romney und Perendale, die gemischt werden. Sie färbt die Wolle in viele Farben, kardiert genau zu sehr dünnem Vlies, das nachher rechtwinklig übereinander gelegt und zwischen Glasfasergewebe zusammengefilzt wird. Der Filz ist ziemlich hart gefilzt, mit einer Schrumpfung von 25%. Nach dem Walken werden die Löcher geschnitten. Karens Technik macht es möglich, Farben und Muster einzubetten, so dass sie eher zu einer im Filz integrierten Struktur werden, als auf der Oberfläche appliziert zu sein. Die Technik, Stücke aus der Oberfläche herauszuschneiden, gibt die darunterliegenden Strukturen frei, und gleichzeitig wird ein neues Muster von Merkmalen auf der Oberfläche geschaffen. Ihre Inspiration sind Muster von Tierfellen, Gewächsen und geologischen Formationen. Sie will in ihren Arbeiten nicht die Natur imitieren, sondern eher den Geist und die Energie der Natur einfangen. Ihre Arbeiten sind der Ausdruck ihrer Faszination von den Mysterien, die in der Natur verborgen sind.

Etamin. 55 x 260 cm. **Silja Puranen**.

Silja Puranen wohnt in Järvenpää, Finnland. Das Thema in ihren Arbeiten von 1991 ist Zeit, die Relation zwischen Mensch und Zeit, zwischen einem Augenblick und der Ewigkeit. Sie kombiniert die Wolle während des Filzprozesses mit anderen Materialien. Die äusserste Lage ist Flachs, um dem Stück mehr Leben, Leichtigkeit und Glanz zu verleihen. Mit Leinen ist es möglich, der Arbeit einen ausdrucksvolleren Charakter zu geben, findet Silja. In den Rändern ihrer Arbeiten verwendet sie oft harte, stockähnliche Fasern, um eine Form zu beenden oder fortzusetzen, und um einen Kontrast zwischen dem Materiellen und Immateriellen zu schaffen.

In dem Werk *Etamin* wurde Wolle verwendet, Flachs, Kokosfasern und Bassina. Bassina ist eine mexikanische Faser, die etwas dünner, weicher und schwächer ist als Reisstroh.

Normalerweise kauft Silja Wolle in verschiedenen Farben und mischt sie zu den gewünschten Farbtönen, indem sie sie zusammenkardiert. Den Flachs färbt sie selbst mit reaktiven Farben. Der Flachs wird zuoberst gelegt und in der Wolle festgefilzt, teils weil die Wollfasern über den Flachs kriechen, doch auch, weil der Flachs sich selbst filzen kann, wie Zellulosefasern zu Papier.

Die «Stäbe» in den Arbeiten sind harte pflanzliche Fasern, wie Kokosfasern, Bassina und Reisstroh. Kokosfasern verwendet Silja gewöhnlich auf der Oberfläche. Diese bleiben im Filz hängen, wenn Wolle und Flachs gefilzt werden. Wenn sie Kokosfasern in grossen Mengen auf der Oberfläche verwendet, legt sie eine dünne Lage Flachs darüber.

Reisstroh und Bassina werden in den Kanten verwendet. Diese Fasern legt sie zwischen die Schichten der Wolle, so dass ein grosser Teil der Fasern im Filz integriert wird.

Detail.

▽

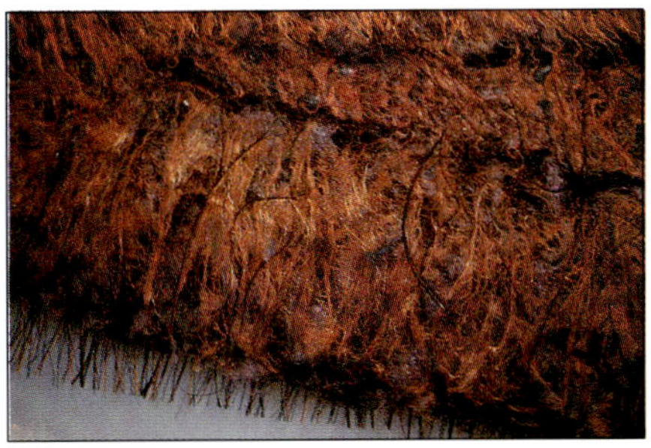

Weshalb gibt es keine
Zärtlichkeitskleider?
Zärtlichkeit führt Menschen eng
zusammen. Trotzdem hat man
immer noch keine
Zärtlichkeitskleider genäht:
Doppelumhang für Mama
/ Kind.
Gemeinsamkeitsmantel
(Gebrauchs- und Wirf-weg-Mantel
für Verliebte).
Unsichtbarkeitshaube für heimlich
Verliebte.
Familienkittel.
Freundschaftsfäustlinge.

Oscar Reutersvärd.

Nützliche Dinge aus Filz

Kleider

Die asiatische Rolltechnik hat uns Möglichkeiten gegeben, Stoffe in einem anderen Umfang als früher herzustellen. In einigen Stunden kann man einen Jackenstoff aus Wollvlies filzen, regelmässig und fein!

Herrenjacke aus Feinwolle. Der Filz ist zum Schluss in der Waschmaschine gewalkt worden. Mit Trikotband eingefasst und maschinengenähten Knopflöchern. Stilmuster 21576. G. Paetau Sjöberg.

Wolltypen

Die Verwendung des Kleidungsstückes bestimmt die Wahl der Wolle. Ein Hemd, das Du direkt auf dem Körper trägst, fordert die weichste Wolle, Feinwolle. Du kannst sogar Lammwolle von Feinwolle wählen, doch dann musst Du auf eine gewisse Noppenbildung gefasst sein. Lies mehr über Vor- und Nachteile der verschiedenen Wolltypen im Kapitel über Wolle (S. 57).

Eine Jacke, die Du draussen, im Regen und bei schlechtem Wetter tragen willst, kannst Du aus Gotlandwolle herstellen. Achte aber darauf, eine Gotlandwolle mit genügend Unterwolle zu wählen, die die glatten Deckhaare im Filz festhalten können. Leicester gibt einen schönen Stoff mit feinem Glanz. Auch Lammrya kann für Oberbekleidung verwendet werden, die Deckhaare stossen das Wasser effektiv ab. Verwende aber dann eine weiche Ryawolle und nur für die äussere Lage. Alle gröberen Wollarten können mit einer Lage Feinwolle zusammengefilzt werden. Dann wird der Filz weicher und geschmeidiger. Eine weisse und eine graue Lage zu verfilzen, kann bei Kleiderstoffen problematisch werden. Die Lagen sind nämlich so dünn, dass kleine Unregelmässigkeiten beim Auslegen auf dem fertigen Filz sichtbar werden.

Kardieren und Qualitäten mischen

Lies das Kapitel über Kardieren (S. 80), bevor Du die Wolle zu kardieren beginnst. Wenn man Kleider herstellen will, dann muss man mit dem Material sehr genau sein. Der Filz wird schliesslich die ganze Zeit abgenützt. Deshalb lohnt es sich, die allerbesten Stücke aus den Schafvliesen herauszusuchen. Für eine grosse Jacke brauchst Du vielleicht Wolle von zwei gleichartigen Vliesen. Verwende nur die besten Stapel auf dem Rücken und den Seiten der Schafe und nimm eventuelle Nachschur weg. Wenn Du einen glatten Stoff haben willst, muss die Wolle sehr gut kardiert sein. Das bedeutet zumindest zweimaliges Kardieren. Verwendest Du eine Kardiermaschine, solltest Du die Wolle dreimal kardieren, wenn sie lockig ist. Halte das Vlies gegen das Licht, so siehst Du, ob es ganz durchkardiert ist!

Die kardierte Wolle muss auch von einheitlicher Qualität sein. Sonst schrumpft der Filz unregelmässig. Beim Färben könnte auch die Farbe ungleichmässig aufgenommen werden. Das bedeutet, dass Du nach dem ersten Kardieren die Wolle von den verschiedenen Vliesen oder unterschiedliche Teile eines Vlieses mischen musst. Lies im Kapitel über das Kardieren, wie Du verschiedene Qualitäten mischen kannst.

Kardiertes Vlies kaufen oder selbst kardieren?

Für sehr dünne Stoffe muss man sehr dünnes Vlies verwenden. Mit Handkarden und Kratzbank kannst Du zwar dünn und gleichmässig kardieren, doch bedeutet es sehr viel Arbeit, Wolle für einen ganzen Stoff zu kardieren.

Auf einer Handkardiermaschine ist es schwer, gleich dünne und gleichmässige Vliese herzustellen, so wie ihn die Kardierbetriebe auf ihren Maschinen zustande bringen. Kardiere einen möglichst dünnen und gleichmässigen Vlies auf Deiner Maschine, nimm ihn von der Maschine und wiege ihn. Wiege dann die grobkardierte und qualitätsgemischte Wolle in gleich schwere Haufen ab. So ist es leichter, eine gleichmässige Qualität zu bekommen. Sei sehr genau beim Ausbessern aller Ungleichmässigkeiten, wenn Du das Vlies auslegst.

Der Vorteil von gekauften Vliesen ist, dass diese gross sind und in sehr dünne Lagen geteilt werden können. Speziell bei Feinwolle kann der Kauf lohnend sein, weil sie mit der Handkardiermaschine nur schwer zu ganz dünnen Vliesen kardiert werden kann.

Formgebung und Muster

Der handgearbeitete Filz ist von sich aus ein sehr schönes und exklusives Material. Weshalb sollte man also nicht mit etwas Einfachem beginnen, das dieses Material zu seinem Recht kommen lässt? Denke daran, Filz hat eine gewisse Festigkeit, einen speziellen Ausdruck, der hervorkommen muss. Filz kann vielleicht nicht für die aktuelle Mode verwendet werden, sondern muss eine zeitlosere Formgebung erfahren, die auf den speziellen Eigenschaften des Filzes aufbaut. Filz ist plastisch, er fällt nicht so weich wie ein gewebter Stoff!

Viele Ideen kannst Du dadurch bekommen, dass Du mit dem fertigen Filzstück vor dem Spiegel spielst. Die wellenförmigen Ränder können vielleicht zu einem schossähnlichen Abschluss auf der Jacke oder zu einem Ärmelaufschlag werden.

Skizziere Deine Ideen. In diesem Buch werden einige einfache Vorschläge gemacht, die auf verschiedene Art weiterentwickelt werden können. Wenn man von kommerziellen Mustern ausgeht, muss man vereinfachen und unnötige Details weglassen. Filz ist ein plumperes Material als gewebte Stoffe. Dicken Filz zu einem Bund zu falten kann wulstig aussehen. Schliesse Umfallkrägen, Schleifen, Riegel und andere Details, die schwer aus Filz zu nähen sind, aus. Wähle auch eine grössere Grösse, als Du normalerweise trägst. Dicker Filz füllt mehr und fordert mehr Bewegungsraum.

Bevor Du Deinen Stoff herstellst, solltest Du die Abschnitte über das Auslegen von Mustern und Nähen (S. 150 f) durchlesen, um die richtige Grösse für den Stoff zu erhalten.

Willst Du das Tuch bemustern oder färben, kannst Du dazu die Kapitel «Muster filzen» (S. 109) sowie über Färben und Drucken (S. 67, 76) durchlesen.

◁ *Muster aus gefärbten Wollstapeln auf ungefärbter Wolle. Der Filz wurde im Nachhinein gefärbt.*

Vergiss die Filzprobe nicht

Eine Probe ist wichtig! Auf diese Weise ersparst Du Dir Enttäuschungen. Folge der Beschreibung im Kapitel «Dünn filzen mit der Rolltechnik» (S. 104). Mache am besten eine dünnere und eine dickere Variante. Für dünne Stoffe legt man die Wolle so dünn aus, dass Du die Unterlage durch die erste Lage sehen und durch die zweite Lage erahnen kannst. Wird die Wolle dünn ausgelegt und beim Filzen stark geschrumpft, wird eine dauerhaftere Qualität erreicht, als wenn man dick auslegt und wenig schrumpft.

Die fertige Probe gibt folgende Informationen:
– ob Du die Wolle in der richtigen Dicke ausgelegt hast. Wurde das Tuch so dünn, wie Du es haben wolltest?
– ob die Qualität dauerhaft wurde. Kann man das Tuch dehnen? Lasse die Probe trocknen und setze sie gewissem Verschleiss aus. Gehen Fasern ständig verloren?
– ob das Muster wurde, so wie Du es Dir gedacht hast. Wurde das Muster undeutlich, weil der Musterfilz zu dünn oder zu lose gefilzt war?
– über den Schrumpfprozentsatz der Wolle. Du kannst dadurch, dass Du die Probe vor und nach dem Filzen abmisst, den Schrumpfprozentsatz berechnen und daraus schliessen, wieviel Wolle Du zu Deinem Kleidungsstück auslegen musst. Denke daran, dass langhaarige Wolle einen «Fadenlauf» auf dem Stoff ergibt; lies über Fadenlauf (S. 150).

Weste in zwei Teilen. *Feinwolle vom Gobelintyp mit einer dünnen Lage Lammrya ganz aussen. Dekor aus eingefilzten, gefärbten Wollstapeln. Der Filz wurde nach dem Walken gefärbt. Detail (S. 148). Das Modell ist beim Nähen von der Grösse her leicht zu regulieren. Siehe auch S. 3: Ideen zu Mustern im Filz, sowie das Kapitel: «Muster filzen» (S. 109). G. P. Sjöberg*

Schnittmuster *für eine Weste in zwei Teilen. Das Oberteil besteht aus einem Oval, das über die Schultern gebogen wird. Die Öffnung vorne und der Halsausschnitt werden entsprechend den Hauptlinien nach dem Walken geschnitten. Falte das Oval zusammen, um den Platz für die Schulterlinie, um den Halsausschnitt zu bestimmen. Miss auf dem Vorderteil 2–2,5 cm von der Schulterbiegung abwärts, und zeichne dort die Schulterlinie. Das Vorderteil wird also 2–2,5 cm kürzer als das Rückteil, damit die Weste nicht nach hinten zurückfällt. Biege den Stoff beim Ärmelloch und dem Halsausschnitt vorne bei den gestrichelten Linien ein. Die geschnittenen Kanten werden mit warmem Wasser gefilzt, um sie abzurunden. Nähe die Weste von Hand mit Saumstich zusammen. Befestige ebenso auch die eingebogenen Kanten.*

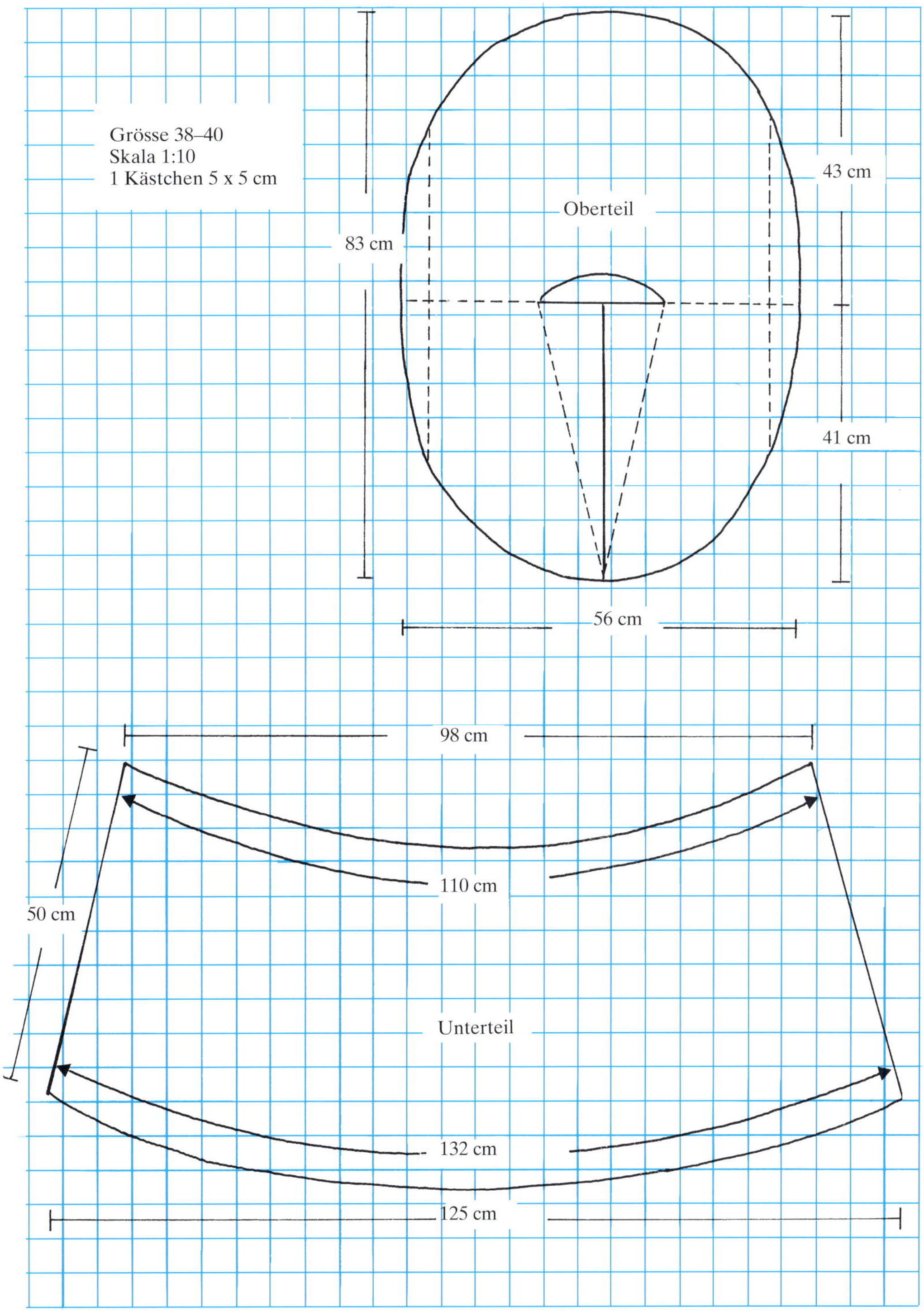

Filzen

Filze Deinen Stoff ausgehend von den Erfahrungen der Probe. Ziehe Falten aus, lege die Ränder zurecht und kontrolliere am Anfang die Gleichmässigkeit der Wollagen. Lege zusätzliche Wolle auf, wenn es dünn aussieht. Strecke bei mehrfachem Umrollen den Stoff ordentlich. Knete ihn zum Schluss noch kürzere Zeit mit den Händen im Waschbecken, bis sich die Filzqualität gut anfühlt. Mache die Filzprobe!

Wasche die Schmierseife mit einem milden Waschmittel aus und spüle mehrmals mit frischem Wasser. Gib dem letzten Spülwasser etwas Essig zu. Schleudere oder hänge das Stück nass auf. Mache es glatt. Mangle oder bügle, wenn der Stoff halb trocken ist.

Schnittmuster auslegen

– Die Qualität des Stoffes. Schau Dir den Filz an, bevor Du das Schnittmuster auslegst. Gibt es einige dünne oder hässliche Partien, Fehler, Farbflecke? Markiere sie mit Nadeln oder Heftstichen, so dass Du Dich erinnerst und auf sie Rücksicht nimmst.

– Der Fadenlauf. Hast Du eine Lage langhaarige Wolle und eine Lage Feinwolle verwendet, sollen die Teile in Richtung der langen Fasern gelegt werden. Die langen Fasern sollen ausserdem auf der Aussenseite des Kleidungsstückes sein. Du tauschst auf dem Schnittmusterbogen nur das Wort «Fadenlauf» gegen «Faserlauf» aus, wenn Du die Teile auslegst. Dann bekommt das Kleidungsstück ein einheitliches Aussehen und der Regen fliesst ab! Hast Du langhaarige Wolle für beide Lagen verwendet, hast Du ebenfalls eine rechte und eine Rückseite auf dem Stoff bekommen, was gleichfalls beim Auslegen der Muster beachtet werden muss.

Hast Du nur Feinwolle oder andere kurze, weiche Wolle verwendet, kannst Du die Musterteile kreuz und quer legen, so wie Du am besten Platz findest, wenn es das Muster auf dem Stoff erlaubt.

Lege das Schnittmuster auf einfachem Stoff aus, wenn er dick ist. Am besten ist, ein ganzes Papiermuster zu zeichnen, also kein halbes Muster. Das vereinfacht das Auslegen.

Krägen und andere Details können unproblematisch sein, wenn der Filz gut gefilzt und nicht zu dünn ist. Man kann diese Details auch eigens und extra dick filzen.

Die Breite der Säume bestimmen die Sticharten, die Du anwendest. Schau Dir die Vorschläge auf S. 153 an. Schneide gleich breite Säume, so brauchst Du sie nicht zu markieren.

Weste aus Feinwolle, eingesäumt mit waschbarem Fell. Margareta Eriksson.

△
Pflanzengefärbte Strickjacke mit Sattel aus chemisch gefärbtem Filz. Der Sattel hat Kordelverzierungen aus handgesponnenem Garn als Dekor und Verstärkung bekommen. Der Sattel wurde auf gleiche Art gefertigt wie bei der blauen Weste, jedoch mit gerader Unterkante. Gestickte Kanten. G. P. Sjöberg.

Nähen

Probiere, welche Nähte und welche Stichlänge zur Dicke Deines Filzes passen. Eine Stichlänge von 2,5–3 mm reicht in der Regel aus.

Im Allgemeinen näht man in Filz keine Abnäher. Reihe statt dessen den Filz mit grossen Stichen und dämpfe entsprechend die Weite mit dem Bügeleisen. Bei üppiger Oberweite kann man natürlich Abnäher in dünnen Filz nähen!

Hefte dann die Nähte zusammen. Probiere das Kleidungsstück an und ändere.

Plane das Nähen. In einem einfachen Hemd mit geraden Ärmeln ohne Armkugel ist es am einfachsten, zuerst die Schulternähte und anschliessend die Ärmel an Vorder- und Rückteil festzunähen. Lege danach das Kleidungsstück zusammen, und nähe die Seiten- und Ärmelnähte in einem Zug von der Unterkante in Richtung der Ärmel zu. Einen Ärmel mit Armkugel setzt man ein, nachdem die Schulter- und Seitennähte fertig sind.

Probiere das Kleidungsstück vor dem Spiegel an und versuche, verschiedene Lösungen beim Halsausschnitt. Einfüttern, Kragen oder nur eine geschnittene Kante? Ziehe das Kleidungsstück aus und hefte eine schöne Linie für den Halsausschnitt. Ziehe es wieder an und kontrolliere, ob die Linie richtig verläuft. Markiere bis zur anderen Seite des Halsausschnitts – eventuell mit Saumzugabe – und schneide zu!

Weste an einem Stück gefilzt. Das Muster ist inspiriert von der Schneeschmelze auf einem Acker. Eine doppelter Filzrand ist um den runden Halsausschnitt und die Vorderkante aufgenäht. Filze nach dem selben Prinzip wie bei Hüten, doch mit Löchern für den Hals und die Arme. Lege die Wolle für den Halsausschnitt und die Armlöcher bedeutend kleiner aus, als sie einmal sein sollen – sie werden beim Filzen grösser! Ziehe einen bis zum Boden reichenden Mottensack an und forme zum Schluss die Weste auf Deinem Körper vor dem Spiegel. G.P. Sjöberg.

Füttere den Halsausschnitt mit Futterstoff ab (Filz wird oft zu dick) oder nähe einen Kragen darauf. In dünnere Kleidung aus wohlgearbeitetem Filz kann man eingeschnittene Kanten ohne Nähte verwenden und eventuell im Nachhinein mehr auffilzen, um sie besser abzuschliessen. Verwende dazu nur warmes Wasser und keine Schmierseife. Das gilt auch für alle übrigen Kanten der Bekleidung.

Filz der stark abgenützt wird oder lose gefilzt ist, kann ohne Nahtzugaben geschnitten werden und wird durch Einfassen mit Band widerstandsfähiger. Geschmeidiger Filz kann zu einem Saum umgestülpt und so auch vorne in der Mitte zu einer Knopfleiste genäht werden. Dicke Jacken können dickere Säume vertragen. Probiere und fühle!

Wähle das Zubehör sorgfältig! Verwende trikotgewebtes Reinwollband, das geschmeidig und leicht zu formen ist. Du kannst sie auch zusammen mit dem Stoff färben. Es ist nämlich nicht leicht, die richtige Farbe in dem Sortiment zu finden. Vermeide gekaufte elasta Webeware (etwa Bündchenstoff), die von der Qualität selten zum Filz passt. Knöpfe kann man auf gleiche Art filzen, wie Bälle. Oder überziehe alte Knöpfe.

Hausbekleidung aus Feinwolle kann man ohne Futter tragen. In Jacken, die man offen trägt, kann ein Seidenfutter elegant sein. Färbe das Seidenfutter mit Wollfarben, wenn Du die Farben koordinieren willst. In Überkleidern kann es angenehm sein mit einem wetterfesten Futter aus Baumwollpopeline. «Die Seele einer Frau stirbt in Wollkleidung, aber erwacht zu Ekstase in Seidenkleidern», soll eine in die Mongolei verheiratete Prinzessin aus China, gesagt haben. Das kann doch wohl nicht wahr sein?

«Antidepressionsjacke», 1981, aus ausgesuchter Gotlandwolle gefertigt und seit zehn Jahren von September bis April in Gebrauch! Das gleiche Schnittmuster wie für die blaue Weste, S. 149 oben, doch mit mehr Bewegungsfreiheit. Um den Schultern eine markante Form zu verleihen, wurde die Falte des Filzes an der Aussenkante der Schulterpartie ausgestopft. Den Ärmel steckt man in das Armloch und näht ihn an der Naht an der Schulter fest. Auf den Schultern strecken auch «Bäärtil» und «Bäärta» ihre Köpfe hervor (S. 128). Stickerei mit Applikation (S. 115) filzverkleidete Knöpfe mit Schlingen. G.P. Sjöberg.

Filzjacke aus zwei Lagen Gotlandwolle, die untere gut kardiert, die obere nur einmal auf der Handkardiermaschine kardiert, um den Filz stärker zu strukturieren. Anschliessend gefärbt. Leicht zu nähen, weil Körperteile und Ärmel an einem Stück gefilzt sind. Schnitt: Burda 4457. Hut: «Pillendose» aus gleichem Material. Mia Fallman. Über die Schulter eine Dosentasche (S. 168). ▷

Kleid mit Oberteil aus «Wollcloqué», der Rock aus Synthetikorganza. (Beschreibung für «Wollcloqué», siehe S. 114). G. P. Sjöberg.

Filzjacke und -hut mit Karomuster aus eingefilztem Garn. Britt Karin Tuflått und Johanne Moe Nyland, Norwegen.

Nähte in Filz

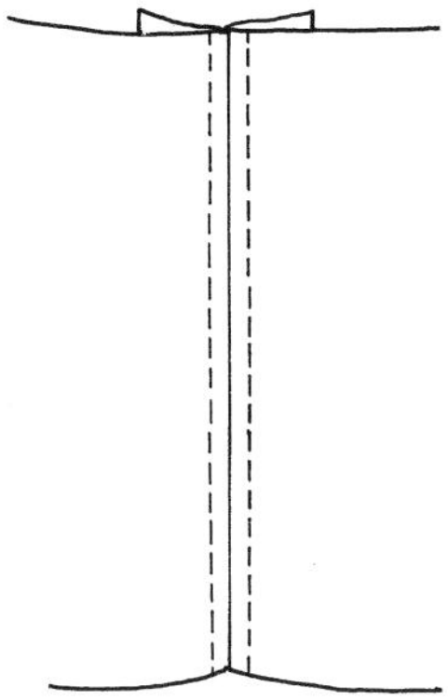

Auseinandergebügelte Naht mit Nähten, die die Nahtzugabe festhalten.

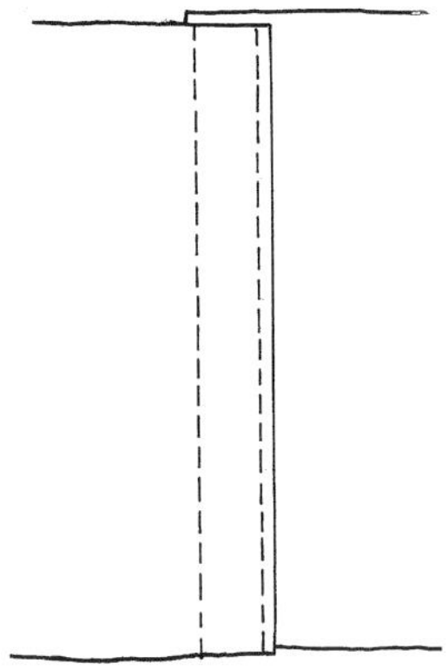

Eine Doppelnaht für dicken Filz. Markiere auf dem unteren Filzstück die Zugabe für die Naht (etwa 1 cm) mit Schneiderkreide. Lege den Rand des oberen Teils an die Markierung, hefte mit Nadeln und nähe.

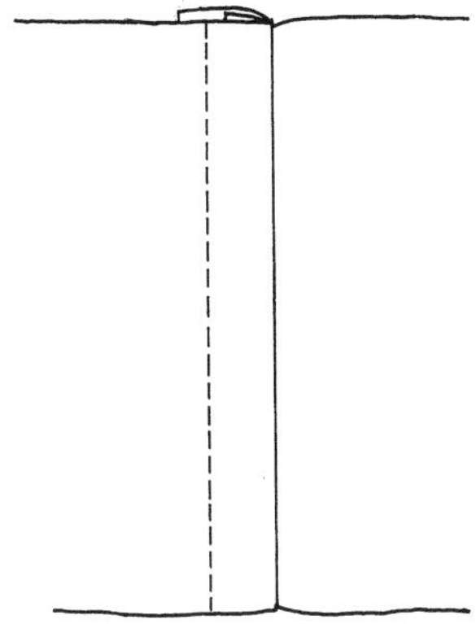

Kappnaht mit offenem Rand.

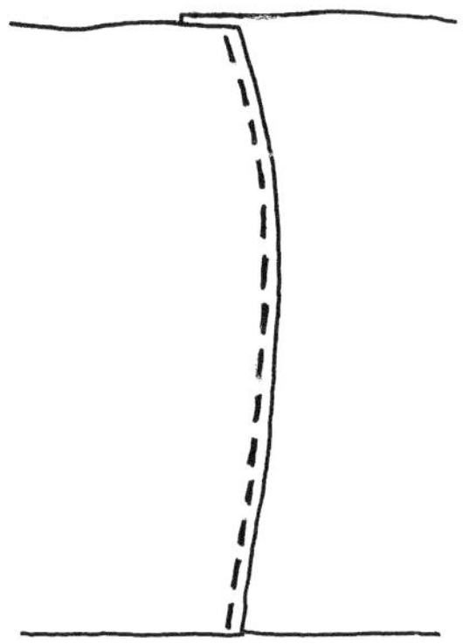

Doppelnaht, handgenäht mit Vorstichen. Verwende Knopflochseide oder Knopfzwirn.

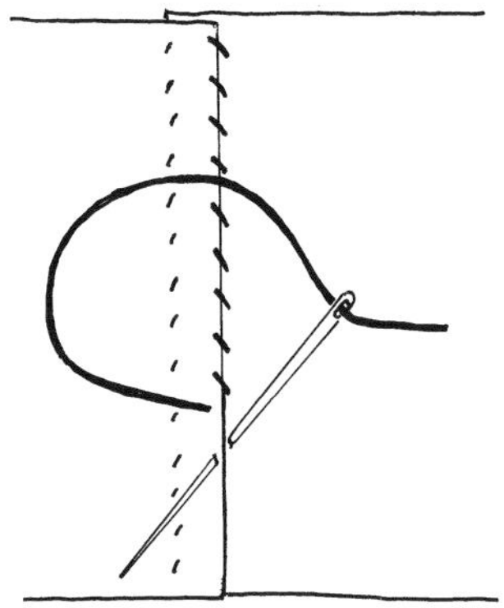

Doppelnaht handgenäht mit diagonalen Vorstichen auf beiden Seiten.

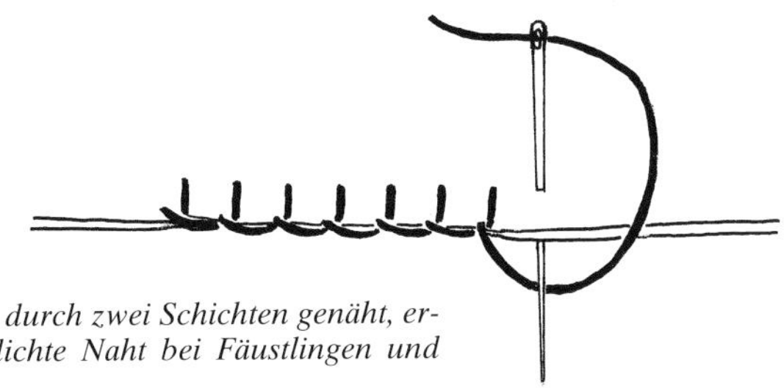

Festonstiche, durch zwei Schichten genäht, ergeben eine dichte Naht bei Fäustlingen und Pantoffeln.

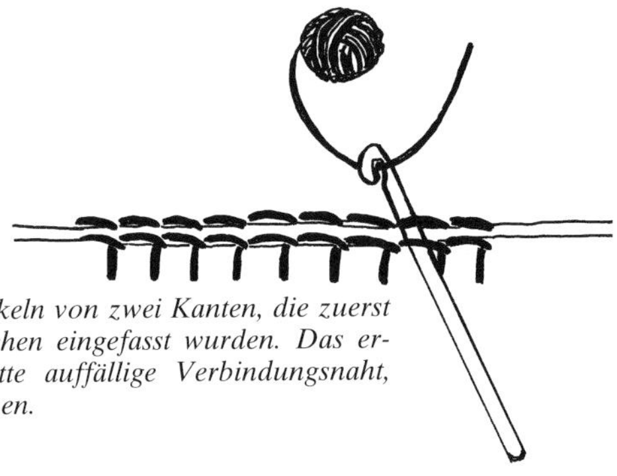

Zusammenhäkeln von zwei Kanten, die zuerst mit Festonstichen eingefasst wurden. Das ergibt eine glatte auffällige Verbindungsnaht, etwa bei Mützen.

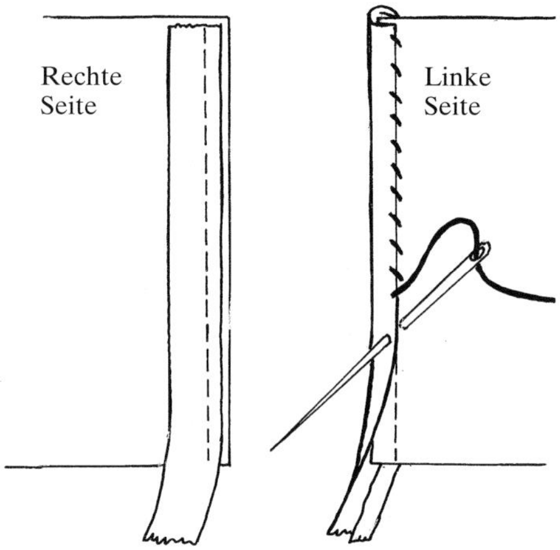

Ränder mit Trikotband. Das Band ist so breit, dass man es mit seiner rechten Seite am Rand der Vorderseite des Filzes annähen, um die Kante biegen und auf der Rückseite annähen kann. Kaufe genug Band, denn es schrumpft beim Färben!

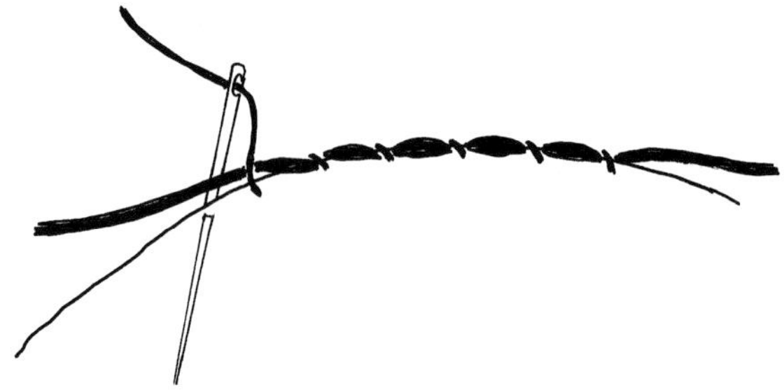

Kanten mit einem dicken, handgesponnenen Wollgarn oder einer Kordel. Nähe sie mit Überfangstichen und dünnem Garn fest. Die Kanten können auch gewirkt, gestrickt, mit Filz besetzt oder auch nur geschitten werden.

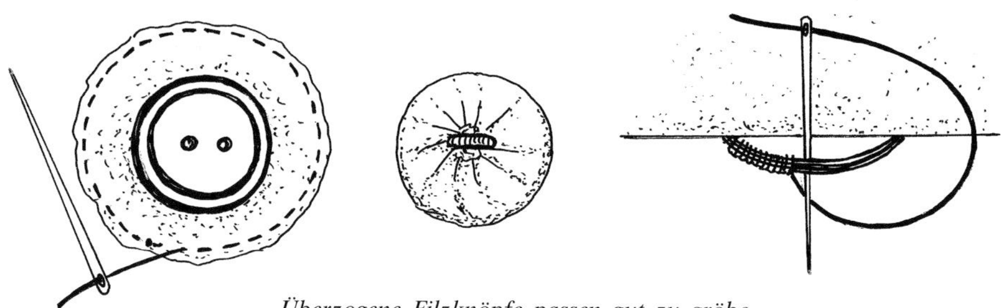

Überzogene Filzknöpfe passen gut zu gröberem Filz. Überziehe einen flachen Knopf. Er wird mit einer Schlaufe aus Knopfgarn zugeknöpft.

Markierungen mit Sporn oder Markierungspapier gelingen auf Filz nur selten. Verwende stattdessen Schneiderkreide. Stickmuster oder Schrift können mit feinen Filzstiften übertragen werden. Man drückt dabei die Spitze durch das Musterpapier, so dass auf dem Filz kleine Punkte zu sehen sind.

Larry Beede, mit dem Mantel Kecskemét *und traditionellem ungarischen Hirtenhut. Beth Beede, USA.*

Britt-Mari Hellgren *filzt Feinwolle.* ▷

Britt-Mari Hellgren wohnt in Sundsvall. Ursprünglich stammt sie aus Vilhelmina, wo die Tradition, warme Socken zu filzen, unter den älteren Frauen weit verbreitet war. Britt-Mari arbeitet heute ausschliesslich mit Feinwolle. Sie bestellt Wollvlies von feinster Lammwolle, aus der alle schlechteren Partien der Schafvliese aussortiert sind. Sie filzt weiche, geschmeidige und haltbare Qualitäten, die sie für Kleider, Polster und Möbelstoffe verwendet.

Sie legt das Vlies dünn und gleichmässig auf einer Plastikmatte aus und rollt es danach viele Stunden mit Armen und Händen. Indem sie den Filz nur rollt und nicht knetet, wird die Oberfläche sehr glatt. «Das braucht seine Zeit», sagt Britt-Mari. Den Kleinabfall in der Wolle pflückt sie heraus, so dass der Filz ganz sauber und weiss wird.

Ihr Musterdesign ist meist einfach und nicht figürlich, manchmal kann man stilisierte Blumenformen erkennen, die sich mit Punkten und anderen phantasievollen Formen mischen. Die Muster sind klar und deutlich. Sie werden aus einem leicht angefilzten, gefärbten Filz ausgeschnitten und dann auf die Plastikmatte gelegt. Obenauf legt man das Wollvlies und alles wird zusammengerollt.

Die Stoffe für Kleider werden als Meterware gefilzt, genäht werden sie mit gut angepassten Details wie Kragen, Kanten und Ärmeln in der Farbe des Musters. Dies verstärkt den Eindruck von Sorgfalt, Genauigkeit und handwerklichem Geschick. Die Jacken werden mit festgenieteten Druckknöpfen geknöpft.

Hüte und Mützen

Fröhliche Fischer mit Filzhüten, die gegen Kälte, Regen und Schnee schützen. Die Krempen sollen so breit sein, dass der Regen nicht in den Kragen läuft.

◁ *Ein Hut kleidet Gentlemen in allen Lebenslagen. Feinwolle vom Gobelintyp. G.P.S.*

Hüte und andere Kopfbedeckungen können auf viele Arten hergestellt werden und ebenso verschieden aussehen. Ein Fischerhut soll, den Wünschen des Fischers entsprechend, ziemlich dick sein, um zu wärmen, sowie auf der Aussenseite reichlich behaart sein, damit der Regen gut abfliessen kann. Ein feiner Hut dagegen soll glatt, dünn und hart gefilzt sein. Bevor man mit dem Filzen eines Hutes oder einer Mütze beginnt, will deshalb genau überlegt sein, für welchen Zweck und in welcher Qualität man eine Kopfbedeckung haben möchte!

Die Walktechnik ist für das Aussehen des fertigen Hutes von grosser Bedeutung. Walkbretter aus Holz sind effektiv, doch reiben sie die Wolle leicht auf, so dass die Oberfläche haarig wird. Walkbretter geben auch eine rauhere Oberfläche und einen dickeren Filz. Will man einen dünneren Hut mit glatter Oberfläche, soll man deshalb die Rolltechnik wählen.

Auf Seite 157 findest Du die Anleitung für die Herstellung eines Hutes nach Art des Fischerhutes, mit etwas gröberer Oberfläche und Qualität, hergestellt auf schwedische Art, sowie für einen gemusterten Hut mit der Rolltechnik gefertigt. Verwende für Deinen ersten Hut am besten gröbere Wolle, mit der leichter zu arbeiten ist. Als *Verbindungsfasern* wird hier die Wolle bezeichnet, die ausserhalb des Schnittmusters gelegt wird, um Vorder- und Rückseite zusammenfilzen zu können.

Hut aus Gotlandwolle gefilzt mit der Reibetechnik. G.P.S. ▷

Grober Hut in Reibetechnik – ein Fischerhut

Material
Etwa 130 g Gotlandwolle, grobe Feinwolle vom Gobelintyp oder Leicester. Teile die Wolle in zwei Teile, einen für die Vorderseite und den anderen für die Rückseite. Teile auch diese beiden Wollhaufen in je zwei Teile, um einen Teil für jede Wollage auf Vorder- bzw. Rückseite zu erhalten.

Muster
Zeichne eine glockenförmige Schablone auf eine feste Plastikfolie. Falte die Folie beim Zuschneiden in der Hälfte, um ein symmetrisches Muster zu erhalten.

Breite = Nimm den Umfang des Kopfes, auf dem der Hut sitzen soll, teile diesen durch 2 und addiere den Schrumpfgrad prozentual zur Wollqualität.

Beispiel: Breite = Umfang 58 : 2 = 29 + Schrumpfgrad (40%) 11,6 = 40,6.

Höhe = Höhe des Hutkopfes + die Breite der Krempe + Schrumpfgrad in %.

Beispiel: Höhe = Krempe 13 + Kopf 17 = 30 + Schrumpfgrad (40%) 12 = 42.

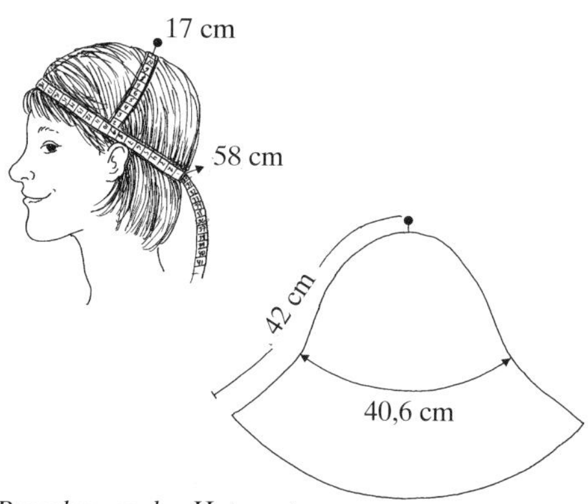

Berechnung des Hutmusters.

Filzen
1. Lege zwei Lagen kardierte Wolle kreuz und quer aus. Gib an den Rändern jeweils rund 3 cm für die Verbindungsfasern rund um den Kopf zu. Vorsicht! Keine Verbindungsfasern unten bei der Krempe! Die Wolle soll bis zur Kante der Krempe gehen, nicht weiter.

2. Giesse Schmierseifenwasser über Deine Hand, so dass das Wasser auf der Wolle verteilt wird. Kein Wasser auf die Verbindungsfasern, sonst wird es schwierig, sie faltenlos umzubiegen! Drücke die Schablone hinunter, so dass die Luft aus der Wolle gepresst wird und das Wasser bis zur Folienkante reicht.

3. Giesse etwas Schmierseifenwasser auf die Schablone und beginne, auf der Folie mit den ganzen Handflächen zu massieren. Nimm nach einigen Minuten die Folie weg und arbeite direkt auf der Wolle mit kreisenden Bewegungen. Arbeite meist zur Hutmitte hin. Sobald die Fläche leicht verfilzt ist, lege die Schablone wieder darauf und biege die Verbindungsfasern um deren Ränder. Befeuchte die Verbindungsfasern leicht und drücke sie nieder. Du musst die Wolle sehr exakt um die Kante der Schablone biegen, damit keine verfilzte Wulst entstehen kann.

4. Lege jetzt die Wolle für die andere Seite aus, auch hier mit überstehenden Verbindungsfasern. Lege die Wolle in *gleicher* Richtung wie die vorhergehende Lage des ersten Teils und die nächste Lage in rechtem Winkel dazu. Es ist wichtig, dass lange Fasern in gleicher Richtung in der äussersten Lage liegen.

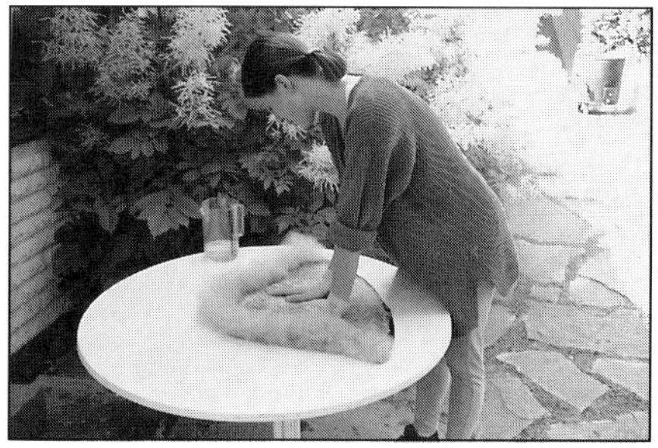

5. Giesse Schmierseifenwasser auf, drücke und massiere die gesamte Oberfläche, ausser den Verbindungsfasern, die trocken bleiben. Nach einiger Zeit kannst Du die Hand in den Hut über der Schablone hineinstecken und die oberste Lage und die Verbindungsfasern darunter an den Kanten zusammenreiben.

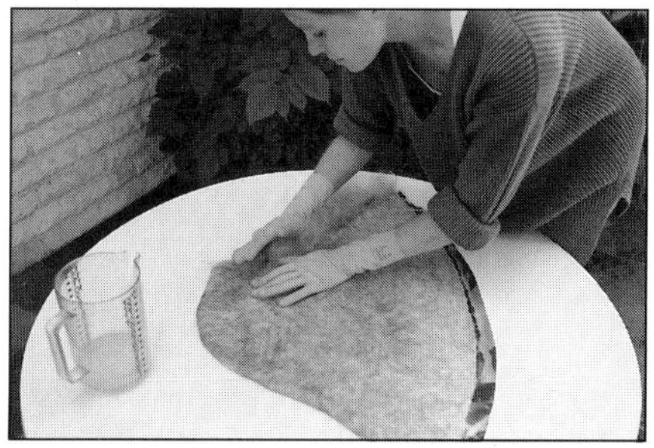

6. Wende den ganzen Hut vorsichtig, sobald er gefilzt ist. Biege jetzt die

Verbindungsfasern darüber und massiere von den Rändern zur Mitte,

um sie zu festigen. Filze die ganze Rückseite. Lege auch hier die Hand hinein und reibe der Biegung entlang, so dass dort keine verfilzte Wulst entsteht. Sollte dies trotzdem der Fall sein, versuche, mit mässiger Gewalt die Wulst auszuziehen, indem Du den Filz auf beiden Seiten hältst und ziehst. Ist die Verfilzung zu dick geworden, muss man entweder den Hut mit einem Flügel quer über den Kopf verzieren (wer weiss, wann das modern wird?), oder mutig sein und vorsichtig auf der Innenseite die Fasern in der Mitte der Wulst aufschneiden. Nicht zu tief zu schneiden! Nach dem Schneiden reibt man die geschnittene Stelle auseinander. Schneiden ist zwar nicht zu empfehlen, doch was tut man, wenn das Unglück passiert ist? Du wirst diesen Fehler nur einmal machen...

7. Arbeite jetzt mit den Rändern der Krempe. Normalerweise schneidet man sie nach dem Walken zurecht, doch man kann lernen, sie gerade richtig breit und gleichmässig zu filzen. Massiere mit kreisenden Bewegungen über die Ränder rund um den Hut, von aussen her in die Mitte. Das macht die Ränder fester, und ausladende Fasern werden eingearbeitet. Biege keine Fasern über den Rand, sondern filze sie ein! Dehne die Krempen nach und nach, sobald die Wolle zu Filz geworden ist. Filze und dehne, bis Du mit der Form der Krempe zufrieden bist.

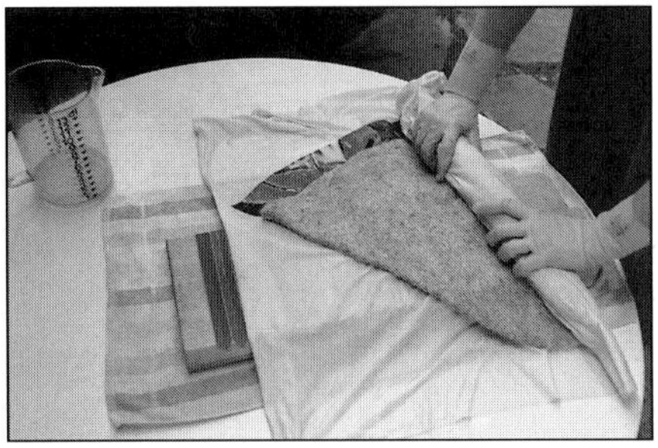

8. Sobald der Hut ganz durchgefilzt ist, alle Verbindungsnähte und Biegungen kontrolliert sind, der Rand der Krempe gefilzt und geformt ist, ist es Zeit zu walken!

Lege ein Tuch unter den Hut, um die Wolle zu schützen. Du kannst die Schablone immer noch im Hut belassen. Wenn sie zu gross wird, schiebt sie sich während des Walkens von selbst heraus!

Wickle Tuch und Hut zu einer Rolle. Rolle den Hut beim ersten Mal von der Seite (vertikal), so dass die Weite des Kopfes enger wird.

Reibe die Rolle auf dem Filzbrett. Rolle den Hut von der anderen Seite und reibe ihn gegen auf dem Brett.

Falte den Hut an neuen Stellen zusammen. Schrumpfe nicht zu viel, der Hut schrumpft leicht weiter beim Waschen und Färben. So lasse den Hut lieber etwas weiter.

9. Rolle den Hut der Höhe nach zusammen und rolle von beiden Seiten. Biege den Hut an neuen Stellen nach und nach, bis alle Flächen ihren Teil abbekommen haben. Es geht auch gut mit einer Stabjalousie anstelle eines Filzbrettes. Die Oberfläche wird mit dem Rollo glatter.

10. Ziehe den Hutstumpen über den Hutkopf. (Ist der Hut zu gross, filze auf dem Brett weiter.) Drücke den Hut auf den Hutkopf und arbeite von der Spitze mit den Händen oder dem Filzholz abwärts, rund um den Kopf. Wo die Krempe beginnen soll, wickelst Du eine Schnur zweimal um den Kopf und knotest sie ab, oder Du ziehst einige kräftige Gummibänder darüber, die während der Arbeit dort bleiben.

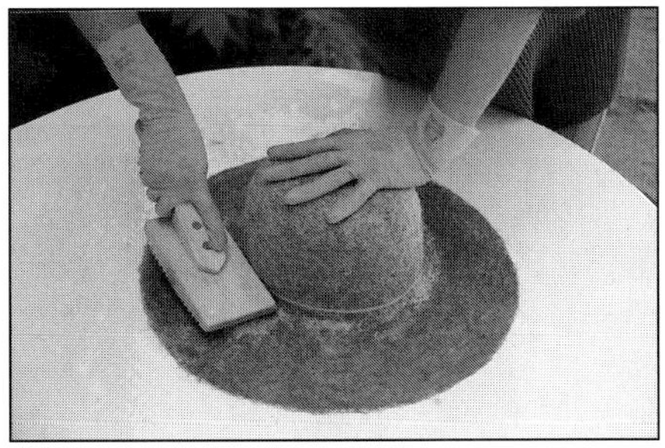

11. Walke die Krempe auf die gewünschte Breite und Festigkeit. Mit einem Filzholz geht das schnell, ohne dass die Hände abgenützt werden. Während Du die Krempe walkst, kannst Du den Hut auf den Tisch legen. Setze ihn wieder auf den Hutkopf und kontrolliere die gesamte Form. Arbeite mit Filzholz den Übergang zwischen Krempe und Kopf, so dass die Biegung deutlich markiert wird.

12. Wasche den Hut, färbe, spüle, schleudere und arbeite die Form auf dem Hutkopf aus. Lass den Hut in seiner richtigen Form auf einer Zeitung trocknen.

13. Sobald der Hut beinahe trocken ist, kannst Du den Hut auf dem Hutkopf und die Krempe mit feuchtem Bügeltuch auf dem Bügelbrett am besten mehrmals bügeln. Das Bügeln inklusive Abkühlung fixiert die Form. Je öfter gebügelt wird, desto stabiler ist die Form.

Ein Fischerhut soll etwas einem Schlapphut ähneln und kommt auch ohne Appretur, Versteifung aus. Wie Du den Hut appretieren kannst, siehe im Kapitel über Nachbehandlungen (S. 123).

Grasshut *von Lena Kilpelä, Finnland.* ▷ *Lena verwendet finnische Landschafwolle, die mit der schwedischen Feinwolle identisch ist. Ihre Hüte haben oft ein interessantes Detail mitten auf der Kuppe.*

△
Am Anfang sind fast alle Hüte grau! Vielleicht weil sich Gotlandwolle zum Beginnen sehr gut eignet. Schüler der Volkshochschule in Väddö mit ihren Filz-Erstlingswerken.

Mit Garnierungen und interessanten Krempen bekommt jeder Hut einen eigenen Stil! Jennie Arvidsson, Carina Grönlund und Maria Bohlin in der Volkshochschule von Väddö (siehe auch S. 2). ▽

Grillfest mit Hut in der Volkshochschule Bäckedals. Rechts sieht man Inga-Lisa Karlsson in ihrer künstlerischen Gestaltung des schwedischen «Kopf-Gerichts» Wurst mit Kartoffelbrei, Ketchup und grünem Salat auf einem Papierteller. Serviette ist natürlich inbegriffen! ▽

Gemusterte Hüte von Jorie Johnson, Japan.

Hut mit Mustern in Rolltechnik

Jorie Johnson ist Amerikanerin. Sie hat in den USA und in Finnland Textildesign studiert. Jetzt wohnt sie in Japan, wo sie Kleider, Hüte und Taschen aus Filz herstellt und auch Filzen unterrichtet.

Eine von Jories Spezialitäten sind Hüte mit eingefilzten Mustern. Statt mit Filzbrettern, walkt sie die Hüte mit Hilfe der Rolltechnik. Das gibt eine sehr glatte Oberfläche. Das Muster verbindet sich sehr gut mit dem Hutstumpen, indem es als erstes auf beide Seiten der Schablone ausgelegt wird und anschliessend jeweils die Hintergrundwolle darauf. Danach beginnt man mit Filzen und Walken.

Hier ist der gesamte Arbeitsgang:
1. Wiege das Material immer! Gewöhnlich sind 60–90 g Wollvlies notwendig, je nach Grösse der Krempe. Das Material für das Muster ist in diesem Gewicht nicht enthalten, dafür genügt aber wenig! Teile die Wollmenge für die beiden Seiten des Hutes in zwei Teile. Jorie bevorzugt für ihre Hüte feine Kreuzungswolle oder eine Mischung von Romney und Merino oder grober Feinwolle.

2. Pappe, 3–4 mm dick, eignet sich als Schablone für Anfänger sehr gut, weil die Kante gut zu fühlen ist. Zeichne eine Glockenform auf den Pappkarton und schneide sie aus. Die Breite = halbe Kopfbreite + Schrumpfgrad der Wolle. Die Höhe = Huthöhe + Krempenbreite + Schrumpfgrad der Wolle.

3. Mache ein Muster mit geschnittenen, leicht gefilzten Vorfilzen, Seide, Garne usw. auf beiden Seiten der Schablone.

4. Lege das Muster auf den Pappkarton. Spritze Schmierseifenwasser auf das Muster, so dass es auf dem Karton haften bleibt. Drücke ein Stück

Plastikfolie über Muster und Karton. Drehe das Ganze um!

5. Lege Muster auf der anderen Seite aus. Decke das Muster mit Hintergrundwolle (die Hälfte von den 60–90 g Wollvlies), so dass zwei Lagen kreuzweise liegen. Das Vlies legt man so, dass es die Schablone mehr als genügend bedeckt.

6. Lege ein feines Plastiknetz obenauf. Bespritze mit Schmierseifenwasser. Presse alle Luft aus der Wolle, indem Du das Netz hinunterdrückst. (Es geht genauso, die Wolle zu bespritzen und ein ganzes Plastikstück darauf zu legen, welches hinuntergedrückt wird; Anm. der Verfasserin).

7. Nimm das Plastiknetz ab. Lege Plastikfolie auf. Wende alles. Nimm die Folie ab welches auf der Rückseite lag. Biege die Verbindungsfasern darüber, sei sehr genau damit, die Wolle exakt um die Schablonenkante zu biegen. Unten an der Krempe werden die Verbindungsfasern nicht umgebogen, denn diese Wolle darf sich ausserhalb des Musters zusammenfilzen (sie wird später abgeschnitten).

8. Lege den Rest der Wolle auf. Bespritze. Lege Plastikfolie darüber. Wende alles. Nimm die Folie von der

Seite, die obenauf liegt, ab. Biege die Verbindungsfasern um die Kante.

9. Jetzt beginnt das Filzen. Jorie verwendet sehr dünne Plastikbeutel (etwa Gefrierbeutel) an beiden Händen, wenn sie vorsichtig die Wolle von den Rändern gegen die Mitte streichelt (stattdessen kann man eine dünne Plastikfolie auf die Wolle legen, etwas Schmierseifenwasser darauf giessen, um dann die Wolle durch die Folie zu massieren; Anm. der Verfasserin).

10. Filze den Hut genau. Sei besonders sorgfältig bei den Verbindungen an der Kante. Schneide den Hut unten bei der Krempe ab, indem Du mit der Schere der Schablonenkante folgst. Das abgeschnittene Stück kann man später als Verzierung für den Hut formen.

11. Schiebe die Hand hinein und massiere vorsichtig auf Mustern und Verbindungsrändern. Kontrolliere, ob sich das Muster gefestigt hat, und nimm den Pappkarton vorsichtig heraus. Wende den Hut, so dass das Muster aussen ist. Justiere das Muster dadurch, dass Du vorsichtig in die gewünschte Richtung ziehst. Wende das Muster wieder nach innen, sobald es ausreichend in die Hintergrundwolle eingefilzt ist.

12. Jetzt beginnt das Walken. Rolle den Hut in verschiedene Richtungen und wickle die Rolle immer wieder auf und zu. Dehne die Krempe vorsichtig aus, rolle, dehne die Krempe, rolle und dehne. Forme die Krempenkante zu einer schönen Rundung. Wende die richtige Seite nach aussen und setze das Rollen und Dehnen der Krempe fort.

13. Ziehe den Hutstumpen über den Hutkopf oder eine Schale, Ball oder ähnliches, um die Form für den Kopf zu bekommen. Man kann einen Hutkopf aus Styropor oder gerollter Wellpappe, die mit dünner Plastikfolie umklebt ist, ausschneiden. Ist der Hutkopf geformt, wickle den Gummibund von Nylonstrumpfhosen an der Stelle um den Hutkopf, wo der Kopf enden und die Krempe beginnen soll. Lasse den Hut auf dem Hutkopf mitsamt den Gummibändern trocknen.

14. Schrumpfe die Krempe durch Rollen. Befeuchte mit Schmierseifenwasser und rolle die Kante über einen glatten Stock, ein Nudelholz oder einen Filzstift. Rolle 30 Mal. Rolle den nächsten Teil der Krempe ebenfalls 30 mal auf gleiche Weise. Setze dies solange fort, bis die gesamte Krempe gerollt ist. Setze den Hut auf den Hutkopf, kontrolliere das Aussehen der Krempe und rolle sie nochmal wenn nötig.

15. Wasche den Hut, schleudere. Setze den Hut auf den Hutkopf mit dem Gummiband um die Basis des Hutkopfes. Glätte die Krempe und bügle den ganzen Hut mit einem Bügeleisen. Lass ihn trocknen.

Vorsicht! Soll der Hut nachher gefärbt werden, ist es ratsam, ihn etwas zu gross zu machen; Feinere Wollsorten können beim Färben in gesäuerten Bädern, die die Epidermisschuppen öffnen und den Stoff weiter verfilzen, ein gutes Stück schrumpfen. Justiere den Hut nach dem Färben und Schwemmen gemäss Punkt 15. Jories Hüte haben ausser dem eingefilzten Muster fast immer unterschiedliche Farben auf Innen- und Aussenseite. Hierzu legt man beide Seiten im Wechsel zweimal aus. Man legt das Muster zuerst auf beiden Seiten der Schablone aus, dann etwa zwei dünne Lagen Rot in kreuzweiser Richtung, legt Plastikfolie darauf und wendet. Auf das Muster dieser Seite legt man wieder zwei dünne Lagen Rot und Plastikfolie aus, wendet, legt dann auf das erscheinende Rot zwei dünne Lagen Weiss und Folie, wendet, legt zwei Lagen Weiss und Folie und fährt weiter wie beschrieben. Auf diese Art werden die Übergänge zwischen den beiden Seiten fein.

△
Hut von Marit Rehn, Stenebyskolan, Dals Långed.

***Baskenmütze** aus Feinwolle. G.P. Sjöberg und Mia Fallman. Eine Baskenmütze wird ohne Loch für den Kopf gefilzt. Das Loch wird erst am Schluss des Filzprozesses geschnitten und dann kann man erst die Schablone herausnehmen. Die Mütze auf dem Bild ist 29 cm im Durchmesser, die Schablone ist 44 cm = Schrumpfgrad gute 45%, geeignet für Feinwolle. Folge der Beschreibung für Dosentasche (S. 169), doch lege nur zwei dünne Lagen aus. Walke, indem Du das Rollen fortsetzt. Schneide ein Loch in die Mitte der Innenseite der Mütze. Wünscht man eine gewisse Höhe der Mütze, schneidet man das Loch etwas zu eng und dehnt es aus. Fasse die Kante mit Ripsband oder mit Leder nach eventuellem Färben ein.* ▷

Vesla Schau filzt Hüte professionell. Es wäre nicht schlecht, in Norwegen Filzmacher zu sein! Vesla Schau, *husflidshåndtverker* von Fetsund, erzählt, dass es in Norwegen *Sammlungsstationen* für Wolle gibt, wo die Wolle sortiert und klassifiziert wird. Dorthin können alle Handwerker gehen und exakt die Wolle bekommen, die sie haben wollen! Vesla lässt dann ihre ausgesuchten Schafvliese in einem Kardierbetrieb waschen und kardieren. Veslas Ruf als Expertin für feingefilzte Hüte hat sich bis nach Schweden verbreitet, weshalb ich sie bitte, von Ihren Geheimnissen zu erzählen!

Für ihre feinen Hüte verwendet sie feinfasrige Wolle mit gutem Griff, etwa Merino, Feinwolle oder Lammwolle von der norwegischen Dalasau-Rasse. Diese Wollen ergeben eine dichte und weiche Qualität. Manchmal legt sie ganz aussen eine sehr dünne Lage von Wolle gröberer Qualität, um mehr Glanz zu bekommen. Hüte aus gröberer Wolle bekommen dagegen eine dünne Lage feinere Wolle, um den Filz dicht zu machen. Vesla verwendet grosse Schablonen, legt dünn aus, und das Stück kann um bis zu 60–70% schrumpfen. Das gibt einen sehr starken und dichten Filz. Zu einem 100 g Hut verwendet sie zwei dünne Flächen von 50 g, wobei Gleichmässigkeit und Gewicht genau kontrolliert werden. Der Rand für die Verbindungsfasern ist etwa 3 cm breit. Zu meiner grossen Verwunderung erzählt sie, dass sie nur eine Lage feinfasriger Wolle auf jeder Seite auslegt! Diese einzige Lage legt sie mit der Faserrichtung senkrecht auf den Hut. Vesla meint, dass es gut geht, nur eine Lage Feinwolle zu verwenden, wenn man beim Auslegen und Filzen sehr genau arbeitet.

Sie walkt am Anfang nur senkrecht, und dabei werden die Fasern zusammengeschoben. Der Vorteil mit dem senkrechten Auslegen von nur einer Lage ist, dass die Krempe so leicht zu dehnen und formen geht, sagt Vesla.

Sie beginnt damit, den Hut mit der Reibetechnik genau zu filzen. Der Rand an der Krempe muss sich verfilzen und wird aufgeschnitten, sobald die Wolle zu einem festen Filz geworden ist. Die Krempe wird etwas gefilzt, bevor die Schablone herausgenommen wird. Der Hut wird gut gespült und mit Säurefarben gefärbt. Danach wird er in einer Bambusmatte gewalkt. Der Hut wird zuerst von der Seite eingerollt und die Weite verengt. Er wird die ganze Zeit ordentlich gestreckt. Danach wird der Hut der Höhe nach gerollt. Dabei bleibt die Aussenkante der Krempe ausserhalb der Matte.

Der Hut wird mit kochendem Wasser übergossen und über einem Hutkopf gezogen. Die letzte Phase des Schrumpfens geschieht jetzt durch die Bearbeitung mit warmem Schmierseifenwasser und Reiben von Hutkopf und Krempe. Der Hut wird gut geschwemmt und etwa 10 Minuten in Essigwasser gelegt. Dann folgen Schleudern, Formgebung des Hutes auf dem Hutkopf, Bügeln und Dampfbehandlung, bis der Filz blank und fein ist.

Vesla versieht Hüte immer mit Ripsband. Manchmal näht sie Pianosaiten oder Hutdraht in die Aussenkante der Krempe. Den Draht versteckt sie in einem Leder- oder Schrägband. Es kann vorkommen, dass sie Hutappretur verwendet, um eine sehr feste Form zu erhalten.

Socken und Stiefel

◁ *Eine Torgutenfrau in der Mongolei in den traditionellen Torgutenstiefeln, mit Sohlen aus ungegerbtem Leder, die man mit Riemen festbindet. Das Enkelkind trägt Filzstiefel.*

△
Stiefel, vom torgutischen Modell inspiriert mit Stickereien auf den Schäften. Susanne Tholin.

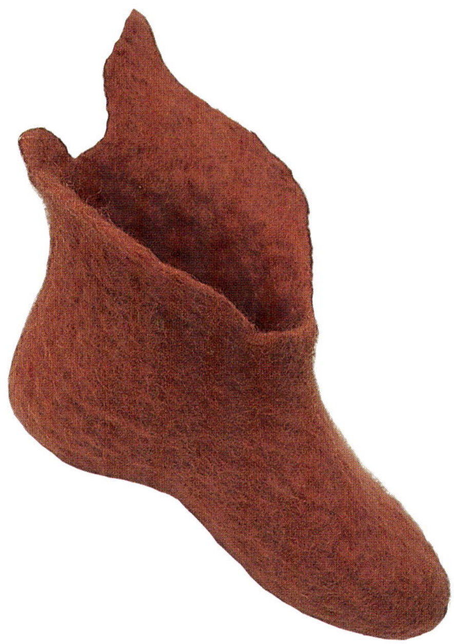

◁ *Stiefel für draussen aus hartgewalkter Gotlandwolle, gefärbt nach dem Walken. Die letzte Phase des Walkens wurde in der Waschmaschine, mit einer Form aus hartem Schaumstoff im Stiefel erledigt. Die Schlange wurde danach festgenäht. Eine Gummisohle kann man mit Kontaktkleber aufkleben. Der Schuhmacher hat das entsprechende Material dafür. G.P. Sjöberg.*

Elefantenfuss oder Stiefel? Ein hart gewalkter Stiefel braucht genügend Zugabe für die Schrumpfung. Dies ist das Vorstadium zu dem schwarzen Stiefel mit der Schlange auf dem Schaft.
▽

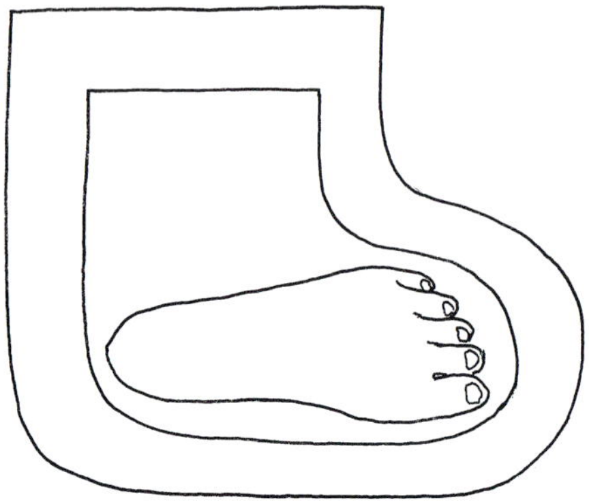

Socken

Die folgende Beschreibung ist sehr vereinfacht. Wenn Du nicht schon einmal gefilzt hast, solltest Du deshalb lesen, wie man mit der Reibetechnik (S. 100) und wie man einen groben Hut filzt (S. 157), wo das dreidimensionale Filzen detailliert behandelt wird.

Zeichne eine Schablone, indem Du Deinen Fuss auf eine Plastikplane stellst und um den Fuss herum zeichnest. Zeichne eine Socke mit der Sohle als Ausgangspunkt. Rechne reichlich Schrumpfzugabe ein. Zeichne die Einbuchtungen überhalb der Ferse und in der Mitte der Sohle gerade. Die Socke bekommt ihre tatsächliche Form durch das Walken!

Gotlandwolle oder eine Mischung von Rya- und Feinwolle ergeben feste Socken, wenn sie hart gewalkt werden. Wiege die Wolle, die Du für die erste Socke verwendest, und auch das, was übriggeblieben ist, so weisst Du, wieviel Du für die Socke Nr. 2 abwiegen musst.

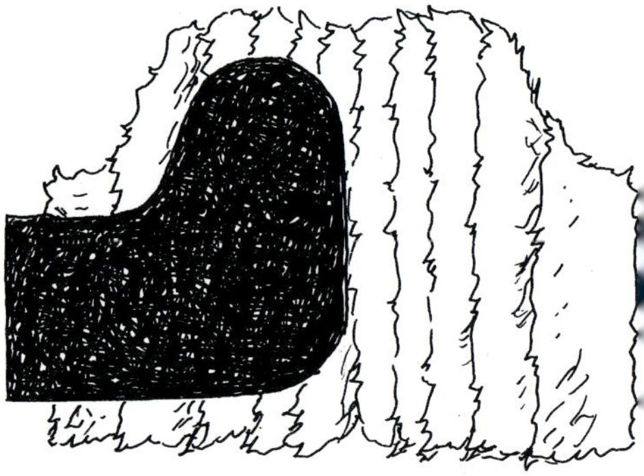

1. Lege mindestens zwei Lagen kardierte Wollplatten aus (wie auf dem Bild) oder ganzes Wollvlies kreuzweise. Für einen dicken Stiefel braucht man 3–4 Lagen Wolle. Lege noch mehr Lagen unter die Fusssohle. Lege beide Seiten der Socke gleichzeitig aus. Unter der Sohle legt man keine Verbindungsfasern zu.

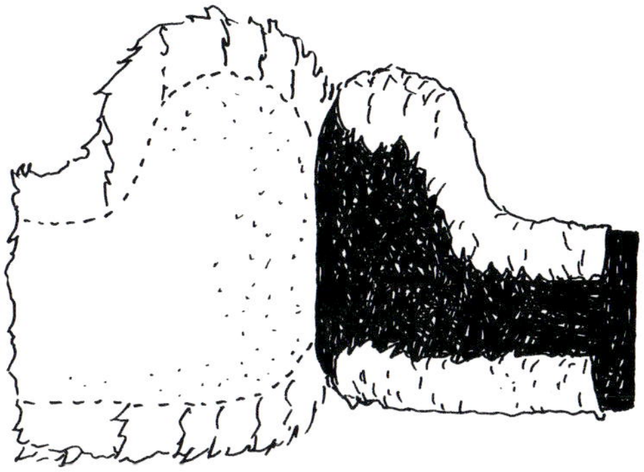

2. Befeuchte die eine Hälfte der Socke. Halte die Verbindungsfasern trocken. Filze leicht. Mache dasselbe auf der anderen Seite der Socke. Teile die Verbindungsfasern beim Stoss zwischen den beiden Sockenseiten. Biege dann die Verbindungsfasern über die Kanten der Schablone auf der einen Seite. Feuchte sie leicht an, so dass sie liegen bleiben.

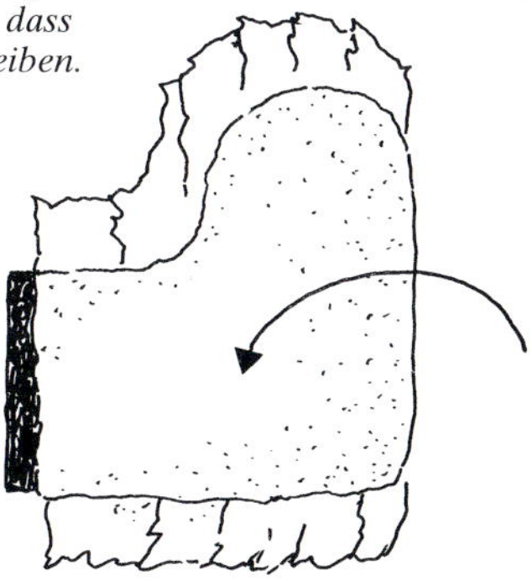

3. Lege diese Seite dann schnell auf die andere. Sieh zu, dass die Wolle an der Sohle exakt um die Kante der Schablone liegt!

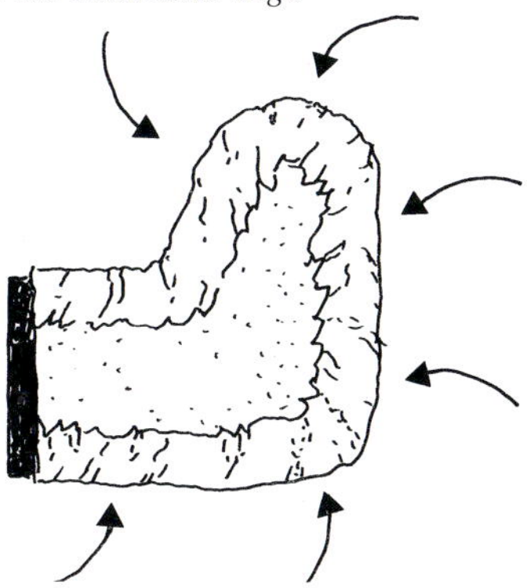

4. Falte die Verbindungsfasern um den Socken. Filze sie fest mit kreisenden Bewegungen nach innen. Filze beide Seiten der Socke. Stecke die Hand hinein und reibe die Verbindungsnähte fest.

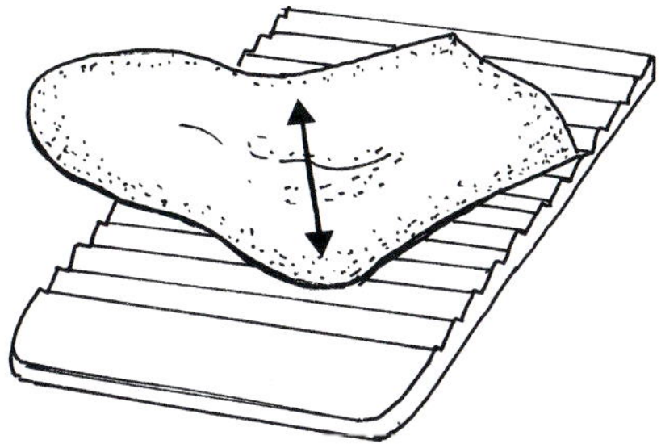

5. Rolle die Socke zu einer Rolle (S. 101) und walke der Länge und Breite nach in verschiedenen Richtungen. Die Socke schrumpft in der Richtung, in die Du sie rollst und reibst. Schrumpfe die Socke über dem Rist durch diagonales Walken, wie das Bild es zeigt.

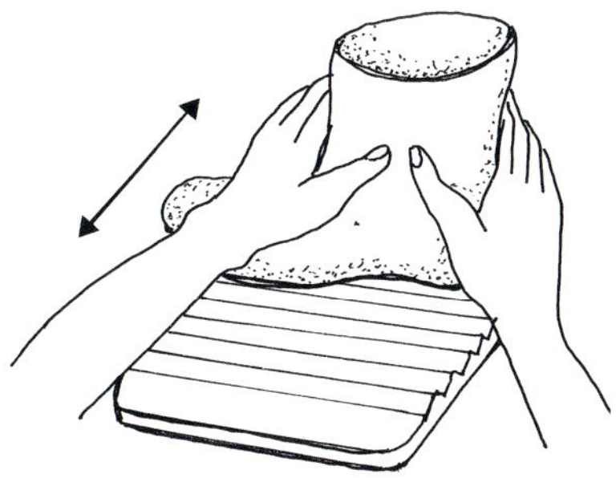

6. Walke die Sohle dadurch, dass Du die Socke so hältst wie auf dem Bild. Runde alle Ecken ab, indem Du Deine Hand in die Socke steckst und die Ecke gegen das Walkbrett reibst. Oder verwende Filzholz.

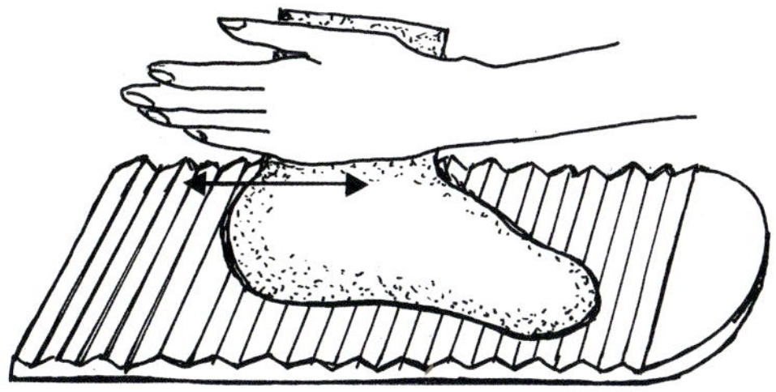

7. Eine Rundung für die Ferse, durch die die Socke dem Fuss optimal angepasst wird, erhältst Du, indem Du mit der Aussenkante der Hand oder mit einer Filzholzkante auf dem Punkt reibst, wo die Ferse abschliesst.

8. Die beste Passform der Socke ergibt sich beim direkten Formen auf dem Fuss im letzten Arbeitsschritt. Ziehe eine Plastiktüte über den Fuss, wenn er nicht gleichzeitig gewaschen werden soll! Halte den Fuss rechtwinkelig zum Bein, so dass der Winkel der Socke richtig wird. Filze den Schaft nicht zu schnell.

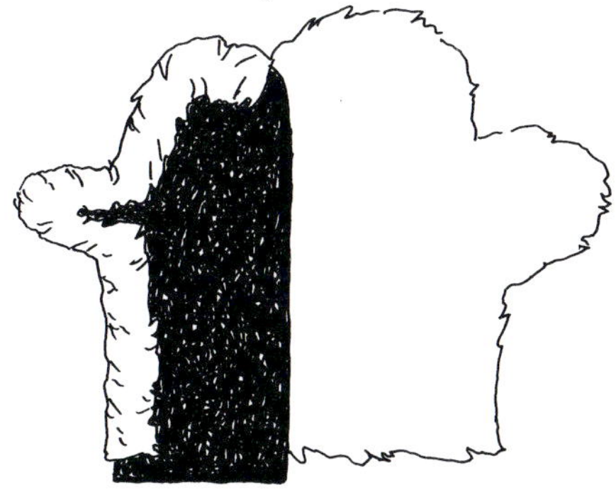

***Fäustlinge** filzt man auf gleiche Weise wie Socken. Zeichne die Schablone mit dem Daumen rechtwinklig zur Hand, dann ist er leichter zu filzen. Verwende gut kardierte Wolle in zwei dünnen Lagen.*

Fäustlinge ohne Nähte.

Genähte Pantoffeln und Fäustlinge

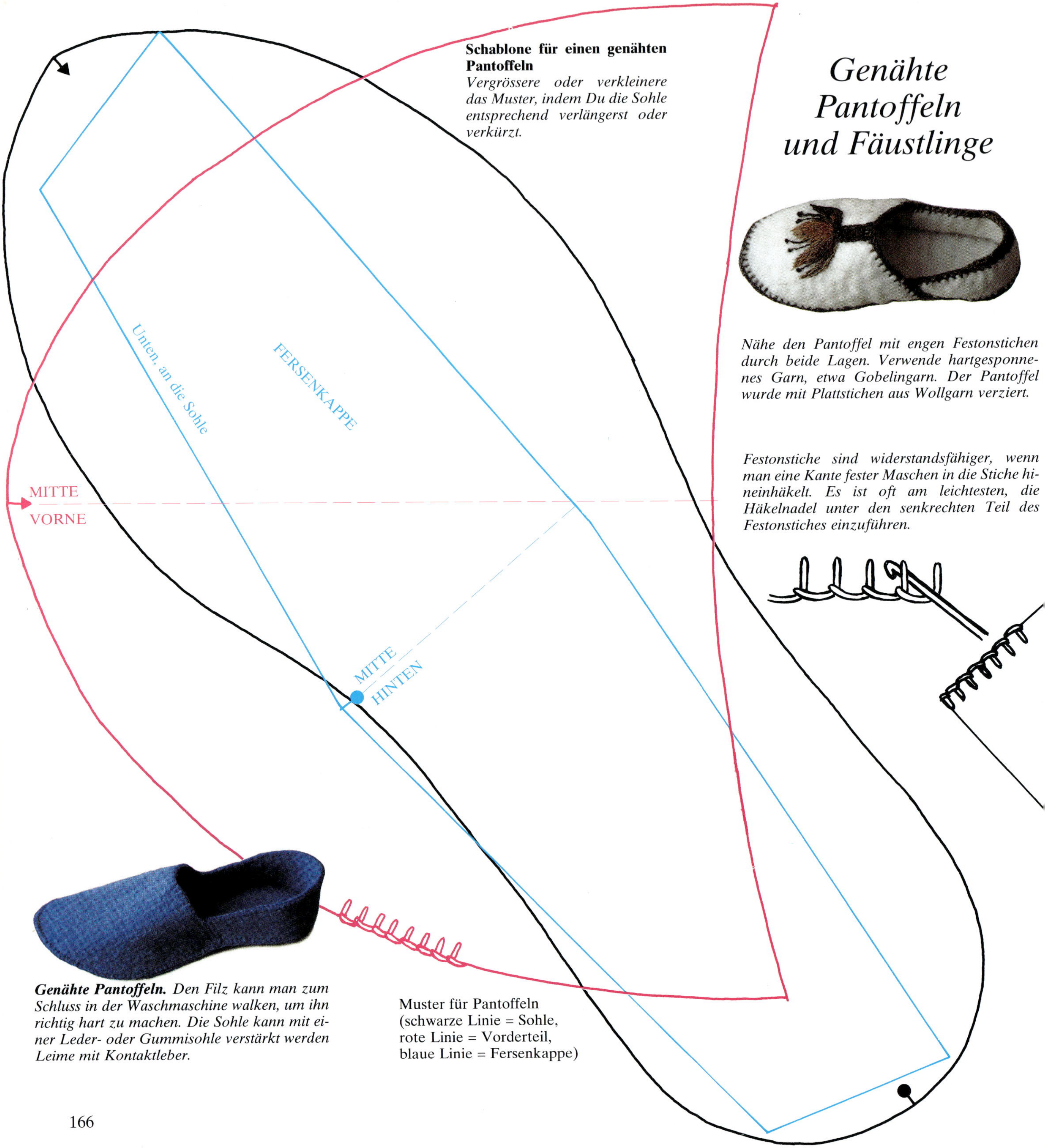

Schablone für einen genähten Pantoffeln
Vergrössere oder verkleinere das Muster, indem Du die Sohle entsprechend verlängerst oder verkürzt.

Muster für Pantoffeln
(schwarze Linie = Sohle,
rote Linie = Vorderteil,
blaue Linie = Fersenkappe)

Nähe den Pantoffel mit engen Festonstichen durch beide Lagen. Verwende hartgesponnenes Garn, etwa Gobelingarn. Der Pantoffel wurde mit Plattstichen aus Wollgarn verziert.

Festonstiche sind widerstandsfähiger, wenn man eine Kante fester Maschen in die Stiche hineinhäkelt. Es ist oft am leichtesten, die Häkelnadel unter den senkrechten Teil des Festonstiches einzuführen.

***Genähte Pantoffeln.** Den Filz kann man zum Schluss in der Waschmaschine walken, um ihn richtig hart zu machen. Die Sohle kann mit einer Leder- oder Gummisohle verstärkt werden Leime mit Kontaktleber.*

Genähte Fäustlinge
sitzen gut an den Händen. Am besten ist es, sie vor dem letzten Walken zusammenzunähen. Verwende ein doppeltes, nicht zu hart gedrehtes Wollgarn. Die Nähte verschwinden im Filz und werden sehr dicht. Der Fäustling links ist zusammengenäht, aber nicht fertig gewalkt, während der rechte nach dem Zusammennähen fertiggewalkt wurde.

Schablone für einen genähten Fäustling

Die Aussenseite des Fäustlings

Oberer Teil
der Innenseite
des Fäustlings

Unterer Teil
der Innenseite
des Fäustlings

Schablone für einen genähten Fäustling (schwarz = Die Aussenseite des Fäustlings, rot = Oberer Teil der Innenseite des Fäustlings, blau = Unterer Teil der Innenseite des

Dosentaschen

Runde Dosentasche mit Kettenstichstickerei

Kuchendosen aus Metall können zu vielem gut sein! Wähle eine Dose, die nicht rostet! Zum Filzen von Taschen habe ich einen Wollvlies von gemischter Qualität einer grossen Spinnerei probiert. In das Wollvlies war auch etwas Fleischschafwolle eingemischt, deshalb fand ich, dass eine Kettenstichstickerei sehr geeignet sein könnte, den Filz «zusammenzudrücken», d.h. ihm mehr Stütze und Festigkeit zu verleihen. Leicester und Feinwolle vom Gobelintyp ist eine geeignete Wolle für feinere Taschen. Gewicht etwa 130 g. Die Schachtel ist 19 cm im Durchmesser und 8 cm hoch.

Tasche, hergestellt als Dosentasche. Rund um die Metalldose wurde ein dicker Schaumstoffstreifen gelegt, um die Taschenkanten abzurunden.

Die Tasche mit der gemusterten Klappe ist als Dosentasche hergestellt, doch um eine Form aus hartem Schaumstoff anstelle einer Schachtel gefilzt. Die Klappe ist im Nachhinein aufgenäht worden. Die schwarze Tasche mit der Kettenstichstickerei wird im Text beschrieben. Siehe ebenso die Seiten 2 und 152.

Das Filzen

Die Tasche wird von Anfang an ohne Öffnung gefilzt. Das Loch für den Reissverschluss wird erst aufgeschnitten, wenn die Dose als Formgeber am Ende des Filzprozesses in die Tasche kommen soll, und bei dieser Gelegenheit kann man auch die Schablone herausnehmen. Nach sehr genauem Filzen kann zum Walken die Waschmaschine verwendet werden.

Schneide eine runde Scheibe aus fester Plastikplane aus. Durchmesser = die halbe Höhe der Dose + Durchmesser der Dose + Schrumpfgrad etwa 40%. Eine Tasche muss hart gewalkt sein, um zu halten.

1. Lege vier Lagen Wolle kreuz und quer dem Muster entsprechend auf einer Stabjalousie aus, mit Zuschlag von etwa 4 cm für die Schrumpfung. Spritze Schmierseifenwasser mit der Spritzflasche in feinen Tropfen auf die Wolle. Die Oberfläche soll nicht nass werden, nur mit Tröpfchen bedeckt sein! Lege die Schablone oben auf. Biege die Verbindungsfasern rund um die Schablone und sei sehr genau, dass das Umbiegen der Wolle exakt an der Plastikkante geschieht. Spritze Schmierseifenwasser auf die Verbindungsfasern und drücke sie leicht hinunter.

2. Lege jetzt vier weitere Lagen auf, so dass die Wolle die Verbindungsfasern bedeckt. Spritze. Rolle die Matte mit der Wolle zusammen und rolle etwa 5 Minuten. Wickle auf. Wende die Tasche um 90° und rolle weitere 5 Minuten. Wickle auf und wende um weitere 90°. Kontrolliere, dass keine Wulst um die Kanten der Schablone entsteht und dass es keine dünnen Stellen gibt. Setze das Rollen und Wenden fort, bis der Filz ordentlich zusammenhält.

3. Lege die Tasche in die Waschmaschine und lasse sie bei 40°C etwa 10 Minuten laufen. Oder walke mit den Händen auf einem Brett oder durch Rollen. Schneide ein Loch längs der umgebogenen Seite der Tasche, gross genug, um die Dose in die Tasche schieben zu können. Nähe das Loch mit einem kräftigen Zwirn und grossen Überwindlingstichen zu. Es ist leichter, mit zusammengenähtem Loch zu arbeiten. Die Öffnung behält während der Arbeit dann auch die Form.

Bringe die Tasche dadurch in ihre richtige Form, indem Du Dose und Filz auf dem Filzbrett reibst. Natürlich kann man auch mit den Händen und dem Filzholz reiben (siehe das Kapitel über Hilfsmittel, S. 97).

Wenn sich der Filz hart und fest anfühlt, wäscht man die Tasche mitsamt der darin befindlichen Dose. Hebe die Tasche im Wasser auf und ab. Lass die Tasche mit eingeschlossener Dose trocknen und bügle anschliessend.

Wenn die Tasche nach dem Walken gefärbt werden soll, nimmt man die Dose heraus und legt sie nach dem Färben wieder in die Tasche zurück, näht zusammen, formt sie nochmals und lässt sie trocknen.

Die Stickerei

Hartgedrehte Garne vom Gobelintyp, gesponnen aus langen blanken Deckhaarfasern, eignen sich sehr gut. Auf meiner Tasche habe ich Synthetikgarn verwendet, um einen glänzend-schwarzen Kontrast gegen die mattschwarze Filzoberfläche zu erzielen.

Zeichne ein Muster, das sich für Kettenstiche eignet. Runde Formen, welche die Stiche nicht brechen, werden am schönsten. Viele Winkel machen das Sticken kompliziert. Übertrage das Muster auf den Filz (siehe den Abschnitt über Markieren auf Filz, S. 154). Trenne die Naht in der Tasche auf und nimm die Dose heraus. Nähe Kettenstich von der rechten Seite. Es ist nicht notwendig, die

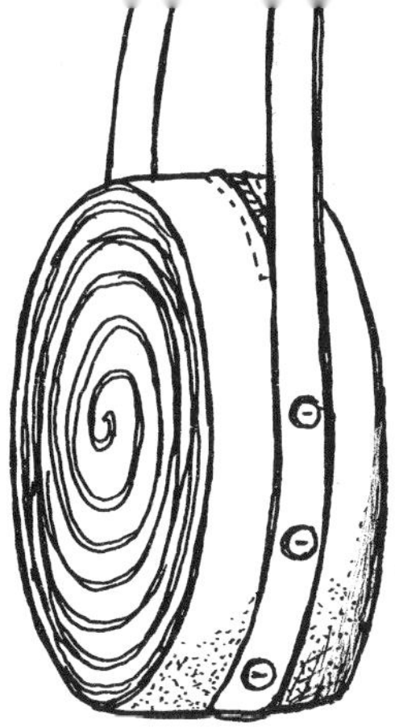

Nadel aus der Innenseite der Tasche herauszustechen, sondern man kann nur von der Oberfläche arbeiten.

Die Montage

In die Öffnung wird ein kräftiger Reissverschluss eingenäht. Erst schneidet man ein rechteckiges Loch aus, so dass die Zähne des Reissverschlusses zu sehen sind. Am einfachsten ist es, den Reissverschluss von Hand, mit engen Rückstichen und Knopfzwirn festzunähen und dann die Kanten des Reissverschlusses auf der Innenseite festzunähen.

Der Riemen geht als Stütze rund um die ganze Tasche. Er wird aus einem Filzstreifen genäht, der von hart gewalktem Filz abgeschnitten worden ist. Den Streifen reibt man quer auf einem Filzbrett, um ihn noch stabiler zu machen und feine Kanten zu erhalten. Er wird unter der Tasche festgenäht. Man kann ihn mit Nieten festnieten oder mit schönen Knöpfen aufnähen. Dies ist einfacher, als den Riemen auf andere Weise festzunähen. Mindestens fünf Knöpfe sind notwendig. Knöpfe, bei denen der Zwirn versenkt wird, eignen sich sehr gut. Man näht mit Knopfzwirn durch den Knopf, Riemen und Tasche. Sind die Knöpfe diskret und klein, so sehen sie wie Nieten aus. Wählt man eine abweichende Farbe, kann dies zu einem dekorativen Effekt werden.

Tasche mit Stickarbeit
Archaisch, eklektisch bezeichnet Miklos Paiz aus Nyúreghára in Ungarn seine Tasche. Applizierte Ornamente und Stickereien tragen zu dem wohlgearbeiteten Eindruck bei. Innen ist ein Fach. Die Wolle stammt von einem Racka-Schaf, einer alten, ungarischen Rasse. Die Tasche ist in einem Stück mit innenliegendem Karton gefilzt. Das weisse Muster auf schwarzem Grund ist aus Vorfilz ausgeschnitten und eingefilzt. Die Stickereien sind von Hand mit Schuhzwirn genäht. Die Augen sind aus Email!

Tasche mit Reliefmuster
Eine farbenfrohe neo-art-noveau-*Arbeit ist Miklos Paiz Bezeichnung für diese Tasche. Sie ist aus schwedischer Wolle hergestellt, und es war die Struktur in der groben Wolle, die Miklos zu gerade diesem Motiv inspiriert hatte.*

Diese Tasche enthält komplizierte Stiche, da Miklos gewisse Motive plastisch aufbauen wollte. Er ist darauf gekommen, dass man drei verschiedene Methoden anwenden kann, um die Motive zu erhöhen.

a. Man näht die Kanten rund um das Motiv ein und macht dann die Oberfläche «dünner» dadurch, dass man viele Stiche nahe beieinander näht.

b. Man näht von der einen Seite des Motivs durch den Filz auf die andere Seite, zieht etwas an und führt die Stiche entlang der Konturen weiter, immer von einer zu der anderen Seite. Das funktioniert bei schmalen Formen gut; er nähte etwa den Rückenkamm der Eidechse auf diese Weise.

c. Den Eidechsenkörper nähte er von der einen Seite zur anderen und liess das Garn unter dem Filz auf der Rückseite kreuz und quer laufen. (Sehe auch Skizze S. 137.) Diese Methode erhöht das Motiv am besten.

Schmuck und andere Kleinigkeiten

Zu Schmuck, der auf der Haut liegen soll, verwendet man am besten Lammwolle von Feinwolleschafen. Ein wichtiges Hilfsmittel ist Bindedraht (plastikummantelter Stahldraht, Blumendraht).

◁ *Das Halsband in Form einer Schlange kann man zu verschiedenen Formen biegen, weil es auf Bindedraht aufgebaut ist. Hals- und Armband kann man aus dünnen Filzsträngen herstellen, die man zwischen den Handflächen reibt und nachher flicht oder dreht. Mach die Wolle zu den Enden hin dünner und filze sie zu einem Knopf an dem einen und zu einer Schlaufe am anderen Ende. G.P.S.*

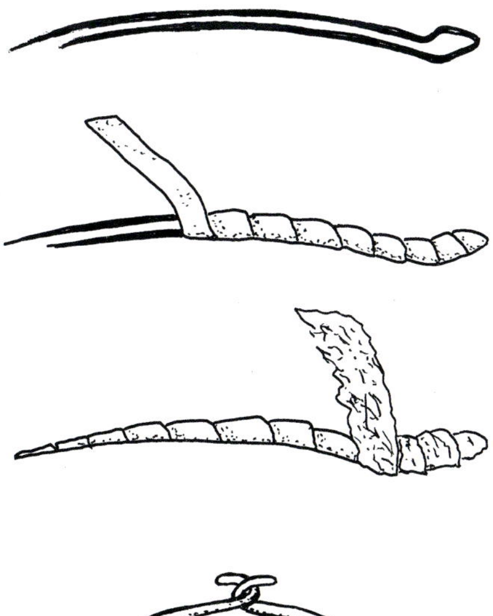

Filze eine Schlange oder ein Halsband
1. Verwende doppelten Bindedraht. Der Kopf der Schlange wird durch eine Öse angedeutet.

2. Wickle einen Streifen von einem Viskosestoff oder dünnen Schaumstoff rund um den Bindedraht. Darauf bleibt die Wolle leichter haften. Knote den Streifen mit einem Faden am Ende fest und verleime den Knopf mit Textilklebstoff.

3. Wickle einen Streifen Wollvlies ziemlich dick über den Schaumstoff. Füge verschiedene Farben zusammen, indem Du sie einen cm überlappen lässt. Tauche die Schlange in Schmierseifenwasser und rolle sie zwischen den Händen oder direkt auf dem Filzbrett. Walke ordentlich.

4. Soll die Schlange irgendwo fest sitzen, kann man dies mit einem kleinen Druckknopf am Schlangenhals erreichen. Will man mit Schlangen nichts zu tun haben, macht man aus dem Kopfende einen dünnen Schwanz und erhält ein Halsband. Biege die Enden so, dass man sie ineinanderhaken kann.

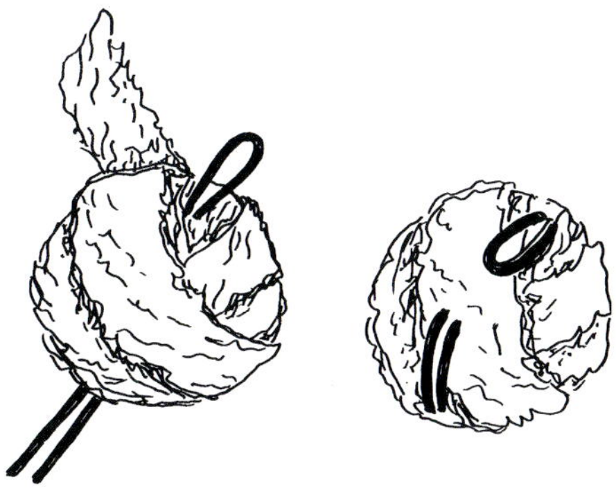

△

Ohrhänger und andere Kugeln mit Löchern *macht man, indem man Wolle hart um einen doppelt gebogenen Bindedraht wickelt. Wickle kreuz und quer, genau wie bei einem Wollknäuel. Biege dann den Bindedraht um den Ball, so geht es leichter den Ball beim Filzen zwischen den Handflächen zu rollen. Verwende die Schlinge im Bindedraht eventuell, um eine Gummischnur oder einen Riemen durchzuziehen.*

Ohrhänger, aus dickem und hart gewalktem Filz geschnitten mit einfacher Stickerei mit blankem Garn. Die Silberhänger gibt es in Goldschmiedegeschäften. Dicke Armbänder können leichter zu nähen als zu filzen sein. G.P.S.

Walderdbeeren auf Grashalm. Kleine Filzbälle bestickt mit kleinen Pünktchen in Gelbgrün und etwas Weiss am Stielansatz. Ziehe sie auf den Grashalm aus Leinengarn mit einer gefilzten und bestickten Quaste. G.P.S.

Du kannst zu englischem Filzkonfekt einladen! Schichte Filz in verschiedenen Farben abwechselnd mit schwarzem Wollvlies, filze und schneide in Stücke. Damit der Filz im Wollvlies haften bleibt, kann man die Oberfläche mit einer Stahlbürste aufrauhen. G.P.S.

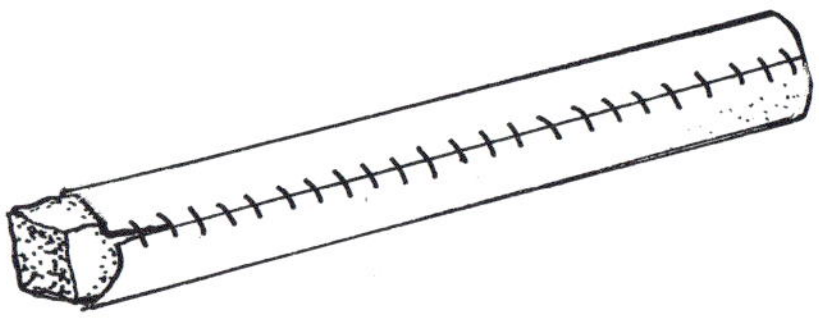

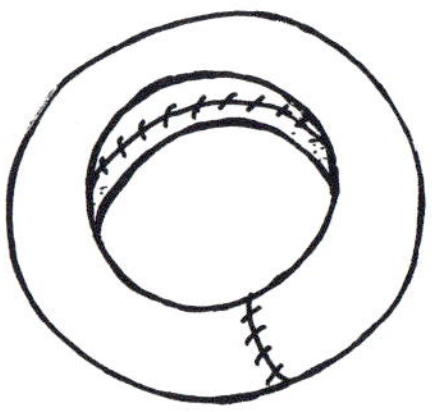

Genähtes Armband (*das schwarze Armband mit der Stickerei*).
Schneide ein schmales Stück Schaumstoff ca. 26 cm lang zu. Das Stück kann auch kantig sein, die Kanten verschwinden mit der Arbeit. Der Durchmesser beträgt etwa 1,5 cm. Nähe einen Filzstreifen rund um den Schaumstoff. Nähe die Enden des Ringes mit dichten Stichen zusammen. Befeuchte die Nähte mit reinem, warmem Wasser und filze, damit die Stiche verschwinden. Verstecke die Quernaht unter einem andersfarbigen Filzstreifen oder einer Stickerei.

Kinder und Filz

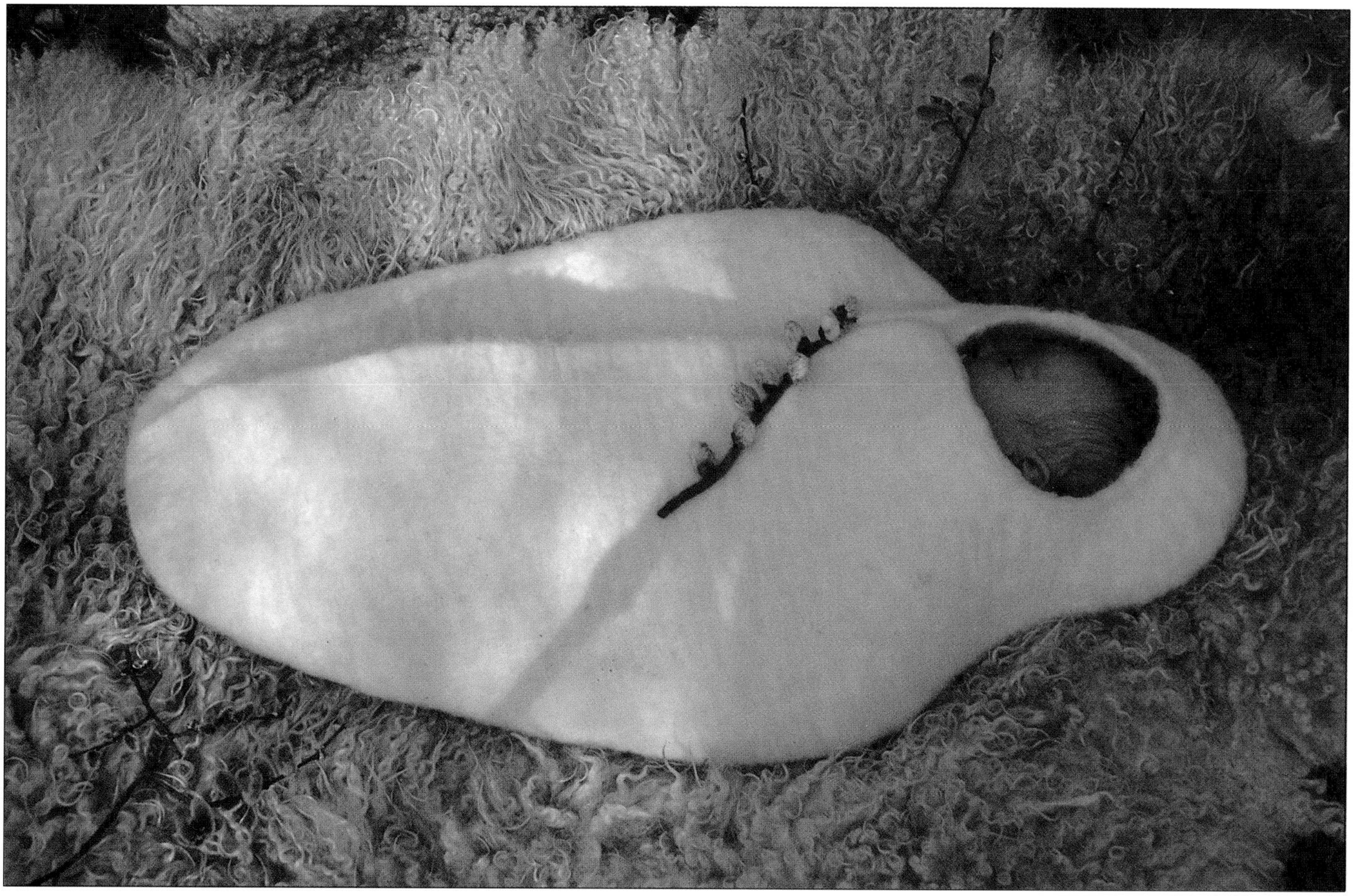

Schlaf, Du kleine Weide jung,
noch ist es Winter.
Noch schlafen Birke und Erika,
Rose und Hyazinthe.
Noch ist es weit bis zum Frühling,
bevor Eberesche in der Blüte steht.
Schlafe, Du kleine Weide,
es ist noch Winter.

Zacharias Topelius

Wolle hat man zu allen Zeiten für Kinder verwendet. Man kann sich fragen, ob die Idee für die dänischen Filzwindelhosen aus der Türkei kommt, wo man auf dem Land Wickelkinder folgendermassen in Filz gekleidet hat: Direkt am Körper legt man eine schmale, längliche Windel aus Filz. Danach kommt ein dünner Sack aus Filz, der sterilisierte Tonerde enthält. Rund um diesen wird ein dreieckiges Windeltuch aus Filz gewickelt. Ganz aussen ein Mantel. Angeblich wurden die Kinder sehr schnell trocken! Auch in der Mongolei hat man Filz für die Windelkinder verwendet, nur mit dem Unterschied, dass man den dünnen Filzsack mit Asche vom Herd füllte.

Liegeunterlage

Lammfelle verwendet man manchmal auch in schwedischen Krankenhäusern als Liegeunterlage für frühgeborene Kinder im Brutkasten. Auch wenn man bis heute keine sicheren medizinischen Vorteile bei solchen Unterlagen beweisen kann, so ist es jedenfalls weich und behaglich darauf zu liegen. Manchmal verwendet man auch Synthetikfell an Stelle des Lammfells in gewissen Krankenhäusern. Synthetikfelle haben zwar die gewünschte Weichheit, doch können sie kaum das Mikroklima schaffen, wie es die echte Wolle vermag, was Wärmeregulierung und Feuchtigkeitsaufnahme betrifft. Das Problem im Krankenhausmilieu ist, dass Lammfelle nicht so gewaschen werden können, um gänzlich desinfiziert zu sein. Zu Hause ist das kein Problem, weil es nur ein Individuum ist, das die Felle verwendet.

Die Eignung von Lammfellen für allergische Kleinkinder wird gegenwärtig untersucht. Das Risiko, eine Allergie gegen Wolle zu entwickeln, müsste eigentlich sehr gering sein. In feuchtem Klima können jedoch in den Fellen Staubmilben vorkommen, gegen die man leicht allergisch werden kann. Milben fühlen sich in feuchtem Milieu wohl, am meisten in Bettwäsche, aber auch auf Teppichen und Polstermöbeln. Lammfelle sollten dennoch kein grösseres Risiko darstellen als ein gewöhnliches Bett.

Eine Alternative zu einem Schaffell ist eine gefilzte, ungefärbte, aufgerauhte Filzdecke von feinster Lammwolle. Diese hat beinahe ähnliche Eigenschaften wie ein Fell und könnte im Hinblick auf die Waschmöglichkeit auch eine Alternative für Krankenhäuser sein. Wolle kann ja auch hohe Temperaturen während kürzerer Zeit vertragen, während das Leder von Fellen steif wird. Angorawolle soll man für Kleinkinder nicht verwenden.

So stellst Du eine Liegeunterlage her:
Lege 3–4 sehr dicke Lagen Wollvlies aus Lammwolle der Feinwolle aus, filze einigermassen reichlich (nicht zu hart), und bürste den Stoff nach der Wäsche mit einer Stahlbürste zu feiner, dichter Wolle. Die Filzdecke soll dick und ziemlich porös sein, um zu wärmen.

Wasche mit mildem Waschmittel und schleudere. Bürste leicht (siehe das Kapitel über Nachbehandlungen, S. 123). Sauge die Filzdecke ab, um alle losen Fasern wegzubekommen.

Schlafsack fürs Baby

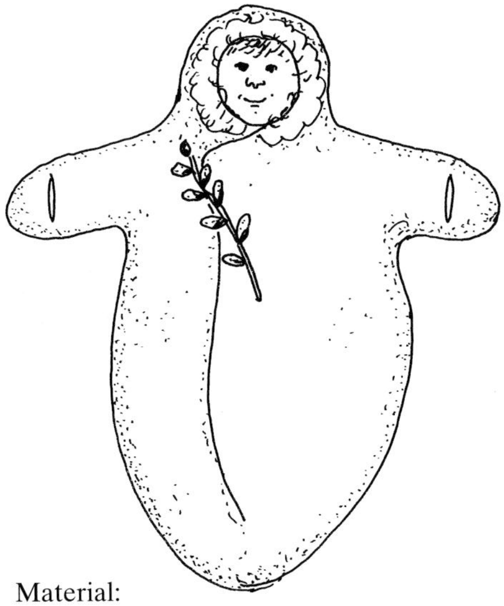

Material:
Feinwolle, Lamm. Für einen dicken und porösen Wintersack kann man eine dicke Lage Texel zwischen die Feinwollelagen legen. Ein Wintersack kann mit einem Besatz aus waschbarem Pelz und einem Stoffutter ausgestattet werden.

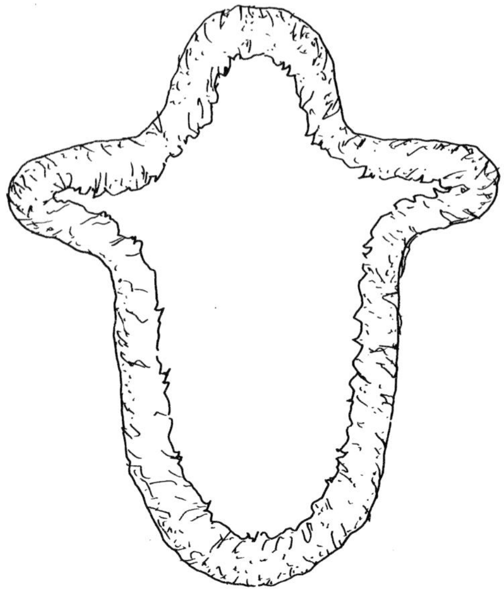

1. Filze zuerst die Rückseite. Lege die Plastikfolie auf und biege die Verbindungsfasern rundum. Schneide ein Stück Folie zu, welches mehr als die halbe Fläche der Körperlänge abdeckt. Lege die Folie auf die rechte Seite des Sackes.

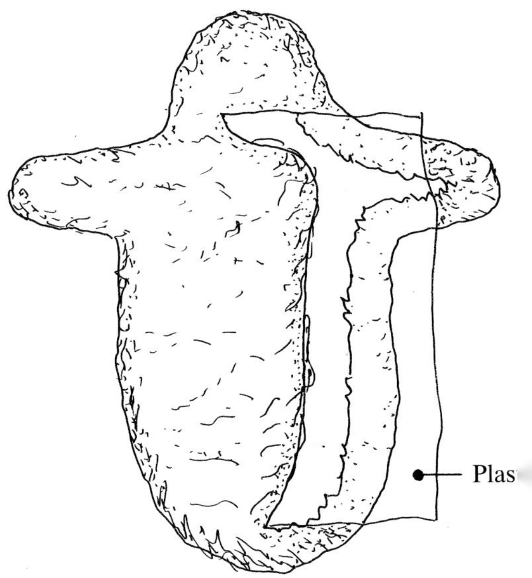

2. Bedecke den ganzen Kopf mit Wollvlies (das Loch für das Gesicht wird später ausgeschnitten), doch nur etwas mehr als die Hälfte des Körpers, nämlich die linke Seite.

3. Filze eine feine Kante, wo die Öffnung für den Körper verlaufen soll. Siehe zu, dass sich die Kante nicht mit den Verbindungsfasern auf der anderen Seite verbindet. Filze.

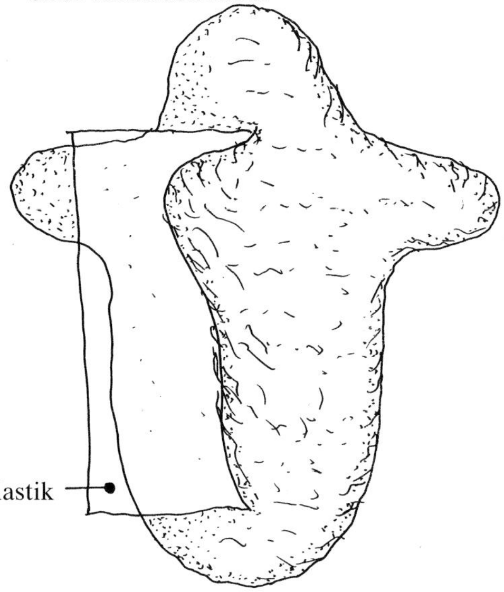

4. Lege die Folie von der rechten Seite des Sacks auf dessen linke Seite. Lege Wolle aus. Lass sie ein ordentliches Stück überlappen und mache einen schönen Zipfel zum Zuknöpfen unter dem Kinn. Filze auch den Kopf. Schneide ein kleines Loch für das Gesicht aus, das mit der Zeit grösser wird.

5. Walke mit Hilfe der Rolltechnik. Der Sack soll etwas porös sein, sonst wärmt er nicht! Dehne den Kopf dann und wann, etwa über einen kleinen Ball. Justiere das Loch und filze die Kanten. Wasche, bürste, sauge.

Bei diesem Modell wird der Sack mit Hilfe eines «Weidenkätzchenastes» und einer Schlaufe zugenöpft. Rolle kleine Weidenkätzchen: graue Wolle innen, weisse aussen. Sticke «Schalen» mit braunem Flachsgarn oder Zwirn. Nähe eine Schlaufe an die andere Seite: ein Knotenband aus Garn, Band oder Klettband.

Windelhosen aus Dänemark

Gestrickte Windelhosen sind allgemein gebräuchlich, doch im Kastanienhaus in Højer, Dänemark, kann man Filzwindelhosen kaufen. Grete Lund hat die Idee entwickelt. Es genügt, die Hosen zum Trocknen aufzuhängen, wenn sie nass geworden sind. Milde Feinwäsche, wenn nötig! Auf gleiche Weise wie die gestrickten Wollhosen sollen auch die Filzhosen dann und wann mit Lanolin (Wollfett) nachgefettet werden. Das kann man in der Apotheke kaufen! Der Schnitt ist für ein Kind von 5–7 Monaten berechnet.

Das Filzen

Für ein Paar Hosen benötigt man etwa 50 g Wollvlies. Grete verwendet Merinowolle, doch schwedische Lammwolle von Feinwollschafen, die feinste Sorte, funktioniert auch gut.

Lege die Wolle zu einem rechteckigen Stück im Ausmass von etwa 55 x 33 cm aus. Die Rolltechnik wird empfohlen! Kontrolliere, ob die Filzdecke gleichmässig von allen Seiten schrumpft, so dass der Hosenschnitt auf dem Filz Platz findet! Wenn der Filz fertig ist, schneidet man die Hose dem Schnittmuster entsprechend aus und reibt die geschnittenen Kanten etwas, so dass sie weich und abgeschlossen werden. Wasche mit mildem Waschmittel.

Das Nähen

Nähe ein rundes, kräftiges Gummiband für die Bündchen an Hüften und Beinen. Nähe die Gummibänder mit Zick-Zack-Stich mit der Nähmaschine fest. Die Seiten können entweder geknöpft oder zusammengenäht werden. Eventuell kann man die eine Seite zusamennähen und die andere knöpfen.

Lege die Nähte etwa einen Zentimeter übereinander und nähe sie doppelt ab. Man kann auch mit der Hand absteppen.

Wählt man Knöpfe, kann man entweder Druckknöpfe, die man festnäht oder nietet, oder Knöpfe und Knopflöcher brauchen. Nähe hinter Druckknöpfe, Knöpfe mit Knopflöchern zur Verstärkung ein Baumwollband. Nähe die Knöpfe ein Stück innerhalb des Vorderteils, so dass die Hosen – das ist wichtig – an der Haut anliegen.

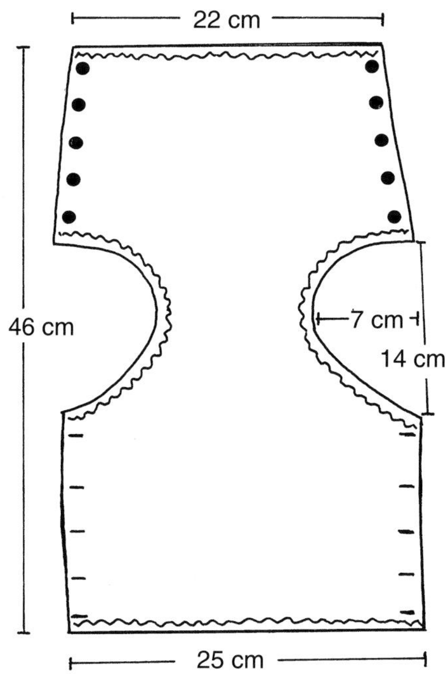

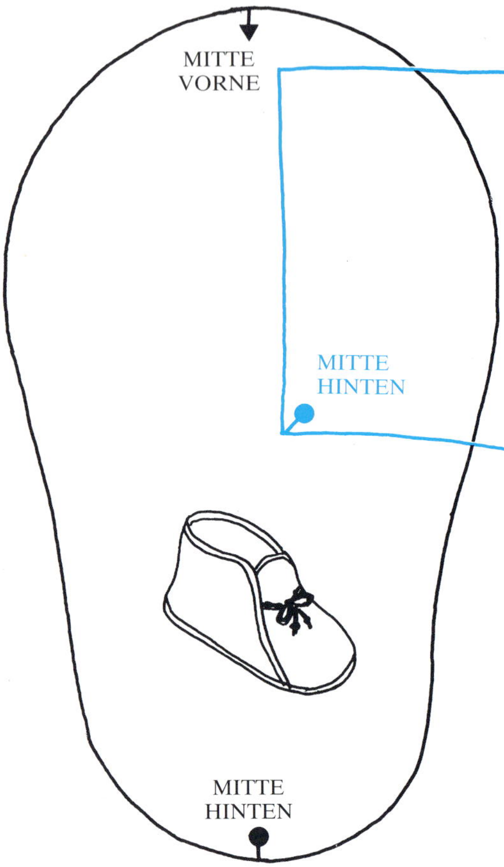

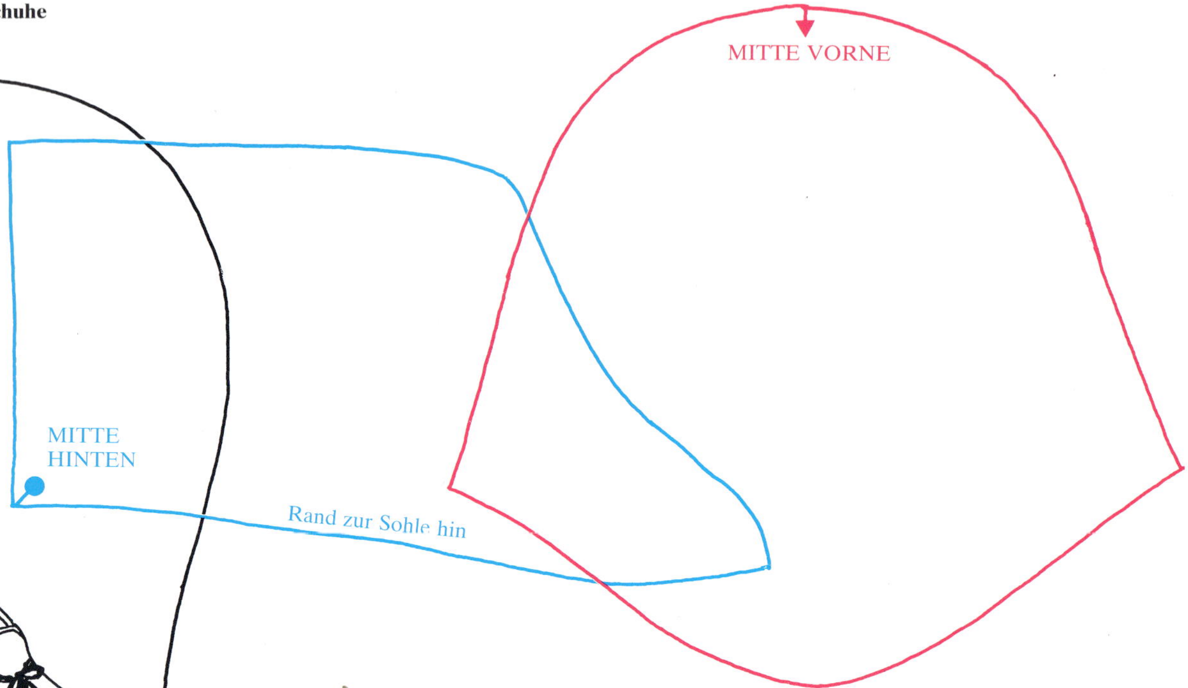

Babyschuhe, *genäht mit der Maschine. Nähe zuerst die Seitenstücke hinten in der Mitte überlappend zusammen und anschliessend das Vorderteil auf die Sohle. Eine Maschinennaht schliesst die Kanten ab. G.P.S.*

Gefilzte Babysocken. *Schneide einen Leisten aus hartem Schaumstoff (Styropor), um die Socken walken zu können. Bürste sie immer wieder auf, während sie noch feucht sind, so werden sie weich. Babysocken muss man knöpfen oder festknoten, damit sie nicht abgestrampelt werden können. Alternativen sind ein Wollknopf mit Schlaufe oder ein gestricktes Sockenbündchen. Oder nähe eine Filzverzierung in Form eines Lämmleins auf der einen Seite des Schlitzes fest und befestige dies mit einem Stück Klettband auf der anderen Seite.*

«Kann man mit Filzstiefeln gehen, Grossmutter?», fragt Alexandra, 2 Jahre, in ihrem Heidelbeerdress.

Die Mütze, über einem Sektkühler gewalkt, ist mit räumlichen Heidelbeeren auf einem Ast dekoriert.

Die Jacke ist nach einem herkömmlichen Muster geschnitten, wobei Armausschnitt und Ärmel umgeändert und dem Filzmaterial angepasst wurden (siehe Schnittmuster, S. 111). Kanten mit eingefärbtem Trikotband. Der Reissverschlussklöppel ist gegen eine gefilzte Heidelbeere ausgetauscht worden.

Die Stiefel, die zum Schluss in der Waschmaschine gewalkt wurden, haben eine aufgeleimte Gummisohle und sind mit Trikotband umrandet. G. Paetau Sjöberg.

***Helm**, zusammengenäht mit Vorstich und Knopfzwirn, eingefasst mit Trikotband. G.P.S.*

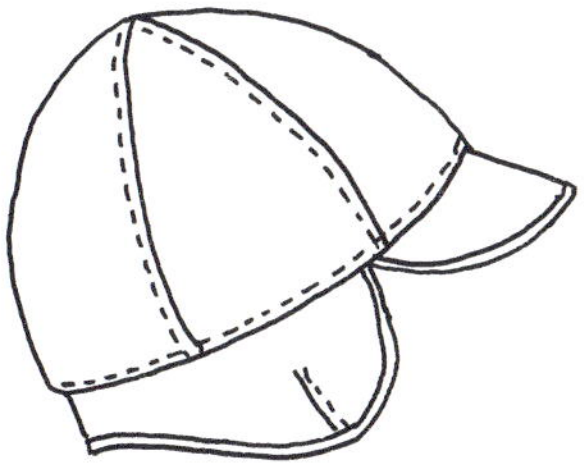

Der Helm kann mit einem Schild versehen und mit einem Streifen aus waschbarem Leder eingefasst werden.

Schnittmuster für eine Mütze mit Pelzrand

Mütze, zusammengenäht mit Festonstich, in welche eine Reihe fester Maschen als Verzierung eingehäkelt wurde (siehe S. 153). Eingefasst mit waschbarem Lammpelz. Nähe den Pelzstreifen mit der Maschine fest, indem Du die rechte Seite auf die rechte Seite der Mütze nähst. Wende dann den Pelz und nähe ihn in der Innenseite der Mütze von Hand fest. G.P.S.

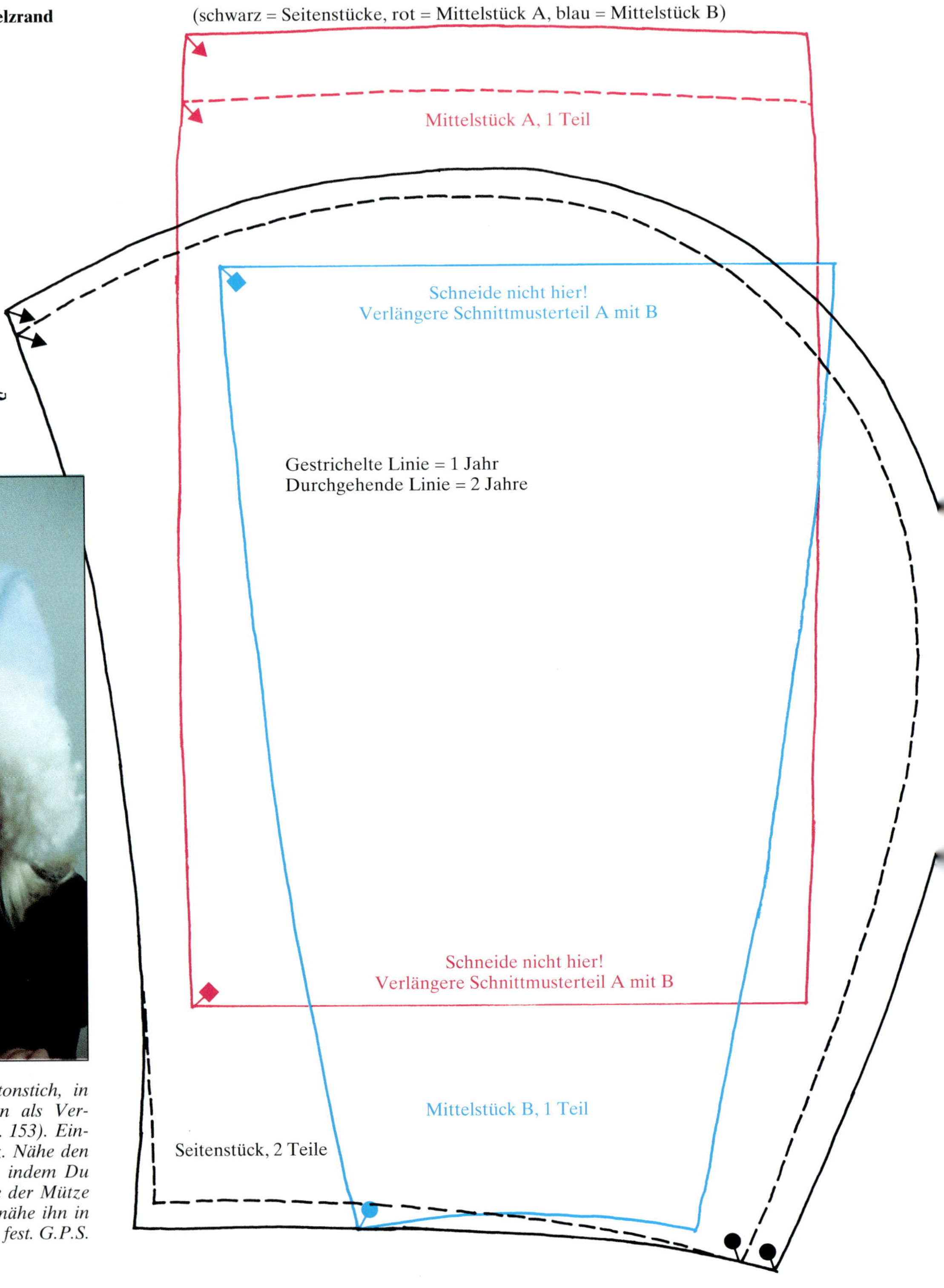

Gefilzter Bär

Dieser Bär ist nicht von der einfachsten Sorte, doch ist er fein, weil er schön sitzen kann. Und er ist waschbar, wie jeder andere Filz!

Sitzender Bär. G.P.S.

Das Material:
Feinwolle vom Gobelintyp oder Gotlandwolle.

Das Filzen:

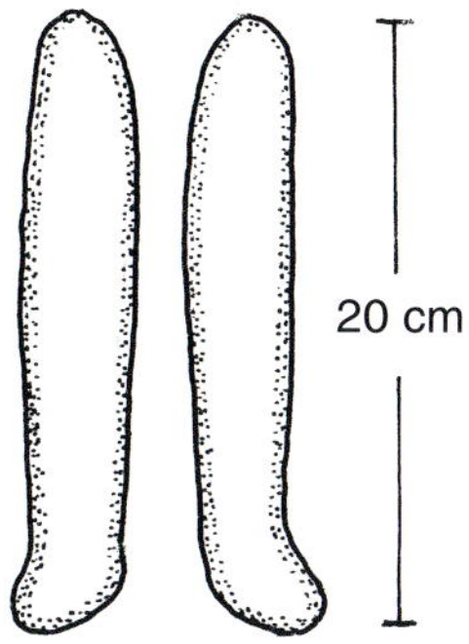

1. Rolle kardierte Wolle zu zwei langen, ziemlich dicken «Würsten» und filze sie auf dem Walkbrett hart. Die Würste legt man über Kreuz, so bilden sie Arme und Beine. Es ist leicht, die Würste noch dicker zu machen, wenn man die Beine zu schmal findet. Manchmal nehme ich übriggebliebene dicke Filzstreifen und rolle die Wolle darum. So können verbrauchte Filzfäustlinge und ähnliches sehr gut wiederverwendet werden. Man kann auch Schaumstoffstücke als Füllung der Würste nehmen.

2. Filze zwei Ohren mit Quasten. Man biegt etwas Wolle zu einer Platte und lässt auf einer Seite eine Wollquaste übrig. Filze die Ohren unter Druck zwischen den Handflächen, ohne die Quasten zu filzen.

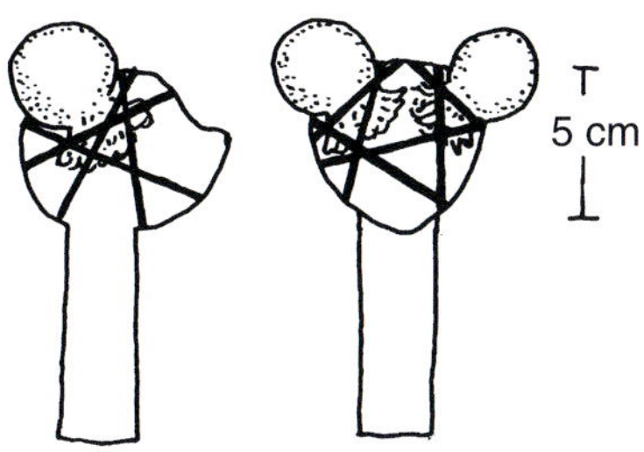

Seitenansicht Hinteransicht

3. Schneide einen Bärenkopf mit Hals aus Schaumstoff. Lege die Ohrenquasten auf den Kopf und wickle Wolle wie einen Verband rund um den Kopf, so dass auch die Quasten eingewickelt werden. Lasse Wolle für einen schönen und kräftigen Hals hinunterhängen. Filze hart, ausser den Hals. Tauche die Finger in Schmierseife, so kannst Du gut auf dem Kopf reiben.

4. Filze einen kleinen Schwanz mit einer Quaste. Etwas dicker als die Ohren, doch auf gleiche Weise.

5. Lege die Arme und Beine über kreuz. Lege den Kopf darauf. Nimm ein Stück Wollgarn und wickle es um die Mitte, so dass alles festsitzt. Lege einen Wollball oder ein gerundetes Schaumstoffstück an den Bauch. Wickle richtig viel Wolle wie einen Verband rund um den ganzen Körper. Die Quaste des Schwanzes wird an geeigneter Stelle, wenn man sich den letzten Wollwicklungen nähert, eingewickelt. Mache den Bären nass und reibe alle losen Teile. Filze hart, so dass der Bär hart angefasst werden kann, ohne zu haaren.

6. Wasche den Bären, schleudere ihn und lass ihn trocknen, sitzend in der richtigen Haltung. Sticke Augen und Nase. Einem geraden Bären kann man auch einen Schlafsack filzen!

Handpuppe von Gudrun Käll. Mache den Kopf wie beim Bären. Schneide am Halsansatz des Kopfes eine Kerbe in den Schaumstoff, um eine paar Finger hineinstecken zu können. Filze einen Körper auf dem Hals fest.

Handpuppe mit Maul
Gotlandwolle eignet sich für die Maus gut, weil sie leicht zu formen ist. Feinwolle und Rya sind eine andere gute Alternative. G.P.S.

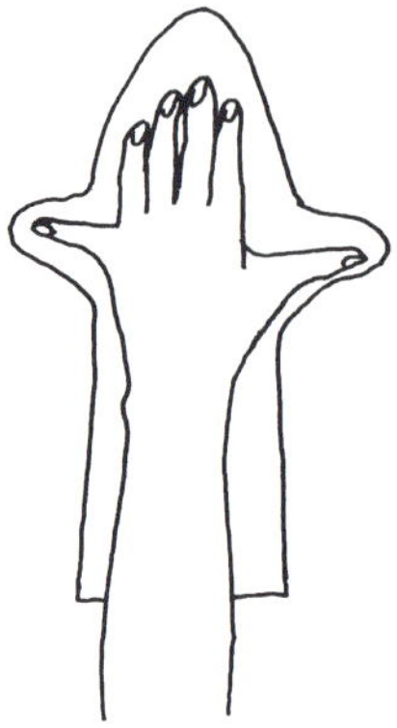

1. Zeichne die Hand ab. Halte Daumen und den kleinen Finger gespreizt.

2. Studiere Bilder von Mäusen und ihre Besonderheiten. Übertreibe Eigenheiten, das gibt dem Tier den Charakter. Zeichne Details auf die Grundform. Lege zu, wo es notwendig ist, etwa auf der Nase.

3. Lege für die Schrumpfung 3 cm zu. Schneide die Schablone aus fester Plastikfolie aus.

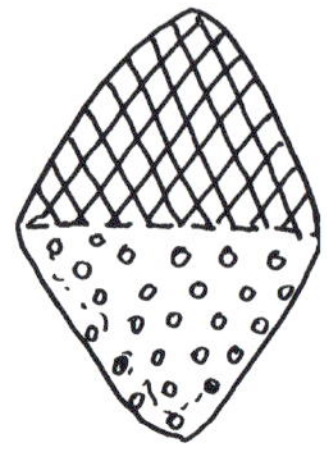

4. Zeichne einen doppelten Rachen, genauso gross wie die Nase. Lege zwei Wollagen aus, filze leicht und schneide den Rachen entsprechend der Schablone aus.

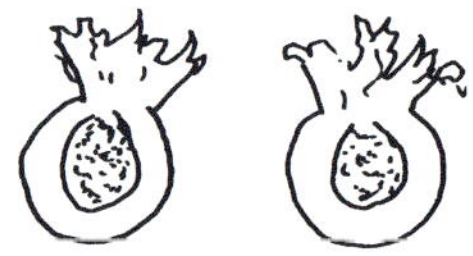

5. Filze zwei Ohren, lasse jeweils eine trockene Wollquaste übrig, so dass diese auf dem Körper festgefilzt werden kann.

6. Lege die Wolle mit Verbindungsfasern für die Vorderseite der Maus aus. Lege die Schablone darauf und filze. Biege die trockenen Verbindungsfasern um. Mach sie so nass, dass sie auf dem Platz bleiben.

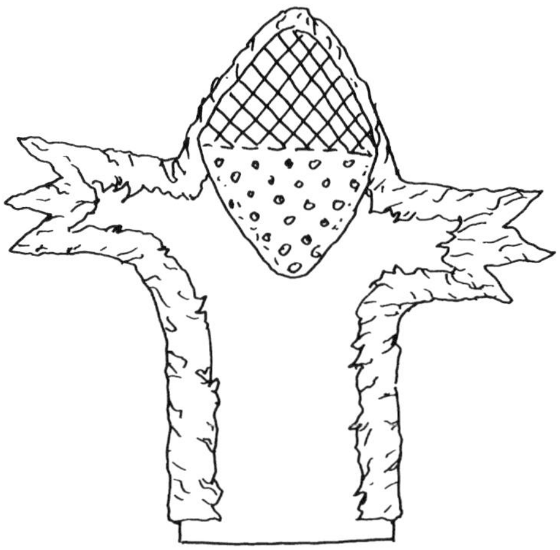

7. Lege den Rachen auf seinen Platz. Filze dessen Oberteil fest bis zu den Maulwinkeln hin.

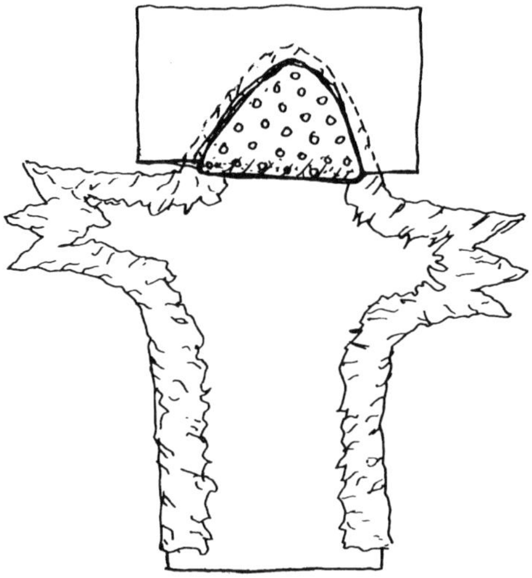

8. Lege ein Plastikstück auf das Maul, die untere Kante soll der Biegung des Mauls folgen. Biege das Maul doppelt.

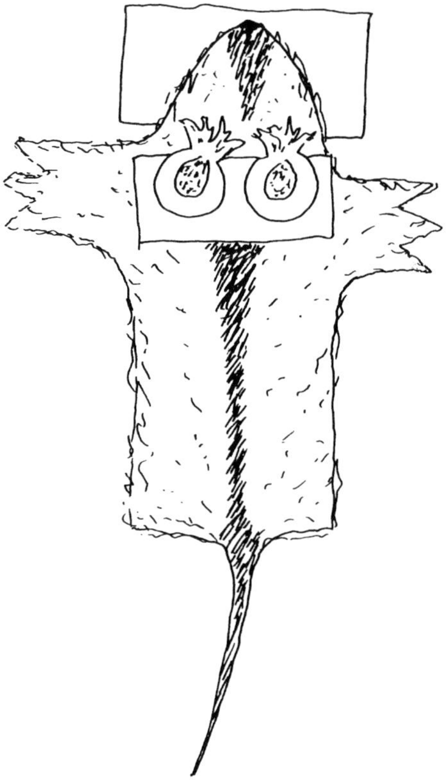

9. Lege Wolle darauf, Verzierungen und Ohren für die Rückseite der Maus. Verbindungsfasern sind nicht notwendig, wenn Du sie auf der Vorderseite ausreichend einbezogen hast. Lege eine dünne Plastikfolie unter die Ohren, so dass sie auf dem Körper nicht haften bleiben können. Schneide von den Verbindungsfasern beim Maul so viel weg, dass nur 2 cm übrigbleiben. Biege diese 2 cm gegen den oberen Teil des Mauls und filze sie vorsichtig fest. Filze die Maus. Filze auch einen Schwanz hinein, wenn Du einen haben willst.

10. Forme die Maus mit der Hand und mit Hilfe von Filzholz oder Filzbrett. Walke unter dem Kinn der Maus, so dass die Nase nach vorne zeigt. Reibe die Form des Kopfes, der Nase und der Pfoten heraus. Nähe Details auf, etwa Rosshaar als Schnurrhaare. Nähe Zähne aus hartgewalktem Filz an. Pip!

Ein einfacheres Verfahren, ein Maul herzustellen: Filze die Maus ohne Maul, doch walke sie nicht ganz. Schneide ein offenes Maul zu und nähe ein gefilztes Stück als Maul fest. Während des Walkens am Schluss verschwinden die Stiche in dem Filz, und die Naht wird so gut wie unsichtbar.

Filz im Zimmer

Jetzt wo die Rolltechnik es möglich gemacht hat, grosse Filzflächen filzen zu können, eröffnen sich Möglichkeiten, Filz auch für grössere Produkte, als Möbelstoff, zu verwenden. Filz aus Wolle hat für diesen Zweck viele gute Eigenschaften: Er dämpft Lärm, schafft ein Gefühl von Wärme und Nähe und zieht Staub nicht so stark an wie synthetisches Material. Wolle muss man nicht so oft waschen wie anderes Material, und sie ist auch nicht gleich empfindlich für Flecken.

Was öffentliche Räume betrifft, so sind die Brandschutzbestimmungen streng. Der Rettungsdienst machte einmal eine Probe auf einem Stück einer künstlerischen Ausschmückung aus Filz. Das Ergebnis: Filz kann, was Selbstentzündung und Flammenausbreitung nach der schwedischen Verordnung SIS 650082 betrifft, gutgeheissen werden. Bei der Probe wurde der Filz offenem Feuer während 15–20 Sekunden direkt ausgesetzt, wobei anschliessend die Flamme langsam weggenommen wurde. Es zeigt sich, dass das Feuer im Material von selbst wieder ausgeht. Die Genehmigung bedeutet, dass Filz von Wolle nicht mit einem Brandschutzmittel imprägniert werden muss.

Sitzkissen

Viele Jahre lang habe ich auf einem Schreibtischstuhl gesessen mit einem Filzkissen aus weicher Ryawolle. Dieses ist etwas platter und blanker geworden. Der Glanz kann von daher kommen, dass die Kanten der Epidermisschuppen abgewetzt wurden. Das ist die einzige Veränderung, die ich mit Auge und Hand wahrnehmen kann. Die eingefilzten Muster aus geschnittenem Gotlandwollfilz sind immer noch da. Inspiration zu dekorierenden und gleichzeitig verstärkenden Techniken in Sitzkissen kann man unter anderem von den mongolischen, einfarbigen Teppichen mit ihren dichten, gestickten Mustern bekommen. Geflochtene Filzstreifen, die man nach dem Filzen in eine Unterlage eingefilzt hat, ergeben auch ein dickes und festes Kissen.

Will man ein etwas weicheres Kissen herstellen, ist eine dicke Mittellage etwa aus Texelwolle eine ausgezeichnete Lösung. Texelwolle legt man zwischen zwei Lagen schwedischer Landschafwolle und filzt alles zusammen. Texelwolle, die nicht so gut verfilzt, aber sehr elastisch ist, kommt hier wirklich zu ihrem Recht. Stickstiche passen ausgezeichnet zu diesem Material.

Auch in Liegeunterlagen kann man Texelwolle in der Mitte als eine isolierende und elastische Schicht benutzen.

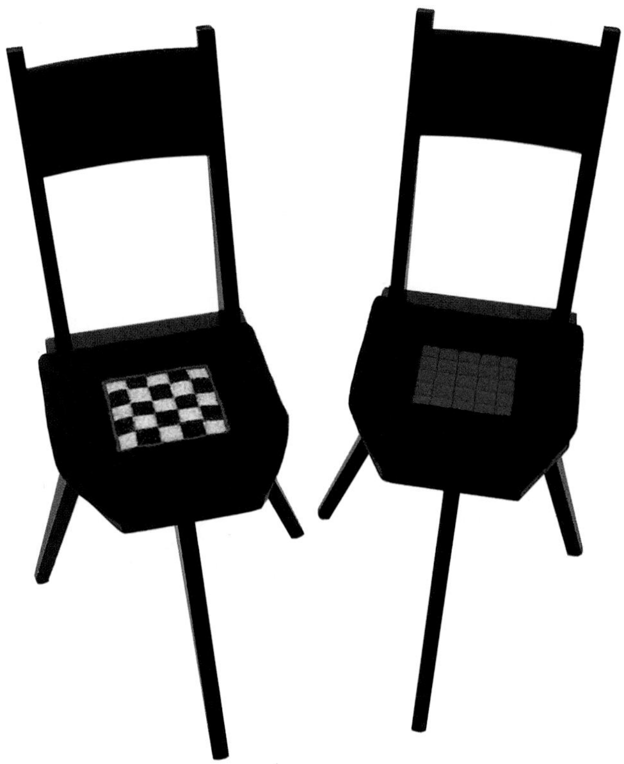

John Kandells Stuhl mit gefilztem Kissen. G. Paetau Sjöberg.
***Stuhlkissen** aus Gobelinwolle. Die Mitte auf dem rechten Kissen ist maschinengestickt. Die Mitte des linken Kissens ist aus Filzstreifen, die als Kreuzbindung geflochten und danach gewalkt worden sind, hergestellt. Mittelteil und Rand sind durch Überfangstiche verbunden Ein Filzstreifen wurde rund um den Filz und die Polsterung des Kissens genäht.*

Kissen *von Britt-Mari Hellgren. Der Stoff für das Kissen ist aus Feinwolle gefilzt. Sie hat die Rolltechnik mit Hilfe eines Flickenteppichs verwendet. Die Muster sind aus Vorfilz ausgeschnitten und eingefilzt worden. In die Zipfel hat sie feine Quasten aus gefärbtem Rosshaar eingenäht.*

Möbelstoff, *entworfen und gefilzt von Britt-Mari Hellgren. Der Filz ist aus Feinwolle hergestellt, mit eingefilztem Muster aus Vorfilz. Das Sofa wurde als Gesellenstück von der Raumausstatterin Karin Höög, Malmö, entworfen und hergestellt. Ein Möbelstoff muss die bestmögliche Wollqualität, Färbung, Musterung und Filzung erfahren haben, weil er stark abgenutzt wird. Es gilt, den Stoff so lange zu walken, bis er vollkommen fest geworden ist und sich nicht mehr dehnen lässt. Britt-Mari Hellgren hat ihren Stoff bei TEFO, dem Textilforschungsinstitut in Bors, testen lassen. Nach 3000maliger Benutzung begann sich ein gewisser Fussel zu bilden. Nach 10 000maliger Benutzung ist weiterhin nichts geschehen, der Stoff sah genauso aus, wie nach 3000 Sitzproben. Mit anderen Worten: Nach einiger Zeit der Benutzung tritt eine gewisse Fusselbildung ein, wobei sich der Stoff weiterhin kaum verändert. Der Stoff ist mit der Rolltechnik hergestellt und hat somit eine sehr glatte Oberfläche.*

Rollgardine *von Pia Wallén.*
Filzen und Walken haben die Formgeberin **Pia Wallén**, *Stockholm, schon lange interessiert. Ihre Formgebungen für die Industrie sind vielfältig zum Ausdruck gekommen, von Kleidern bis zu Wohntextilien. Ein Beispiel ist die gewobene und gewalkte Decke Krux (Kreuz), die auf dem Bett in ihrem Haus auf Gotland liegt. Der Pullover, den Pia trägt, ist gestrickt und danach gewalkt. Pia hat Filz als Handwerk in verschiedenen Kulturen in Hinsicht auf Funktion und Form studiert. Die Rollgardine, die über dem Fenster hängt, ist ebenfalls aus Filz hergestellt.*

«Ich wurde von den Konstruktionen in den Filzjurten der Nomaden inspiriert. Man kann etwa in den Jurten die Türe auf- und zurollen oder einen Bereich Wandfilz zur Seite rollen. Das ist sowohl praktisch als auch schön. Filz ist bekanntlich ein uraltes Material, und es ist spannend zu sehen, was man daraus in den 90er Jahren herzustellen vermag. Ein ökologisches Verhalten ist wichtig. Produktion mit Rücksicht auf Umwelt und Mensch ist eine notwendige Zielsetzung.»

Die Gardine ist einfach und funktional. Der Filz lässt das Licht auf eine schöne Art durchdringen und ist ein feiner Kontrast zu den gekalkten Steinwänden des Hauses. Ausserdem ist Filz gut gegen den Zug von den Fenstern und als Isolierung gegen die Winterkälte. Die Gardine ist aus Industriefilz zugeschnitten, kann aber natürlich auch aus handgefertigtem Filz gemacht werden, etwa aus Feinwolle. In aufgerolltem Zustand wird sie von Bändern festgehalten. In der Oberkante der Gardine sitzen Metallösen, die man mit runden Metallschrauben an der Wand befestigt.

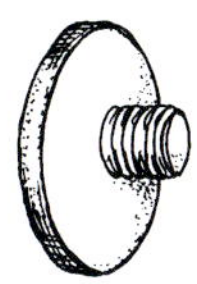

Schraubenknopf, der an der Wand mit einem Wandhalter fest angeschraubt wird

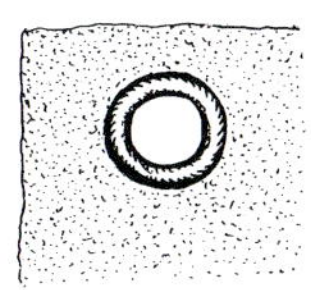

Öse im Filz

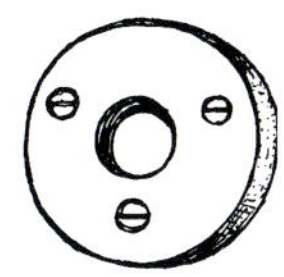

Wandhalter

Teppiche

aus Filz haben bekanntlich uralte Ahnen in ganz Asien. Sie isolieren, sind haltbar und nicht besonders schwierig herzustellen. Die Kapitel über traditionelle Filzteppiche in verschiedenen Ländern können vielleicht mit ihren vielen Beispielen von Herstellungstechniken und Formgebung dazu anregen, selbst einen Versuch zu starten.

Muster und Material

Wenn man zum ersten Mal einen Teppich filzen möchte, ist es ratsam, zuerst einen kleineren zu machen, um zu sehen, wie die Technik funktioniert.

Entweder man filzt mit gefärbter Wolle oder geschnittenen Filzstücken. Oder man verwendet beide Techniken in einem Teppich, um sie auszuprobieren.

In Museen gibt es viele Exponate, die mit ihren Formen und Farben Impulse für Muster in einem Teppich geben können. Besonders interessant können Gegenstände aus Holz oder Birkenrinde mit Schnitzereien oder bemalten und geschnittenen Mustern sein, ebenso wie Geflochtenes oder Gegenstände mit verschiedenen Materialschichten, die ziemlich einfach übertragen und dem Filz angepasst werden können. Lies in den Kapiteln «Muster filzen» die Abschnitte: Muster aus geschnittenen Filzstücken und Muster aus kardierter Wolle (S. 111f). Dort werden die Arten, mit Mustern zu arbeiten, beschrieben, sowohl die Formgebung als auch die Techniken, Muster auszulegen.

◁ ***Plaid** aus Merinokammzug.*
Hans-Dieter Klotz *ist als männlicher Textilkünstler etwas Ungewöhnliches. Er wohnt in Deutschland, doch traf ich ihn und seine Frau, die dieses Plaid aus Merionokammzug webte, bei einem Workshop auf der ungarischen Puszta. Kammzug nennt man das dicke Vorstadium für Garn. Das kann man in Spinnereien kaufen.*

Man «webt» wie beim Leinenweben. Man hebt die «Webkette», bzw. die Kammzüge wechselweise über und unter die Kammzüge, die als «Schussfaden» dienen. Wenn alle Kammzüge eingewebt sind, kann das Plaid mit der Rolltechnik gefilzt werden. Durch das Leinenweben bekommt man zwei sich kreuzende Wollagen über dem ganzen Plaid, obwohl die Richtung in den Lagen sich abwechseln, wenn Kette und Schussfaden sich kreuzen. Die gewebte Struktur sieht man auch auf dem fertigen Plaid.

Felldecke. Schülerarbeit, Stenebyskolan.

Das Auslegen der Wolle

Beim Filzen eines Teppichs kann es von Vorteil sein, als Unterlage für die Wolle ein Tuch zu verwenden. Man kann dann nämlich das Tuch um die Längskanten des Teppichs biegen, bevor man ihn zusammenrollt. Das ergibt feinere Ränder, die nachher nicht geschnitten werden müssen. Feuchte das Bettuch vor dem Auslegen mit Schmierseifenwasser an.

Beim Teppichfilzen braucht man nicht jede Lage mit der gleichen Genauigkeit vorzubereiten, weil sich die Ungleichmässigkeiten in den vielen Lagen ausgleichen.

Hat man sehr dicke Wollagen, kann man das Tuch (oder die Stabjalousie) in kleine Falten legen, bevor man beginnt die Wolle auszulegen. Die Falten zieht man beim Aufrollen wieder aus. Man kann am Anfang eine Rolle mit grösserem Durchmesser verwenden und nach einiger Zeit gegen eine mit geringerem Durchmesser austauschen.

Wichtig ist, das Muster spiegelverkehrt direkt auf dem Tuch auszulegen. Legt man es zuoberst auf alle

Teppich aus gepeitschter Gutewolle. Das Muster stammt von einer Butterform vom Gammelgården in Sveg. Filzkursus der Bäckedaler Volkshochschule 1991.

Teppich und Vorlage: ein Birkenrindenkorb von Gammelgården in Sveg. Die hellen Partien sind aus Vorfilz ausgeschnitten und mit dunkelbraunem Wollvlies zusammengefilzt worden. Die kleinen Applikationen im Filz hat man mit Zwirn festgenäht. Filzkurs der Volkshochschule Bäckedal 1991.

Wollagen, dann wird es stark verschoben. Spare bei den Musterformen nicht mit loser Wolle, sonst kann die Hintergrundwolle leicht durchscheinen. Verwendet man geschnittene Vorfilze als Muster, kann man sie an ihren Berührungspunkten mit ein paar Stichen zusammenheften. Dann gleiten sie während des Rollens nicht auseinander. Die Fäden trennt man heraus, sobald sich der Filz gefestigt hat.

Wähle eine kräftige und haltbare Wolle, etwa Ryawolle oder Gotlandwolle. Wenn man Rya verwendet, kann die Lage, die direkt auf dem Muster liegt, aus 50% Rya- und 50% Feinwolle bestehen, damit das Muster besser haften bleibt. Verwendet man reine Ryawolle in dieser ersten Lage, kann es nicht als Vlies in grossen Stücken ausgelegt, sondern muss in kleine Büschel gerissen werden. (Lies über diese Methode unter «Muster filzen» S. 112.) Dann halten die Muster besser.

Lege viele Wollagen aus, wenn der Teppich dick werden soll. Es ist besser, viele dünne Lagen kreuz und quer auszulegen als ein paar dicke. Der Filz wird dann fester. Verwende die schlechteste Wolle als mittlere Lage.

Vorleger, inspiriert von einem Schachteldeckel, wird von fröhlichen Kursteilnehmerinnen gezeigt.

Auslegen des runden Vorlegers. Zuerst legt man das Muster spiegelverkehrt mit Vorgarn und geschnittenem Vorfilz sowie die Kanten in schwarzem Wollvlies aus. Danach legt man die gepeitschte Gutewolle oben auf das Muster, nach Art der Mongolen (S. 36).

Einen Teppich ab und zu mit der Rolltechnik zu walken, ist eine kontaktfreudige Arbeit!

Das Filzen

1. Spritze Schmierseifenwasser mit reichlich Seife auf. Feine Tropfen! Viel Wasser gibt Falten! Biege das Tuch um die Längsseiten des Teppichs. Wegen der dicken Lagen kann es von Vorteil sein, zu zweit zu rollen. Ziehe das Tuch ständig vorsichtig beim Zusammenrollen. Die Falten dürfen nicht auf einmal völlig aufgezogen werden, weil dort sonst eine dünne Partie entstehen kann. Schlage dann und wann mit den Händen auf die Rolle, um die Luft etwas auszudrücken. Rolle so hart und fest wie nur möglich.

2. Rolle eine kurze Zeit, bis keine Luft mehr in der Wolle ist. Dann fühlt sich die Rolle schlaff an. Zeit: 5–10 Minuten, abhängig vom Druck, den man beim Rollen ausgeübt hat. Wickle die Rolle vorsichtig auf. Werde nicht unruhig, wenn das Muster nicht auf der Wolle, sondern auf dem Bettuch festsitzt. Das Muster wird nach einer Zeit auf der richtigen Stelle haften bleiben. Nimm das Bettuch nicht von der Wolle ab, sondern ziehe es aus und glätte die Rückseite des Teppichs. Kontrolliere die Kanten, indem Du die Wollagen vorsichtig verschiebst. Die oberen Lagen werden beim Zusammenrollen immer nach vorne verschoben und müssen auf ihren Platz zurückgezogen werden. Spritze wieder. Wickle die Rolle von der Schmalseite zusammen und rolle wieder eine Zeit lang.

3. Fahre auf gleiche Weise fort, wickle oft auf, strecke und rolle von der anderen Seite wieder zusammen, bis der Teppich platt und durchfeuchtet ist. Fixiere die Ränder zwischen jedem Rollen, indem Du Einbuchtungen ausziehst und ausladende Wolle einreibst.

Strecke den Teppich jedesmal, wenn er aufgerollt wird, in alle Richtungen. Kontrolliere, dass das Muster dort sitzt, wo es sitzen soll. Andernfalls kann man es am Anfang leicht auf den richtigen Platz ziehen. Verschiebe es durch den Stoff mit einer groben Nadel.

4. Wenn sich das Muster auf dem Filz gefestigt hat, kann man den Teppich mit dem Tuch ohne Rohr von beiden Längsseiten her rollen. Rolle jetzt den Teppich mit dem Muster nach innen. Dadurch wird die Oberfläche auf der Musterseite glatter, weil sie die Innenkurve bildet. Ein Teppich muss hartgewalkt sein, wenn er aushalten soll, dass man auf ihm herumtrampelt. Beende das Walken deshalb nicht, bevor er total fest geworden ist und sich nicht mehr dehnen lässt.

5. Wasche, strecke und gleiche Ungleichmässigkeiten aus, solange der Teppich noch feucht ist. Mit einer groben Stopfnadel kann leicht in den verschiedenen Teilen des Musters gezogen werden, um Ecken usw. gleichmässig zu bekommen. Die Kanten des Teppichs kann man durch Reiben mit Filzholz und Strecken noch verschönern.

Maisa Tikkanen, Finnland, hat versucht, Teppiche zusammen mit einer Filzfabrik zu produzieren. Jetzt macht sie den ersten Teil des Filzens in ihrem Atelier und setzt dann das schwere Walken in der Fabrik fort, doch hofft sie, die Zusammenarbeit weiter entwickeln zu können.

Das feinste und vielleicht einzig unbestreitbare Privileg der Kindheit ist die Sinnlichkeit, Unmittelbarkeit, das reine Auge, der ursprüngliche Umgang mit der Natur.

Werner Aspenström

Filzen unterrichten

Filzen in der Schule

Weshalb soll man sich in der Schule mit Schafen, Wolle und Filzen beschäftigen?

Sinnliche Erlebnisse
Wolle erleben zu dürfen, die Gerüche im Schafstall und in der Wolle riechen, das Blöken der Schafe hören, in das gelbe Auge des Schafes sehen, kleinen Lämmern auf wackeligen Beinen nachlaufen, die gekräuselten Wollbüschel auf einem warmen Schafskörper fühlen, Fett, weiche Wolle in den Händen wahrnehmen – all das brauchen Kinder, die mit Fernseher, Video- und Computerspielen aufwachsen! Die Schulräume sind ziemlich arm an sinnlichen Eindrücken, die für Kinder und deren Entwicklung so wichtig sind.

Phantasie und Kreativität
Nur wenige Materialien bieten so viele Möglichkeiten wie die Wolle. Auch ganz kleine Kinder können eine kleine Form filzen. Mit gefilzten Formen kann man leicht weiterarbeiten, aufnähen, anziehen, zusammenlegen.

Die Phantasie bekommt Spielraum, und kreative Lösungen werden gefördert. Praktische Dinge und Sachen «zum Spass» üben das Problemlösungsvermögen. Filz ist leicht zu besticken und die Wolle einfach mit Pflanzen- und chemischen Farben zu färben.

Jan mit seinem Schaf. Es ist einfach, Filz zu besticken!

Materiallehre und Gesichtspunkte des Verbrauchers
Die Eigenschaften der Wolle treten beim Filzen deutlich hervor. Schafrassen, Wollkenntnis, verschiedene Wolltypen, Eignung für verschiedene Zwecke, wie man Wolle wäscht, Behandlung gegen Schrumpfen – alles sind Kenntnisse, die man beinahe gratis erhält, wenn man filzt. Ein Gefühl für die Qualität erhält man durch eine ganzheitliche Betrachtung: von der Wahl der Wolle, den Herstellungsmethoden, bis zur Verwendung des fertigen Produktes.

Wenn man in Filzsocken eine Zeit lang gegangen ist, kann man beurteilen, ob es gute Wolle war, die man wählte und ob ausreichend gewalkt wurde.

Kombination mit anderen Fächern
Die Werkzeuge für das Filzen sind einfach. Die Schüler können sie im Wertunterricht herstellen und sehen, wie sie in der Praxis funktionieren. Wieviel muss ich bei meiner Schablone zulegen, damit die Socke die richtige Grösse bekommt? Die Kombination von Mathematik und Textilhandarbeit gibt Übung im Prozentrechnen. Andere Fächer können mit Wolle verknüpft werden: Kulturgeschichte, Geschichte, Geographie und Energieversorgung.

Kulturgeschichte
«Der graue Bauer» – Was steckt hinter diesem Ausdruck? Was wäre die schwedische Kultur ohne Schaf und Wolle? In den Museen begegnen wir einem grossen Schatz von Wollgegenständen: die Heimtextilien, die Wollstoffe, die Felle, die Unterhemden, die Strümpfe, die Fäustlinge! Ein Reichtum an Mustern, Farben und Zuschnitten liegen in Schaukästen vor uns. Immer noch können diese alten Gegenstände zu neuem Schaffen inspirieren. Die Wolle war und ist heute noch die bedeutendste und am meisten verbreitete einheimische Faser.

Geschichte
Was hat die Wolle ökonomisch für Schweden im Laufe der Zeit bedeutet? Wieviel Wollstoffe haben Schweden, Island und Norwegen einstmals exportiert? Welche Bedeutung hatte die Schafzucht für Gotland und andere Landschaften? Welchen Stellenwert hatte Spinnen und Stricken in verschiedenen Orten? Was bedeuteten für die Kinder armer Familien im schwedischen Nordland die gefilzten Schuhe? Welche Bedeutung haben Schafe und Filz für die zentralasiatischen Nomadenvölker? Sowohl im Grossen wie im Kleinen können Schafe und Wollerzeugnisse über Länder, Menschen und Lebensbedingungen erzählen.

Industrialisierung und Mechanisierung, die durch technische Entwicklungen veränderten Lebensbedingungen, kann man verstehen, indem man den Prozess von Handkarden zur Kardiermaschine und die Mechanisierung des gesamten Wollhandwerks verfolgt.

Landschaftspflege und Ökologie
Schafe sind immer Landschaftspfleger gewesen und haben geholfen, durch ihre Vorliebe für Büsche und Sträucher diese zu dezimieren. Heutzutage lässt man Schafe auf Fichten-Baumschulen weiden, damit sie Gebüsch und Gras abfressen. Die Schafe ersetzen die verbotene chemische Bekämpfung und vermindern – laut neuen Forschungsergebnissen – das teure manuelle Roden um mehr als 50%.

Energieversorgung und Ökonomie im Grossen und Kleinen
Wieviel Energie kann man sparen, indem man einen Wollpullover und ein Paar Filzsocken anzieht? Dann kann man die Temperatur um mindestens 1°C im Haus senken und spart mindestens 5% Energie. Wieviel Geld kann eine Familie entsprechend sparen, wenn sie in einer Villa wohnt? Wieviel Energie könnte Schweden sparen, wenn alle, auch in Mietshäusern, 5% sparen würden?

Entwicklungs- und Industrieländer
Baumwolle wird oft auf den besten Böden angepflanzt, die sich genauso gut für Lebensmittel eignen würden. In den armen Ländern wird die Baumwolle durch wiederholte chemische Behandlung meistens nicht auf ökologische Weise gepflegt. In Schweden kleiden wir uns gerne auch im Winter in mehrere Lagen Baumwolle oder dicke Baumwollkleidung. In Schweden gibt es etwa 500 000 Schafe. Das gesamte Fleisch wird aufgegessen, doch die meiste Wolle wird weggeworfen.

Allergie und Asthma

Viele Kinder sind heute gegen unterschiedlichste Dinge allergisch. Lies im Kapitel «Allergie und andere Probleme» (S. 89) über Wolle in dieser Hinsicht. Es ist sehr wichtig, in Erfahrung zu bringen, ob es in der Gruppe ein allergisches Kind gibt, bevor man ungewaschene Wolle in das Klassenzimmer bringt. Das gilt auch für die Gruppen, welche den nicht geputzten Raum anschliessend benutzen.

Dass Kinder Wolle erleben dürfen, wird als so wichtig angesehen, dass die Arbeit so angepasst werden muss, dass alle teilnehmen können. Da kann man etwa mit Wolle arbeiten, die sehr genau gewaschen wurde. Wasche dazu in mehreren Wasserbädern, spüle genau und schleudere möglichst zwischen dem Spülen. Die Alternative ist fertiges Wollvlies oder gut gewaschene Wolle von einem Kardierbetrieb. Ist die Wolle gefärbt, ist sie noch sauberer. Gutgewaschene Wolle ist nicht gefährlicher als ein Wollpullover.

Im Kindergarten ist es eventuell möglich, eine andere Beschäftigung für allergische Kinder zu finden, während die übrigen in einem separaten Zimmer arbeiten.

In der Grundschule kann man jedes Jahr ein paar Wollwochen nacheinander für alle Werkunterrichtsgruppen im Textilsaal einführen. Während dieser Wochen können allergische Schüler am Wertunterricht teilnehmen. Dann kann man einen Stundenplan für jeden Jahrgang auflegen, angefangen vom Öffnen der Wolle durch Zupfen quer zur Faserrichtung, einfachem Formen von Wolle, Kardieren, Spinnen, Färben, Filzen mit Hilfe von Roll- und Reibetechnik usw. Nach den Wollwochen muss der Textilsaal sehr gut gereinigt werden.

Ausrüstung und Material

Stelle einen Filztisch her, mit festgeklebten Zeitungsrollen entlang der Ränder und Plastikfolie darüber (siehe dazu das Kapitel über den Arbeitsplatz, S. 95). Dann können die Kinder um den Tisch herumstehen und ohne Problem matschen. Man kann mehrere Tische zusammenschieben, so dass grosse Bilder gefilzt werden können. Lumpen und Eimer sind notwendig, um nach und nach das Wasser aufsaugen zu können. Für die Rolltechnik braucht man keine Zeitungsrollen, sondern nur Plastikfolie auf dem Tisch.

Man kann auch Plastiktabletts verwenden. Eine einfache, kleinere Filzschachtel kann man aus einem aufgeschnittenen Müllsack herstellen, wobei man die Ecken zusammenheftet, so dass eine Plastikkante um die Ränder entsteht. Bälle kann man über einem Spülbecken filzen.

△
Wolle zu peitschen, so wie es die Mongolen tun, ist eine amüsante Unterbrechung des Schulalltags. Verwende eine Plane anstelle einer Filzdecke!

Wenn Filz an einem warmen Sommertag draussen gerollt werden kann, können Kinder schnell einen grossen Filz für ihre Stickereien oder andere Projekte herstellen. Eine kaputte Bambusmatte leistete hier ihren letzten Dienst.

Walkbretter sind nicht immer notwendig. Oft reicht es, kleine Filzstücke, etwa zum Sticken, zu einer Rolle zu rollen und mit den Händen zu walken. Für mehrere gewalkte Stücke kann man eine Stabgewebejalousie verwenden. Filzsocken müssen mitunter auf einem Brett gewalkt werden. Lege ein Frottéhandtuch auf den Filztisch und das Brett darauf, dann geht die Plastikfolie nicht kaputt. Hat man kein Brett, kann man eine dicke Schnur um ein Brett wickeln.

Unkardierte Wolle oder Wollvlies?

Soll man mit Kindern mit unkardierter Wolle oder fertigem Wollvlies von einer Spinnerei filzen? Viele wählen heute Wollvlies. Das ist eine gute Lösung im Hinblick auf Allergiker. Es ist auch bequemer, da man sich das Problem erspart, Frischware, also ungewaschene Wolle, aufzubewahren. Ebenso erspart man sich das langwierige Kardieren, man bekommt weder Schmutz, Abfall noch den natürlichen Geruch. Doch verliert die Woll-Arbeit vielleicht an pädagogischem Wert, wenn man ständig und ausschliesslich von Wollvlies ausgeht. Die verschiedenen Schafrassen, verschiedene Wolltypen und deren Eigenschaften erkennen zu lernen, tritt in den Hintergrund. Wolle wird in der Vorstellungswelt der Kinder leicht nur zur Wolle. Anstatt immer nur Wollvlies zu kaufen, könnten die Schulen in eine kleine handbetriebene Kardmaschine investieren, etwa eine Louët-Maschine, mit der leicht und interessant zu arbeiten ist. Eine solche Maschine könnte von mehreren Schulen gemeinsam verwendet und somit die Investition maximal ausgenützt werden. Natürlich soll auch das Kardieren mit Handkarden in den Unterricht einbezogen werden.

Färben

Kinder schätzen Farbe auf ihren Werken. Versuche am besten mit Pflanzenfarbstoffen zu färben.

Zwiebelschalen, Birkenrinde oder sogar Pilze sind relativ leicht zu beschaffen. Es ist für Kinder wichtig zu verstehen, was die Natur zu bieten hat! «Geht das auch mit Gras?» fragte ein kleiner Junge einmal.

Mit chemischen Farben ist es vielleicht einfacher zu färben. Besonders deshalb, weil die kaltfärbenden Jeaba-Farben, die keine Brandverletzungen verursachen können, sehr einfach zu handhaben sind (siehe dazu das Kapitel über Färben, S. 77). Alle Stadien von Wolle können gefärbt werden: Wolle, Wollvlies, Filz und fertige Gegenstände.

Man kann mit sehr kleinen Kindern filzen. Dreijährige können etwas Wolle zwischen den Handflächen zusammenrollen und zu ihrer grossen Verwunderung entdecken, dass daraus ein kleiner Ball geworden ist! Ich finde, es ist am leichtesten, mit dreidimensionalem Filzen zwischen den Handflächen anzufangen. Für Kinder ist es natürlich, Material zwischen den Händen zu kneten. Flache bildliche Objekte können etwas schwerer sein und fordern eine besser entwickelte Feinmotorik. Die kleinen Buckel und Bälle, welche Kinder machen, wecken auch deren Phantasie und Assoziationen!

Beginne am besten mit einem Besuch auf einem Bauernhof mit Schafen. Dies gilt für Kinder, die nicht allergisch sind. Lass sie mit den Schafen umgehen, das Fell fühlen und eventuell mit dabei sein, wenn sie geschoren werden. Dann wissen sie, woher das Material kommt.

Wolle zupfen

Kleine Kinder können mit der Koordination ihrer Bewegungen noch Probleme haben und ein paar grosse Handkarden können Schwierigkeiten bereiten. Lass sie stattdessen die Wolle zupfen, d.h die Wollstapel mit den Fingern entgegen der Faserrichtung der Wolle auseinanderziehen. Feinwolle vom Gobelintyp oder Gotlandwolle eignen sich dafür gut. Halte einen Wollstapel hoch und frage, ob sie glauben, dass er einem Eiszapfen ähnelt. Erzähle, dass der Eiszapfen jetzt zu einer Sommerwolke aufgebauscht wird! Zeige wie man die Wolle auseinanderpflückt, Faser für Faser, bis der Zapfen vollständig aufgebauscht wurde. Zeige auch, wie man mit Handkarden kardiert.

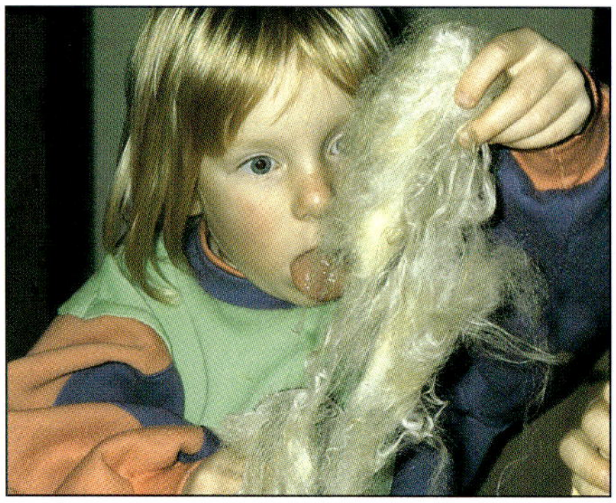

Wolle zu zupfen ist nicht so leicht, wenn die Wolle zu lang ist! Ziehe die Wolle in die Breite, entgegen der Faserrichtung auseinander, nicht der Länge nach (S. 81). Wie man einen Ball umwickelt siehe S. 171.

«Wird das wirklich einmal ein Wollball?» fragen die Mädchen auf dem Tummelisahof in Gävle. Eine Plastikwanne kann als Planschbecken dienen. Giesse Schmierseife immer in eine Schüssel. Eine Schmierseifenflasche ist für kleine Hände zu schwer zu halten.

Figuren aus gezupfter Wolle

Beginne damit, einen kleinen Ball zu filzen. Wickle die – entgegen der Faserrichtung – gezupfte Wolle zu einem richtig harten Knäuel und halte den Knäuel fest, so dass sich die Wolle nicht wieder auswickeln kann. Bei der Arbeit mit Kindern ist es wichtig, die Handgriffe in jedem Moment zu übertreiben, so dass die Kinder verstehen, wie sie es machen sollen! Man taucht den Ball in Schmierseifenwasser mit reichlich Seife und rollt, bis daraus ein weicher Ball geworden ist. Man rollt auf gleiche Art, wie man einen Knödel formt. Man kann eine Schüssel mit Schmierseife hinstellen, um einen Finger hineinzustecken, wenn mehr Seife zum Rollen notwendig ist. Manchmal kommt am Schluss eine ganz andere Form heraus, vielleicht länglich, vielleicht mit einer Spitze an einem Ende. Dann schaut man zusammen mit dem Kind auf die merkwürdige Form, die da entstanden ist, und versucht zu sehen, was die Wolle werden wollte. Man fragt das Kind, und das Kind hat immer eine Antwort. Das kann eine Maus sein, ein Seehund oder ein Hai oder nur ein Fisch oder... Manchmal kann eine Falte in dem Ball entstehen, und dann ist das wohl ein Mund, finden die meisten. Manchmal kann eine Zunge herausstehen, und das kann dann ja einer sein, der die Zunge herausstreckt!

Bälle, Ostereier, Ratten, Stachelschweine, Wale, Fische – aus einem Ball können sich viele Dinge entwickeln.

Jetzt soll der Ball oder der Fisch Farbe bekommen. Die Kinder können zwischen Wollvlies in verschiedenen Farben wählen und ihren kleinen Ball einwickeln, so dass er gänzlich von Farbe bedeckt ist. Manchmal wickeln wir etwas flaumiges, versponnenes Garn um den Ball, das das Wollvlies zusammenhält und eine extra Verzierung wird. Dann wird der Ball eingetaucht und zwischen den Handflächen gerollt. Viele Kinder wollen das Umwickeln fortsetzen, um einen mehrfarbigen Ball zu erhalten.

Damit der Ball gelingt, ist es am wichtigsten, ihn von Anfang an nicht zu gross zu machen. Er muss in der kleinen Hand Platz finden. Nimm etwas Wolle und baue nach und nach auf. Lass die Kinder die Bälle in lauwarmem Wasser mit Spülmittel waschen und spülen.

Schleudere, wenn es eine Schleuder gibt. Trockne auf Zeitungspapier.

Die Bälle können auch im nachhinein gefärbt werden. Verwende kaltfärbende Jeaba-Farben (siehe dazu das Kapitel über das Färben, S. 77). Giesse verschiedene Farben in Plastiksäckchen, lass die Kinder ihre Bälle hineinlegen und durch das Plastik drücken. Sind viele Bälle in jedem Säckchen, kann man die Bälle mit verschiedenen Fäden markieren. Erstaunlicherweise erkennen die meisten Kinder aber sowieso ihre Bälle wieder, wenn man sie bittet, die Formen genauer anzuschauen. Man kann die Bälle auch mit Pflanzenfarben färben. Danach können die Fische vielleicht Augen mit ein paar Nadelstichen bekommen.

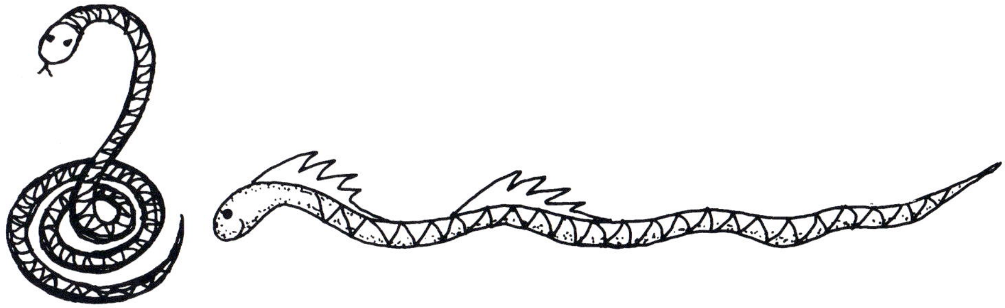

Schlangen sind leicht zu machen. Sollen sie beweglich sein, kann man sie über Bindedraht filzen (siehe auch S. 171).

«Finnische Stäbchen»

Nach den Bällen können die Kinder vielleicht probieren, wie man «Finnische Stäbchen» (eigentlich ein Gebäck, Anm. d. Über.) macht, d. h. gefilzte Stränge. Dazu wickelt man Wolle zu einer harten Rolle. Man filzt dann zwischen den Handtellern nur vor und zurück, also nicht rund wie beim Knödelformen. Plötzlich haben eine ganze Menge Schlangen, Würmer und Aale das Licht der Welt erblickt! Ganz schmale, lange Wollschnüre macht man aus einem Strang Wolle, den man Stück für Stück zwischen den Händen rollt. Das können feine Schwänze werden!

Teile zusammenfügen

Mehrere Stäbe können zu Beinen werden, die man zusammen mit einem Ball zu einem Körper verbindet. Ein kleinerer Ball kann ein Kopf werden. Ohren kann man auch herstellen: Nimm etwas Wolle in die Hand, falte die Ränder ein und reibe die Wolle zwischen den Handflächen platt. Plötzlich ist ein kleines Tier oder eine Figur nach dem Bausatzprinzip hervorgewachsen! Mit einer Schere kann man die Beine verkürzen, Klauen zuschneiden, Ohren kleiner machen. Und so näht man die Teile zusammen. Man kann Augen sticken und etwas Haar aufnähen.

Kleine Teddybären, hergestellt nach dem Bausatzprinzip, zusammengenäht aus Bällen und «Finnischen Stäbchen». Anna-Lena Carlbergs Kindergarten-Kinder durften ihre Bären auch mit verschiedenen Gegenständen versehen.

Wenn man sich damit eine Zeit lang beschäftigt hat, ist man vielleicht schon reif, die Teile schon während des Filzens zusammenzusetzen. Man kann mit einem Schwanz beginnen, der an einer Maus oder einem anderen Tier hängen soll. Kinder lernen schnell, ein kleines trockenes Wollbüschel auf der Seite, die mit einem neuen Stück zusammengefilzt werden soll, übrig zu lassen. Rund um das Büschel wickelt man die Wolle, wel-

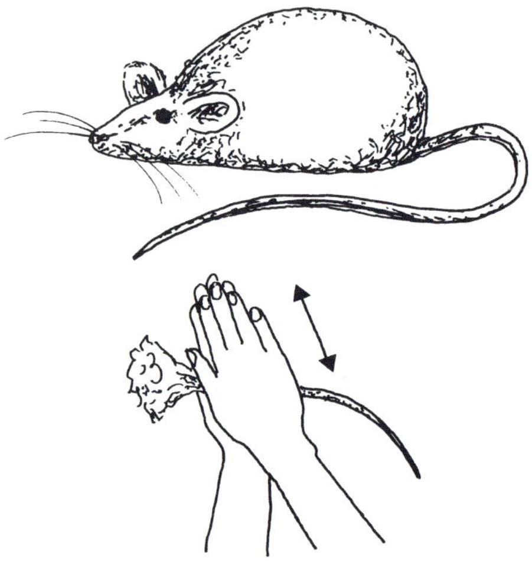

Eine Ratte mit eingefilztem Schwanz *zeigt, ob man die Finessen des Filzens erlernt hat.*
1. Beginne mit dem Schwanz. Tauche einen Streifen kardierter Wolle in Schmierseifenwasser und reibe ihn zwischen den Handflächen. Lasse ein trockenes Wollbüschel an einem Ende unbearbeitet.

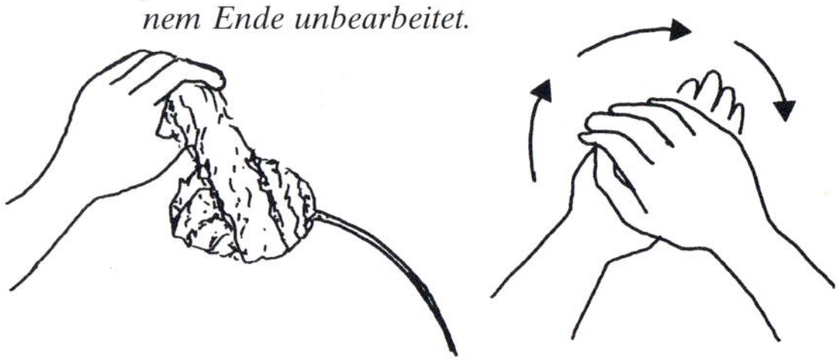

2. Rolle einen Streifen kardierter Wolle um die trockene Wollquaste kreuz und quer zu einem Ball. Tauche ihn in Seifenwasser. Rolle den Wollball mit anhängendem Schwanz zwischen den Händen rund, rund. Forme die Nase der Ratte spitzig. Nimm die Nase zwischen Daumen und Zeigefinger und drehe rund.

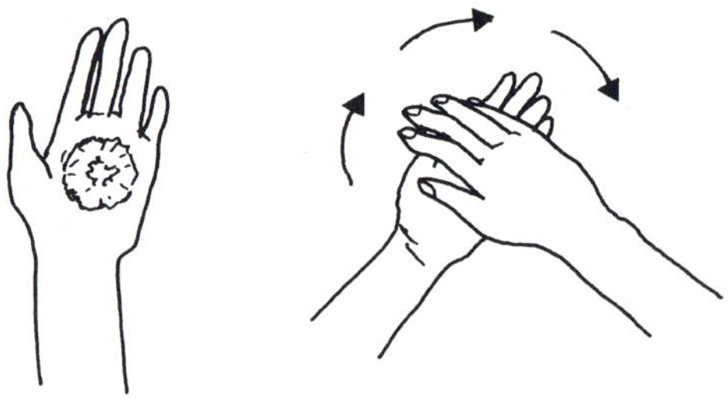

3. Mache Ohren mit feinen Rändern. Biege die Ränder auf ein dünnes Stück kardierter Wolle. Mache nass und lege das Ohr zwischen die Handflächen. Drücke hart und reibe rund, rund. Nähe die Ohren auf.

Die grauen Ratten suchen nach einem Stück Käse.

che den nächsten Teil bildet. Bald kann man den Kindern vorführen, wie man Beine und Schwanz mit Quasten auf den Tisch legen, einen Kopf mit Quasten für den Hals falten, kleine Stäbe mit Quasten als Ohren hinter den Kopf legen und schliesslich zu einem dicken Wollpaket, zu einem Körper falten kann, den man oben auf alle Quasten legt. Danach schüttet man Seifenwasser darauf und reibt vorsichtig. Es empfiehlt sich, dazu dünne Plastikfolie auf die Wolle zu legen und wenig Seifenwasser daraufzugiessen. Lehre die Kinder, mit kreisenden Bewegungen von den Rändern zur Mitte leicht zu reiben. Hebe die Folie an und rücke die Teile wenn nötig zurecht.

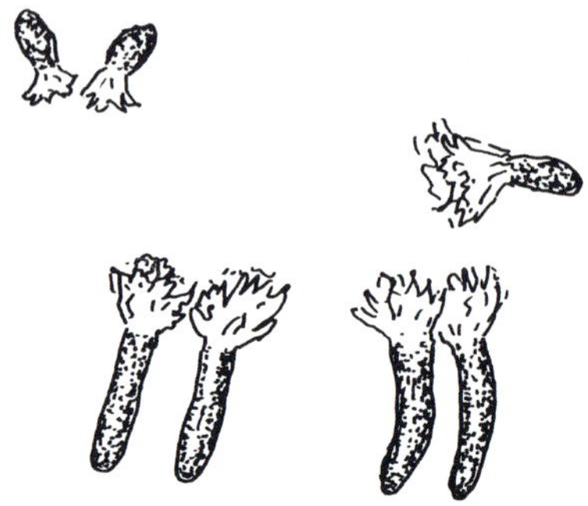

Gefilztes Schaf mit Hintergrund. *Diese Methode kann für alle Tiere oder Motive mit zusammengefügten Teilen verwendet werden. Lege kardierte Wolle in mindestens zwei Lagen für den Hintergrund aus (siehe auch S. 100). Bespritze die Wolle mit Seifenwasser in der Mitte und drücke sie nieder. Das Schaf wird dann beim Filzen auf seinem Platz liegen bleiben. Mache die Beine für das Schaf, indem Du kardierte Wolle zu sogenannte «Finnische Stäbchen» rollst. Tauche in Seifenwasser ein und rolle zwischen den Händen. Lasse eine Quaste nach oben hin übrig, um die Beine im Körper einfügen zu können. Ohren und Schwanz macht man auf gleiche Art, bloss kleiner.*

Biege kardierte Wolle zu einem Kopf mit Hals. Lasse den Hals als Wollquaste am Kopf anschliessen. Tauche in Seifenwasser und lege die Quasten der Ohren oben auf den Kopf. Lege Wollstapel reihenweise, von unten ausgehend, aus. Verwende viel Wolle! Filze laut Beschreibung auf S. 100. Verwende dünne, nasse Plastikfolie auf der Wolle, so dass das Schaf nicht verrücken kann. Reibe deshalb vermehrt auf der Rückseite des Schafes, so dass die Wolle auf der Vorderseite fixiert bleibt. Walke durch Kneten der Filzrolle mit den Händen. Forme Beine, Kopf und Ohren nach der Wäsche. Man kann in sie sogar vorsichtig schneiden, wenn notwendig. Lockere den Pelz mit einer groben Nadel auf.

Kein Schaf wird gleich wie das andere, weil jedes Kind seine eigene Darstellung zum Ausdruck bringt.

Lass der Kreativität freien Lauf!
Wenn man den Kindern die Technik für Ball, dicken Stock, dünnes Stöckchen, flache, kleine Stücke und das Zusammenfügen lehrt, so hat man ihnen die Instrumente gegeben, weiter zu phantasieren. Sprich mit ihnen über das Gelernte. Lass sie selbständig weiterarbeiten.

Filzen von Ungeheuern als Handpuppen
Gotlandwolle ist als Anfängerwolle gut geeignet, Rya und Spelsau für Verzierungen.

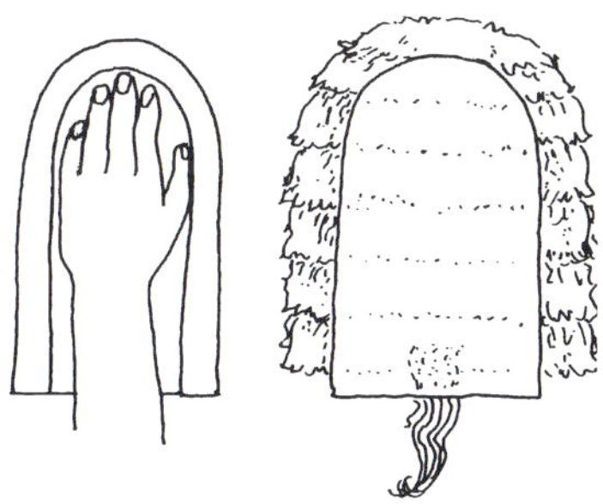

1. Lies über dreidimensionales Filzen bei Hüten (S. 157). Lege die Wolle in mindestens zwei Lagen für Rückseite und Schwanz aus. Vorsicht! Die Breite der Verbindungsfasern soll 4–5 cm betragen. Die Schablone soll unten herausstehen! Filze.

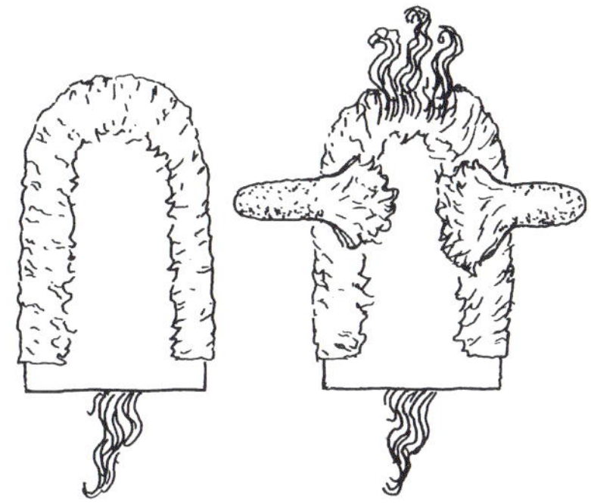

2. Biege die Verbindungsfasern um die Ränder der Schablone. Befeuchte sie, so dass sie liegen bleiben. Lege – je nach Gestaltungswunsch – Haare, Arme und Beine darauf. Arme und Beine können wie «Finnische Stäbchen» mit Quasten gemacht werden. Siehe unter «Gefilztes Schaf mit Hintergrund» (S. 194).

3. Lege für die Vorderseite Wolle auf. Der breite Saum an Verbindungsfasern der Rückseite genügt und macht einen zweiten unnötig. Lege ein Gesicht in Form einer Wollplatte mit eingebogenen Kanten auf. Für Augäpfel kann man Wolle rollen. Eine Nase entsteht aus nach oben und unten eingebogenen Wollstapeln. Aus einem Wollstrang wird zwischen den Handflächen der Mund gerollt. Filze möglichst mit dünner, nasser Plastikfolie auf der Wolle, damit nichts verrutscht. Wende und filze die Rückseite. Stecke die Hand hinein und filze die Verbindungsfasern fest. Walke, indem die Filzrolle mit den Händen geknetet wird.

◁ *Ungeheuer sind bis in die Oberstufe beliebt. Sie können flach oder als Handpuppen hergestellt werden. Ein flaches Ungeheuer macht man wie ein gefilztes Schaf mit Hintergrund (S. 194), jedoch ohne Hintergrund. Alle Ungeheuer sollen einen Namen und eine Geschichte bekommen.*

Filzen von Flicken mit der Rolltechnik und freies Sticken

In der Klasse ist es üblich, dass die Schüler im Werkunterricht eine kleine Stickerei ausarbeiten. Gefilzte Flicken können ein guter Untergrund für Stickereien sein. Es ist leicht, auf Filz zu sticken – ein Stickrahmen muss dazu nicht aufgespannt werden. Applikationen schneidet man aus und näht sie auf, ohne Risiko, dass die Kanten aufgerissen werden.

Die Kinder können sich um einen Wollhaufen versammeln und Wolle für ihren Flicken kardieren. In der dritten Jahrgangsstufe können die Kinder schon kardieren. Eine handbetriebene Kardiermaschine kann auch verwendet werden. Sieh zu, dass die Flicken dick werden, dann sind sie stabil und leicht zu handhaben. Dann kann der Filz mit den Stickstichen auch nicht zusammengezogen werden.

Mit der Rolltechnik kann man schnell und einfach mehrere Flicken auf einmal machen. Lege eine grosse Stabjalousie auf einem Tisch aus. Lass alle Kinder für ihre Flicken etwa drei Lagen Wolle auf der Jalousie auslegen. Je nach Jalousiegrösse macht man alle Flicken auf einmal oder in zwei Etappen. Man kann die Wolle auch über der ganzen Matte auslegen und den Filz nachher in Stücke schneiden. Diese Methode eignet sich vor allem, wenn man mit gekauftem Wollvlies arbeitet oder mit grossen Platten von einer Kardmaschine. Die Ränder der Flicken können nach dem Schneiden durch Reiben schöner gemacht werden. Die Rolltechnik ist einfach, es gibt es keine Wasserfluten, alle können mithelfen. Gemeinsam können sich Lehrer und Kinder abwechselnd am Rollen beteiligen. Lege am besten eine gewöhnliche Plastikmatte unter die Rolle, dann gleitet sie auf dem Fussboden nicht. Um den Filz richtig fest und stabil zu bekommen, kann man die Filzstücke zum Schluss mit etwas

Mein Lieblingstier *ist ein gutes Thema für Filzstickerei. Hier ein Zwergkaninchen!*

Die Erzählung von Birgitta

Als das Filzen als Textiltechnik in Mittelschweden noch vollkommen neu war, begann ich, mit den Kindern in der Schule zu filzen. Bald nahmen die Mütter der Kinder mit mir Kontakt auf, weil sie selbst diese neue, merkwürdige Technik lernen wollten. Als der Kurs begann, kam die zehnjährige Birgitta mit ihrer Mama mit. Ich hatte keine Zeit, mich um sie zu kümmern – sie konnte zusehen, wenn ich zeigte, wie man verschiedene Sachen machte, unter anderem einen Hut. Und sie durfte es auch selbst versuchen. Das erste, was sie machte, war eine Wintergarderobe für ihren Troll, den wir Kursteilnehmer schnell auf «den Spion der aus der Kälter kam» tauften. Dann versuchte, sie ihre erste kleine Mütze herzustellen.

Das nächste Projekt war, auch die Puppe mit warmen Kleidern zu versehen. Jetzt hat der Hut auch einen etwas besseren Stil bekommen! Leider war ein bisschen Fleischschafwolle im Kleid, so dass es etwas wattehaft wurde.

Jetzt ging sie aufs Ganze und filzte eine Wintermütze für sich in zwei Farben. Und sie war mit dem Resultat sehr zufrieden!

Was kann man aus dieser kleinen Geschichte lernen? Vielleicht, dass wir Erwachsene es oft viel zu eilig haben Kindern, neue Sachen beizubringen. Erst wenn man die Grundkenntnisse einer Technik erlernt hat, kann man kreativ werden und selbst schaffen. Vielleicht sollten auch die Kinder in der Schule oder in Kinderhorten eine Chance bekommen, sich zu vertiefen? Sie lernen, selbständig zu arbeiten, so wie Birgitta es tat. Sie löste die Probleme selbst und ging von ihren eigenen Erfahrungen aus weiter.

warmem Seifenwasser in einer Wanne oder einem Eimer kneten. Sticke mit doppelfädigem, pflanzengefärbtem Wollgarn, das gut ausfüllt. Lasse die Kinder auch das Garn färben.

Lerne die Wolle kennen

Auch wenn man nicht zu einem Schafhof fährt, kann man die erste Woll-Lektion spannend gestalten! Bevor die Kinder hereinkommen, stellt man einen Sack mitten in den Textilsaal auf den Fussboden, mit einer kleinen Stalleuchte daneben. Am besten wäre es, wenn es draussen herbstdämmrig wäre und das elektrische Licht gelöscht würde. Wenn die Kinder in den von der Stallampe spärlich erhellten Raum kommen, der plötzlich einen ganz andern Charakter erhalten hat als sonst, dürfen sie nicht in den mystischen Sack mit dem heimlichen Inhalt hineinschauen. Nein, zuerst sollen alle die Augen schliessen, eine Hand in den Sack stecken und nur fühlen!

Das Geruchserlebnis kommt gleichzeitig! In dem heimlichen Sack hat der Lehrer verschiedene Wolltypen miteinander vermischt. Wenn der Inhalt des Sackes nach dem ersten Geruchs- und Gefühlserlebnis ausgeleert wird, dürfen die Kinder in die Wollbüschel eintauchen und so viele verschiedene wie möglich hervorsuchen. Sobald die Wollstapel dann der Reihe nach liegen, schwarze, braune, graue und weisse, lange und kurze, grobe und feine, lockige und gerade, glänzende und matte, verstehen die Kinder, dass Wolle nicht nur Wolle ist. Wolle sind viele verschiedene Sorten mit verschiedenen Eigenschaften. Und gibt es verschiedene Wollsorten, so muss es auch verschiedene Schafsorten geben. Bald marschiert die ganze Reihe schwedischer Land- und Fleischschafrassen auf die Flanell-Hafttafel.

Schafe aller möglichen Rassen klettern auf die Flanell-Hafttafel, nachdem die Wollstapel geprüft wurden.

Jean Effels Bild, wie das erste Schaf entstanden ist, kann in der «Wollpädagogik» verwendet werden. Woher bekam der Schöpfer die Wolle für das erste Schaf, das er strickte? Lass die Kinder das Bild genau anschauen. Vielleicht entdecken sie, dass unser Herr sein eigenes Kopfhaar für die langen Deckhaare im Fell opfern musste. Und auf der Erde wächst sicherlich Wollgras, welches die kurze Unterwolle wurde. Oder was glaubst Du?

Materiallehre

«Wolle kitzelt» sagt ein Schüler. Dann vergleichen wir, wie Ryawolle und Feinwolle sich auf der Haut anfühlen. Die Ryawolle kitzelt, nicht aber die Feinwolle. Wir diskutieren, weshalb Schafe sowohl Deckhaar als auch Unter-haar haben, welchen Nutzen sie für das Schaf draussen in der Natur haben. Und wie sie dem Menschen nützlich sein können und wie verkehrt es sein kann, einen Fasertyp am falschen Platz zu verwenden. Wir schauen, fühlen und zupfen die verschiedenen Wollvliese und die fertigen Wollsachen. vergleichen und studieren. Welche Eigenschaften muss ein Woll-Kleidungsstück haben? Was unterscheidet ein Halstuch von einer Wollsocke? Welchen Wolltyp soll man zum Halstuch, welchen zur Socke wählen? Eigenschaften wie Widerstandsfähigkeit, Wärmevermögen, Weichheit tauchen in den Diskussionen auf.

Wir tauchen ein schmutziges Wollstück in eine Schale mit warmem Wasser. Plötzlich wird die Wolle glänzend weiss und sauber und das Wasser seifenglatt und braun. Stell Dir vor, das Schaf macht seine eigene Seife aus Fett und Schweiss! Die Natur lädt zu ihren kleinen Wunderwerken ein.
Das nächste Wunder zeigt sich, wenn wir die Wolle zusammenrollen, in warmes Seifenwasser eintauchen und eine Zeit lang zwischen den Händen reiben. Plötzlich ist sie zu einem kleinen, festen Ball zusammengeschrumpft, in dem die Fasern fest miteinander verbunden sind, unmöglich sie voneinander zu lösen. Dann kann man die spannende Geschichte von der kleinen Wollfaser erzählen. Wie die Faser ihre Schuppen wie eine Schlange abspreizt, wenn sie warm und nass wird, und wie eine Schlange zu kriechen beginnt, wenn man sie reibt. Und dass die Faser leichter kriechen kann, wenn sie mit Seifenwasser «eingeölt» wird. Und wie die Fasern ineinander einhaken und niemals mehr voneinander loskommen. Ein Mädchen erzählt von dem Wollpullover, den der Vater in der Waschmaschine gewaschen hat und der ganz klein geworden ist. Wenn wir diskutieren, was während des Filzprozesses geschehen ist, verstehen alle, warum der Pullover in der Maschine so klein wurde. Wie hätte er den Pullover eigentlich waschen sollen? Die Kinder machen Vorschläge, und bald wissen alle, wie Wolle richtig gewaschen werden muss und dass man Wollkleidung nicht so oft zu waschen braucht. Doch gibt es Wollpullover, die man in der Maschine waschen kann, ohne dass sie eingehen, sagt ein Bub. Dann ist es an der Zeit, von Superwash und anderen Behandlungen zu sprechen, bei denen die Epidermisschuppen mit Hilfe von Chemikalien zersetzt oder mit einer dünnen Harzschicht überzogen werden, um nicht wandern zu können.

Zapfen-Schaf *ist eine gute Variante für Lillians Stein-Schaf. Zupfe die Wolle und wickle sie in Streifen um einen Tannenzapfen. Filze. Das Zupfen bewirkt, dass das Fell etwas lockig wird. Die Schuppen des Zapfens erleichtern das Filzen. Man kann auch einen Zapfen als Beispiel nehmen, um zu zeigen, wie die Epidermisschuppen auf der Wollfaser aussehen. Welchem Typ von Wollfaser gleicht ein nasser Tannzapfen? G.P. Sjöberg.*

Stein-Schafe *von Lillian Widgren-Jacobsson. Wickle kardierte Wolle um einen Stein und filze. Der Kopf wird gefilzt wie ein eierförmiger Ball mit aufgenähten Ohren. Einige Schafe auf dem Bild haben einen zusammengenähten Körper aus handgesponnener, verstrickter Wolle.* ▽

Andere Fasern einfilzen
Phantasie und Entdeckungsfreude kennen bald keine Grenzen, wenn der Filzer auf andere Fasern kommt, die in Wolle eingefilzt werden können: Flachs, Seide und Baumwolle, aber auch Filz- und Tuchstücke, Schnüre, Garne, Gras und Haar aller Art! Und die Wolle kann gefärbt werden, sowohl kardiert als auch unkardiert. Möglichkeiten gibt es viele!

Gefilzte Stoffe
Aus ihnen kann man sehr viel herstellen. Man kann Teile ausschneiden und Pantoffeln für die Grossmutter nähen, Tiere, Etuis, Fingerpuppen, Handpuppen, Maskottchen, Puppenkleider, Teehauben, Fäustlinge, Mützen und Schuhe für die kleinen Geschwister, Taschen, Nadelpolster, Einlegesolen, Sitzkissen, Topflappen, Grillhandschuhe und vieles andere mehr.

Der erste mit der Handspindel gesponnene Faden, mit Flechten gefärbt, wurde zu einem Körper für «Reineke Fuchs» gehäkelt. Nase und Ohren wurden aus kleinen Filzstücken genäht, die im Farbbad mit eingefärbt wurden.

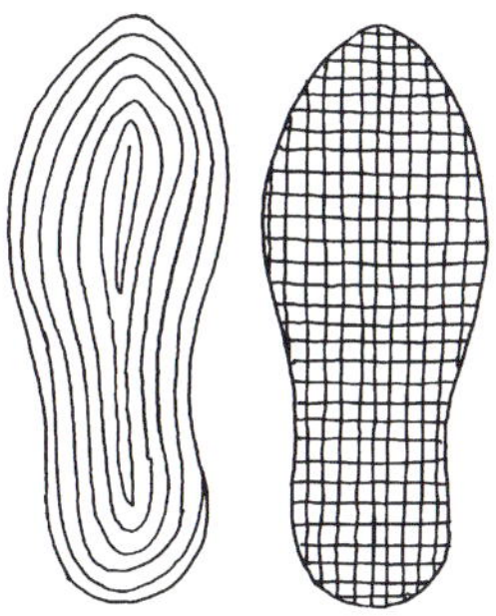

Sohlen und andere Dinge, die extra stark werden sollen, verstärkt man mit Maschinenstichen.

Eine missglückte oder einsame Filzsocke kann ein feines Steckenschaf werden. Nähe Ohren und Schafwollplüsch auf (S. 116).

Filze mehrfach gelegten Bindedraht in Sachen, die gestützt und geformt werden müssen, etwa in Diademe, Ohrenschutz und Schwänze, die hochstehen sollen!

Fredrik, 16, filzte ein Geschenk für seine Freundin.

▽

In der Schule gibt es kaum Möglichkeiten, gruppenweise praktisch zu arbeiten bzw. wirklich an dem gleichen Produkt zu arbeiten. Beim Filzen ist es möglich, ja sogar notwendig, wenn man einen grösseren Gegenstand herstellen will, einen Teppich oder ein grosses Wandtextil. Man kann sich rund um die zusammengeschobenen Zuschneidetische versammeln, an deren Rändern Zeitungsrollen festgeklebt und mit Plastikplane abgedeckt wurden. Alle können mithelfen, die Komposition auszulegen und die Wolle vorsichtig zu reiben. Zum Schluss kommt das lustige und beliebte Walken, wenn die grosse Filzrolle unter Ellbogen und Füssen hin- und hergerollt wird, begleitet von gemeinsamem Gesang – um den Rhythmus beizubehalten!

Das Projekt «Heimat» in Hökhuvud

Die kleine Reuterskiöldische Schule in Hökhuvud, einem Dorf im schwedischen Uppland, besuchen über sechzig Kinder. Als Geschenk zum 100jährigen Bestehen erhielt die Schule von der Gemeinde die Möglichkeit, zusammen mit einem Künstler ein Textil zur Ausschmückung des Speisesaals anzufertigen.

Planung
Zuerst traf ich die Lehrer, um das Vorgehen zu besprechen, allergische Kinder (gab es keine!), Arbeitsräume, Arbeitsformen, Organisation, Ausrüstung (Scheren!).

Am selben Nachmittag traf ich mich während einer Schulstunde mit allen Kindern, um Ideen zu sammeln. Keines der Kinder hatte vorher gefilzt. Ich zeigte typische Filzgegenstände aus Schweden, Filzsocken und andere kleine und grosse Sachen. Danach gab es Dias von der Filzherstellung und der Filzkultur in Zentralasien zu sehen, so dass die Kinder verstehen sollten, wie man Filz herstellt und welche Rolle er für ein Nomadenvolk spielt. Wir betrachteten auch Bilder von Filzkunst, angefertigt von Kindern und Erwachsenen.

So besprachen wir das Motiv für unser grosses Bild. Die Schüler sollten unter der Leitung der Lehrer während des Zeichenunterrichts skizzieren und malen. Wir wählten ein einfaches Motiv, der Kinder eigene Umgebung, die Landschaft, die sie ausserhalb der Schule sehen konnten.

Draussen war es Herbst, und wir beobachteten Herbstlaub und schwarze Äcker, Traktoren, die vorwärts brummten, und Pferde, die draussen weideten. Die Farben des Herbstes waren auch die Farben, welche am besten zur warmen Farbskala des Speisesaals passten.

Wir besprachen auch, wie die Schüler ihre Skizzen zeichnen sollten. Möglichst mit Kreide und Wasserfarben, um kleine Details auszuschliessen, wie sie meistens bei Bleistiftzeichnungen vorkommen, aber nicht gefilzt werden können.

Die Skizzen
bekam ich per Post zugesandt. Oh, so viele lustige Pferde und sogar ein Elch war mit dabei! Und welch grosse, schöne Blätter die Kinder gemalt haben!
Das grosse Puzzle begann. Ich setzte alle Skizzen zu einer langen Bilderzählung auf einem grossen Papier zusammen.

Alle Motive kopierte ich zuerst mit einem Kopierer, damit die Originale auf der grossen Vorlage erhalten bleiben und die Kinder ihre Muster ausschneiden konnten. Gewisse Klein-Motive vergrösserte ich mehrfach auf der Maschine, so dass sie gross genug wurden, um ausgeschnitten zu werden. Nach Möglichkeit sollen Motive, die Kinder aus Filz schneiden, sehr gross sein. Dünne Beine sind schwierig sowohl zu schneiden als auch zusammenzuhalten.

Ich färbte auch Wolle und Wollvlies den Skizzen der Kinder entsprechend. Leider gab es zum Färben in der Schule keine praktische Möglichkeit.

Der grosse Filzertag
Alle Tische im Speisesaal wurden in einer Doppelreihe aufgestellt, zu einer Fläche von 1,60 x 6,5 Metern. Wir verwandelten den Riesentisch in ei nen Filztisch mit Zeitungsrollen und Plastikplane.

Wir sahen auf die grosse Skizze, die an der Wand hing. Ich erzählte den Kindern, wie ich ihre Bilder betrachtet habe, wie die Komposition zustande gekommen ist, mit Vorder- und Hintergrund, mit den verschiedenen Details und Vereinfachungen.

Eine Gruppeneinteilung wurde schon früher gemacht, so dass jede Altersstufe in jeder Gruppe vertreten war. Dies hatte den Hintergedanken, dass die älteren Kinder den jüngeren helfen könnten. Jetzt verteilten wir die Arbeitsaufgaben. Eine Gruppe übernahm die sechs schönen Laubblätter in Grossformat, die in die Randborte kommen sollten. Eine weitere Gruppe bekam Traktoren und Glockenturm, eine andere die Kirche und Grabsteine, Pferde, Katze und Ratte wurden zur Aufgabe für Gruppe 4, während die Bäume im Vordergrund, Schafe und Elch die Arbeit für Gruppe 5 wurde. Schliesslich blieben die Bäume und die Grabhügel aus der Bronzezeit im Hintergrund für die letzte Gruppe übrig. Alle bekamen Etiketten mit Symbolen auf die Brust geklebt, um gleich sehen zu können, welcher Gruppe sie angehörten.

Die Vorfilze
wurden zuerst gemacht. Diese wurden verwendet, um Details wie Kirche, Traktoren, Elch usw. auszuschneiden. Ich zeigte ihnen, wie man Wollvlies in zwei Lagen auf dem Stabrollo auslegt. Mehrere Schüler halfen mit, die Wolle wurde bespritzt und der Rollo mit der Wolle wurde zusammengerollt. Dann war es die Aufgabe einiger Schüler, sich zu setzen und die Rolle unter den Füssen zu rollen. Es begann das Ausschneiden. Zuerst schnitten alle die Formen aus den Kopien der Zeichnungen heraus. Zuerst Papier auszuschneiden ist ein gutes Mittel, damit die Kinder die Form des Motivs kennenlernen können. Danach wurde das Muster auf den Vorfilz geheftet und die Formen aus dem Filz ausgeschnitten.

Das Auslegen von Wolle und Details
begann. Wir legten Wolle für den Hintergrund aus: zwei dicke Lagen Wollvlies aus weisser Feinwolle vom Gobelintyp. Danach kam das gefärbte Wollvlies in dicken grossen Stücken, Braunschwarz für die Äcker, Braunbeige für die trockenen Grasflächen, gemischt mit grüneren Partien, dunkles Blaugrün für die Randbänder.

Die Gruppen kamen mit ihren Details. Die Blätter wurden aufgelegt und mit kleinen geschnittenen Filzstücken verziert, wo Flecken auf den Skizzen zu erkennen waren. Kleine Stücke landeten auch ausserhalb der Blätter, als kleine fallende Herbstblätter. Unkardierte Wollstapel in schönen Herbstfarben wurden zu Baumkronen, die Stämme dagegen wurden aus Filz

Für das Bild werden viele verschieden Farben gebraucht. Die Wolle für den Vorfilz, aus dem die Motive ausgeschnitten werden sollen, wird auf Stabgewebe-Jalousien gelegt und mit Wasser bespritzt.

Die Schablonen werden auf den Vorfilz gelegt und die Motive ausgeschnitten.

Blätter mit Verzierungen werden ausgelegt und bespritzt.

Filzen mit Reibetechnik: Die dünne Plastikfolie auf der Wolle verhindert, dass die Motive unter den eifrigen Fingern verrutschen. Schmierseifenwasser auf der Folie lässt die Finger gut darübergleiten.

Alle reiben! An einem Tisch mit 6,5 Metern Länge haben viele Hände Platz. Um die Tischränder geklebte Rollen aus Zeitungspapier und die darübergelegte Plastikplane verhindern, dass das Wasser vom Tisch herunterläuft (sehe Seite 95).

geschnitten. Die Äste wurden zwischen den Handflächen gerollt. Zwei kleine Mädchen wurden sehr rasch zu Schafexpertinnen. Schafsbeine und Ohren rollte man wie Stäbchen mit Quasten zum Zusammenfügen, unkardierte weisse Wolle wurde zu Schafsfell und etwas eingebogene Wolle zu einem Kopf. Zu einem Experten wurde auch ein Junge, der seinem Vater immer half, auf dem Kirchhof zu harken. Er wusste, wie dort alles aussah, und schnitt feine Fenster und Türen und ebenso verschiedene Typen von Grabsteinen aus. Die Filzfenster liessen sich recht gut auf dem Filz der Kirche befestigen. Die Flächen, welche aufeinander liegen sollten, bürstete man mit Stahlbürsten. Zwei Schüler wurden zu «Seifensklaven» ernannt. Ihre Aufgabe war es zuzusehen, dass ständig warmes Schmierseifenwasser zur Verfügung stand.
So goss man Seifenwasser über die Hand auf die Wolle, so dass sich das Wasser fein verteilt. Wir legten dünne Plastikfolie über die Wollteile mit losen Details und drückten mit den Handflächen auf die Folie, um die Luft aus der Wolle zu drücken. Dann gossen wir etwas Seifenwasser auf die Folie und rieben darauf. Diese Methode eignet sich sehr gut für Anfänger. Alles bleibt auf seinem Platz liegen, und sollte etwas verrutschen, ist es einfach, die Folie abzunehmen und der Fehler zu beheben. Sobald die Wolle verfilzt ist, kann man die Plastikfolie entfernen und mit den Händen direkt auf der Wolle kreisen.

Nachdem nicht alle sechzig Kinder gleichzeitig Platz an dem Tisch fanden, hatten wir ein rotierendes Modell. Das bedeutet, dass alle Gruppenmitglieder der Reihe nach Kardieren und Spinnen mit der Handspindel in den Klassenzimmern unter Leitung des Lehrers erlernen mussten.

Das Walken
war der letze Arbeitsschritt des Tages. Dank der grossen Menge an Händen war es möglich, an einem Tag die Wolle auszulegen, zu filzen und das grosse Stück zu walken. Lustig war es am Schluss, als der Filz als eine Riesenwurst hin- und hergerollt wurde, während wir durch Singen den Takt hielten: «Bäh, Bäh, weisses Lamm», «Jetzt lasst uns walken heute den Filz» und andere bekannte (schwedische; Anm. d. Übers.) Lieder.

Wir leierten beim Rollen auch das Wort «Filz» in zehn verschiedenen Sprachen im Takt. So, jetzt wissen alle Kinder in Hökhuvud was «Filz» auf Englisch, Mongolisch, Türkisch und Finnisch heisst! Der Filz wurde der Reihe nach von allen vier Seiten gerollt, um gleichmässig zu schrumpfen.

Als er fertig war, wurde er in eine grosse Wanne gelegt und hinaus auf den Hof getragen. Und dann kam der spannende Augenblick, dass wir unser Werk hängend sehen sollten – wurde er wirklich gut?

Walken mit der Rolltechnik in der Länge wie in der Breite. Bald wird die Rolle in einer Wanne auf den Schulhof hinausgetragen und allen gezeigt.

Die Montage
kam später, nach dem Waschen und Trocknen. Ein gewöhnliches Gardinenband nähte man oben fest und hängte einige Haken in die Schlaufen ein. Danach mussten nur noch Nägel in die Wand geschlagen werden (siehe auch S. 135).

Die Feierliche Enthüllung
mit Limonade und Knabbereien war dann eine Woche später. Und alle Kinder waren mit ihrem Werk zufrieden!

Auswertung
Der Arbeitsprozess während des grossen Filzertages wäre ruhiger verlaufen, wenn man ihn auf zwei Tag hätte verteilen können. In diesem Fall war das nicht möglich. Eine Alternative wäre gewesen, dass die Schüler die Arbeit im Werkunterricht hätten vorbereiten können: Färben, Vorfilz herstellen, Ausschneiden der Details. Dann hätte man den Filzertag nur dem Auslegen und Filzen widmen können. Ein Vorteil wäre es auch gewesen, wenn die Kinder vor der grossen Arbeit schon einmal das Filzen im Kleinen probiert hätten. Man kann dennoch feststellen, dass auch ein relativ kurzer, massiver Einsatz den Schülern das Erlebnis schenkt, gemeinsam etwas geschaffen zu haben. Was alle verstanden haben war, dass alle diese mehr als 120 Hände zusammen notwendig waren, um ein so grosses und arbeitsintensives Werk während eines einzigen Tages zu schaffen!

Das Projekt «Das Schaf» in Lima

Manchmal können grosse Projekte, an denen die ganze Schule beteiligt sind, sehr lustig sein. In der Ungärde Schule in Lima (Schweden; Anm. d. Übers.) entschied man sich, mit dem Thema «Das Schaf» zu arbeiten, nachdem die Schüler während eines «Wolltags» verschiedene Wolltechniken ausprobiert haben – wie Kardieren, Filzen, Spinnen – und dabei sehr engagiert waren. In der Schule merkte man auch, dass der Wolltag ein grosses Interesse im Dorf gefunden hatte. Die Schafzucht hatte Tradition in der Gegend, und man wollte das Projekt auch mit den aktuellen Ereignissen in der Region verbinden.

So wurden viele Fragen im Zusammenhang mit dem Schaf vertieft:

Gruppenarbeit «Das Schaf» in Lima.

– Die Bedeutung der Wolle als textiles Material für den Menschen und die Materiallehre der Wolle
– Das Schaf als Kulturträger
– Das Schaf als Landschaftspfleger
– Das Schaf als neue Kost

Ausserdem wurde eine Schülergruppe aus den siebenten und achten Klassen im Filzen ausgebildet, um das Filzen während des Thematages anleiten zu können. Eine andere Schülergruppe arbeitete an einem Vorschlag, wie ein grosses gefilztes Kunstwerk aussehen könnte. So kam der grosse Tag. Alle versammelten sich zu einem Vortrag über die Bedeutung der Wolle in verschiedenen Zusammenhängen in der Schule. Auch eine Ausstellung mit verschiedensten Gegenständen rund um Schaf und Wolle wurde gezeigt. Dort gab es Spindeln aus der ganzen Welt, gefilzte und gestickte Textilien und einen ganzen Raum mit pflanzengefärbten Garnen. Danach gab es eine Rundwanderung, bei der unterschiedlichste Arbeitsweisen rund ums Schaf gezeigt wurden und selbst ausprobiert werden konnten:
– Weiden von Schafen mit Hund. Ein Schäfer zeigte auf einem Acker ausserhalb der Schule wie das geht.
– Altmodische Lederverarbeitung. Der Heimatverein hatte Werkzeuge zur Lederverarbeitung ausgeliehen, welche den Schülern gezeigt wurden. Nachher mussten alle ihre Kräfte prüfen, um zu «räcka», d. h. das Schaffell zu schaben, um es dünner zu machen.
– Filzen. Die Schüler konnten Bälle und andere Kleinigkeiten unter der Leitung älterer «ausgebildeter» Schüler filzen.
– Film über die Gerberei in der Gegend.
– Videofilm *Ellen und die Wolle*, der von der Arbeit einer alten Frau handelt mit Kardieren und Spinnen (der Film kann von der Institution für Lehrerausbildung in Uppsala ausgeliehen werden).
– In den Räumen für Hauswirtschaftskunde wurde ein Lammeintopf gekocht, den alle während des Mittagessens kosten konnten.
– Filzen eines grossen Kunstwerks nach der Skizze, welche die Schülergruppe entworfen hatte. Alle Schüler konnten der Reihe nach in kleinen Gruppen hereinkommen und sich damit vertraut machen, Büsche, Tannen, Schafe, Sennhütte, Steine, Moltebeeren (skandinavische Beerenart; Anm. d. Übers.), Blaubeeren und Himmel einzufilzen! Ein Junge, der genau wusste, wie eine Sennhütte aussieht, setzte sich an die Nähmaschine und nähte alle Stöcke und Fenster in die gefilzte Sennhütte, die nachher in das Bild hineingefilzt wurde.

Die Schule schrieb in ihrer Auswertung: «Es war vielleicht etwas gewagt, die ganze Schule teilnehmen zu lassen, doch das funktionierte gut. Wir erlebten von allen sehr viel Engagement, sowohl von Schülern und Personal als auch von Eltern. Vom Gesichtspunkt der Geschlechterrollen aus gesehen, ein sehr gutes Thema! Gut war auch, dass wir die Möglichkeit bekamen, Vorurteile wie «Wolle schmeckt wie Strickjacke» und «Wolle juckt» zu besprechen. Ausserdem erhielten wir für die Schule ein Kunstwerk von bleibendem Wert, weil bei dem Thementag alle auf eine erforschende Art über alle Jahrgangs- und Geschlechtergrenzen hinweg arbeiteten.»

Die «Sagenjurte»

Stephanie Bunn, aus dem westlichen York in England, ist Bildhauerin, Filzmacherin und Forscherin zentralasiatischer Zelte.

Stephanie hat mit Kindern zwei Sagenjurten gebaut. Die erste gibt es im Textil-Museum von Helmshore, die zweite in Surrey Docks City Farm zu bewundern.

In die Sagenjurte können die Kinder hineingehen, um einander Geschichten zu erzählen, zu singen, Sagen zu hören und zu lesen.

Stephanie erzählt, dass dieses Projekt sehr gross war. Sie hatte drei Mitarbeiter, einen Künstler, einen Geschichtenerzähler und einen Sänger. Neunzig Kinder aus drei verschiedenen Schulen nahmen an der Arbeit teil.

– Wir begannen damit, in Yevgheny Serokins Buch *The Kirghiz Pattern* nachzusehen, wie Muster verwendet wurden, um Jurten zu verzieren. In ihrer Arbeit verwendeten die Kinder Muster aus der Natur, um dekorative Borten herzustellen.

Wir erzählten den Kindern das Märchen *The tree that reached the sky* (Der Baum der bis zum Himmel reichte). Dieses Märchen widerspiegelt die zentralasiatische Gedankenwelt mit archetypischen Bildern und kosmischen Glaubensvorstellungen. Aus dieser Erzählung holten die Kinder Ideen für Verzierungen rund um das ganze Zelt. Während der gesamten Arbeit lehrten wir die Kinder, Geschichten zu erzählen und zu singen. Als wir den Filz rollten, übten wir uns im Singen. Und Geschichten sollten wir erzählen, sobald die Jurte fertig war. Zwischen verschiedenen Arbeitsabschnitten mit dem Filz schnitten wir Weidenruten und flechteten die Wände und den Dachring.

Als die Jurte fertig war, verbrachten wir die gesamten Osterfeiertage damit, in der Jurte Märchen zu erzählen und zu singen.

Die andere Jurte, die auf einem Bauernhof in der Stadt hergestellt wurde, ist zum Grossteil mit Tieren, die es auf einem Bauernhof gibt, verziert.

Sagenjurte, hergestellt von Kindern unter Stephanie Bunns Leitung in England.

Die Kinder legen ihre Muster für die Sagenjurte aus.

Hattiwatti-Workshop
nannte Stephanie Bunn ihr Projekt mit Erwachsenen auf Pohjois-Karjalan Opisto in Finnland.

Die Teilnehmer sollten etwas herstellen, was sie auf sich haben. Sie sollten lernen, einen Hut zu machen, doch darüberhinaus den Hut zu etwas zu entwickeln. Stehpanies Vorschlag war, dass jeder einzelne als Inspiration einen Platz wählen sollte, wo sich der Betreffende besonders beheimatet fühlte. Als das Schaffen fertig war, ging man rundum und besuchte einander an den Plätzen.

Stephanies pädagogische Idee geht aus ihren Skizzen hervor.

Die Kursteilnehmer lernten schon früher zu filzen

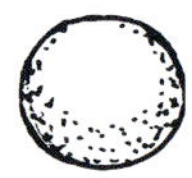

Ball

Quaste

Sack

Langer Strang

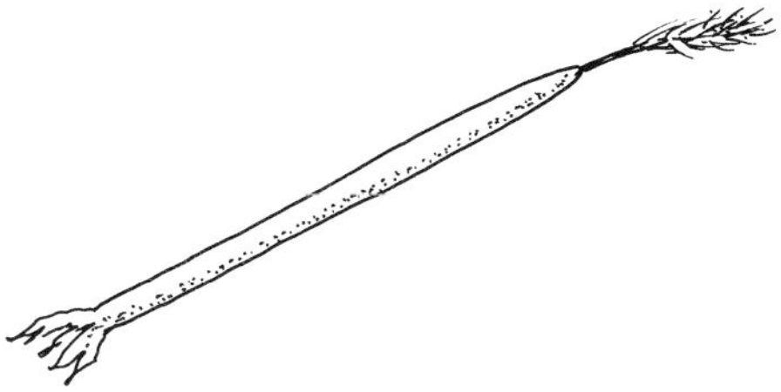

Sie machte den Vorschlag, dass die Teilnehmer Naturmaterial und Filz kombinieren sollten, etwa Blumen, Gras und Federn.

Mit diesen Techniken sollten die Teilnehmer Dinge schaffen, die sie sich überziehen oder aufsetzen konnten, etwa

eine Maske in Form einer Tüte,

eine Frontal-Maske,

eine Frontal-Maske,

eine Maske oberhalb des Kopfes.

Stephanie erzählte, wie sie dann Kostüme und sich verändernde Hüllen sah. Bei einer Maske konnte der Kopf auf einmal oberhalb des eigenen Kopfes landen. Mit Hilfe eines Stockes konnte er sich auch noch bewegen!

Als Kopf muss keineswegs der eigene dienen. Das kann auch eine Blume, eine Sonne, ein Haus oder etwas ganz anderes sein.

Mit Gruppen schöpferisch arbeiten oder die Erzählung von einen Blumenfilz

Sommerblumen aus feuchtem Wollvlies werden von Gross und Klein ausgelegt.

Dieses Projekt kann gut funktionieren
– mit einer Schulklasse in einem Landschulheim,
– mit einer Klasse der Oberstufe, die das Bedürfnis hat, mit den Lehrern etwas Praktisches gemeinsam zu schaffen,
– in einem Hort,
– in einem Kindergarten, in einer gemeinsamen Gruppe von Eltern und Kindern. Beim gemeinsamen Arbeiten kann man sich gut kennenlernen,
– als Anfang oder Abschluss eines Kurses,
– als eine Familien- oder Verwandtschaftsarbeit, wenn man einen Filz oder einen Teppich schaffen will, um ihn bei speziellen Gelegenheiten zu verwenden. Geburtstagsteppich. Ausflugsfilz. Autoplaid für Grossmutter. Grossvaters Bettüberwurf, hergestellt von allen Enkelkindern...

Alle kollektiven Arbeiten soll man feiern, das wussten schon die alten Mongolen! Doch kann man auch arbeiten, während man feiert!
Auf der Bäckedals Volkshochschule in Sveg gab es ein Abschlussfest für zwei Kurse. Der eine hatte eine Woche gefilzt, der andere eine Woche gemalt, und wir hatten kaum Zeit, miteinander zu sprechen. Und so kam der letzte Abend mit Lammgrill unten am Fluss bei schöner Abendsonne. Zur Unterhaltung veranstalteten wir ein improvisiertes Filzen für einen Pick-Nick-Filz. Die Inspiration waren alle Sommerblumen, die uns umgaben!

Wir haben einen gestreiften Bettüberzug zurechtgeschnitten, in Flusswasser getaucht und auf der Plastikplane des Hausmeisters Alvar ausgebreitet. Danach konnten alle grossen und kleinen Gäste ihre Lieblingsblume in gefärbtem Wollvlies auf dem Tuch formen. Die Wolle wurde zuerst mit Seifenwasser befeuchtet, sonst wäre sie nicht liegen geblieben! Dabei mussten alle immer daran denken, dass die Rückseite der Blume nach oben lag!

Als die Fläche mit Häriedalens schönsten Blumen bedeckt war, war es an der Zeit, an den Hintergrund des Teppichs zu denken. Was wir an Kursmaterial übrig hatten, war Feinwolle und Ryawollvlies, mit denen wir abwechselnd arbeiteten. Zuerst eine dünne Lage Feinwolle auf die Blumen, damit so viele Fasern wie möglich die Fasern der Blumen in den Teppich binden, und dann kamen ein paar Lagen Ryawolle, immer kreuzweise! Dann wurde die gesamte Fläche mit feinen Tröpfchen bespritzt! Anschliessend legte man die andere Hälfte des Bettüberzugs auf die Wolle und darüber die andere Hälfte der Plastikplane.

Jetzt holte Jonny die Maultrommel hervor, und zu ihren magischen Tönen tanzten wir einen wilden Tanz auf der Plane und der Wolle! Was sollte aus diesem Getrampel und Gehopse schon werden, fragten sich sicherlich viele Teilnehmer, und nicht zuletzt die etwas unruhige Kursleiterin. So wild hatte sie sich die Tänze der kleinen und grossen Kinder ja nicht vorgestellt! Nach einigen Runden mit finnischem Jenka, bei dem wir in einer Reihe im Takt immer zwei Schritte vor und einen zurück hüpften, einem verrückten Tanz, der damit endete, dass man sich gegenseitig an den Füssen hielt, stiegen alle von dem Teppich. Eine magische Beschwörung, bestehend aus dem Wort «Filz» in zehn verschiedenen Sprachen, wurde feierlich vorgelesen und dann die Plane unter Stillschweigen und grosser Spannung geöffnet.

Jonny spielt auf der Maultrommel, und auf der Plane mit der Wolle wird getanzt!

Und da lag er! Vor unseren Füssen offenbarte sich ein leuchtend weisser Teppich mit den zu uns aufschauenden Wiesenblumen: Stiefmütterchen, Glockenblumen...

Natürlich genügte eine halbe Stunde Tanz auf dem Teppich und eine magische Formel nicht ganz.
Nein, wir mussten noch auf herkömmliche Weise, auf einer Bank sitzend mit der Teppichrolle unter den Füssen und mit Stricken, rollen.

Reine Ryawolle mit nur einer Lage Feinwolle dazwischen filzt nicht besonders gut, vor allem dann nicht, wenn die Ryawolle in einem grossen Wollvlies mit ganz horizontalen Fasern liegt.
Es wäre natürlich am besten gewesen, Wollvlies aus Feinwolle und Ryawolle zusammenzukardieren, dann wäre die Arbeit sicher doppelt so schnell gegangen. Doch das Rollen geht prima, wenn man sich vorher mit gegrilltem Lamm gestärkt hat!

Die Plane wird entfaltet und ... es wurde ein Filz!

Einige Tips
für jeden, der einen Teppich herstellen will mit einer sehr gemischten Gruppe von zumeist Anfängern, wobei die Komposition direkt im Material geschaffen wird:

– Wähle ein Motivgebiet, welches allen bekannt und nicht zu schwierig ist.
– Ändere nichts, auch wenn jemand etwas Deiner Meinung nach weniger gut gemacht hat. In einem Projekt dieser Art müssen alle das Recht haben, sich auszudrücken, wie sie wollen, ansonsten musst Du von vornherein mitteilen, dass Du der Chefdesigner bis. Dann solltest Du vorher aber auch ein Skizzenmuster gezeichnet haben, und die Teilnehmer müssen wissen und akzeptieren, dass sie Deine Handlanger sind.
– Du kannst vielleicht soweit steuern, indem Du im vornhinein eine Wollfarbenskala auswählst, bei der die Farben miteinander harmonieren und zum Motiv passen. Doch ansonsten lässt Du alle zügellos schaffen und komponieren.
– Wenn man sich das Prinzip «Angst vor dem leeren Raum» zueigen macht, verschwinden weniger geglückte Anteile in der Fülle von Details. Bedecke also die gesamte Fläche! Alle anderen Kompositionen fordern mehr Genauigkeit und vor allem Zeit.
– Wähle eine leichtfilzende Wolle, wenn Du vermutest, dass die Teilnehmer keine Ausdauer haben, etwa gemischte Fein-/Ryawolle, Gutewolle oder Gotlandwolle.

Pick-Nick-Filz mit Blumenpracht.

Quellen

Literatur über Filz

Ågren, Katarina: *Tovning,* ICA bokförlag 1976

Andrews, Peter: *Nomad Tent Forms in Middle East*, Bde. 1-2, Framed Tents, Dr. Ludwig Reichert Verlag 1994

Andrews, Peter: *The Felt Tent in Middle Asia: the nomadic tradition and its interaction with princely tentage,* Doktorarbeit, University of London, Arts, School of Oriental and African Studies, Departement of Art and Archaeology 1980

Artamonow, Michail I.: *Treasures from Scythian Tombs in the Hermitage Museum,* Leningrad, London 1969

Bawden, Juliet: *Hüte: Kreationen für jede Gelegenheit*, DuMont Buchverlag, Köln 1994

Bidder, H. & J.: *Filzteppiche: Ihre Geschichte und Eigenart*, Klinkhardt & Biermann Verlag, Braunschweig 1980

Breitenbach, M.: *Im Land der wilden Reiter: Die Kirgisen im grossen Pamir.* S. Fischer Verlag, Frankfurt 1981

Burkett, Mary E.: *The Art of the Felt Maker*, Abbot Hall Art Gallery, Kendal Cumbria 1979

Chabros, Krystyna: *Quilted Ornamentation on Mongol Felts,* Central Asiatic Journal, Jahrg. 32/1

Ekert, Marianne: *Lär dig tova*, ICA bokförlag, Västerås 1985

Evers, Inge: *Feltmaking, Techniques and Projects*, Lark Books, North Carolina, 1987

Gordon, Beverly: *Feltmaking*, Watson-Guptill Publications, New York 1980

Griegossies, Elfgard: *Handwerkliches Filzen: Herstellen, Verarbeiten, Gestalten*, Bauverlag, Wiesbaden, Berlin 1987

Herodot: *Historia I-II*, Stockholm 1968

Hundt, H. J.: *Gewebe- und Filzfunde aus Haithabu*, Bericht 19, Neumünster 1984

Hägg, Ina: *Die Textilfunde aus dem Hafen von Haithabu*, Bericht 20, Neumünster 1984

Imperial Household Agency: *Treasures of Shōsō-in – North Section*, Asaki Shimbim Publishing Company, 5-3-2 Tsukiji, Chuoku, Tokio 104-11, 1987

Jettmar, Karl: *Art of the Steppes* (Übersetzung aus Kunst der Welt: Die frühen Steppenvölker, 1964). Crown Publishers, New York 1967

Krag Hansen, Brigitte: Filt i form; Høst & Søns Forlag, Kopenhagen 1992

Kunze, A. (Hrsg): *Yörük, Nomadenleben in der Türkei*, Trickster-Verlag, München 1994

Lochbühler, Gisela: *Filzen*, Frech-Verlag, Stuttgart, 1982

Nielsen, Lene: *Mosekonens filtebog*, Skarvs husflidsbøger, Holte, Dänemark 1986

Müller, Mathilde: *Filz: Selbermachen und Gestalten*, Brunnen-Reihe 219, Christophorus-Verlag Herder, Freiburg 1984

Rudenko, Sergei I.: *Frozen Tombs of Siberia: The Pazyryk Burials of Iron-Age Horsemen*, J. M. Dent & Sons, London 1970

Schmidt, Trautelore: *Seidenfilz, herstellen und gestalten*, Frech-Verlag, Stuttgart 1992

Silkers, S. & Schlüter, W.: *Werken und Gestalten*, Teil 1: Filzen, Seidenmalen, Weben, Vincentz Verlag, Hannover 1991

Smådal, Kirsten Julie: *Filting av ull*, Landbruksforlaget A/S, Norwegen 1989

Spark, Pat: *Fundamentals of Feltmaking. A Three-Dimensional Approach to Hats, Boots, Mittens and Other Useful Objects*, Shuttle Craft Books, Washington, USA 1992

Wolk-Gerche, Angelika: *Kleider für unsere Kinder*, Neue Wege Verlag, Weikersheim 1988

Wolk-Gerche, Angelika: *Filzen, uralte Technik neu belebt*, Neue Wege Verlag, Weikersheim 1992

Zeitschriften und Artikel über Filz

Branski, H.: *Filzarbeiten früher und heute*, Heimtex 5, Herford 1977

CIBA Review: *Felt*, Bd. 11, Nr. 129, November 1958

Echoes, International Feltmakers' News, Ed. Ewa Kuniczak, 23 Glebe Road Kincardine-on-Forth, Alloa, Clackmannanshire, FK 10 4QB, Scotland

Farkas Ottó: *Der Syrmak aus Kasachstan*, Ornamente 1992/5

Laufer, Berthold: *The Early History of Felt*, American Anthropologist, New Series 32, Nr. 1, S. 1- 18

Meister, W.: *Zur Geschichte des Filzteppichs im 1. Jahrtausend n. Chr.*, Ostasiatische Zeitschrift, Neue Folge, Vols. 10 & 12, S. 47–61, Berlin 1931-36

Mensch und Kleidung, Zeitschrift für menschengemässe Bekleidung, Verlag Siegfried Traub, Kaiserstr. 4, D-73 650 Winterbach-Manolzweiler

North American Felters' Network, Pat Spark, Editor, 1032 SW Washington Street, Albany, OR 97321, USA

Ornamente, Textiles Gestalten international, Beukers & Beukers (Hrsg.), Verlag: M. & H. Schaper GmbH & Co. KG, Kalandstr. 4, D-31 061 Alfeld

Róna–Tas, A.: *Feltmaking in Mongolia*, Acta Orientalia, Academiae Scintiarium hungaricae, Akademiai Kiadó, Budapest

Textilforum, Textilwerkstatt-Verlag, B. Sterk, Friedrichstr. 5, D-30 059 Hannover

Textilkunst, Informationen für kreatives Gestalten, Verlag: M. & H. Schaper GmbH & Co. KG, Kalandstr. 4, D-31 061 Alfeld

Literatur über Schafe und Wolle

Behrens, H. u. a.: *Lehrbuch der Schafzucht*, Verlag Paul Parey, Hamburg, 6. Aufl. 1982

British Sheep Breeds – Their Wool and its Uses, British Wool Marketing Board, W Yorkshire 1978
Doehner, H. & Reumuth, H.: *Wollkunde*, Verlag Paul Parey, Hamburg
Nowak M. & Forkel, G.: *Wolle vom Schaf*, Verlag Eugen Ulmer, Stuttgart 1989
Ryder, M. L.: *Sheep & Man*, Duckworth & Co, London 1983
Sambraus, H. H.: *Atlas der Nutztierrassen*, Verlag Eugen Ulmer, Stuttgart, 2. Aufl. 1987
Schwintzer, I.: *Das Milchschaf*, Verlag Eugen Ulmer, Stuttgart, 6. Aufl. 1988
Sjödin, E.: *Får*, LTs förlag 1974

Literatur über Färben und Waschen

Bächi-Nussbaumer, E.: *So färbt man mit Pflanzen*, Verlag Paul Haupt, Bern/Stuttgart/Wien, 3. Aufl. 1980
Milner, Ann: *Handbuch der Färbetechnik*, Verlag Paul Haupt, Bern/Stuttgart/Wien 1994
Nencki, Lydie: *Die Kunst des Färbens mit natürlichen Stoffen*, Verlag Paul Haupt, Bern/Stuttgart/Wien 1984
Schneider, G.: *Färben mit Naturfarben*, Otto Maier Verlag, Ravensburg, 8. Aufl. 1986
Vrande, Iet van de: *Wolle färben mit Naturfarben*, Otto Maier Verlag, Ravensburg, 2. Aufl. 1984

Mündliche Quellen

Pertti Alho, Alhon Huopatehdas, Jämsä
Anne-Catherine Bogefeldt, Indiska magasinet
Margareta Bystedt, Chemische Untersuchungen
Kjell Elfstrand, Bayer
Cavidan Ergenekon, Ankara
Ottó Farkas, Budapest und Montreal
Tony Foucard, Akademisches Krankenhaus, Uppsala
Mehmet Girgiç, Konya
Tore Johansson, Nordifa
Margrét Kållberg, Färgkraft AB
Birgit Landin, Lehrstuhl (eigentlich Abteilung) für Textiles, Universität Uppsala
Lennart Larsson jr, Stockholm
Magnus Lindberg, Akademisches Krankenhaus, Uppsala
Naturskyddsföreningen, Stockholm
Margareta Nockert, Amt für Frühgeschichte
Gunnar Ottosson, Genarp
André Prtic´, INT-Produkte, Åre
Kjell Standar, Ciba-Geigy
Ingvar Svanberg, Zentrum für multitechnische Forschung, Universität Uppsala
D Tangad, Ulan Bator
Håkan Wahlquist, Ethnografisches Völkermuseum, Stockholm
Alan Waller, Hunnebostrand
Jan Wirgin, Ostasiatisches Museum
Günther Wohlfeil, Anticimex, Stockholm
Anita Zander, Uppsala
Zenit AB, Sandared
Katarina Ågren, Umeå

Filzvereinigungen

Filtevoreningen Grima, Ulla Schubert, Den gamle skole, GL Landevej 122 A, Marrebæk, 4873 Voeggerløse, Danmark
International Feltmakers Association, Ed. Ewa Kuniczak, 23 Glebe Road Kincardine-on-Forth, Alloa, Clackmannanshire, FK 10 4QB, Scotland
North American Felters' Network, Pat Spark, Editor, 1032 SW Washington Street, Albany, OR 97321, USA

Schäfervereinigungen

Vereinigung Deutscher Landesschafzuchtverbände e. V. (VDL), Godesberger Allee 142–148, D-53 175 Bonn, Tel.: 0228/37 53 51 (dort sind die Adressen der einzelnen Landesschafzuchtverbände zu erfahren)
Arbeitsgemeinschaft der Schafzuchtverbände Österreichs, Auf der Gugl 3, A-40 21 Linz, Tel.: 0732/57421-0 (die Adressen der Landesverbände können dort erfragt werden)
Schweizerischer Schafzuchtverband, CH-33 60 Niederönz-Herzogenbuchsee, Postfach

Bezugsquellen

Deutschland:

Deutsche Wollverwertung GmbH, Finningerstr. 60, 89 231 Neu-Ulm, Tel.: 0731/75091 (alle Arten von Wolle, kardiert, unkardiert, gefärbt, Felle, Kardiermaschinen, Spinnzubehör u.m.)
Schäferei-Genossenschaft Finkhof e. G., Arnach, St. Ulrich Strasse 1, 88 410 Bad Wurzach, Tel.: 07564/931711 (Wolle, kardiert, unkardiert, natur und pflanzengefärbt, gesponnen, Felle, Fellbürsten, Filz- und Wollprodukte, Bücher u.m.)
Seehawer & Siebert, Heuberger Hof 1, 73 108 Rottenburg am Neckar, Tel.: 07472/3019 (alle Arten von Wollen und Naturfasern in unterschiedlichen Qualitäten, chem. und pflanzl. Färbemittel, u.m.)
Majo's Wollknoll, Majo Xandra Döring, Fabrikstr. 14, 73 277 Owen, Tel.: 07021/82366 (alle Arten von Wolle und Naturfasern in unterschiedlichen Qualitäten auch gemischt, Stoffe, Garne, Pflanzenfärbemittel, Kardiermaschinen, Spinnzubehör, Bücher u.m.)
Handspinnerei Filges, Alte Kirchstr. 10, 33 803 Steinhagen, Tel.: 05204/88505 (Pflanzenfärberei und Kardierbetrieb, Garne, gefärbte Seide u. m.)
Friedrich Traub KG, Schondorfer Str. 18, 88 263 Winterbach, Tel.: 07181/42445 (kardierte, unkardierte, naturfarbene Wolle, Färbemittel, Handkarden, Kardiermaschinen, Bücher, Spinn- und Webgeräte und -zubehör u.m.)
Pflanzenfärberei Neckarmühle, Husarenhofstr. 14, 74 379 Ingersheim, Tel.: 07142/52737 (Wolle, kardiert im Band,

gesponnen, pflanzengefärbt oder natur, Wollprodukte, Seidentücher)
Luckscheiter-Rink GbR, Tannenstr. 1, 78 355 Mindersdorf, Tel.: 07775/1363 (Pflanzenfärberei, Stoffe aus Naturfasern u. m.)
Pflanzenfärberei H. Kroll, Hauptstrasse 47, 56 761 Gamlen, Tel.: 02653/6407 (Wolle, Garne, Seiden u. m.)
Mayensohn, Gemeindestrasse 50, Post Bezigau, 87 488 Hochgreuth, Tel.: 08304/5104 (Spinnerei, Kardierbetrieb)
Redecker Bürsten GmbH & Co, Bockhorster Landweg 23, 33 775 Versmold, Tel.: 05423/6061 (Zubehör: Waschbretter, Zuber, Bürsten, Besen)

Österreich:

Österreichische Naturwolle (ÖNW), Verein zur Förderung der österreichischen Naturwolle, Stettenbachrotte 16, 3184 Türnitz, Tel.: 02769/678 (Wolle natur, pflanzengefärbt u.m.)
Wollwerk Obermühle, Joschka u. Barbara Pauleschitz, Tiefenbach 21, 3851 Kautzen, Tel.: 02864/2878 (Kardierbetrieb, Wolle, natur, pflanzengefärbt im Vlies, Filzprodukte)
Textilwerkstatt Haslach, Hammermühle 6, 4170 Haslach/Mühl, Tel.: 07289/72180 (Wolle, naturfarben im Vlies)
Wohnbauladen, Goethestrasse 38, 4020 Linz, Tel.: 0732/602244 (Wolle)
Ursula Szabo, Grossharras 49, 2034 Grossharras (Färberei)
Dr. Regina Hofmann, Robert Lachgasse 4, 1210 Wien (Färberei)

Schweiz:

Schweizer Inlandwollzentrale, 3360 Niederönz-Herzogenbuchsee, Tel.: 063/613114 (Rohwolle)
Burkhard Dreier AG, Lochbachstrasse 1, 3414 Oberburg, Tel.: 034/222634 (Material für textiles Werken)
Spycher-Handwerk, H. U. Grädel, Bäch, 4953 Schwarzenbach/Huttwil, Tel.: 063/721152 (alles für die Wollverarbeitung)
SACO SA, Ch. des Valangines 3, 2006 Neuchatel, Tel.: 038/253208 (Material für textiles Werken)
Wollkarderei H. Ettlin, 9472 Grabs SG, Tel.: 081/7714212 (Kardierbetrieb)
Wollkarderei Bunch, Tannenhubelweg 314, 4805 Brittnau
Wollspinnerei Walter Vetsch, 7231 Pragg-Jenaz, Tel.: 081/541372 (Kardierbetrieb, Färberei, Spinnerei)
Verena Zortea, Allmendhölzliweg 4, 8810 Horgen, Tel.: 01/7257580 (Pflanzenfärberei)
Maria Blatter, Im Mätteli, 3853 Niederried (Pflanzenfärberei)

Informationen und Kurse

Internationales Woll-Sekretariat, Hohenzollernstr. 11, Postfach 4409, 40 211 Düsseldorf, Tel.: 0211/16050
Filzmanufaktur Lenzen, Birkenweg 5, 19 309 Lenzen, Tel.: 038792/7340
Ländliche Heimvolkshochschule Hohebuch, 74 638 Waldenburg-Hohebuch, Tel.: 07942/107-55
Informieren Sie sich auch über das Kursangebot der örtlichen Volkshochschulen und anderer Bildungseinrichtungen

Aktuelle Listen mit Adressen von Filzkünstlern, Kunsthandwerkern, Ateliers und Kursangeboten können in den jeweiligen Ländern (nur gegen einen ausreichend frankierten Rückumschlag!) bei folgenden Adressen angefordert werden:

Deutschland:
Filzwerkstatt Monika Fergg, Ambergerstrasse 12, 86 161 Augsburg, Tel.: 0821/550645

Österreich:
Wollwerk Obermühle, Joschka und Barbara Pauleschitz, Tiefenbach 21, 3851 Kautzen, Tel.: 02864/2878

Schweiz:
Johanna Rösti, Brenzikofenstrasse 6, 3627 Heimberg, Tel.: 033/379588

Fotografien

Gunilla Paetau Sjöberg, 3, 21, 22, 23 links und rechts oben, 24, 28, 34, 36, 37, 38, 39, 40, 41, 44, 45, 46, 47, 48, 49, 51, 54, 55, 60, 61, 62, 67, 68, 78, 80, 81, 82, 83, 84, 85, 94, 95, 99, 102, 105, 106, 107, 109, 111, 112, 113, 114, 115, 117, 119, 120, 122, 125, 127 ganz unten Mitte, 128, 129 oben und links unten, 131 oben, 132, 134, 136, 137 unten links, 138, 139, 146, 147, 148, 149, 150, 151, 152, 156, 157, 158, 159 Spalte links, 161 unten, 163, 164, 165, 166, 167, 168, 171, 172, 173, 176, 177, 178, 179, 180, 182, 184, 185, 186, 187 Spalte links, 189, 191, 192, 193, 194, 195, 196, 197, 198, 199, 208, 209, 211, Bo Gyllander 2 ganz oben rechts, 126, 130, 131 unten, 133 oben, Birjer Johnsson 2 Mitte, 159 ganz oben und Mitte rechts, Lennart Sjöberg 8, Eremitage, St. Petersburg 11, 12, 13, T Shugiyama/D Chulunbator 15, Benrido, Kyoto 16, 17, Ethnographisches Museum, Budapest, Ungarn 23 ganz unten rechts, Gösta Montell 42 oben, Kit Weiss, Nationalmuseum, Kopenhagen 25, 42 unten, Archäologisches Landesmuseum der Christian-Albrechts-Universität, Schloss Gottorf Schleswig 26, Bildarchiv des Nordischen Museum 29, Bildarchiv des Västerbottens Museum 30, Katarina Ågren 31, Meyer/Weum AS, 32 links, Samuli Paulaharju, Museiverket Helsingfors 33 rechts, Alternativ Handel, Oslo 50, Mari Nagy 52, 141, 53, Jan Gosselman 56, Inger Monson 59, Patricia Spark 71, Margrét Kållberg 72, 73, Andreas Davidsson 75, 133 unten, 188, 201-203, Jette Banke 76, Inge Evers 79, Lennart Falk 88, Martin Hallén 108, Doug Kyle 121, Gilberte Wiklund 127 Mitte der mittleren Spalte, Bo Nisser 127 ganz unten rechts, Maj-Britt Lundaahl 129 ganz unten rechts, Marianne Davidson Ekert 137 rechts, Lars Elenius 142 links, Guamundur Ingólfsson 142 rechts, Gerald Sedgewick 143 oben, Veli Vanhanen 143 unten, Per Nybø 144 links, Pekka Turtiainen 144 rechts, Clif Page 145 links, Silja Puranen 145 rechts, Beth Beede 155 links, Lars Ödmark 155 rechts, Ritva Tuomi 159 Mitte ganz unten, Jorie Johnson 160, Atelje Claes i Ed 161 oben, Torolf Engen 162, Lopata 170, Lars Ödmark 183 oben links, Björn Keller 183 unten links, Mika Mäntyniemi 187 rechts, Stephanie Bunn 205-206.

Sachregister

Der erste Seitenhinweis nach jedem Suchwort gibt an, wo das Thema hauptsächlich behandelt wird.

Alakiiz 52
Allergie 89, 96, 190
Alpackawolle 63
Angorawolle 63, 76
Applikation 24, 12–15, 23, 47, 50, 115
Arbeitsplatz 95–97, 190
Auslegen von Wolle, büschelweise 100, 36, 60, 81, 110, 112, 186, 187
Auslegen von Wollplatten 100, 105, 164, 195
Auslegen von Wollvlies 105–106, 112–114, 148, 185, 201, 208–209

Baskenmütze 161, 2
Bassina 145
Baumwolle 39, 41, 44, 50, 51, 92, 190
Bindedraht 99, 107, 117, 118, 128, 129, 136, 171, 199
Brandsicherheit 182
Buchstaben 11, 115
Bürsten 123, 124, 103, 110, 174, 176

Chemikalien 65–79, 92, 93, 96, 97, 124

Dalasauschaf und -wolle 59, 162
Dämpfen 22, 55, 109, 144
Deckhaar 58–63, 31, 36, 91, 110, 114, 116, 123, 125, 127, 147, 197
Dossa 31
Downrassen 63
Druck auf Filz 76–79

Eierwärmer 128
Einkauf von Wolle 63, 64, 87
Ekzem 89, 96, 97
Epidermisschuppen 58, 71, 91–93, 97, 198
Esgíj 35

Fachbogen, -sieb 82, 22
Farben 67–79, 13, 26, 29, 30, 41, 45, 47, 52, 109
Färben 67–79, 65, 86, 143–145, 151, 191, 193, 199
Fäustlinge 165, 167, 28, 62
Feinwolle vom Gobelintyp 57, 60, 62, 64, 149, 156, 157, 168, 179, 192, 201
Feinwollschaf und -wolle 57–65, 31, 92, 104, 112, 127, 130, 136, 147–150, 151, 162, 164, 171, 174, 175, 180, 183, 187, 208, 209

Fettsäuren 37, 64, 65
Fettschwanzschaf 36
Filzen 9, 93, 101, 107, 157, 158, 160, 162, 202
Filzmaschine 120–122, 30, 53, 55, 116, 117
Filzteppich 184–187, 44–55, 11, 14–17, 36, 39, 41, 62, 80, 81
Filztossen (finnische Filzstiefel) 33
Filzwandbehang 11, 12, 19, 121, 188, 200–204
Flachs 92, 114, 145
Flammfärben 70, 74, 115
Fleischschaf und -wolle 57–59, 61, 63, 92, 130, 168, 197
Frühjahrswolle 30, 36, 45

Gotlandschaf und -wolle 61, 57, 59, 60, 74, 127, 130, 136, 137, 147, 151, 152, 156, 157, 159, 164, 187, 192
Grössenberechnung 157
Guteschaf und -wolle 58–61, 80, 81, 185, 187

Häkelei 166, 199
Handpuppe 180, 181, 195
Herbstwolle 30, 36, 45
Hirschhaar 13
Hohle Form 130, 131
Hundehaar 30, 63
Huopa, huopatossut 31, 33
Hut 156–162, 2, 19–23, 27–29, 32, 62, 124, 127, 141, 152, 196
Hutdraht 162
Hutmacher 19–23, 10, 92, 93

Inkrustation 47, 50

Jacke 3, 62, 76, 111, 128, 147, 151, 177
Jakhaare 49
Jurte/*ger*/Zelt 38–43, 24, 35, 183

Kaliumsalze 37, 64, 65
Kamelhaar 21, 46, 49, 63
Kammzüge 185
Kantenabschlüs 154, 25, 28, 29, 46, 49, 55, 151, 176, 177
Karakulschaf 52
Kardierbetriebe 64, 191, 214
Kardieren mit der Maschine 85, 30, 53, 147, 152, 191

Kardieren von Hand 82–84, 36, 52, 80, 92, 148, 191
Keçe 52, 53
Kepenek 24
Kinderkleider 173–178
Knöpfungen 154, 155, 176
Kokosfasern 145
Kompaktes Formfilzen 127, 171, 179, 192–194
Komposition 109–114, 138–145, 12–17, 19, 44–48, 52–55, 155, 182, 184–187, 200, 204–211
Kordelverzierungen 46–50
Kratzen der Wolle 84–85, 30, 80, 148
Kreuzungswolle 57–59, 63, 160
Kunst 140–146, 2, 71, 75, 79, 120, 121, 125–134

Ladder, labber, lobber 31
Lagerung der Wolle 64, 87
Lammwolle 34, 36, 57, 58, 61–63, 147, 171, 174, 175
Landschafrassen und -wolle 57–64, 182, 197
Langwolleschaf 59
Leicesterschafe und -wolle 59, 147, 157, 168
Lichtbeständigkeit 62, 63, 67
Liegeunterlagen 174, 182

Mangeln 123
Mantel, Cape 24, 25, 23, 27, 51, 53
Markhaare, totes Haar, Stichelhaar 58, 60, 61, 63
Markierung 154
Maske 136–137, 13, 26, 27, 139
Materiallehre 57–64, 91–93, 189, 197–198, 204
Menschenhaar 14
Merinowolle 22, 63, 76, 161, 162, 185
Metall 13–14, 26
Möbelstoff 183
Mohairwolle 21, 54, 63
Montieren 135, 23, 127, 130, 131, 144, 169, 183, 203
Mosaikstickerei 47–49, 11
Motten 86–88, 65
Muster aufnähen 149, 166, 167, 175, 176, 178

Muster im Filz 109–115, 52, 148–152, 160, 161, 168, 183–188, 202, 204, 205, 208–211
Musterübertragung 154, 51, 150, 151
Mütze 177–178, 3, 14, 17, 19–21, 28

Nähte 151, 153, 166, 167
Namaźlik 52
Numdah, namdha 50–51

Oxford Downschafe 59

Pantoffel 166, 51
Peitschen der Wolle 81, 27, 36, 45, 60, 185, 187, 191
Pelz, Leder 12–14, 28, 31, 37, 41–43, 162, 163, 166, 174, 178
Pelzkäfer 86–88
pH-Skala, pH-Wert 92
Plaid, Felldecke 184, 185, 208–211
Plissieren 144
Polster 13, 183

Qualitätsmischung 80, 31, 51, 147

Reibetechnik 100–102, 9, 92, 93, 157, 158, 162, 164, 165, 194, 195, 202
Relief 132–134, 170
Rollgardine 183
Rolltechnik 104–108, 9, 23, 34, 36, 37, 45, 51–53, 92–95, 131, 147, 155, 169, 182, 187, 191, 201
Rosshaar 12, 14, 30, 49, 183
Russekatankerna 31
Ryaschafe und -wolle 62, 57–63, 30, 31, 74, 75, 110–112, 123, 130, 136, 147, 149, 164, 180, 187, 208, 209

Sattelfilz 13, 27, 53
Säuren 23, 92, 93, 66, 69–74, 162
Schablonen 22, 30, 130, 136, 157, 160–162, 164, 165, 169, 180
Schäfereivereinigungen 214, 63
Schafschur 35, 36, 52, 62, 63, 192
Schleifmaschinenfilz 120
Schmierseife 97, 30, 66, 89, 92, 96, 100, 106, 127, 192
Schmuck 62, 3
Schrumpfen, Schrumpfprozent, Schrumpfgrad 91–94, 102, 104, 109, 111, 117, 123, 148, 157, 161, 162, 164
Schuhe 17, 28, 29, 31, 32, 62, 176
Sehnenfaden 13, 14
Seide, Seidengewebe 21, 50, 70, 74, 79, 114, 151
Shirdeg, shirdak 44–47, 52
Shou-Zeichen 41–46
Shropshireschaf 59
Sitzpolster 62, 81, 182
Skulptur 126–131, 2, 8, 13, 62, 71, 117–119, 124, 125, 137, 142–145
Socken 163–165, 13, 19, 20, 28–33, 35, 199
Sohlen 13, 27, 28, 31 33, 53, 163, 199
Spelsauschaf und -wolle 63, 130
Spielsachen 62, 179–181, 192–199
Spinnen 48–49, 19, 31, 46, 197, 198
Spinnereien 214, 64
Stapel 58–65, 36, 75, 110, 116, 147–149, 197
Stärken, Appretieren, Steifen 124–125, 131, 21, 23
Steppereien 44–48
Sticken 30, 150, 176, 198
Stickerei 44–51, 13, 14, 21, 23–25, 28, 53, 104, 115, 134, 163, 166, 168, 169, 172, 175, 178, 189, 196
Stickstiche 44–49, 14, 15, 41, 104, 115, 170, 182, 199
Stiefel 163–165, 3, 13, 14, 19, 28, 31, 33, 35, 62, 177
Stopfen, Wattieren 130, 59, 132, 151, 182
Suffolkschaf 59
Sylingar, sylingit 33
Syrmak, syrdak 44, 47–49
Szakarcsinschafe 52
Szür 23, 24

Tamburstich 51, 41, 48, 50, 104
Tasche 168–170, 2
Teehaube 51, 102
Tekemet 52
Texelschafe und -wolle 58, 59, 61, 63, 92, 174, 182
Tövelabber 31
Tüs kiiz 41

Überfangstich 47–50, 12–14, 182
Unterwolle 58–63, 44, 92, 114, 127, 147, 197

Verschleissbeständigkeit 183, 58, 60, 63, 65, 102, 147
Villsau 63
Vlies 9
Vorgarn 113, 114

Walken 9, 97, 93, 101–102, 107, 117, 118, 158, 161, 162, 164, 167, 191, 194, 203
Walkflüssigkeit 11, 30, 37, 97
Wäsche, Waschmittel 65–66, 89, 96, 198
Waschmaschinenwalken 117–119, 107, 164, 166, 169, 177
Wasser weich machen 97
Weben 19, 26, 30
Werkzeug, Ausrüstung 95–99, 18, 22, 23, 27, 30, 36, 37, 45, 51, 55, 66–71, 80–85, 101, 104–107, 124, 158, 159, 183, 185, 190
Weste 150, 3, 149
Wollcloqué 114, 152
Wollplüsch 116, 199
Wollsmok 113

Ziegenhaar 30, 45, 47
Zupfen der Wolle 81, 192